陕西师范大学优秀著作出版基金资助出版

清儒整理唐代文獻研究

Qingru Zhengli Tangdai
Wenxian Yanjiu

王雪玲 著

中国社会科学出版社

**图书在版编目（CIP）数据**

清儒整理唐代文献研究／王雪玲著．—北京：中国
社会科学出版社，2013.4
　ISBN 978 - 7 - 5161 - 1563 - 3

　Ⅰ. ①清…　Ⅱ. ①王…　Ⅲ. ①古籍整理—研究—唐代
Ⅳ. ①G256.1

中国版本图书馆 CIP 数据核字（2012）第 235755 号

| | | |
|---|---|---|
| 出 版 人 | 赵剑英 | |
| 责任编辑 | 罗　莉 | |
| 责任校对 | 吕　宏 | |
| 责任印制 | 李　建 | |

| | | |
|---|---|---|
| 出　　版 | 中国社会科学出版社 | |
| 社　　址 | 北京鼓楼西大街甲 158 号（邮编 100720） | |
| 网　　址 | http://www.csspw.cn | |
| | 中文域名：中国社科网　　　010 - 64070619 | |
| 发 行 部 | 010 - 84083685 | |
| 门 市 部 | 010 - 84029450 | |
| 经　　销 | 新华书店及其他书店 | |

| | | |
|---|---|---|
| 印　　刷 | 北京市大兴区新魏印刷厂 | |
| 装　　订 | 廊坊市广阳区广增装订厂 | |
| 版　　次 | 2013 年 4 月第 1 版 | |
| 印　　次 | 2013 年 4 月第 1 次印刷 | |

| | | |
|---|---|---|
| 开　　本 | 710×1000　1/16 | |
| 印　　张 | 19 | |
| 字　　数 | 314 千字 | |
| 定　　价 | 57.00 元 | |

凡购买中国社会科学出版社图书，如有质量问题请与本社联系调换
电话：010 - 64009791

# 目　录

# 序

贾二强

学术史的研究，对于学术本身具有"鉴古知今"的作用，因而始终是治学者极为关注的领域。20 世纪初以来，学者们借鉴西方学术理念和方法，取得了一批重要成果，而近年这一方面的研究则更趋于精细。鉴于唐代在中国古代史上具有的地位及影响，唐史研究久为学人所关注，20世纪前半叶以来大家名家辈出，成果丰硕。治学需要熟悉研究状况，这一点作为治学的入门标准今已为人熟知。21 世纪初，国内外唐史学界众多学者联手推出《二十世纪唐研究》，对上一个百年这一领域取得的成就，做了较为系统的汇集、梳理和总结。学术研究必有其传统和继承，绝无可能为无源之水，无本之木，对于百年之前有清一代学者奠立的基础，似尚未得到应有的重视，除王鸣盛、钱大昕、赵翼等所谓"考史三家"及徐松的考史补史所得之外，其他则少有关注。试举一例：当年师从先师黄永年先生求学时，一位师兄发表了一篇考证唐代支度使不同于度支使的文章，先生即指出其实这一问题清人早已注意，只是今人不甚了然罢了。不可否认，当今国际互联网的飞速发展、各种文献数据库的建立，电脑网络检索确实为今人了解前人成果提供了极大便利，然而这一手段尚无从替代认真深入的学术史研究。

2003 年王雪玲君随我读博士学位，因她硕士学位论文为阮元学术成就的考察，且素有志于清代学术，因此很快与她商定博士论文选题范围为清人的唐史贡献。清代为汉学昌明光大时期，乾嘉考据学无疑是其时学术的最高境界。如众所知，清代之前的文献之学以传世文献古籍为主体，辅以金石，而甲骨、简册、出土文书、官私档案等则远至清季方才面世为人所知所重。考据学根基于传统文献，二者密不可分，因此清儒的考证学问实则庶几同于文献之学。清人提出学问为义理、考证、辞章三位一体，近人钱穆以现代学科分类将之对应为哲学、历史、文学，这一比附是否恰当另当别论，然而史学之谨严求实与考据学的宗旨一脉相通。出于以上缘由，加之学科专业本即为文献学，雪玲君学位论文题目几经调整，最终确定为《清儒整理唐代文献考述——兼论清代的唐史研究及成就》。

文献学本身包罗即广博，而学术史研究又头绪纷繁，措手相当不易，由此决定了这一题目具有相当的难度和很大的挑战性。考虑到雪玲属在职学习，工作较忙，当时还有繁重的家务负担，我向她提出，不必求大求全面面俱到，需要有问题意识，务必要在前人较少涉及或研究不够的若干方面取得一定进展和新的认识。照此思路，其学位论文近于专题研究性质。2007 年顺利通过博士学位论文答辩，并获得答辩委员会很高评价，亦有论文评审人认为是近年来相关领域难得一见的优秀论文。五年来雪玲君遵照专家的建议及修改意见，在原有基础上认真淬炼，精心磨砺，反复修改，终于完成了这部书稿。平心而论，在原作基础上确实有了显著提升和完善。

我以为，此著不仅属于这一选题的开创之作，且又具有自身鲜明特色，以乾嘉学派为代表的清儒对唐代的关注，大体未出文献整理考治的范式，诚如作者所言，"考据学是清代学术的主流，在乾嘉考据学风的影响下，清儒用考据家的眼光审视中国古代盛世唐朝的历史，将目光定格在唐代文献的整理与研究上，对唐代文献进行了全面而细致的整理与研究"。因此使用文献学的基本思路及方法，可见作者之学术眼界，无疑是一个十分适宜而合理的选择。

今之文献学依现行学科门类，分为历史文献学和古典文献学，然则诚如黄永年先生及诸多时贤所论，这一划分其实是人为的，并没有多少道理，文献学原本既无必要也根本无从区分文与史。循此判断，作者的研究在相当宽泛的范围内展开。从体例内容上清人文献整理研究的集大成钜制《四库全书》及其《总目》得到了突出关注；而如清代史家付出极大心血的两《唐书》的勘校、疏理，金石学的复兴及成就，文士所乐道的有唐一代诗文总汇《全唐诗》、《全唐文》及多种唐人别集的编辑笺注也得到了应有的缕析；至于清儒整理唐代文献究治唐史成就最大者徐松，则立为个案辟为专章深入陈论。这种在文献学视野下的宏观与微观相结合的考察，得以比较全面地展示出清人在这一方面的学术成就与贡献。

如前所述，清儒对于唐代的关注究治，一般集中在文献领域内，而文献学研究的基本方法仍须依循前人的考据路径。作者相当纯熟地掌握了这一手段，从《四库全书》的编纂与唐代文献的整理与研究、两《唐书》的整理与研究、唐代金石文献的整理与研究、唐代文学文献的整理与研究、徐松与唐代文献的整理与研究五个主体部分，尤其是对钱、王、赵所谓"考史三家"考治两《唐书》异同及得失短长、金石证史与唐史考补、唐人别集的整理与笺注及徐松《唐两京城坊考》、《登科记考》等章节的审视辨析，无不突出地显现出这种缜密精细强调实证的研究特点。

由于学科的属性，文献之学本身就是材料征实的学问。在相关材料的搜集梳理上，作者花费了大量心血，下足了功夫，虽然尚难以断言相关材料庶几穷尽，但就论题而言可称已然相当翔实。

基于相当充盈的文献依据，加之客观谨严的治学态度，认真求实的研究方法，我认为其结论可圈可点，除见于各章节就具体内容的评判外，在"清儒整理唐代文献的成就、特点与局限"一章复予以系统总结，其立论坚实，诸多论点可谓持之有故，言之成理，读者阅而可知，自毋庸赘言。

雪玲君禀性沉静，潜心治学，不近功利，不媚时俗，以十年磨一剑的态度究治此题目，在时下实为难得，是书的出版应是一份较为完满的答卷。以其对待学术锲而不舍的精神，我深信她必有新的成果不断问世。

是为序。

2012 年 8 月

# 前　言

在文献学发展史上，汉、唐、宋、清是四个重要阶段，其中清朝作为中国封建社会的终结时代，也是传统学术的集大成时期，此一时期的学术文化具有不同以往的明显的总结特征，文献学自然也不例外。因此，清代文献学在中国文献学史上占有举足轻重的地位，孙钦善总结清及近代文献学的发展概况时说："综观本时期的古文献学，集前代之大成，在整个学术领域占据重要的地位。其特点是以古代语言文字学的成就为核心和骨干，目录、版本、校勘、辨伪、辑佚、编纂、考证等全面开花，硕果累累。它既是我国古代文献学的一个高水平的总结，也是现代古文献学发展的一个坚实的基点。这一时期的宝贵的古文献学遗产，尤其值得我们很好地总结和借鉴。"① 清代文献学包罗万象，成果辉煌，仅研究其中的一个方面，也能形成皇皇巨著。本书就笔者兴趣所在及专业特长，选取清儒整理研究唐代文献这一问题，拟通过对有清一代学者在整理和研究唐代文献方面所取得的成就进行初步梳理和总结，藉以管窥清代文献学的发展及成就。

在本书研究范围内，所谓"清儒"概指有清一代利用考据学方法研究传统学术的学者；"唐代文献"包含两个方面的内容：一是指唐人撰写的各类著作，二是指唐代以后民国以前历朝历代学者撰写或编纂的有关唐代政治、经济、文化等内容的文献。迄今为止，关于清儒整理研究唐代文献的成就，学术界一直乏人关注，更谈不上系统、全面的论述与研究。仅有的不成系统的相关成果散见于文献学史、史学史及学术史的研究成果之中。首先，就文献学史的研究而言，郑鹤声、郑鹤春于 1928 年撰成的

---

① 　孙钦善：《中国古文献学史》，中华书局 1994 年版，第 864 页。

《中国文献学概要》可谓中国文献学的开山之作，初步奠定了中国文献学的研究体系。此书第三章对文献学史上三次大型的古文献整理活动作了回顾和总结，其中乾隆年间审校《四库全书》是清代文献学史上的一次重大事件，重在总结编纂《四库全书》时采择、著录、禁毁、笔削等情形，但未涉及具体文献，遑论唐代文献。之后，文献学著作层出不穷，而涉及文献学史，尤其是清代学者整理古文献成就者则仅有两种。其一是张舜徽的代表作《中国文献学》，此书第九编专门总结清代考证学家整理文献的业绩，作者分别从语言文字、经传、史实、周秦诸子四个方面对清代考证学家整理古代文献的成果进行了总结。其二是孙钦善的《中国古文献学史》，此书第七章对清及近代古文献学发展的特点和分期、社会环境对古文献学的影响、当时古文献在各方面的成就及四部文献的整理情况、重要文献学家一一介绍。但由于受体例和内容的限制，两书均只涉及少量唐代文献。其次，本研究虽然属于文献学的范畴，但由于文献学是一门综合性的边缘学科，它与学术史、史学史等学科都有关涉。学术史方面，梁启超在《中国近三百年学术史》一书中以近二分之一的篇幅完成了《清代学者整理旧学之总成绩》，分四章叙述了清代学者整理古代文献的业绩及成就，此是第一次从学术史的角度对清代学者整理古代文献的成就进行概括和总结，具有首创之功，其中亦涉及少量唐代文献。史学史方面，金毓黻《中国史学史》第七章对清人补缺新、旧两《唐书》的五种著作分别作了介绍。刘节《中国史学史稿》专列《清代史学概观》一章，分别叙述了清代史学研究中整理及补作旧史的成绩，涉及清人对两《唐书》的考订、辑佚及校注。傅玉璋、傅正《明清史学史》重在叙述明清两代史学的发展成就，第六章涉及清人整理两《唐书》的若干成果。以上各家，对清人整理唐代文献关注较多的是两《唐书》的考补及校注，但多是简单的叙述，缺乏全面系统的研究。

鉴于上述涉及清儒整理唐代文献的著作寥寥，而清儒整理唐代文献又是清代文献学发展史上的一项重要内容，研究此问题无疑有助于全面深入地了解清代文献学的发展及取得的成就。此外，唐代文献作为研究唐史的基本资料，历来即受到研究者的高度重视，早在五代、两宋时期，学者们就开始进行整理与研究，新、旧《唐书》、《唐会要》、《册府元龟》、《资治通鉴》等成果至今仍遗惠学界。清人学风朴实，考证精详，在考据学风的影响下，学者们从各个方面对唐代文献进行搜集、保存、整理和研究，取得了令人瞩目的成就，这些成果也同样是研究者可资利用的珍贵文献。因此，总结清代学者整理研究唐代文献的业绩和成就，有利于更好、更便捷地在唐史研究中利用这些文献，同时清代学者研究和利用唐代文献的方法也值得我们学习和借鉴。

考据学是清代学术的主流，在乾嘉考据学风的影响下，清儒用考据家的眼光审视中国古代盛世唐朝的历史，将目光定格在唐代文献的整理与研究上，对唐代文献进行了全面而细致的整理与研究，而这种整理与研究所涉及的范围极其广泛，成果繁多而又缺乏系统性，限于篇幅，不可能巨细无遗，面面俱到。因此本书主要着眼于清儒整理唐代文献成就最大、影响最为深远的领域，从五个方面对清儒整理唐代文献的成就进行总结概括。

## 一　《四库全书》的编纂与唐代文献的整理与研究

清代编纂《四库全书》是有史以来规模最大的一次汇集和整理传世文献的工程，唐代文献作为传世文献的一个重要组成部分也得到了全面的整理与研究，这种整理与研究主要体现在清人对唐代文献的著录、存目、辨伪、辑佚、校勘及价值的认识和评价等方面。因此本书在全面综述《四库全书》著录唐代四部文献的基础上，主要通过对《四库全书总目》的解读，进一步总结四库馆臣去取唐代文献的标准，以及其对唐代文献从辑佚、校勘、辨伪等方面的整理，和对唐代文献价值的认识。

## 二　两《唐书》的整理与研究

两《唐书》作为研究唐史的基本史料，在清代得到了全面的整理与研究。首先从两《唐书》的刊校、笺注与订补三个方面来说，清代学者做了大量基础性的工作。乾隆四年（1739）刊校的两《唐书》武英殿刻本及道光年间所刊《旧唐书》惧盈斋刻本，为清人研究两《唐书》提供了方便易得的资料。笺注方面，沈炳震的《唐书合钞》及唐景崇的《唐书注》，为两《唐书》做了大量基础性的梳理和笺释工作。在补阙和考订方面，仅《二十五史补编》所收清人补作两《唐书》的表志就多达十四种，其中沈炳震《唐书宰相世系表订讹》、劳经原《唐折冲府考》、罗振玉《唐折冲府考补》和《唐折冲府考补拾遗》等成果影响甚大。其次，以钱大昕、王鸣盛、赵翼为代表的考证史家代表了乾嘉史学的最高成就，三人在其考史名著《廿二史考异》、《十七史商榷》、《廿二史札记》中分别从不同的角度对两《唐书》进行了全面的整理与研究，因此有必要就其对两《唐书》的校勘、编纂得失的认识以及对唐代史事、人物、典制的探究及所取得的成就、存在的问题进行概括和总结。

## 三　唐代金石文献的整理与研究

清代是金石学发展的鼎盛时期，清代学者普遍重视金石资料的搜集整理，并自觉地使之与文史研究结合起来，取得了很高的成就。自宋代以来，唐代石刻碑志即受到金石学家的重视，加之其在中国古代金石资料中所占比重较大，因此清代学者在搜辑、汇编、著录唐代金石资料的同时，还利用金石文字考经证史，出现了《唐尚书省郎官石柱题名考》、《唐御史台精舍题名考》等研究专著，还涌现了大量利用金石证史方法考补两《唐书》，研究唐代地理、寺院等问题以及考补《长安志》的成果。

## 四　唐代文学文献的整理与研究

清代学者在整理和总结唐代文学文献方面的成就绝不亚于其对两《唐书》的整理和总结，一方面汇辑、编纂或选编唐人总集，一方面整理和笺注唐人别集，而在整理和笺注唐人别集的过程中，又呈现出集大成特征和史学化倾向。

## 五　徐松与唐代文献的整理与研究

徐松不仅是研究西北史地的专家，同时也堪称文献学家与唐史研究专家，他在汇辑唐代史料方面卓有建树，其《唐两京城坊考》和《登科记考》是研究唐代两京都城建置及科举制度的珍贵文献，在清代唐史研究缺乏系统性专著的背景下，此两部著作可谓特立独行，体现了徐松非凡的学识和功力。而徐松最大的贡献则是对与唐代两京及科举制度有关的史料的钩稽排比，因此本章围绕《唐两京城坊考》及《登科记考》的正文及注文，主要介绍了徐松利用钩稽排比方法在增补及排比唐代史料方面的成就。

以上五个方面的内容构成了本书的主体部分，笔者力求通过对以上五个方面的总结和叙述，凸显清儒整理唐代文献的业绩。在此基础上，客观地总结清儒整理唐代文献的成就、特点及存在的局限与不足。总而言之，清儒整理研究唐代文献取得了一定成就，这些成就主要体现在不遗余力的史料建设和涉及广泛的唐史研究成果两个方面。同时，清儒整理唐代文献又具有鲜明的时代特点，即在考据学影响下，集文献整理与学术研究为一体，整理手段成熟多样，研究方法日趋科学，以札记、序跋、案语、信函等承载学术成果等。同时，在文献整理中还呈现出总结及集大成式的时代特征。同样，清儒整理唐代文献也存在一定的局限与不足，如学者少有专精、成果略有重复、研究缺乏系统，理论有待升华等。

总之，本书以清儒整理唐代文献为中心，重点突出成就较为显著的五个方面，分别进行论述和总结，并从中归纳出若干时代特征。在史料的运用上，主要依据清代学者的考史著作、古籍整理成果、学术札记、文集笔记及序跋书信等，同时适当参考和借鉴了当代学者的一些研究成果，凡此都一一详注出处，不敢掠美。

# 第 一 章

## 《四库全书》的编纂与唐代文献的
## 整理与研究

唐代是中国封建社会发展的鼎盛时期，学术文化异常繁荣，学术著作层出不穷，然自唐代灭亡至清代乾隆年间纂修《四库全书》，期间已相去近八百年，斗转星移，沧海桑田，能够有幸逃过天灾人祸、兵燹浩劫而幸存下来的唐人著作已为数不多。另外，唐代以后至乾隆之前，历代学者也曾致力于唐代文献的搜集整理和历史文化的研究，也出现了不少成果，人们也在自觉或不自觉地运用这些成果，但因历时久远，分散各处，不易寻检。有幸的是清代乾隆年间，清朝的统治进入全盛阶段，富足安定的社会环境为学术的发展提供了良好的条件。清王朝也非常注重利用传统的学术研究笼络广大知识分子，加之乾隆皇帝熟谙中国传统儒学，以"稽古右文"相标榜，深知"礼乐之兴，必藉崇儒重道，经会其条贯。儒与道，匪文莫阐"的道理，① 以弘扬文治为最有效的治理手段。于是乾隆皇帝除发中秘之藏外，还广开献书之路，在全国范围内搜访征集图书。为保证图书征集工作的顺利进行，乾隆皇帝还制定了具体的采集办法和奖励措施。各地督抚大力搜讨，藏书家也纷纷呈献，在政府的运作和各地督抚的努力下，短短的几年时间，征集来的图书总数已达数万种，其中包括不少举世罕见或海内仅存的珍本秘籍，保证了《四库全书》编纂工作的顺利进行。留存不多、分散难寻的唐代文献也因此汇集其中，使后人得以窥探唐代文献的概况。

---

① （清）高宗弘历撰，梁国治等编：《御制文二集》卷一三《文渊阁记》，清乾隆十一年刻本。

清乾隆年间编纂的《四库全书》是有史以来规模最大的一次汇总和整理传世文献的工程，共著录书籍3461种，存目书籍6793种，合计收书10254种。《四库全书》著录及存目图书上自先秦典籍，下迄清初文献，可以说是一部囊括古代文献的巨型丛书。其中以明、清文献居多，唐代文献所占比例虽然不大，但却是其中很重要的一个组成部分。早在编纂《四库全书》之初，乾隆皇帝即要求各省督抚学政对搜辑之书"叙列目录，注系某朝某人所著，书中要指何在，简明开载，具折奏闻"①。不久，时任安徽学政的朱筠上书乾隆帝，提出了"著录校雠，当并重也"的主张及"每一书上必校其得失，撮举大旨，叙于本书首卷"的建议。②同时在纂修《四库全书》的过程中，纂修官要从大量内府藏本及征集而来的图书中选出入选书目以待乾隆帝定夺，也必须对所选之书"条其篇目，撮其旨意"，对文献作者及内容作简要介绍。因此，《四库全书》著录或存目的每一部图书都附有内容提要。《四库全书》修成后，几经修改，又将这些提要汇集为《四库全书总目》，乾隆六十年（1795）校勘完毕，刊刻成书。《四库全书总目》是了解中国古代典籍概况及中国古代学术发展的一部重要目录书，它"不仅是中国古代目录编纂的里程碑，而且阐明学术，考镜源流，成为中国古代最为重要的学术文化史"③。

《四库全书》著录或存目的每一部唐代文献也不例外，都有与之相应的一篇内容提要，这些提要既是清人对唐代文献内容的总结，同时也反映了四库馆臣对唐代文献的认识。众所周知，编纂《四库全书》时，首先要对内府藏本、各省采进本、私人进献本、坊刻本（即《提要》所说"通行本"）等图书文献进行审查，决定去取。去取的总原则在《凡例》中已有说明：

> 儒者著书，往往各明一义，或相反而适相成，或相攻而实相救。所谓言岂一端，各有当也。考古者无所别裁，则多岐而太杂；有所专主，又胶执而过偏。左右佩剑，均未协中。今所采录，惟离经畔道，

---

① 中国第一历史档案馆编：《纂修四库全书档案》，上海古籍出版社1997年版，第2页。

② 同上书，第21页。

③ 司马朝军：《〈四库全书总目〉研究》引言，社会科学文献出版社2004年版。

颠倒是非者，掊击必严；怀诈挟私，荧惑视听者，屏斥必力。至于阐明学术，各撷所长，品骘文章，不名一格。兼收并蓄，如渤澥之纳众流，庶不乖于全书之目。①

显然对那些不利于封建统治的文献都在禁毁之列，其中以宋代反映抗金思想及明末清初的抗清情绪等涉嫌"违碍悖逆"的文献为多。因此，继征书之后，清政府又实行严格的审查制度，对征集来的图书或删改，或抽毁，或全毁，对收藏禁书者严惩不贷。此次禁书的重点是宋、元、明三代图书，特别是明末清初涉及"斥金"、"斥元"及具有民族思想和反清意识的书籍。据不完全统计，纂修《四库全书》，"全毁书二千四百多种，抽毁书四百多种，共约三千种，删改书无法计算，禁毁书籍总数在十万部以上，因惧祸而私自毁弃者尚不在其内，销毁版片八万余块，杀害士人和其他无辜者以及惩办亲属均难以计数"②。唐代文献因时代、内容等与当时的这场政治风波关系不甚密切而免遭查禁，实不幸中之万幸。从《四库全书》著录及存目的唐代文献以及《四库全书总目》来看，唐代文献的著录存目也不同于其他文献，因此有必要结合《四库全书总目》对《四库全书》所收唐代文献进行一次全面的梳理与研究。

## 第一节 《四库全书》著录唐代文献综述

清代学者在编纂《四库全书》时，对内府藏本及各省督抚采进本、私人进献本、通行本按传统的四部分类法进行归类，即"以经、史、子、集提纲列目"，"经部分十类，史部分十五类，子部分十四类，集部分五类。或流别繁碎者，又各析子目，使条理分明。所录诸书，各以时代为次，其历代帝王著作，从《隋书·经籍志》例，冠各代之首"③。因此，《四库全书总目》著录或存目的唐代文献，也根据内容及时代先后分别置

① （清）永瑢：《四库全书总目》卷首《凡例》，中华书局1965年影印本，第18—19页。
② 《四库禁毁书丛刊》编纂委员会：《〈四库禁毁书丛刊〉编纂缘起》，《四库禁毁书丛刊》经部第1册卷首，北京出版社1998年版。
③ 《四库全书总目》卷首《凡例》，第16页。

于经、史、子、集四部当中，兹按部类简要说明如下。

## 一　经部

经学发展至唐代，古今之争早已成为历史，经学进入统一时代，唐太宗诏国子祭酒孔颖达与诸儒撰定五经义疏成《五经正义》，之后，唐代科举取士，悉尊此本。经学由此也进入义疏时代，陆德明之《经典释文》可视为唐人义疏之先声。《四库全书总目》经部著录的与唐人有关的著作共26部，存目2部，其中又有2部经四库馆臣考辨为伪书。这些经学著作大多是唐人为五经所作义疏或对前人注疏的汇集，代表了唐代经学的最高成就。这些著作，除通行至今并有深远影响的《五经正义》，还有唐人李鼎祚的《周易集解》，贾公彦的《周礼注疏》和《仪礼注疏》、徐彦的《春秋公羊传注疏》、杨士勋的《春秋穀梁传注疏》及唐玄宗御注的《孝经正义》。唐人的这些注疏大多收入《十三经注疏》，得到了后人的肯定。

注疏之外，唐人自撰的解经之作有韩愈、李翱《论语笔解》2卷，韩愈以复古崇儒为己任，力排佛、老，视孔子为儒家不祧之祖，解《论语》以明己志。此外尚有成伯玙《毛诗指说》1卷，内容分为四部分，"凡三百篇中句法之长短，篇章之多寡，措辞之异同，用字之体例，皆胪举而详之，颇似刘氏《文心雕龙》之体，盖说经之余论也。然定《诗序》首句为子夏所传，其下为毛苌所续，实伯玙此书发其端。则决别疑似，于说《诗》亦深有功矣"。[①] 又有唐陆淳的《春秋微旨》3卷、《春秋集传辨疑》10卷。四库馆臣认为《左传》所记虽实有其事，但"论断多疏"。然"《公羊》、《穀梁》每多曲说，而《公羊》尤甚"，自汉代以来，学者各守专门，"论甘者忌辛，是丹者非素"，自从陆淳撰成二书之后，"抵隙蹈瑕，往往中其窾会"。所以此书虽瑕瑜互见，然其"精核之处，实有汉以来诸儒未发者"，与那些凿空杜撰、横生枝节的解说自不能同日而语。[②] 近人皮锡瑞在其《经学历史》一书中总结道：

> 唐人经说传今世者，惟陆淳本啖助、赵匡之说，作《春秋纂

---

① 《四库全书总目》卷一五《经部·诗类·毛诗指说》，第121页。
② 《四库全书总目》卷二六《经部·春秋类·春秋集传辨疑》，第213—214页。

例》、《微旨》、《辨疑》。谓：左氏，六国时人，非《论语》之丘明；
杂采诸书，多不可信。《公》、《榖》口授，子夏所传；后人据其大
义，散配经文，故多乖谬，失其纲统。此等议论，颇能发前人所未
发。惟《三传》自古各自为说，无兼采《三传》以成一书者；是开
通学之途，背颛门之法矣。史徵《周易口诀》，成伯玙《毛诗指说》，
韩、李《论语笔解》，皆寥寥短篇，无关闳旨。惟李鼎祚《周易集
解》多存古义；后人得以窥汉《易》之大略，考荀、虞之宗旨，赖
有此书。①

经部收入的唐代文献除义疏之作及解经之书外，还有小学类著作四
部，即颜师古的《匡谬正俗》、颜元孙的《干禄字书》、张参的《五经文
字》及唐玄度的《九经字样》。颜师古的《匡谬正俗》专论诸经训诂音释
及诸书字义、字音及俗语相承之异，"考据极为精密"②。颜元孙的《干禄
字书》系为章表、书判而作，故曰"干禄"，"以四声隶字，又以二百六
部排比字之后先。每字分俗、通、正三体，颇为详核"③。张参《五经文
字》共收 3235 个字，依偏旁分为 160 部。难能可贵的是，四库馆臣据刘
禹锡《国学新修五经壁记》"大历中名儒张参，为国子司业，始详定《五
经》，书于讲论堂东、西厢之壁。积六十余载，祭酒皞、博士公肃再新壁
书，乃析坚木负墉而比之。其制如版牍而高广，背施阴关，使众如一"
的记载，考知《五经文字》"初书于屋壁，其后易以木版，至开成间乃易
以石刻也"。并对朱彝尊"《五经文字》独无雕本为一阙事"的论断提出
了质疑。④ 唐玄度《九经字样》盖为覆《九经》字体而作，"凡四百二十
一字，依仿《五经文字》为七十六部"，与《五经文字》相辅而行。"当
时即列石壁《九经》之后，明嘉靖乙卯地震，二书同石经并损阙焉。"四
库馆臣用马裕家藏宋拓本与石刻残碑"详加覆订，各以案语附之下方"，
使得今人能够一睹其本来面目。⑤

---

① （清）皮锡瑞：《经学历史》，中华书局 1959 年版，第 214—215 页。
② 《四库全书总目》卷四〇《经部·小学类·匡谬正俗》，第 341 页。
③ 《四库全书总目》卷四一《经部·小学类·干禄字书》，第 347 页。
④ 《四库全书总目》卷四一《经部·小学类·五经文字》，第 347—348 页。
⑤ 《四库全书总目》卷四一《经部·小学类·九经字样》，第 348 页。

## 二 史部

在唐代，与注疏风气盛行、经学不甚发达的情形相反，史学的发展进入转折与创新时期，统治集团的历史意识进一步增强，一方面限制私人修撰史书，另一方面设立专门的修史机构——史馆，设置史官，大规模地组织人力物力编修正史，官修史书成绩斐然。与此同时，史学体裁也日益丰富，在编年体和纪传体之外又出现了新的编纂体裁——典制体史书，进一步丰富了史学的内涵；史学批评也渐趋成熟，出现了专门性的史学批评专著——《史通》，标志着史学的发展进入了一个新的阶段。因此在唐代，随着史学的发展，史书不论是数量还是质量都有很大的提高。《四库全书总目》史部著录唐人所撰史书及后人所撰有关唐代史书共 47 部，存目 2 部，其中伪书 1 部。这些史部文献在《四库全书总目》中依据体例和内容散见史部各子目中，为便于叙述，兹按内容分为五类：

其一是关于前代史书特别是前三史的注解。其中以司马贞的《史记索隐》、张守节的《史记正义》、颜师古的《汉书注》、章怀太子李贤的《后汉书注》最为有名，是史学史上值得大书特书的篇章。《史记索隐》、《史记正义》与刘宋裴骃《史记集解》合称《史记》"三家注"，是流传至今我们能见到的最早，也是公认的好注本。司马贞《史记索隐》的体例与孔颖达的《五经正义》相似，它既为《史记》的原文作注，同时又为裴骃的《史记集解》作注，不仅纠正了裴骃《史记集解》中的许多错误，对司马迁原文也时有驳正。稍晚于《史记索隐》的《史记正义》则既为《史记》原文作注，同时也为《史记集解》和《史记索隐》作注。学者研究认为，张守节长于舆地之学，所以《史记正义》的贡献主要在地理方面。颜师古的《汉书注》"条理精密，实为独到"。① 此书当时虽不受重视，后人却推崇备至，明末清初的大藏书家毛晋曾把颜师古的《汉书注》与司马贞的《史记索隐》相提并论，说它们"如日月并照"，足见其价值之所在。

其二是正史的修纂。武德五年（622），唐高祖根据令狐德棻的建议，诏修梁、陈、魏、齐、周、隋六代史书，虽有始无终，但却为唐初纂修前代史书确定了宏大的规模。唐贞观以前，史官隶属秘书省著作局，皆由著

---

① 《四库全书总目》卷四五《史部·正史类·汉书》，第 401 页。

作郎掌修国史，"贞观三年闰十二月，始移史馆于禁中，在门下省北，宰相监修国史，自是著作郎始罢史职"。① 由宰相负责监修，实开后代宰相监修国史之先河。至贞观十年（636），修成《梁书》56 卷、《陈书》36 卷、《齐书》50 卷、《周书》50 卷、《隋书》55 卷。五代史书记述了梁、陈相继，齐、周并立，以及隋朝统一南北、由兴而亡的历史，其价值不容忽视。贞观十七年（643），唐太宗又诏褚遂良监修《五代史志》，与五代史书的纪传相配合，综述梁、陈、齐、周、隋五朝典章制度，成为继《史记》八书、《汉书》十志以来最重要的史志著作。贞观二十年（646），唐太宗又下诏重修《晋书》，以房玄龄、褚遂良任监修，至贞观二十二年（648）修成，"自是言晋史者，皆弃其旧本，内有编年体，并弃之矣，竞从新撰者焉"。② 高宗显庆四年（659），李延寿秉承家学撰成《南史》、《北史》，颇得后人好评。赵翼认为南、北二《史》"删去芜词，专叙实事，大概较原书事多而文省，洵称良史"③。以上八部唐代官修正史占二十四部正史的三分之一，成绩斐然，在中国史学史上占有十分重要的地位。

其三是唐人撰写的前代史书。此类史书为数不多，主要有许嵩的《建康实录》和余知古的《渚宫旧事》。前者备记六朝事迹，虽体例混乱不一，"又往往一事而重复牴牾。至于名号称谓，略似《世说新语》，随意标目，漫无一定，于史法尤乖"，"然引据广博，多出正史之外，唐以来考六朝遗事者，多援以为征"。④ 后者 5 卷，补遗 1 卷，"其书上起鬻熊，下迄唐代，所载皆荆楚之事"⑤。

其四是唐人撰写的有关本朝历史的著作。此类著作数量最多，体裁不一，有编年、杂史、传记、地理、职官、政书、史评、礼制之书以及记载时人时事的杂记等。唐代史学发达，除大规模地纂修前代史书外，同时也十分重视起居注、实录等国史的修撰，可惜流传下来的只有温大雅的《大唐创业起居注》和韩愈的《顺宗实录》。因《顺宗实录》入选《昌黎

---

① （后晋）刘昫：《旧唐书》卷四三《职官志》，中华书局 1975 年版，第 1852 页。以下凡引此本简称为"中华本"。

② （唐）刘知几撰，（清）浦起龙释：《史通通释》卷一二《外篇·古今正史》，上海古籍出版社 1978 年版，第 350 页。

③ （清）赵翼：《陔余丛考》卷八《南北史原委》，中华书局 1963 年版，第 147 页。

④ 《四库全书总目》卷五〇《史部·别史类·建康实录》，第 447 页。

⑤ 《四库全书总目》卷五一《史部·杂史类·渚宫旧事》，第 463 页。

先生文集》之外集，故著录入《四库全书总目》史部的只有《大唐创业起居注》。此书叙述李渊太原起兵直至唐太宗即位时史事，其中不无隐讳，或曾经史臣润色亦未可知，但大体上能"据事直书，无所粉饰"，因此不可一概而论，"则凡与唐史不同者，或此书反为实录，亦未可定也"。① 杂史类有唐以后备受统治者重视的《贞观政要》，其中所记太宗事迹，与两《唐书》、《资治通鉴》相对照，虽"颇见牴牾"，"然太宗为一代令辟，其良法善政，嘉言嫩行，胪具是编，洵足以资法鉴"。② 此外还有裴庭裕的《东观奏记》，专记宣宗一朝史事。传记类有《魏郑公谏录》，专录魏徵谏诤之语，司马光《资治通鉴》中所记魏徵事迹，"多以是书为依据"，而其中"未经采录者，亦皆确实可信，足与正史相参证"。③ 此外尚有《李相国论事集》，此书实李绛奏事之文与论谏之事的汇编，虽编次芜杂，体例不一，"然遗闻旧事，纪录颇详，多新、旧《唐书》所未载，亦足以备考核"④。

有关地理方面的著述是唐人所撰本朝史书中非常重要的一部分，反映了唐代学者的地域观念及地理意识。此类著作，首推李吉甫《元和郡县志》，其书虽首尾不全，卷帙错乱，然"舆记图经，隋、唐《志》所著录者，率散佚无存。其传于今者，惟此书为最古，其体例亦为最善，后来虽递相损益，无能出其范围"⑤。总志之外，涉及一时一地之山水、物产及风土民情的著作较多，如道士李冲昭所撰《南岳小录》专记南岳衡山之山峰水洞及宫观、祠庙、坛院等古迹，文末又附以历代得道飞升之迹，"虽黄冠自张其教，不无夸诞之辞"，但因唐人所撰名山洞府之书荡然无存，"此独以旧本流传，胜境灵踪，足资掌故，是亦考图经者所宜征据矣"。⑥ 又如段公路的《北户录》，"载岭南风土，颇为赅备，而于物产为尤详，其征引亦极博洽"⑦。诸如此类的还有莫休符的《桂林风土记》，刘恂的《岭表录异》。而归入载记类记载六诏始末的《蛮书》，因其"于六

---

① 《四库全书总目》卷四七《史部·编年类·大唐创业起居注》，第 420 页。
② 《四库全书总目》卷五一《史部·杂史类·贞观政要》，第 463 页。
③ 《四库全书总目》卷五七《史部·传记类·魏郑公谏录》，第 514 页。
④ 《四库全书总目》卷五七《史部·传记类·李相国论事集》，第 515 页。
⑤ 《四库全书总目》卷六八《史部·地理类·元和郡县志》，第 595 页。
⑥ 《四库全书总目》卷七〇《史部·地理类·南岳小录》，第 617 页。
⑦ 《四库全书总目》卷七〇《史部·地理类·北户录》，第 623 页。

诏种族、风俗、山川、道里及前后措置始末，撰次极详"①，故亦可视为地理类著作。此外还有一种记载域外地理的著作不得不提，这就是玄奘口述、辩机撰录的《大唐西域记》，此书详载玄奘西行取经所历诸国之事，"所列凡一百三十八国"，且"此书所序诸国，又多《唐书》所不载"，但因所述多佛典因果之事，"侈陈灵异，尤不足稽"，"然山川道里，亦有互相证明者"。②

关于职官、典制方面的史书是唐人所撰本朝史书中又一个重要组成部分，此类著作包括唐玄宗御撰、李林甫奉敕注之《唐六典》，李肇《翰林志》、杜佑《通典》以及萧嵩等奉敕撰之《大唐开元礼》和长孙无忌等奉敕撰之《唐律疏义》。《唐六典》"以三师、三公、三省、九寺、五监、十二卫列其职司官佐，叙其品秩，以拟《周礼》"，虽不尽如人意，"然一代典章，厘然具备"。③《翰林志》专记唐翰林院之始末及翰林学士之职掌，"其记载赅备，本末灿然，于一代词臣职掌，最为详晰"，"今以言翰林典故者，莫古于是书"。④《大唐开元礼》专载唐代五礼之制，《总目》引周必大序称"朝廷有大疑，稽是书而可定；国家有盛举，即是书而可行"，谓其"诚考礼者之圭臬也"。《旧唐书》之《礼仪志》、《新唐书》之《礼乐志》皆取材此书，"而所存仅十之三四"。⑤《唐律疏义》是唐太宗诏令房玄龄等增损《隋律》而成，高宗即位后，又命长孙无忌等人"撰为义疏行之"。此书"上稽历代之制，其节目备具，足以沿波而讨源者，要惟《唐律》为最善"。⑥

此外值得一提的是随着史学的发展，唐代出现了专门性的史评专著，这就是刘知几的《史通》。《史通》凡内篇 10 卷 39 篇，外篇 10 卷 13 篇，"内篇皆论史家体例，辨别是非；外篇则述史籍源流，及杂评古人得失"⑦。《史通》成书后不久，即在社会上引起了强烈的反响，当时学者徐

---

① 《四库全书总目》卷六六《史部·载记类·蛮书》，第 585 页。
② 《四库全书总目》卷七一《史部·地理类·大唐西域记》，第 630 页。
③ 《四库全书总目》卷七九《史部·职官类·唐六典》，第 682 页。
④ 《四库全书总目》卷七九《史部·职官类·翰林志》，第 682 页。
⑤ 《四库全书总目》卷八二《史部·政书类·大唐开元礼》，第 702 页。
⑥ 《四库全书总目》卷八二《史部·政书类·唐律疏义》，第 712 页。
⑦ 《四库全书总目》卷八八《史部·史评类·史通》，第 751 页。

坚读后感叹道："为史氏者宜置此坐右也。"①

　　其五是后人撰写的有关唐代历史的著作。唐代以后，唐史的研究尚未展开，研究成果寥寥无几，乏善可陈。值得称道者仅有两部正史即后唐刘昫所修《旧唐书》、宋欧阳修和宋祁所撰《新唐书》以及王溥所撰《唐会要》。两《唐书》有专文论及，此不赘述。《唐会要》"于唐代沿革损益之制，极其详核"②，是关于唐代典制的重要文献。地理方面，宋敏求的《长安志》考订长安古迹、程大昌的《雍录》专考关中古迹，系研究唐长安城及关中名胜古迹的有用资料。元辛文房《唐才子传》"因诗系人"，所记之诗人则"详其逸事"及"著作之传否"，至于诗人之"功业行谊"，则仅"撮其梗概"，对中、晚唐诗人之事迹所记尤详。此外史评类有宋范祖禹的《唐鉴》、孙甫的《唐史论断》以及吕夏卿的《唐书直笔》、清浦起龙的《史通通释》。从这些有限的著述不难看出唐以后直至清代中期之前，唐史研究基本上还处于资料准备阶段。

## 三　子部

　　《四库全书总目》子部著录及存目的唐代文献多而杂，共计 125 部，其中著录 92 部，存目 33 部，伪书或存疑者 31 部，从这组数字也可以看出子部文献的复杂性。兹依照子部文献的分类予以简要说明。

　　子部所收唐代文献以贞观二十二年（648）唐太宗御撰以赐太子的《帝范》居其首（子部儒家类），体现了《总目》"以儒学为正宗"的思想。但是在唐代，统治者提倡道教，采取兼容并包、三教并行的文化政策，思想上的多元化以及宽松开放的文化氛围，加之佛教自身的优势，使得佛、道一时呈压倒传统的儒教之势而大行其道，儒家思想文化在某种程度上滞后于佛、道二教，也没有留下多少值得称道的文献。兵家类所收三卷本《李卫公问对》实际是部伪书，经四库馆臣考证，此书系宋人"因杜氏所有者（杜佑《通典》存其梗概）而附益之"③，余不足论。收入子部医家类的著作差强人意，唐王冰所注《黄帝素问》"排抉隐奥，多所发

---

① （宋）欧阳修、宋祁：《新唐书》卷一三二《刘子玄传》，中华书局 1975 年版，第 4521 页。以下几引此本简称"中华本"。
② 《四库全书总目》卷八一《史部·政书类·唐会要》，第 694 页。
③ 《四库全书总目》卷九九《子部·兵家类·李卫公问对》，第 837 页。

明"①；孙思邈的《千金要方》于"诊治之诀，针灸之法，以至导引养生之术，无不周悉"，体现了"人命至重，贵于千金"的思想意识。② 天文算法类有李淳风所注《海岛算经》和《五经算术》，前者"世无传本"，系四库馆臣从《永乐大典》中辑出，虽"篇帙无多，而古法具在，固宜与《九章算术》同为表章，以见算数家源流之所自焉"。③ 后者同样"世无传本，惟散见于《永乐大典》中，虽割裂失次，尚属完书"。不同的是，此书中的许多内容采自唐以前的经史等典籍，因此四库馆臣认为，其不但是研究天文历算的有用资料，同时还可以与经史文献互相比勘以"发明经史，核订疑义"，"于考证之学尤为有功焉"。④

收入《四库全书》子部艺术类的唐人著作亦有可称道者。《贞观公私画史》实则是一部绘画目录，"书中皆前列画名，后列作者之名"，"则考隋以前古画名目者，莫古于是，是亦赏鉴家之祖本矣"。⑤ 孙过庭的《书谱》仅存残篇，"然微言奥义，已足见其大凡矣"⑥。张怀瓘的《书断》"所录皆古今书体，及能书人名"，所录书法家"前列姓名，后为小传"，"纪述颇详，评论亦允"，之后张彦远《法书要录》全载其文，"盖当代以为精鉴矣"。⑦ 艺术类所收最有名的唐人著述当数张彦远的《历代名画记》和《法书要录》，前者叙述绘画之兴废源流、历代画人姓名、画法及品鉴玩赏，此书"征引繁富，佚文旧事，往往而存"⑧，不但在绘画鉴别方面遗惠于后人，其中可资考证者亦复不少。后者"集古人论书之语，起于东汉，迄于元和，皆具录原文"。张彦远在序文中自称后人得其《法书要录》及《历代名画记》，"书画之事毕矣"。四库馆臣也肯定这一说法，认为此语并非作者夸饰之辞。绘画之外，南卓的《羯鼓录》和段安节的《乐府杂录》在一定程度上反映了唐代音乐的发展情况，这些收入子部艺术类的文献从一个侧面反映了唐代艺术的繁荣和发展。

---

① 《四库全书总目》卷一〇三《子部·医家类·黄帝素问》，第856页。
② 《四库全书总目》卷一〇三《子部·医家类·千金要方》，第859页。
③ 《四库全书总目》卷一〇七《子部·天文算法类·海岛算经》，第903页。
④ 《四库全书总目》卷一〇七《子部·天文算法类·五经算术》，第904页。
⑤ 《四库全书总目》卷一一二《子部·艺术类·贞观公私画史》，第953页。
⑥ 《四库全书总目》卷一一二《子部·艺术类·书谱》，第953页。
⑦ 《四库全书总目》卷一一二《子部·艺术类·书断》，第953页。
⑧ 《四库全书总目》卷一一二《子部·艺术类·历代名画记》，第954页。

　　收入子部杂家类和小说家类的唐代文献是值得大书特书的。杂家类主要有《资暇集》、《刊误》、《苏氏演义》、《兼明书》、《封氏闻见记》、《尚书故实》、《意林》等文献。小说家类主要有《朝野佥载》、《唐国史补》、《大唐新语》、《刘宾客嘉话录》、《明皇杂录》、《因话录》、《大唐传载》、《云溪友议》、《唐摭言》、《开元天宝遗事》、《唐语林》、《酉阳杂俎》等。这些文献是今天研究唐史的学者常常会用到的资料，而《四库全书总目》将其分别归入杂家类和小说家类，其性质自然有所不同。杂家类著述多系考订古代名物典制之作，或系实录而有资于考订者。如李匡义《资暇集》，"全书均考证之文"，且"引证分明，足为典据"。[①] 李涪《刊误》，"其书皆考究典故，引旧制以正唐末之失，又引古制以纠唐制之误，多可以订正礼文"。[②] 苏鹗的《苏氏演义》"于典制名物，具有考证"，其文字与魏崔豹《古今注》、马缟《中华古今注》"多相出入"，经四库馆臣考证，崔豹《古今注》系一部伪书，马缟《中华古今注》则为剿袭之作。[③]《封氏闻见记》也非荒诞不经之作，其名曰"闻见"而"语必征实"，"前六卷多陈掌故，七、八两卷多记古迹及杂论，均足以资考证。末二卷则全载当时士大夫轶事，嘉言善行居多，惟末附谐语数条而已"[④]。

　　与子部杂家类文献内容有所不同，小说家类文献的内容大多事及鬼神、语涉荒诞、言间谐噱。因唐代传奇小说甚为流行，此类文献当不在少数，而能收入《四库全书》子部小说家类的著述除其具有小说的因素外，还须符合四库馆臣有益于教化或"文必有征"的特点，所以这些文献同杂家类文献一样除了娱乐功能外还须有资考证，或起到一定的劝戒作用。如张鷟的《朝野佥载》，"其书皆纪唐代故事，而于谐噱荒怪，纤悉胪载，未免失于纤碎"。宋人洪迈虽然讥其"记事琐屑摘裂，且多媟语"，"然耳目所接，可据者多，故司马光作《通鉴》亦引用之。兼收博采，固未尝无裨于见闻也"。[⑤] 刘肃《大唐新语》"所记起武德之初，迄大历之末，

　① 《四库全书总目》卷一一八《子部·杂家类·资暇集》，第 1016 页。

　② 《四库全书总目》卷一一八《子部·杂家类·刊误》，第 1016 页。

　③ 《四库全书总目》卷一一八《子部·杂家类·苏氏演义》，第 1016 页。

　④ 《四库全书总目》卷一二○《子部·杂家类·封氏闻见记》，第 1033 页。

　⑤ 《四库全书总目》卷一四○《子部·小说家类·朝野佥载》，第 1183 页。

凡分三十门，皆取轶文旧事有裨劝戒者"①。赵璘《因话录》"虽体近小说，而往往足与史传相参"②。无名氏之《大唐传载》"记唐初至元和中杂事"，而"所录唐公卿事迹言论颇详，多为史所采用。间及于诙谐谈谑及朝野琐事，亦往往与他说部相出入"。③ 五代王定保之《唐摭言》，"述有唐一代贡举之制特详，多史志所未及。其一切杂事，亦足以觇名场之风气，验士习之淳浇。法戒兼陈，可为永鉴，不似他家杂录但记异闻已也"。④ 北宋王谠的《唐语林》虽仿《世说新语》，然其所纪典章故实，嘉言懿行，"多与正史相发明，视刘义庆之专尚清谈者不同。且所采诸书，存者亦少，其裒集之功，尤不可没"。⑤

唐代佛教、道教并行，佛、道文献亦复不少，然历代目录学家均以儒学居于正统地位，视佛、道为外学而不予重视，自梁阮孝绪以二氏之书别录于末，佛、道文献始列于目录书中，所以《四库全书》亦沿用阮孝绪例，将佛、道文献置于子部之末，但所收唐代佛、道文献寥寥无几。其中佛教文献有唐释道宣的《广宏明集》、道世的《法苑珠林》和智升的《开元释教录》。道教文献主要有张志和《玄真子》、无名氏之《无能子》和旧本题唐溧水令沈汾的《续仙传》。

### 四 集部

《新唐书·艺文志序》："藏书之盛，莫盛于开元，其著录者，五万三千九百一十五卷，而唐之学者自为之书者，又二万八千四百六十九卷。"⑥ 仅《新唐书·艺文志》集部别集类所收唐人各种诗文集就多达 572 种之多。相比之下，作为《四库全书》中收唐代文献数量最多的集部，著录加存目也只有 185 部，不及《新唐书·艺文志》的三分之一。其中别集类著录唐人诗文集 73 部，后人注释本 20 部，存目 24 部；总集类著录 30 部唐人及后人所编唐代诗文选本，存目 27 部。又诗文评类著录有关唐代诗文评著作 3 部，存目者 8 部。因存目部分价值不大、真伪不一，兹就集

---

① 《四库全书总目》卷一四〇《子部·小说家类·大唐新语》，第 1183 页。
② 《四库全书总目》卷一四〇《子部·小说家类·因话录》，第 1184 页。
③ 《四库全书总目》卷一四〇《子部·小说家类·大唐传载》，第 1185 页。
④ 《四库全书总目》卷一四〇《子部·小说家类·唐摭言》，第 1186 页。
⑤ 《四库全书总目》卷一四一《子部·小说家类·唐语林》，第 1196 页。
⑥ 《新唐书》卷五七《艺文志》，中华本，第 1422 页。

部著录有关唐代文献略事说明。

唐代盛行编辑个人文集，仅《新唐书·艺文志》所见唐人文集就有近600种之多，这些文集经过多年的流传，至清代编纂《四库全书》时，已散佚无多，即使有幸保存下来的也已非本来面目。如初唐王绩有《东皋子集》，"《唐书·艺文志》载绩集五卷，陈振孙《书录解题》亦云其友吕才鸠访遗文，编成五卷，为之序"，而《四库全书》所收实际只有三卷。馆臣推测吕才所编五卷本或宋代已佚，此三卷本系后人从《文苑英华》、《唐文粹》诸书中采集王绩诗文汇编而成，"而伪托才（吕才）序以冠之，未可知也"。① 不仅卷数与原本不合，且其真伪亦在两可之间。唐人文集除散佚严重外，其幸存部分经过多年的辗转传钞，讹误脱漏亦在所难免。如陈子昂之《陈拾遗集》，"此本传写多讹脱，第七卷阙两叶，据《目录》寻之，《祸牙文》、《禜海文》在《文苑英华》九百九十五卷；《吊塞上翁》文在九百九十九卷；《祭孙府君》文在九百七十九卷。又《送崔融》等序之后，据《目录》尚有《饯陈少府序》一篇，此本亦佚，《英华》七百十九卷有此文"。②

别集类所收唐人文集除唐人编辑外，还有相当一部分系后人所编。如初唐四杰之一王勃的《王子安集》，《新唐书·文苑传》称其有文集30卷，自明朝以后即已散佚，原目亦不可考。而流传于世的《初唐十二家集》只收有王勃《诗赋》2卷，"阙略殊甚"。收入《四库全书》之《王子安集》乃明崇祯年间福建人张燮搜辑《文苑英华》等书编辑而成，"虽非唐、宋之旧，而以视别本，则较为完善矣"。③ 又如杨炯之《盈川集》10卷，《新唐书·文苑传》称其有文集30卷，而晁公武《郡斋读书志》仅著录20卷，亡逸已多，"是宋代已非完本"，至清代残本亦不复见。"此乃明万历中龙游童佩从诸书裒集，诠次成编，并以本传及赠答之文、评论之语，别为《附录》一卷"。④

集部别集类所收唐代文献除唐人所编及后人编辑的诗文集外，还有一部分系后人对唐人诗文的训释笺注之作。此类著作主要以训释杜甫、李白

---

① 《四库全书总目》卷一四九《集部·别集类·东皋子集》，第1277页。
② 《四库全书总目》卷一四九《集部·别集类·陈拾遗集》，第1279页。
③ 《四库全书总目》卷一四九《集部·别集类·王子安集》，第1277页。
④ 《四库全书总目》卷一四九《集部·别集类·盈川集》，第1278页。

之诗及韩愈、柳宗元之文为主，其中以注杜之作为最。正如《李太白诗集注提要》所言，"自宋以来，注杜诗者林立，而注李诗者寥寥仅二三本"，① 尤其在宋代，出现了注杜高潮。但《四库全书总目》的编纂者认为，"宋人喜言杜诗，而注杜诗者无善本"，② 较好的宋元人注杜诗著作有宋人黄希、黄鹤父子所作之《黄氏补注杜诗》36 卷，此注按年编诗，"而诗中各以所作岁月注于逐篇之下，使读者得考见其先后出处之大致"。黄氏补注虽疏于考核，强为编排，难免穿凿，"然其考据精核者，后来注杜诸家亦往往援以为证。故无不攻驳其书，而终不能废弃其书焉"。③ 宋元人撰辑的李白诗注本，只有宋杨齐贤《分类补注李太白集》30 卷行世。清人王琦《李太白诗集注》则是李白诗注的佼佼者，"其注欲补三家之遗阙，故采摭颇富，不免微伤于芜杂。然捃拾残剩，时亦寸有所长"。④ 韩愈文的训释笺注则集中在北宋时期，主要有方崧卿《韩集举正》10 卷、《外集举正》1 卷，朱熹《原本韩文考异》10 卷，王大伯《别本韩文考异》40 卷、《外集》10 卷、《遗文》1 卷以及魏仲举《五百家注音辨韩昌黎先生文集》40 卷，此外尚有无名氏之《东雅堂韩昌黎集注》40 卷、《外集》10 卷。注柳文者有宋韩醇《诂训柳先生文集》45 卷、《外集》2 卷、《新编外集》1 卷及魏仲举所编《五百家注音辨柳先生文集》21 卷、《外集》2 卷、《新编外集》1 卷、《龙城录》2 卷、《附录》8 卷。

集部总集类所收唐代文献无多，唐人编纂的主要有高正臣《高氏三宴诗集》3 卷、附《香山九老诗》1 卷，元结《箧中集》1 卷，殷璠《河岳英灵集》3 卷，芮挺章《国秀集》3 卷，令狐楚《唐御览诗》1 卷，高仲武《中兴间气集》2 卷，姚合《极元集》2 卷。此外还有汇集皮日休、陆龟蒙等唱和之作的《松陵集》10 卷，皇甫冉、皇甫曾兄弟合集《二皇甫集》7 卷，《唐四僧诗》6 卷，《薛涛李冶诗集》2 卷。宋人所编《文苑英华》，因其"所集止唐文章"，故"考唐文者惟赖此书之存，实为著作之渊海"。⑤

---

① 《四库全书总目》卷一四九《集部·别集类·李太白诗集注》，第 1280 页。
② 《四库全书总目》卷一四九《集部·别集类·九家集注杜诗》，第 1281 页。
③ 《四库全书总目》卷一四九《集部·别集类·黄氏补注杜诗》，第 1281 页。
④ 《四库全书总目》卷一四九《集部·别集类·李太白诗集注》，第 1280 页。
⑤ 《四库全书总目》卷一八六《集部·总集类·文苑英华》，第 1691—1692 页。

## 第二节 《四库全书》著录唐代文献的去取标准

在纂修《四库全书》时，首先需对征集而来的数以万计的图书进行校阅甄别、撰写提要，"一一辨厥妍媸，严为去取"。① 一部文献入选与否虽有总原则可循，但具体到一个时代或某一部文献则自然有所不同。由于去唐已远，能够征集到的唐代文献已为数不多，其中还有许多文献残缺不全，因此去取的总原则具体至唐代文献则是"有见必录"，在著录及存目的有限的唐代文献提要中，处处都体现出了四库馆臣对流传愈来愈少的唐代文献及相关研究成果的珍视，尤其是那些残章断简。同时，参与者的学术眼光及学术标准也直接影响着唐代文献的去取，从《四库全书》著录及存目的唐代文献的提要中，不难窥见在总原则指导下唐代文献的去取标准。

### 一　有见必录

文献散佚是不可避免的自然法则，时代愈远，文献散佚愈为严重，以唐人别集为例，《新唐书·艺文志》集部别集类著录唐人各种诗文集达572 种之多，而《四库全书总目》集部别集类著录加存目的唐人别集也只有 185 种，其中还包括后人的笺注本，唐代文献散佚之严重可想而知。在纂修《四库全书》时，首先要做的工作是多方采集图书，然后对采集来的数以万计的图书进行校阅甄别、撰写提要，去取的总原则即除那些"离经畔道，颠倒是非"以及"怀诈挟私，荧惑视听"，涉及"违碍悖逆"的文献以外，对采集来的图书都是"不名一格，兼收并蓄"。② 由于当时能够征集到的唐代文献极其有限，因此去取的总原则具体至唐代文献则是"物以稀为贵"，在著录及存目的有限的唐代文献提要中，处处都体现出了四库馆臣对流传愈来愈少的唐代文献及相关研究成果的珍视，尤其是对那些残章断简。

如唐人苏鹗所撰《苏氏演义》原有 10 卷，久无传本，编纂《四库全书》时馆臣从《永乐大典》中辑出两卷内容，四库馆臣认为"古书亡失，

---

① 《四库全书总目》卷首《凡例》，第 17 页。
② 《四库全书总目》卷首《凡例》，第 18—19 页。

愈远愈稀,片羽吉光,弥足珍贵,是固不以多寡论矣",① 所以不因此书卷帙无多而摒弃不取。又如唐史徵所撰《周易口诀义》,原本 6 卷,《崇文总目》及晁公武《郡斋读书志》都认为此书是作者为了便于讲习《周易》钞录前人注疏而成,没有多大价值。但经四库馆臣详细考证"实不尽然",其中所引,"多出孔颖达《疏》及李鼎祚《集解》之外",有些引文虽然李鼎祚《周易集解》中也有,"而其文互异","盖唐去六朝未远,《隋志》所载诸家之书犹有存者,故徵得以旁搜博引。今阅年数百,旧籍佚亡,则遗文绪论,无一非吉光片羽矣。近时惠栋作《九经古义》,余萧客茸《古经解钩沉》,于唐以前诸儒旧说,单辞只义,搜采至详。而此书所载,均未之及,信为难得之秘本"。② 又唐赵蕤所撰《长短经》成书于开元四年(716),"是书皆谈王伯经权之要",其自序称共有 10 卷 63 篇,《新唐书·艺文志》与晁公武《郡斋读书志》著录的卷数及篇数与自序相同。然而传至清代,仅见南宋九卷刻本,"篇中注文颇详,多引古书"。此书虽非完帙,但四库馆臣认为:"唐人著述,世远渐稀,虽佚十分之一,固当全璧视之矣"。③ 此外,《四库全书》还著录有唐陆龟蒙的《小名录》二卷,"是书所载,皆古人小名,始于秦,终于南北朝"。《四库全书总目》的作者认为此书所记颇为丛脞支蔓,体例不一。"王楙《野客丛书》称唐《艺文志》、《崇文总目》皆有陆龟蒙《小名录》五卷,恨不得见之。楙博极群书,而其言如此。或原本散佚,后人以意补缀,托之龟蒙欤?"可见此书既非完本,其真伪亦在两可之间,尽管如此,因唐人著述传世渐少,"龟蒙此编,虽未能信其必真,亦无以断其必伪,相承已久,备古书之一种可矣"。④ 唐刘恂的《岭表录异》原本久佚,"宋代《太平寰宇记》、《太平广记》、《太平御览》诸书,征引颇多,然尚多挂漏"。经从《永乐大典》辑出,已得原本十之八九,因此馆臣感叹曰:"唐人著述,传世者稀,断简残编,已足珍惜,此更于放失之余,复成完帙,使三四百年博物君子所未睹者,一旦顿还其旧观,弥足宝矣。"⑤ 又清人王琦所撰《李太白诗集注》,其时代虽近,通行易得,但因"自宋以

---

① 《四库全书总目》卷一一八《子部·杂家类·苏氏演义》,第 1016 页。

② 《四库全书总目》卷一《经部·易类·周易口诀义》,第 4 页。

③ 《四库全书总目》卷一一七《子部·杂家类·长短经》,第 1011 页。

④ 《四库全书总目》卷一三五《子部·类书类·小名录》,第 1144 页。

⑤ 《四库全书总目》卷七〇《史部·地理类·岭表录异》,第 623 页。

来，注杜诗者林立，而注李诗者寥寥仅二三本"，这样的文献在四库馆臣看来，也属稀见之物，故"录而存之，亦足以资考证，是固物少见珍之义也"。① 凡此都说明由于唐代文献日渐稀少，因此在纂修《四库全书》时，对宋、元、明、清四朝的文献渐次严于鉴别筛选，而对于唐代文献，不论是鸿篇巨帙，抑或断简残篇，甚至佚文片纸，遑论其价值如何，可以说是有见必录。

在这种"有见必录"思想的指导下，在四库馆臣看来，只要是唐人著述，即使残缺不全也视若珍宝。如唐代无名氏之《灌畦暇语》，唐志、宋志皆未见著录，《四库全书》所收乃明陆氏奇晋斋刊本。关于此刊本之来历，《四库全书提要》叙述曰："末有李东阳跋云：余顷傲京城之西，有卖杂物者过门，见其篋有故书数种，大抵首尾不全。《灌畦暇语》一编，尤为断烂，余以数十钱购得之。因料理其可读者，才得三十余条云云。则此书乃东阳所理之残本。今彭宠奴一条佚其后半，韩愈诗一条佚其前半，凡阙二十八行有奇，又非东阳所理之旧矣。"这样一部首尾不全的残本，经四库馆臣考证其确系唐人著述，因此"虽残阙，终可贵也"。② 又如唐人马总增损庾仲容《子钞》而成的《意林》，"《唐志》著录作一卷（实乃三卷），（戴）叔伦《序》云三轴，（柳）伯存《序》又云六卷"。清初通行有两个版本，一为范氏天一阁写本，"多所佚脱"；一即收入《四库全书》由江苏巡抚采进的明嘉靖己丑廖自显五卷刻本，此本"较范氏本少戴、柳二《序》，而首尾特完整"。经四库馆臣与《子钞》原目对照，遗佚尚多，而各种文献征引马总《意林》之文又不见于此本，因此"合记卷帙，当已失其半，并非总之原本矣"。即便如此，馆臣仍认为其虽系"残璋断璧，益可宝贵也"。③

有些唐代文献，其本身并无多大价值，仅仅因为其系唐人著述而著录或存目。如杜荀鹤的《唐风集》是作者初登第时亲自编辑，"诗多俗调，不称其名"，但因此书系唐人旧集，流传已久，"姑存以备一家"。④ 又如唐末无名氏所撰之《无能子》，"其书多窃《庄》、《列》之旨，又杂以释

① 《四库全书总目》卷一四九《集部·别集类·李太白诗集注》，第1280页。
② 《四库全书总目》卷一二〇《子部·杂家类·灌畦暇语》，第1034页。
③ 《四库全书总目》卷一二三《子部·杂家类·意林》，第1060页。
④ 《四库全书总目》卷一五一《集部·别集类·唐风集》，第1302页。

氏之说，词旨颇浅"，没有多大价值，之所以著录入子部道家类，"第以唐代遗书渐少，姑以旧本录之耳"。① 又如唐樊宗师的《绛守居园池记》，区区一篇文章仅 770 个字，且"文僻涩不可句读"。此文面世后，不断有好事者为之作注而终不得其解，其之所以能够与元代赵仁举、吴师道、许谦注释一起作为一部著作著录入《总目》，并非馆臣猎奇，而是因为"其相传既久，如古器铭识，虽不可音释，而不得不谓之旧物，赏鉴家亦存而不弃耳"。② 又如著录入集部总集类的无名氏编辑的《搜玉小集》，其"既不以人叙，又不以体分，编次参差，重出叠见，莫能得其体例"，"徒以源出唐人，聊存旧本云尔"。③

正是由于唐代文献至清代已十分稀见，四库馆臣也能充分认识到流传越来越少的唐代文献的珍贵，促使他们在纂修《四库全书》时尽其所能有见必录，使其免遭继续亡佚的厄运，最大限度地保存了唐代文献，不但为后人留下了一笔宝贵的财富，也为后人研究唐代历史文化提供了可资利用的资料。

## 二　有益于保存文献

至清代初年，唐代文献已所存无多，而唐代以前的文献典籍散佚情况自然更为严重。因此对于那些征引或采辑古代各类文献而成的著述，四库馆臣尤为重视。正如其在子部类书类《总叙》中所言："古籍散亡，十不存一，遗文旧事，往往托以得存。"④ 而类书之外还有相当一部分典籍对前人文献也多所征引，因此亡佚的文献因被征引而得以间接保存，这种认识在编纂《四库全书》时可以说贯穿始终，在有关唐代文献的提要中也有所体现。

大量征引古代文献的唐代著述以唐人编纂的几部类书居其首。首先收入子部类书类的是唐欧阳询的《艺文类聚》，此书系奉诏而作，是《四库全书》所收类书中体例较为完善的一部，虽其中所分门目"颇有繁简失宜，分合未当"之嫌，"然隋以前遗文秘籍，迄今十九不存，得此一书，

---

① 《四库全书总目》卷一四六《子部·道家类·无能子》，第 1252 页。
② 《四库全书总目》卷一五〇《集部·别集类·绛守居园池记注》，第 1293—1294 页。
③ 《四库全书总目》卷一八六《集部·总集类·搜玉小集》，第 1691 页。
④ 《四库全书总目》卷一三五《子部·类书类·总叙》，第 1141 页。

尚略资考证"。宋周必大校《文苑英华》时引用最多，之后冯惟讷的《诗纪》、梅鼎祚《文纪》、张溥《百三家集》采辑此书亦复不少，"亦所谓残膏剩馥，沾溉百代者矣"。①　继《艺文类聚》之后有虞世南之《北堂书钞》，四库馆臣虽疑其早在宋代已有亡佚，可能已非完帙，后人又妄为增删，但王应麟在《玉海》中已言时人甚珍其书，今日之珍贵自不待言。而颇得四库馆臣称道的唐人类书则是徐坚等奉敕编纂的《初学记》，"其例前为叙事，次为事对，末为诗文。其叙事虽杂取群书，而次第若相连属，与他类书独殊"，在唐人所编类书中，是与《艺文类聚》不相上下，而远在《北堂书钞》之上的一部佳作。此外《四库全书》类书类著录的唐代文献还有林宝的《元和姓纂》、陆龟蒙的《小名录》及白居易、孔传的《白孔六帖》。《元和姓纂》主要记载唐以前的姓氏族望及得姓受氏之源，其内容多本于《世本》、《风俗通》等书，诸如《世本》、《族姓记》，《三辅决录》以及《百家谱》、《英贤传》、《姓源韵谱》、《姓苑》等今已亡佚的文献，"赖其征引，亦皆班班可见"。②　《白孔六帖》即唐白居易《六帖》和宋孔传《六帖新书》，南宋时合为一编。白居易编纂《六帖》的目的不得而知，"然此书杂采成语故实，备词藻之用"，与后人猜测的系为迎合士子帖经考试以备查检之用不合。该书体例与《北堂书钞》相同，"而割裂饾饤，又出其下"。虽成书在先，但其价值不能与北宋四大书同日而语。尽管如此，四库馆臣却认为此书所征引毕竟都是唐以前的文献，"坠简遗文，往往而在，要未为无裨考证也"。③

类书以外还有一部分唐代文献也大量征引前人著述，这部分著作在保存古文献方面也有一定价值。如唐史徵的《周易口诀义》即采集前人《周易》注疏而成，且其中许多引文不见于孔颖达《周易正义》及李鼎祚的《周易集解》，有的引文《集解》虽有但"其文互异"，或《集解》"删削过略，此所载独详"。因此馆臣认为："盖唐去六朝未远，《隋志》所载诸家之书犹有存者，故徵得以旁搜博引。今阅年数百，旧籍佚亡，则遗文绪论，无一非吉光片羽矣"。至清人惠栋作《九经古义》、余萧客茸《古经解钩沉》，"于唐以前诸儒旧说，单辞只义，搜采至详，而此书所

---

① 《四库全书总目》卷一三五《子部·类书类·艺文类聚》，第 1142 页。
② 《四库全书总目》卷一三五《子部·类书类·元和姓纂》，第 1143 页。
③ 《四库全书总目》卷一三五《子部·类书类·白孔六帖》，第 1143 页。

载，均未之及，信为难得之秘本。虽其文义间涉拙滞，传写亦不免讹脱，而唐以前解《易》之书，《子夏传》既属伪撰，王应麟所辑郑玄注，姚士粦所辑陆绩注，亦非完书。其实存于今者，京房、王弼、孔颖达、李鼎祚四家，及此书而五耳，固好古者所宜宝重也"。① 又如唐段公路之《北户录》征引广博，所引之书如《淮南万毕术》、《广志》、《南越志》、《南裔异物会要》、《灵枝图记》、陈藏器《本草》、《唐韵》、郭缘生《述征记》、《临海异物志》、陶朱公《养鱼经》、《名苑》、《毛诗义》、《船神记》、《字林》、《广州记》、《扶南传》等，"今皆散佚，藉此得以略见一二"。"即所引张华《博物志》，多今本所无，亦藉此以考证真伪"。② 而尤为难能可贵的是，在收入子部医家类的唐王焘所撰之《外台秘要》中，作者于每条引文之下必详注原书在某卷，"世传引书注卷第，有李涪《刊误》及程大昌《演繁露》，而不知例创于焘，可以见其详确"。"书分一千一百四门，皆先论而后方，其论多以巢氏病源为主"。"其方多古来专门秘授之遗"。"陈振孙在南宋末，已称所引《小品》深师崔氏、许仁则、张文仲之类，今无传者，犹间见于此书。今去振孙四五百年，古书益多散佚，惟赖焘此编以存，弥可宝贵矣"。③

此外，唐瞿昙悉达所撰《唐开元占经》，"征引古籍，极为浩博。如《隋志》所称纬书八十一篇，此书尚存其七八，尤为罕觏"。因此其书所论占卜之术固不足道，而其书所征引之文献"则有可采也"。④ 又唐马总之《意林》系杂抄诸子之书而成，"今观所采诸子，今多不传者，惟赖此仅存其概。其传于今者，如《老》、《庄》、《管》、《列》诸家，亦多与今本不同，不特《孟子》之文如《容斋随笔》所云也"。⑤ 唐张彦远所撰《法书要录》，乃编集古人论书之语而成，"起于东汉，迄于元和，皆具录原文"。《法书要录》于未见原书的古代文献，如王愔《文字志》，"亦特存其目"。其书采摭繁富，"汉以来佚文绪论，多赖以存"。后来庾肩吾的《书品》、李嗣真的《后书品》、张怀瓘的《书断》以及窦臮的《述书

---

① 《四库全书总目》卷一《经部·易类·周易口诀义》，第4页。
② 《四库全书总目》卷七〇《史部·地理类·北户录》，第623页。
③ 《四库全书总目》卷一〇三《子部·医家类·外台秘要》，第860页。
④ 《四库全书总目》卷一〇八《子部·术数类·唐开元占经》，第920页。
⑤ 《四库全书总目》卷一二三《子部·杂家类·意林》，第1060页。

赋》，"各有别本者，实亦于此书录出"。① 收入集部别集类无名氏之《集千家注杜诗》，千家乃夸饰之词，所采实不满百家，且其所集诸家之注，"真赝错杂，亦多为后来所抨弹"，"然宋以来注杜诸家鲜有专本传世，遗文绪论，颇赖此书以存，其筚路蓝缕之功，亦未可尽废也"。②

在前代文献亡佚严重的情况下，征引或采辑前人文献而成的唐代典籍不但部分保存了前代文献的内容，为后人藉以窥探亡佚文献的概貌提供了帮助，而且在辑佚和校勘古文献方面也有不可估量的价值，四库馆臣在编纂《四库全书》时能够充分认识到这些文献的价值并予以著录或存目，显得尤为可贵。

### 三　有资于考证

明末清初以来，随着汉学的兴起，学风为之一变，由空疏复归于征实。而编纂《四库全书》之际，正值乾嘉考据学兴盛之时，乾嘉学派重考证、务征实的精神也体现在纂修《四库全书》时对四部文献的选择去取上。汉学家以"考证精核"为宗旨，所以他们在文献著录方面，也"率以考证精核，辨论明确为主"，关于这点，在《四库全书总目》的《凡例》中有明确说明：

> 刘勰有言，意翻空而易奇，词征实而难巧。儒者说经论史，其理亦然。故说经主于明义理，然不得其文字之训诂，则义理何自而推？论史主于示褒贬，然不得其事迹之本末，则褒贬何据而定？……今所录者率以考证精核，辨论明确为主，庶几可谢彼虚谈，敦兹实学。③

基于这种认识，在唐代文献的选择去取上，除有见必录和有益于保存文献两条标准外，有资于考证也是决定去取的标准之一，这一标准在许多文献的提要中都有所体现。

如收入经部的唐陆德明所撰《经典释文》，集汉魏六朝有关五经及《论语》、《孝经》、《老子》、《庄子》、《尔雅》的音释为一编，"又兼载

---

① 《四库全书总目》卷一一二《子部·艺术类·法书要录》，第954页。
② 《四库全书总目》卷一四九《集部·别集类·集千家注杜诗》，第1281页。
③ 《四库全书总目》卷首《凡例》，第18页。

诸儒之训诂，证各本之异同。后来得以考见古义者，注疏以外，惟赖此书之存。真所谓残膏剩馥，沾溉无穷者也"。因此"研经之士，终以是为考证之根柢焉"。① 又如收入史部的唐莫休符的《桂林风土记》，《新唐书·艺文志》作三卷，今本仅一卷，"卷中目录四十六条，今缺火山、采木二条"，"盖残阙之余，非完书矣"。朱彝尊《曝书亭集》有此书跋语，谓此书虽非足本，然其中所载张固、卢顺之、张丛、元晦、路单、韦瓘、欧阳膑、李渤等人的诗，"采唐音者，均未著于录"，因此"洽闻之君子，亟当发其幽光者也"。② 除这些未见著录的唐诗外，"尚有杨尚书、陆宏休二首，亦唐代轶篇，为他书所未载"，清人在编纂《全唐诗》时据以辑录，"则其可资考证者，又不止于谱民风、记土产矣"。③ 又史部政书类之《唐会要》，"于唐代沿革损益之制，极其详核。官号内有识量、忠谏、举贤、委任、崇奖诸条，亦颇载事迹。其细琐典故，不能概以定目者，则别为杂录，附于各条之后。又间载苏冕驳议，义例该备，有裨考证"。④ 其他如收入子部释家类、唐释道宣所著《广宏明集》，此书续梁僧祐《宏明集》而"体例小殊"，采摭浩繁，卷帙倍于《宏明集》。馆臣认为道宣生于隋唐之间，古书多未散佚，"坠简遗文，往往而在"，"如阮孝绪《七录》序文及其门目部分，儒家久已失传，隋志仅存其说，而此书第三卷内乃载其大纲，尚可推寻崖略，是亦礼失求野之一端，不可谓无裨考证也"。⑤

子部文献五花八门，种类繁多，然于繁冗芜杂、荒诞不经之中亦不无可资考证者。北周甄鸾撰、唐李淳风注之《五经算术》，久无传本，馆臣从《永乐大典》辑出的本子"虽割裂失次，尚属完书"，其注文"采摭经史，多唐以前旧本"。因此馆臣认为此书不仅仅值得算学家珍视，其引文亦"实足以发明经史，核订疑义，于考证之学，尤为有功焉"。⑥ 唐瞿昙悉达撰《唐开元占经》，"所言占验之法，大抵术家之异学，本不足存"。然文中载有麟德、九执二历，且九执历不见于《唐志》，"他书亦不过标撮大旨，此书所载，全法具著，为近世推步家所不及窥"。"又《玉海》

①　《四库全书总目》卷三三《经部·五经总义类·经典释文》，第 270 页。

②　（清）朱彝尊：《曝书亭集》卷四四《桂林风土记跋》，《四部丛刊》初编第 279 册。

③　《四库全书总目》卷七〇《史部·地理类·桂林风土记》，第 623 页。

④　《四库全书总目》卷八一《史部·政书类·唐会要》，第 694 页。

⑤　《四库全书总目》卷一四五《子部·释家类·广宏明集》，第 1236 页。

⑥　《四库全书总目》卷一〇七《子部·天文算法类·五经算术》，第 904 页。

载九执历，以开元二年二月朔为历首。今考此书，明云今起明庆二年丁巳岁（案，改显庆为明庆，盖避中宗讳）二月一日以为历首，亦足以订《玉海》所传之误"。麟德历虽见于《唐志》，"而以此书校之，多有异同。若推人蚀限术、月食所在辰术、日月蚀分术诸类，《唐志》俱未之载。又此书载章岁、章月、半总、章闰、闰分历、周月法、弦法、气法、历法诸名。与《新唐书》所载全不合，其相合者惟辰率、总法等目。盖悉达所据当为麟德历，见行本《唐志》远出其后，不无传闻异词。是又可订史传之讹，有裨于考证不少矣"。① 唐张彦远《历代名画记》叙述绘画之兴废源流、历代画人姓名、画法及品鉴玩赏，"书中征引繁富，佚文旧事，往往而存"，"非但鉴别之精，其资考证者亦不少矣"。② 唐人封演的《封氏闻见记》乃小说杂记之类，而其中所记又与其他唐人小说多涉荒怪者不同，"此书独语必征实"，其前六卷多陈掌故，七、八两卷多记古迹及杂论，"均足以资考证"，③ 在唐人说部属上乘之作。此外在唐人说部之作中算得上善本的《因话录》，唐赵璘撰，因此书作者熟悉朝廷典故，"故其书虽体近小说，而往往足与史传相参"。④ 即使说部之中荒诞不经的唐人小说，亦不乏参考价值，如唐康骈所撰《剧谈录》乃稗官所述，半出传闻，真伪互陈，"未可全以为据，亦未可全以为诬，在读者考证其得失耳"。⑤ 而旧本题唐高彦休所撰《唐阙史》，其所记"亦足以资考证，不尽小说荒怪之谈也"。⑥ 其他如唐袁郊之《甘泽谣》，"其书虽小说家流，而琐事轶闻，往往而在。如杜甫《饮中八仙歌》，叶梦得《避暑录话》谓惟焦遂不见于书传。今考此书陶岘条中，实有布衣焦遂，而绝无口吃之说，足以证师古伪注之谬。是亦足资考证，不尽为无益之谈矣"。⑦

四库馆臣在编纂《四库全书》时，囿于当时考据学家的学术标准和眼光，将有资于考证作为衡量唐代文献的价值之一，这种衡量标准虽然具有明显的时代特征，是乾嘉学派从考证的角度审视传世文献的具体表现，

① 《四库全书总目》卷一〇八《子部·术数类·唐开元占经》，第 920 页。
② 《四库全书总目》卷一一二《子部·艺术类·历代名画记》，第 954 页。
③ 《四库全书总目》卷一二〇《子部·杂家类·封氏闻见记》，第 1033 页。
④ 《四库全书总目》卷一四〇《子部·小说家类·因话录》，第 1184 页。
⑤ 《四库全书总目》卷一四二《子部·小说家类·剧谈录》，第 1210 页。
⑥ 《四库全书总目》卷一四二《子部·小说家类·唐阙史》，第 1210 页。
⑦ 《四库全书总目》卷一四二《子部·小说家类·甘泽谣》，第 1211 页。

但是这并不影响清人对唐代文献价值的认识，相反恰好说明了这些文献在考证方面的价值。毋庸讳言，利用前代文献考证历史是学术研究的一个重要方面，因此，四库馆臣以有资于考证作为衡量唐代文献的价值之一虽有一定的局限性，但也从一个侧面反映了他们对唐代文献考证价值的认识，从广义上说，这种考证价值也就是史料价值。

# 第三节　四库馆臣对唐代文献的初步整理

编纂《四库全书》之时，正当乾嘉考据学兴盛之际，因此深深地打上了时代的烙印。由于乾嘉考据学者主要致力于考经证史，热衷于文献的辑佚、校勘、辨伪以及文字的考释等工作，因此在编纂《四库全书》时，四库馆臣对所收唐代文献也进行了初步的整理研究。

## 一　辑佚

随着时代的发展，文献不断增多，散佚也日渐严重，因此文献的辑佚也越来越受学者重视。早在唐代，马总就曾从前人的杂钞、杂记中钞录周秦以来诸子著作的散见材料，汇为《意林》一书，首开辑佚之先河。宋代学者郑樵根据自己长期从事学术研究的经验，提出了"书有名亡而实不亡"的观点，认为"书有亡者，有虽亡而不亡者"，[①] 许多亡佚书籍可以通过其他文献的采录征引来了解其中部分内容。宋人王应麟"旁摭诸书"，"搜罗放失"[②]，钞录郑玄注释《周易》的内容，辑为《周易郑康成注》1卷；又搜辑齐、鲁、韩三家诗说，"检诸书所引，集以成帙"，纂成《诗考》1卷，"以存三家逸文"。[③] 王应麟的辑佚成就为保存古籍作出了一定的贡献，也为后人辑佚古书在方法和手段上提供了借鉴。明代以后，书籍散佚的情况更加严重，且妄改甚至伪造古书的风气盛极一时，为了保存古代文献，有些学者开始专门从事辑佚工作。至清代初年，随着汉学的兴起，汉代的经学著作成为研究的主要对象，学术界普遍重视汉代经学家的说经之作，但由于年代悬远，经书旧注大多散佚无存，因此搜集辑

---

① （宋）郑樵：《通志》卷七一《校雠略》，中华书局1987年版，第832页。

② 《四库全书总目》卷一《经部·易类·周易郑康成注》，第2页。

③ 《四库全书总目》卷一五《经部·诗类·诗考》，第125页。

佚汉人说经之作就成了首要任务，也成为汉学家学术活动的重要内容。流风所及，辑佚之风大兴，继而由经及史、由史及子、集部文献，大凡已经亡佚的周秦古籍，魏晋以后散佚的西汉经师遗说，以及历史遗文遗著乃至各种小说训诂之书，都成为辑佚的对象，为保存和丰富古代文献作出了贡献。在这种辑佚之风的影响下，保存了丰富典籍的《永乐大典》自然引起了学者的广泛关注和浓厚兴趣，而《四库全书》的开馆，实际上也得益于利用《永乐大典》的辑佚活动，清代学者在辑佚方面的成就及影响是深远的。

清人在编纂《四库全书》时，从《永乐大典》中辑出了许多有价值的文献，具体数目学术界至今尚未达成共识，本书采用司马朝军的最新研究成果，即"经部73种，史部43种，子部102种，集部175种，《四库全书》采辑《大典》本共392种"。此外存目者128种。① 在392种著录的辑佚文献中，有关唐代的文献共计17种，其中5种系伪书，暂不置论，其余12种文献，能够有幸保存下来并被辑佚成帙，其本身就已难能可贵，更何况其利用价值远远大于文献本身。如唐懿宗咸通初年，在安南经略使蔡袭幕府供职的樊绰根据自己的亲身经历撰成《蛮书》10卷，因其任职地邻近南诏，"绰为幕僚，亲见蛮事，故于六诏种族、风俗、山川、道里及前后措置始末，撰次极详，实舆志中最古之本"。后来宋祁《新唐书·南蛮传》、司马光《资治通鉴》所载南诏事"多采用之"，"程大昌等复引所述兰（当作澜）沧江，以证华阳黑水之说"，足见此书在宋代已备受重视。但自明代以后，此书遂鲜见流传，"虽博雅如杨慎，亦称绰所撰为有录无书，则其亡佚固已久矣"。② 幸运的是此书因录入《永乐大典》而得以保存，又经四库馆臣从中辑出，大大便于后人利用。又如刘恂所撰《岭表录异》，记载岭南奇物异事，是后人了解唐代岭南物产及风土民情的重要参考文献。而古代有关岭南的舆地之书，如郭义恭的《广志》，沈怀远的《南越志》均已不传。"诸家所援据者，以恂是编为最古"。③ 此外，《唐太宗》的《帝范》、南唐刘崇远的《金华子》，其价值都得到了四库馆臣及后人的肯定。而四库馆臣所辑唐代文献中，最有史料价值、广

① 司马朝军：《〈四库全书总目〉研究》第七章《〈四库全书总目〉与辑佚学》，第385页。
② 《四库全书总目》卷六六《史部·载记类·蛮书》，第585页。
③ 《四库全书总目》卷七〇《史部·地理类·岭表录异》，第623页。

为后人研究利用且为人所称道的莫过于《唐语林》、《唐才子传》和《元和姓纂》三部文献。

《唐语林》是宋人王谠综采五十多种文献，仿《世说新语》的体例分门别类撰成的一部杂记，与刘义庆《世说新语》专尚清谈不同的是，其文中所载典章故实、嘉言懿行，"多与正史相发明"。此外，《唐语林》"所采诸书，存者亦少"，故"其裒集之功，尤不可没"。① 但这样一部珍贵的文献，自明代之后就鲜见刊本流传，明代学者杨慎曾说："《语林》罕传，人亦鲜知。"② 武英殿书库所藏明嘉靖初桐城齐之鸾刻本系残本，书前有齐之鸾自序，"称所得非善本，其字画漫漶，篇次错乱，几不可读"。四库馆臣取《永乐大典》本与齐之鸾刻本"参互校订，删其重复，增多四百余条"，"又得原《序目》一篇，载所采书名及门类总目，当日体例，尚可考见其梗概"。③

自从四库馆臣辑出《唐语林》8卷本，又以聚珍版印刷行世，覆刻本很多，流传渐广。孙星衍所刻守山阁丛书本于《唐语林》后附有《校勘记》，钱熙祚又找出了一些条文的出处，还曾参照齐之鸾本辗转互校，订正了一些文字上的错误。之后，陆心源又用齐之鸾本对校，辑得佚文十四条。近年来周勋初先生在前人研究的基础上，利用《永乐大典》、齐之鸾本、历代小史本与聚珍本对校，同时还利用宋、元时人的多种总集、别集、类书、笔记等进行校勘，又辑得佚文十九条，并为《唐语林》中的大部分文字找到了出处，重新做了校订编排。在整理的过程中，周先生也充分肯定了《唐语林》的价值。周勋初先生认为《唐语林》尽管存在的问题很多，情况很复杂，诸如材料来源不明，文字时见脱误，条文分合缺乏定准等有待进一步深入研究，但这并不妨碍其史料价值。"这是一本很好的书。材料很可贵，研究唐代文史的人，一定得用作参考"。④

《唐才子传》"原本凡十卷，总三百九十七人，下至妓女女道士之类，

---

① 《四库全书总目》卷一四一《子部·小说家类·唐语林》，第1196页。

② （明）杨慎：《升庵集》卷四七《姚璹谄武后》，影印文渊阁四库全书第1270册，第381页。

③ 《四库全书总目》卷一四一《子部·小说家类·唐语林》，第1196页。

④ 周勋初：《〈唐语林校证〉前言》，（宋）王谠撰，周勋初校证：《唐语林校证》卷首，中华书局1987年版。

亦皆载入"。① 傅璇琮在其主编的《唐才子传校笺》前言中则言"书内立专传者二百七十八人，附见者一百二十人，共三百九十八家"，② 与《四库全书总目》略有出入。"其体例因诗系人，故有唐名人，非卓有诗名者不录。即所载之人，亦多详其逸事及著作之传否，而于功业行谊则只撮其梗概，盖以论文为主，不以记事为主也。大抵于初、盛稍略，中、晚以后渐详"。③ 关于《唐才子传》的价值，明人杨士奇评价说："盖行事不关大体，不足为劝戒者不录"；"又间杂以臆说，观者当择之"。④ 而四库馆臣通过对全书的考证，认为其所记或有悖大义，或与史实不符，但仍然有其值得肯定的一面。与计有功《唐诗纪事》相比，《唐才子传》"叙述差有条理，文笔亦秀润可观"，其附于传后的评论则"多掎摭诗家利病，亦足以津逮艺林，于学诗者考订之助，固不为无补焉"。此书明初尚有完本，《永乐大典》全文录入传字韵内，不幸的是正好传字一韵亡佚，"世间遂无传本"。四库馆臣将散见于《永乐大典》各韵中的条目"随条摭拾，裒辑编次"，"共得二百四十三人，又附传者四十四人，共二百八十七人。谨依次订正，厘为八卷"。⑤ 虽非完帙，已得原书的十分之八。由于受时代限制，不论是杨士奇还是四库馆臣，都未能充分认识到《唐才子传》的价值。当今学者对《唐才子传》进行了全面的整理与研究，尤其是随着傅璇琮先生主编、全国 20 多位学者专家通力合作而成的《唐才子传校笺》的先后出版，学术界对《唐才子传》价值的认识始更加明确。

　　《元和姓纂》是唐宪宗元和年间宰相李林甫命林宝修撰的一部姓氏谱，在重视门第郡望的唐代，此类著作繁多，无足珍贵。而唐、宋以后，世风渐变，门第观念日益淡薄，因此唐代所修《大唐氏族志》、《姓氏谱》等大量谱牒类文献不为世重，大多散佚无存，仅有林宝《元和姓纂》因被《永乐大典》引录而幸存，然"皆割裂其文，分载于太祖御制《千家

　　① 《四库全书总目》卷五八《史部·传记类·唐才子传》，第 523 页。

　　② 傅璇琮：《〈唐才子传校笺〉前言》，傅璇琮主编：《唐才子传校笺》第 1 册，中华书局 1987 年版。

　　③ 《四库全书总目》卷五八《史部·传记类·唐才子传》，第 523 页。

　　④ （明）杨士奇：《东里集·文集》卷一〇《书唐才子传后》，影印文渊阁四库全书第 1238 册，第 117 页。

　　⑤ 《四库全书总目》卷五八《史部·传记类·唐才子传》，第 523 页。

姓》下",已非本来面目。幸好原《序》保留下来,可据以考知原书体例,于是四库馆臣辑出佚文,重为编排,依《唐韵》,"以四声二百六部次其后先",又用宋人邓名世《古今姓氏辨证》所引各条"补其阙佚",依旧按原有卷帙分为18卷。《元和姓纂》失而复得,也在一定程度上得益于四库馆臣对其文献价值的认识。乾嘉学者擅长考据,注重实证,而《元和姓纂》所征引的大量文献,诸如《世本》、《风俗通》、《族姓记》、《三辅决录》以及《百家谱》、《英贤传》、《姓源韵谱》、《姓苑》等均已亡佚,"赖其征引,亦皆班班可见","郑樵作《氏族略》,全祖其文,盖亦服其该博也"。①

对于文献尚存而篇目遗佚者,四库馆臣也尽力搜求,俾成完帙。补遗成卷者有《渚宫旧事补遗》1卷,《颜鲁公集补遗》1卷。前者收入子部杂家类,《唐书·艺文志》著录《渚宫旧事》10卷,至南宋末仅存5卷,《四库全书》所收系江苏巡抚采进本,"今仍其旧为五卷",又将散见于其他文献中的记载"别辑为《补遗》一卷,附录于后焉"。② 后者收入集部别集类,纂修者在《提要》中说:"今考其遗文之见于石刻者,往往为元刚所未收,谨详加搜辑,得《殷府君夫人颜氏碑铭》一首,《尉迟迥庙碑铭》一首,《太尉宋文贞公神道碑侧记》一首,《赠秘书少监颜君庙碑》、《碑侧记》、《碑额阴记》各一首,《竹山连句诗》一首,《奉使蔡州诗》一首,皆有碑帖现存。又《政和公主碑》残文、《颜元孙墓志》残文二篇,见《江氏笔录》,《陶公栗里诗》见《困学纪闻》,今俱采出,增入补遗卷内。"③ 其他�摭拾所得虽未成卷帙,而补入文献之末的零星篇章亦复不少。如唐张说《张燕公集》,《新唐书·艺文志》载其《集》30卷,今所传本止25卷,且"自宋以后,诸家著录并同",可知其文集亡佚五卷由来已久。纂修者参考两《唐书》本传及《唐文粹》、《文苑英华》等文献,发现"其文不载于集者尚多",于是"旁加搜辑","于《集》外得颂一首,箴一首,表十八首,疏二首,状六首,策三首,批答一首,序十一首,启一首,书二首,露布一首,碑四首,墓志九首,行状一首,凡六十一首,皆依类补入。而原《集》目次错互者,亦诠次更定,仍厘为

---

① 《四库全书总目》卷一三五《子部·类书类·元和姓纂》,第1143页。
② 《四库全书总目》卷五一《史部·杂史类·渚宫旧事》,第463页。
③ 《四库全书总目》卷一四九《集部·别集类·颜鲁公集》,第1284页。

二十五卷，庶几复成完本焉"。①

## 二 校勘

典籍文献在长期的流传过程中，经过无数次的传钞刊刻，难免出现鲁鱼亥豕、讹脱谬误等现象，通过对一部文献的不同版本及相关文献记载征引的比勘，发现并尽可能地清除这部书在流传过程中所产生的讹误、衍脱、倒置、错简及其他诸类问题，以恢复古籍和有关记载的本来面目，是谓校勘。校勘是文献整理的一个重要环节，始于两汉，通行于宋，大盛于清。曾国藩在《经史百家简编序》中说："惟校雠之学，我朝独为卓绝。乾嘉间巨儒辈出，讲求音声故训校勘，疑误冰解的破，度越前世矣。"②清代学者在文献校勘方面取得了巨大的成就，校勘名家辈出，校勘的范围广、数量大，校勘方法和理论都趋于成熟。乾隆三十八年（1773）开四库馆，至四十七年（1782），历时 10 年，凡校录书 3503 种，79330 卷。存目 6819 种，94034 卷。四库馆臣对收入《四库全书》的每部文献都详加校勘，正如《凡例》所云："每书先列作者之爵里，以论世知人，次考本书之得失，权众说之异同，以及文字增删，篇帙分合，皆详为订辨，巨细不遗。"③

如收入经部小学类的《干禄字书》系颜真卿之伯父颜元孙所作，有湖本、蜀本流传于世。湖本系大历九年颜真卿任官湖州时，"尝书是编勒石"，蜀本系开成四年（839），"杨汉公复摹刻于蜀中"，"今湖本已泐阙，蜀本仅存"。南宋宝祐五年（1257）"衡阳陈兰孙始以湖本锓木"，清初扬州马曰璐又有翻刻，《四库全书》所收即此本。"然证以蜀本，率多谬误。如卷首序文本元孙作，所谓伯祖故秘书监，乃师古也。兰孙以元孙亦赠秘书监，遂误以为真卿称元孙，而以序中'元孙'二字改为'真卿'以就之。曰璐亦承其讹，殊为失考。其他阙误，亦处处有之。今以蜀本互校，补阙文八十五字，改讹体十六字，删衍文二字，始稍还颜氏之旧。"④

经部小学类所收唐人张参的《五经文字》成书后先书于屋壁，"其后

---

① 《四库全书总目》卷一四九《集部·别集类·张燕公集》，第 1279 页。
② （清）曾国藩：《曾国藩全集·诗文·经史百家简编序》，岳麓书社 1986 年版，第 265 页。
③ 《四库全书总目》卷首《凡例》，第 17—18 页。
④ 《四库全书总目》卷四一《经部·小学类·干禄字书》，第 347 页。

易以木版，至开成间乃易以石刻也"。经四库馆臣考证，后唐长兴三年（932）曾校勘雕印九经书籍，"此书刻本在印版书甫创之初已有之，特其本不传耳"。收入《四库全书》的刻本是马曰璐据宋拓石经本缮写刻印的"摹宋拓本"，四库馆臣用石刻校勘，发现"有字画尚存而其本改易者"及多处脱字现象，"今悉依石刻补正，俾不失其真焉"。① 又唐元度《九经字样》与张参《五经文字》相辅而行，遇明嘉靖年间地震，"二书同石经并损阙焉"，清代马曰璐用宋拓本刊行，"独属完善"，然"其间传写失真，及校者意改，往往不免"，收入《四库全书》时，馆臣根据石经残碑，"详加覆订，各以案语附之下方"。②

《四库全书》所收唐人韦绚《刘宾客嘉话录》系内府藏本，载于曹溶《学海类编》中，经馆臣校勘，发现其中许多条目内容与李绰《尚书故实》相同，"间改窜一二句，其文必拙陋不通"。馆臣认为《学海类编》所收诸书"大抵窜改旧本，以示新异，遂致真伪糅杂，炫惑视听"。有幸的是《学海类编》的窜改尚有踪迹可寻，"今悉刊除，以存其旧"。③ 又如《大唐新语》历代刻本较多，且书名各异，篇目不一，疏舛互有，四库馆臣用内府藏本"合诸本参校，定为书三十篇，总论一篇，而复名为《大唐新语》"。④ 即使像辑自《永乐大典》无别本可校的《蛮书》，四库馆臣也想方设法，"谨以诸书参考旁证，正其讹脱；而姑阙不可通者，各加按语于下方，厘为十卷"。⑤

四库馆臣不但辑出了《元和姓纂》，还对其进行了初步校勘，"其字句之讹谬，则参校诸书，详加订正，各附案语于下方"，⑥ 此乃《元和姓纂》之一校。受此影响，不断地有学者不惮烦劳，为之补遗校勘。嘉庆年间孙星衍、洪莹据郑樵《通志·氏族略》、王应麟《姓氏急就章》、谢枋得《秘笈新书》等文献又事校补，补录了一些不见于《永乐大典》的遗文，是为二校；清末罗振玉撰《元和姓纂校勘记》2卷，是为三校；近世岑仲勉又广为搜辑，从大量文献中采录《元和姓纂》所记历代人物之

---

① 《四库全书总目》卷四一《经部·小学类·五经文字》，第347—348页。

② 《四库全书总目》卷四一《经部·小学类·九经字样》，第348页。

③ 《四库全书总目》卷一四〇《子部·类书类·刘宾客嘉话录》，第1184页。

④ 《四库全书总目》卷一四〇《子部·小说家类·大唐新语》，第1183页。

⑤ 《四库全书总目》卷六六《史部·载记类·蛮书》，第585页。

⑥ 《四库全书总目》卷一三五《子部·类书类·元和姓纂》，第1143页。

事迹，逐一进行考订，并据以纠正前人辑校本的各类错误撰成《元和姓纂四校记》，鸿篇巨帙，令人叹服。而在一次又一次的整理过程中，学者们对《元和姓纂》的价值认识也越来越明确。

### 三　辨伪

早在西汉末年刘向、刘歆父子校理国家图书时，就已涉及文献的辨伪。南朝刘勰发明文体辨伪法，对当时流行的李陵、班婕妤的五言诗进行了考辨。唐、宋两朝，文献辨伪意识日益增强，方法日臻成熟，至明代中叶古籍辨伪学始告成立，到清代则发展到高峰。乾隆年间编纂《四库全书》时，首要任务即是对收集来的文献进行全面审核，不可避免地涉及各种文献的真伪问题及相应的处理办法，或舍弃，或著录，或存目。针对此问题，《凡例》有明确说明：

> 《七略》所著古书，即多依托，班固《汉书·艺文志》注可覆案也。迁流洎于明季，讹妄弥增，鱼目混珠，猝难究诘。今一一详核，并斥而存目，兼辨证其非。其有本属伪书，流传已久，或掇拾残剩，真膺相参，历代词人已引为故实，未可概为捐弃，则姑录存而辨别之。大抵灼为原帙者，则题曰某代某人撰；灼为膺造者，则题曰旧本题某代某人撰；其踳误传讹如吕本中《春秋传》，旧本称吕祖谦之类，其例亦同。至于其书虽历代著录而实一无可取，如《燕丹子》、陶潜《圣贤群辅录》之类，经圣鉴洞烛其妄者，则亦斥而存目，不使滥登。①

就唐代文献而言，伪书的数量亦相当可观，据司马朝军《〈四库全书总目〉研究》所附《〈四库全书总目〉辨伪书目》的统计，有关依托或疑伪的唐代文献共计 51 种，其中以子部居多，而唐代文献中的伪书情形主要有以下几种：

其一是文献真，作者伪。此类文献，就典籍内容而言确属唐人著述，而作者则系伪托。如著录入史部传记类、旧本题唐李翱的《卓异记》，经四库馆臣考证，其作者姓名及书《序》皆后人妄加："《唐书·艺文志》

---

① 《四库全书总目》卷首《凡例》，第 19 页。

则作陈翱，注曰宪、穆时人。案：李翱为贞元、会昌间人，陈翱为宪、穆间人，何以纪及昭宗？其非李翱亦非陈翱甚明。《宋史·艺文志》作陈翰，而注曰一作翱，亦不言为何许人。其《序》称开成五年七月十一日，乃文宗之末年，其次年辛酉，乃为武宗会昌元年，何以书中两称武宗？则非惟名姓舛讹，并此《序》年月，亦后人妄加，而书则未及审改耳。"①此书皆纪唐代朝廷盛事，故以《卓异》为名，而经过长期的流传，作者已不可考，后人托名李翱，致其成为伪书。

其二是后人托名唐人著作。此类著作较多，著录入史部地理类的《吴地记》，旧本题唐陆广微撰，四库馆臣先考辨作者之伪曰："书中称周敬王六年丁亥，至今唐乾符三年庚申，凡一千八百九十五年，则广微当为僖宗时人。然书中'虎疁'一条，称唐讳虎，钱氏讳镠，改为'浒墅'。考《五代史·吴越世家》，乾符二年，董昌始表钱镠为偏将。光启三年，始拜镠左卫大将军、杭州刺史。景福二年，始拜镠为镇海军节度使、润州刺史。乾宁元年，始加镠同中书门下平章事，二年始封镠为彭城郡王。天祐元年，封吴王。至朱温篡立，始封镠为吴越王，安得于乾符三年以董昌一偏将能使人讳其嫌名？且乾符三年亦安得预称吴越？至钱俶于宋太平兴国三年始纳土入朝，当其有国之时，苏州正其所隶，岂敢斥之曰钱氏？尤显为宋人之辞，则此书不出广微，更无疑义。"继之又考辨文献非唐代著述曰："王士祯《香祖笔记》尝摘其语儿亭，冯骥宅，公孙挺、陈开疆、顾冶子墓三条，又摘其琴高宅一条，于地理事实，皆为舛谬。又案乾符三年岁在丙申，实非庚申，上距周敬王丁亥仅一千三百九十年，实非一千八百九十五年，于年数亦复差误。观其卷末称纂成图画，以俟后来者添修，而此本无图。前列吴、长洲、嘉兴、昆山、常熟、华亭、海盐七县，而后列吴县、长洲县事为多。殆原书散佚，后人采掇成编，又窜入他说以足卷帙，故讹异若是耶。"②

其三是真伪羼杂。真伪羼杂的文献情况比较复杂，有的前集真，续集或补遗伪。如著录入小说家类的《前定录》1卷，《续录》1卷，唐钟辂撰。《总目》考辨曰："辂，大和中人，官崇文馆校书郎，《唐书·艺文

————————

　　① 《四库全书总目》卷五七《史部·传记类·卓异记》，第518页。

　　② 《四库全书总目》卷七〇《史部·地理类·吴地记》，第619页。案：王士祯即渔阳山人王士禛，避清世宗胤禛之讳改作"士祯"。

志》作钟簴，未详孰是也。是书所录前定之事，凡二十三则，与《书录解题》所言合。前有自序，称庶达识之士知其不诬，奔竞之徒亦足以自警，较他小说为有劝戒。高彦休《唐阙史》曰'世传《前定录》所载事类实繁，其间亦有邻委曲以成其验者'，盖即指此书。然小说多不免附会，亦不能独为此书责也。《续录》一卷，不题撰人名氏，《书录解题》亦载之，观其以唐明皇与唐玄宗析为两条，知为杂采类书而成，失于删并。又柳宗元一条，乃全引《龙城录》语。《龙城录》为宋王铚伪撰，则非唐以前书明矣。"① 与前集真、续集或补遗伪相反，有的则前集伪、续集、补遗或附录真。如著录入集部别集类的《宗元集》3 卷、附录《玄纲论》1 卷、《内丹九章经》1 卷，唐吴筠撰。馆臣通过精密的考辨，认为《宗元集》中的《序》及《吴尊师传》系伪作，而附录《玄纲论》为真，《内丹九章经》又伪，情形之复杂，于此可见一斑。

其四是存疑。四库馆臣在辨伪方面比较谨慎，对一时难以断定真伪的文献，也不妄下结论，一方面留下了许多悬而未决的疑案，另一方面还列举出了众多疑点，留待后人进一步考辨。如四库馆臣怀疑旧本题唐郭京所撰《周易举正》系宋人伪托，作者郭京"不知何许人"，"《崇文总目》称其官为苏州司户参军。据《自序》言御注《孝经》，删定《月令》，则当为开元后人。……今考是书，《唐志》不载，李焘以为京开元后人，故所为书不得著录（案：焘说见《文献通考》）。然但可以解《旧书·经籍志》耳，若《新书·艺文志》，则唐末之书无不具列，岂因开元以后而遗之？疑其书出宋人依托，非惟王、韩手札不可信，并唐郭京之名，亦在有无疑似之间也"。② 又如辑自《永乐大典》的《岭表录异》，旧本题唐刘恂撰。四库馆臣怀疑刘恂非唐人，考辨曰："宋僧赞宁《笋谱》称恂于唐昭宗朝出为广州司马，官满，上京扰攘，遂居南海，作《岭表录》。陈振孙《书录解题》亦云昭宗时人。然考书中云唐乾符四年，又云唐昭宗即位，唐之臣子，宜有内词，不应直称其国号；且昭宗时人，不应预称谥号。殆书成于五代时欤？"③ 又馆臣在考辨《谭藏用诗集》的真伪问题时，列举四个疑点怀疑其为伪作，留等后人继续考辨。

---

① 《四库全书总目》卷一四二《子部·小说家类·前定录》，第 1209 页。
② 《四库全书总目》卷一《经部·易类·周易举正》，第 4 页。
③ 《四库全书总目》卷七〇《史部·地理类·岭表录异》，第 623 页。

总之，四库馆臣在辨伪问题上态度十分谨严，他们重证据，轻人言，对前人已经定性为伪书的文献也再度审查，不迷信古人，不轻信权威，从实事求是的角度出发，用科学的方法重新辨析。如集部别集类著录的唐孙樵《孙可之集》10 卷本系毛晋汲古阁刻本，清初汪师韩撰《孙文志疑序》，认为孙樵所作除收入《唐文粹》的《后佛寺奏》、《读开元杂记》、《书褒城驿》、《刻武侯碑阴》、《文贞公笏铭》、《与李谏议行方书》、《与贾秀才书》、《孙氏西斋录》、《书田将军边事》、《书何易于》10 篇是孙樵的作品外，其余 15 篇皆后人伪撰。四库馆臣没有采信汪师韩的观点，详为辨证曰："《新唐书·艺文志》、《通志》、《通考》皆载樵《经纬集》三卷，《书录解题》称樵自为序，凡三十五篇。此本十卷，为毛晋汲古阁所刊，称王鏊从内阁钞出，前载樵自序，称藏书五千卷，常自探讨，幼而工文，得其真诀。广明元年，驾避岐陇，朝廷以省方蜀国，文物攸兴，品藻朝论，旌其才行，遂阅所著文及碑碣书檄传记铭志，得二百余篇，撮其可观者三十五篇云云，与陈振孙之说合。又称编成十卷，藏诸箧笥云云，则与三卷之说迥异。……然卷帙分合，古书多有，未可以是定真伪。且师韩别无确据，但以其字句格局断之，尤不足以为定论也。"①

**四 删繁补阙**

在编纂《四库全书》并为所著录的文献撰写提要的同时，四库馆臣还对有些著录文献进行了初步的校勘整理，对发现的问题也做了相应的处理。如著录入经部小学类的唐颜元孙所撰《干禄字书》系两淮马裕家藏本，是马裕之父据宋本翻刻，经四库馆臣与蜀本对校，发现马裕藏本"率多谬误"，因此在收入《四库全书》时用蜀本互校，"补阙文八十五字，改讹体十六字，删衍文二字，始稍还颜氏之旧"。②诸如此类的文献整理，校勘补遗，四库馆臣在纂修《四库全书》时还做了不少删繁补缺、正谬订讹的工作。

四库馆臣在纂修《四库全书》时，针对文献中出现的衍、误、倒、重、伪等问题进行删削，发现文献有误收篇章、滥入序跋、衍文误字等也一概删削。如著录入史部传记类的《魏郑公谏录》系浙江鲍士恭家藏本，

---

① 《四库全书总目》卷一五一《集部·别集类·孙可之集》，第 1299 页。
② 《四库全书总目》卷四一《经部·小学类·干禄字书》，第 347 页。

唐王方庆撰，主要记录魏徵事迹，书后附有明人彭年《补录》1 卷，此外元朝至顺年间，翟思忠又撰有《续录》2 卷，"世罕流传"。在纂修《四库全书》时，四库馆臣从《永乐大典》中辑录出了翟思忠的《续录》2卷附于后，又因为彭年所补"寥寥数条，殊为赘设"，因此予以删削，"不复附缀此书之末焉"。① 著录入集部别集类的《颜鲁公集》收有《干禄字书序》一篇，此文乃颜元孙作，颜真卿只是"书之刻石"而已。南宋留元刚在编辑《颜真卿集》时误以为真卿之作而收入其中，"亦为舛误，今并从刊削焉"。② 又唐李华《李遐叔文集》中原有《卢坦之》、《杨烈妇》二传，四库馆臣经"检勘其文"，发现此两篇都在《李翱集》中，当系编者误采，"今并从刊削焉"。③

四库馆臣还对疑伪文献进行了校勘删节。如著录入子部术数类的旧本题杨筠松所撰之《撼龙经》，纯属无稽之谈，"盖不足信也"。然因其所论山川之形势，"颇能得其要领"，故历代盛行不衰。四库馆臣虽疑其为伪书，亦不废黜。又此书旧本有李国木《注》并所附各图，"庸陋浅俗，了无可取，今并加刊削，不使与本文相溷焉"。④ 而著录入子部术数类旧本题杨筠松所撰的另一部著作《青囊奥语》，"旧本有注，托名刘基，李国木复加润色，芜蔓殊甚。又妄据伪《玉尺经》窜改原文，尤为诞妄。今据旧本更正，并削去其注，以无滋淆惑焉"。⑤

### 五　订谬正讹

从《总目》的内容可以看出，编纂者除对著录文献进行删繁补阙以外，还不惮其烦，参考有关文献对著录书籍进行了大量订谬正讹等校订工作，有的还加案语予以说明，这种订谬正讹工作涉及文献的各个方面。文字错乱舛误者如宋吴缜《新唐书纠谬》，"今世所行刊本，第二十卷《柳宗元传》至《苏定方传》凡六条，皆全脱，而错入第六卷。'郭潜曜姓不同'以下四条之文，重复舛误，已非完书。独两淮所进本尚属南宋旧椠，

---

①　《四库全书总目》卷五七《史部·传记类·魏郑公谏录》，第 514 页。

②　《四库全书总目》卷一四九《集部·别集类·颜鲁公集》，第 1284 页。

③　《四库全书总目》卷一五〇《集部·别集类·李遐叔文集》，第 1286 页。

④　《四库全书总目》卷一〇九《子部·术数类·撼龙经》，第 921 页。

⑤　《四库全书总目》卷一〇九《子部·术数类·青囊奥语》，第 922 页。

其《柳宗元传》六条原文具在，谨据以订正焉"。① 书名记载不一者如唐刘肃《大唐新语》，原本名《新语》，《新唐书·艺文志》及其以后的目录书均著录作《新语》，至明冯梦祯、俞安期等人将《新语》与李垕《续世说》伪本合刻，于是改称《唐世说》。后来商浚刻入《稗海》时，又于刘肃《自序》中增入"世说"二字，且《稗海》本佚其卷末《总论》一篇及《政能》第八之标题，较之冯氏、姚氏之本更为疏舛。因此编纂者"合诸本参校，定为书三十篇，总论一篇，而复名为《大唐新语》，以复其旧焉"。② 书名与内容不合者如唐张读《宣室志》，此书所记"皆鬼神灵异之事"，其书名"宣室"，"盖取汉文帝宣室受厘，召贾谊问鬼神事"。"然鬼神之对，虽在宣室，而宣室之名，实不因鬼神而立。取以题志怪之书，于义未当，特久相沿习不觉耳。今特附订其失，庶读者有考，无相沿用焉"。③ 注释脱误者如唐太宗李世民御撰之《帝范》，此书辑自《永乐大典》，旧本原有唐贾行、韦肃注，元人又在唐人旧注的基础上作补注，辗转传写，脱误较多，《总目》的编纂者在著录时"谨旁考诸书，一一厘订"，并"各附案语于下方"。④ 文字讹谬者如唐樊绰《蛮书》，此书亡佚已久，因录入《永乐大典》而仅存，"文字已多断烂，不尽可读"，编纂者在别无他本可校的情况下，还是尽可能用有关文献"参考旁证，正其讹脱"，"而姑阙不可通者，各加案语于下方"。⑤

对著录入集部别集类的《孟浩然集》所收篇目的考订，则更能显示出编纂者在订谬正讹方面所付出的努力及所取得的成绩。此书系江苏蒋曾莹家藏本，前有天宝四载宜城王士源序，又有天宝九载韦滔序。"士源《序》称浩然卒于开元二十八年，年五十有二。凡所属缀，就辄毁弃，无复编录。乡里购采，不有其半。敷求四方，往往而获。今集其诗二百一十七首，分为四卷"。蒋曾莹家藏本卷数与《序》文相合，而录诗262首，比原本多出45首。早在宋代洪迈已怀疑集中所收孟浩然《示孟郊诗》与其所处时代不能相及。有鉴于此，四库馆臣详为考订曰：

① 《四库全书总目》卷四六《史部·正史类·新唐书纠谬》，第411页。
② 《四库全书总目》卷一四〇《子部·小说家类·大唐新语》，第1183页。
③ 《四库全书总目》卷一四二《子部·小说家类·宣室志》，第1210页。
④ 《四库全书总目》卷九一《子部·儒家类·帝范》，第774页。
⑤ 《四库全书总目》卷六六《史部·载记类·蛮书》，第585页。

　　今考《长安早春》一首，《文苑英华》作张子容，而《同张将军
蓟门看镫》一首，亦非浩然游迹之所及，则后人窜入者多矣。士源
《序》又称诗或阙逸未成，而制思清美，及他人酬赠，咸次而不弃，
而此本无不完之篇，亦无唱和之作，其非原本，尤有明征。排律之
名，始于杨宏《唐音》，古无此称，此本乃标排律为一体，其中《田
家元日》一首、《晚泊浔阳望香炉峰》一首、《万山潭》一首、《渭
南园即事贻皎上人》一首，皆五言近体，而编入古诗。《临洞庭》
诗，旧本题下有"献张相公"四字，见方回《瀛奎律髓》，此本亦无
之，显然为明代重刻，有所移改。至《序》中"丞相范阳张九龄等
与浩然为忘形之交"语，考《唐书》张说尝谪岳州司马，集中称张
相公、张丞相者凡五首，皆为说作，若九龄则籍隶岭南，以曲江著
号，安得署曰范阳，亦明人以意妄改也。以今世所行，别无他本，姑
仍其旧录之，而附订其牴牾如右。①

## 第四节　四库馆臣对唐代文献的初步研究

　　自汉代刘向、刘歆父子校理国家藏书，创立了中国目录学史上著录书
籍"条其篇目，撮其旨意"的典范后，历代目录书踵而继之，在著录文
献时都十分注重总结文献主旨，考订作者生平，有时还兼及书名、版本、
卷数及文献内容的考辨。因此《四库全书总目》在编纂之初即明确"条
其篇目，撮其旨意"的著录、存目方式，在《凡例》中明确规定了提要
的撰写体例：

　　　今于所列诸书，各撰为提要。分之则散弁诸编，合之则共为总
　　目。每书先列作者之爵里，以论世知人，次考本书之得失，权众说之
　　异同，以及文字增删，篇帙分合，皆详为订辨，巨细不遗。而人品学
　　术之醇疵，国纪朝章之法戒，亦未尝不各昭彰瘅，用著劝惩。其体例
　　悉承圣断，亦古来之所未有也。②

①　《四库全书总目》卷一四九《集部·别集类·孟浩然集》，第1282—1283页。
②　《四库全书总目》卷首《凡例》，第17—18页。

在实际编纂过程中，《四库全书总目》也基本上做到了叙述或考订作者之爵里、总结该书内容主旨及得失，条理井然，详略得当，体现了编纂者的学识和水平。这种编纂体例在唐代有关文献中均有所体现。四库馆臣固然对越来越稀缺的唐代文献视若拱璧，但对能够保存下来的文献的价值则不因其稀缺而一概肯定，而是本着科学的态度，实事求是地总结评价每一部文献，为后人留下了许多可资借鉴的资料。

### 一 论世知人

作者是文献的创造者，也是文献的灵魂，因此详述作者生平、爵里是《四库全书总目》的首要内容。唐代文献历时久远，有的作者或不见于记载，有的虽有记载但又异文迭出、真伪羼杂，针对这些问题，四库馆臣发挥其擅长考据的优点，对唐代文献的作者大都能详加考订，以期做到论世知人。

根据《四库全书总目》的体例，每部文献"先列作者之爵里"，而具体到每一部文献，有的作者之爵里史书记载明确，有的记载歧异，而有的则不见于史籍，因此四库馆臣在撰写提要的过程中针对具体情况做出了不同的处理。首先，对文献中记载明确的作者，则简要叙述其里籍生平，然后注明事迹具见某某文献。如《经典释文》的作者陆元朗，"字德明，以字行。吴人，贞观中官国子博士，兼太子中允。事迹具《唐书》本传"。[①] 又如《耒耜经》的作者陆龟蒙，"字鲁望，吴江人，事迹具《唐书·隐逸传》"。[②]《陈拾遗集》的作者陈子昂，其事迹"具《唐书》本传及卢藏用所为《别传》"。[③] 诸如此类，不复一一列举。

对于文献记载有歧义的作者，四库馆臣详加考订，然后得出比较公允的结论。如唐代诗人李白的籍贯一直是学界津津乐道而又争论不休的话题，四库馆臣在《李太白集提要》中综合王琦《李太白年谱》中的研究成果做了详细的考订，兹转录于下：

---

① 《四库全书总目》卷三三《经部·五经总义类·经典释文》，第270页。
② 《四库全书总目》卷一〇二《子部·农家类存目·耒耜经》，第854页。
③ 《四库全书总目》卷一四九《集部·别集类·陈拾遗集》，第1278页。

《旧唐书·白传》称山东人，《新唐书》则作陇西成纪人。考杜甫作《崔端薛复筵醉歌》①有"近来海内为长句，汝与山东李白好"句，杨慎《丹铅录》据魏颢《李翰林集序》有"世号为李东山"之文，谓杜《集》传写，误倒其字，似乎有理。然元稹作《杜甫墓志》，亦称与山东人李白，其文凿然。如倒之作东山人，则语不成文，又不得以魏《序》为解。检白《集》《寄东鲁二子》诗有"我家寄东鲁"句，颢《序》亦称合于鲁一妇人，生子曰颇黎，盖居山东颇久，故人亦以是称之，实则非其本籍，刘昫等误也。至于陇西成纪，乃唐时李氏以郡望通称，故刘知几《史通·因习篇》自注曰："近代史为《王氏传》云琅琊临沂人；为《李氏传》，云陇西成纪人，非惟王、李二族久离本郡，亦自当时无此郡县，皆是魏晋以前旧名。"今勘验《唐书·地理志》，果如所说，则宋祁等因袭旧文，亦不足据。惟李阳冰《序》称凉武昭王暠之后，谪居条支，神龙之始，逃归于蜀，复指李树而生伯阳，惊姜之夕，长庚入梦。颢《序》称白本陇西，乃因家于绵，身既生蜀云云。则白为蜀人，具有确证。二《史》所书，皆非其实也。②

　　《四库全书总目》的结论即《新唐书》所言"陇西成纪"是李白的郡望即祖籍，《旧唐书》所言"山东"是李白的旅居地即客籍，而"蜀"则是李白的出生地即原籍。20世纪上半叶，关于李白氏族及籍贯问题的讨论成为学术界的热点，李宜琛在《李白的籍贯与生地》一文中提出李白应生于西域的说法。此后陈寅恪在《李太白氏族之疑问》中又详细考证，亦断定李白"生于西域，不生于中国"。至今这一问题似仍悬而未决，而综观古今学术界有关李白籍贯的研究成果，似未见有超越《总目》之处者。

　　又如关于《宣室志》的作者张读，文献记载不一，《四库全书总目》考证如下：

---

①　案：（清）彭定求等编《全唐诗》卷二一七作《苏端薛复筵简薛华醉歌》，中华书局1960年版，第2270页。

②　《四库全书总目》卷一四九《集部·别集类·李太白诗集注》，第1280页。

陈振孙《书录解题》称读字圣朋,《唐书·艺文志》载读《建中西狩录》十卷,注曰读字圣用。朋、用字形相近,义亦两通,未详孰是也。深州陆泽人,《旧唐书》附见其祖张荐传中,称其登进士第,有俊材,累官至中书舍人,礼部侍郎。典贡举,时称得士,位终尚书左丞。《新唐书·艺文志》则称为僖宗时吏部侍郎,高彦休《唐阙史》亦称张侍郎读,为员外郎张休复之子(案《旧唐书》作希复),牛僧孺之外孙,年十九,登进士第,不言其为吏部、礼部,以典贡举之文证之,盖《新唐书》为误矣。①

或存疑,或辨误,显示了纂修者谨慎的治学态度和严密的考证方法。

此外,对许多不见于史传,里籍、仕履不详的作者,《总目》的编纂者也尽其所能予以考订,得出作者大致的生活年代。如《五经文字》的撰者张参,馆臣据其《自序》题有"大历十一年六月七日",结衔称"司业"之文,推测其"盖代宗时人"。而这一推测又从刘禹锡《国学新修五经壁记》所云"大历中名儒张参,为国子司业,始详定《五经》,书于讲论堂东、西厢之壁"的记载中得到了印证。② 在编纂《四库全书》时,浙江巡抚采进本中有不著撰人的《灌畦暇语》1卷,《唐志》、《宋志》皆未见著录,四库馆臣据文中作者皆自称老圃,惟唐太宗一条独称臣称皇祖,知其为唐人。又据其中"蒲且子"一条称近吴道玄亦师张颠笔法,又引用韩愈诗二章,"云后来岂复有如斯人",断定《灌畦暇语》"确为唐人著述",且其作者为"中唐以后人"。③ 又如《北户录》的作者段公路,四库馆臣据《新唐书·艺文志》称其为宰相文昌之孙,知其"当为临淄人"。而《学海类编》作东牟人,"亦未详所本",仕历、始末不可考。又据《北户录》卷首结衔,"知官京兆万年县尉,据书中称咸通十年,知为懿宗时人而已"。④ 而对那些无从考订的作者则用"里贯未详"、"未详何许人"、"始末不可考"、"仕履无考"等文字予以说明。

---

① 《四库全书总目》卷一四二《子部·小说家类·宣室志》,第1210页。

② 《四库全书总目》卷四一《经部·小学类·五经文字》,第347—348页。

③ 《四库全书总目》卷一二〇《子部·杂家类·灌畦暇语》,第1034页。

④ 《四库全书总目》卷七〇《史部·地理类·北户录》,第623页。

## 二　版本源流

唐代文献在长期的流传过程中，难免发生散佚、分合、卷帙错乱或漫漶不完等情形，经历代传钞刊刻后有时也面目全非。因此在撰写《四库全书总目》时，四库馆臣力求将著录的每一部文献的版本源流及递嬗关系交代清楚，让读者了解《四库全书》所收版本与原本之间的关系。如集部别集类著录有《颜鲁公集》15卷，《补遗》1卷，《年谱》1卷，《附录》1卷，四库馆臣在《颜鲁公集提要》中对颜真卿的文集流传情况作了详细的说明：

> 其集见于《艺文志》者，有《吴兴集》十卷，又《庐州集》十卷、《临川集》十卷，至北宋皆亡。有吴兴沈氏者，采掇遗佚，编为十五卷，刘敞为之序，但称沈侯而不著名字。嘉祐中，又有宋敏求编本，亦十五卷，见《馆阁书目》，江休复《嘉祐杂志》极称其采录之博。至南宋时，又多漫漶不完。嘉定间，留元刚守永嘉，得敏求残本十二卷，失其三卷，乃以所见真卿文别为《补遗》，并撰次《年谱》附之，自为后序。后人复即元刚之本分为十五卷，以符沈、宋二本之原数。沿及明代，留本亦不甚传。今世所行乃万历中真卿裔孙允祚所刊，脱漏舛错，尽失其旧。独此本为锡山安国所刻，虽已分十五卷，然犹元刚原本也。[1]

同是十五卷本的《颜鲁公集》，而此本已非《新唐书·艺文志》所著录之彼本，其间流传、散佚、复原之情形，一目了然。

同样收入集部别集类的沈亚之的《沈下贤集》，其篇目及流传情况则比《颜鲁公集》要复杂得多，对此《总目》也做了详细的考证说明：

> 是《集》凡诗赋一卷、杂文杂记一卷、杂著二卷、记二卷、书二卷、序一卷、策问并对一卷、碑文墓志表一卷、行状祭文一卷。杜牧、李商隐《集》均有《拟沈下贤》诗，则亚之固以诗名世，而此《集》所载，乃止十有八篇。其文则务为险崛，在孙樵、刘蜕之间。

---

① 《四库全书总目》卷一四九《集部·别集类·颜鲁公集》，第 1284 页。

观其《答学文僧请益书》，谓陶器速售而易败，煅金难售而经久；《送韩静略序》亟述韩愈之言，盖亦戛然自异者也。其中如《秦梦记》、《异梦录》、《湘中怨解》，大抵讳其本事，托之寓言，如唐人《后土夫人传》之类，刘克庄《后村诗话》诋其名检扫地，王士禛《池北偶谈》亦谓弄玉、邢凤等事，大抵近小说家言。考《秦梦记》、《异梦录》二篇，见《太平广记》二百八十二卷，《湘中怨解》一篇，见《太平广记》二百九十八卷，均注曰出《异闻集》，不云出亚之本《集》。然则或亚之偶然戏笔，为小说家所采，后来编亚之集者又从小说摭入之，非原本所旧有欤？此本前有元祐丙寅重刊序，不署姓名。钱曾《读书敏求记》乃称为元祐丙申刻。考元祐元年岁在丙寅，至甲戌已改元绍圣，中间不应有丙申，盖即此本而曾误记寅为申。又是《集》本十二卷，曾《记》为二十卷，亦误倒其文也。《池北偶谈》又记末有万历丙午徐𤊹跋，此本无之，而别有跋曰《吴兴文集》十二卷，义取艰深，字多舛脱，不可卒读。因从秦对岩先生借所藏季沧苇钞本校阅一过，题曰辛卯仲夏，有小印曰邦采，不知为谁。然则此本校以季氏本，季氏本钞自钱氏宋刻，其源流固大概可见矣。[1]

四库馆臣首先对《沈下贤集》12 卷之来历及其中篇目的真伪提出了质疑，然后进一步就其版本源流作详细的考证说明。

### 三 撮其旨意

《四库全书总目》在列举作者之爵里、详述版本源流之后，对该文献的内容还做了概括和总结，即撮其旨意，有详有略。详者细列子目、介绍篇章或内容，略者"一言以蔽之"，说明文献主旨，使人一目了然。

详者如姚汝能之《安禄山事迹》："是书上卷序禄山始生，至玄宗宠遇，起长安三年，尽天宝十二载事。中卷序天宝十三、四载禄山构乱事。下卷序禄山僭号被杀，并安庆绪、史思明、史朝义事，下尽宝应元年，记述颇详。"[2] 又如宋敏求之《长安志》："是编皆考订长安古迹，以唐韦述

---

① 《四库全书总目》卷一五〇《集部·别集类·沈下贤集》，第 1294 页。

② 《四库全书总目》卷六四《史部·传记类存目·安禄山事迹》，第 576—577 页。

《西京记》疏略不备，因更博采群籍，参校成书。凡城郭、官府、山川、道里、津梁、邮驿，以至风俗、物产、宫室、寺院，纤悉毕具。其坊市曲折及唐盛时士大夫第宅所在，皆一一能举其处，粲然如指诸掌。"① 略者如余知古之《渚宫旧事》，"所载皆荆楚之事"②；裴庭裕之《东观奏记》，"其书专记宣宗一朝之事"③；李德裕之《次柳氏旧闻》，所记"皆玄宗遗事，凡十七则"④；崔令钦之《教坊记》，"所记多开元中猥杂之事"⑤；无名氏之《玉泉子》，"所记皆唐代杂事，亦多采他小说为之"⑥；刘崇远之《金华子》，所记"皆唐末朝野之故事"⑦。诸如此类，《四库全书总目》仅用三言两语就对该文献的主要内容做了总结性的说明，如果没有通读过文献是很难做出如此高度的概括和总结的，由此也反映出了四库馆臣的敬业精神和一丝不苟的治学态度。

### 四　品评优劣

《四库全书总目》在概括总结文献内容主旨的同时，还从实用价值及史料价值两个方面对所收文献做出了较为公允的评价。如张固所撰《幽闲鼓吹》，虽然篇幅很短，字数寥寥，但其所记之事"多关法戒，非造作虚辞无裨考证者比"，因此在唐人小说之中"犹差为切实可据焉"。⑧ 唐薛用弱所撰之《集异记》，虽然卷帙无多，然"其叙述颇有文采，胜他小说之凡鄙"，而且所记常为后代文人引用，"亦小说家之表表者"。⑨

此外，四库馆臣有时还将一部文献与同期同类文献进行横向比较，然后品评其高低优劣。如欧阳询《艺文类聚》"比类相从，事居于前，文列于后，俾览者易为功，作者资其用。于诸类书中体例最善"，不足之处在

---

① 《四库全书总目》卷七〇《史部·地理类·长安志》，第 619 页。案：此文所言韦述《西京记》概《两京记》之误。

② 《四库全书总目》卷五一《史部·杂史类·渚宫旧事》，第 463 页。

③ 《四库全书总目》卷五一《史部·杂史类·东观奏记》，第 463 页。

④ 《四库全书总目》卷一四〇《子部·小说家类·次柳氏旧闻》，第 1183 页。

⑤ 《四库全书总目》卷一四〇《子部·小说家类·教坊记》，第 1185 页。

⑥ 《四库全书总目》卷一四〇《子部·小说家类·玉泉子》，第 1186 页。

⑦ 《四库全书总目》卷一四〇《子部·小说家类·金华子》，第 1187 页。

⑧ 《四库全书总目》卷一四〇《子部·小说家类·幽闲鼓吹》，第 1185 页。

⑨ 《四库全书总目》卷一四二《子部·小说家类·集异记》，第 1209 页。

于征引偶有疏误，分类亦"不免丛脞少绪"，"繁简失宜，分合未当"。①
徐坚的《初学记》，"其所采摭，皆隋以前古书，而去取谨严，多可应
用"。在唐人所编类书中，其"博不及《艺文类聚》，而精则胜之。若
《北堂书钞》及《六帖》，则出此书下远矣"。②又四库馆臣认为五代邱光
庭的《兼明书》考证精核，具有条理，"在唐人考证书中，与颜师古《匡
谬正俗》可以齐驱。苏鹗之《演义》、李涪之《刊误》、李匡乂之《资暇
集》，抑亦其次，封演《见闻记》颇杂琐事，又其次矣"。③唐令狐楚所
编《唐御览诗》虽不尽如人意，然《总目》的编纂者认为其"上比《箧
中集》则不足，下方《才调集》则有余，亦不以一二疵累，弃其全书
矣"。④其他如《因话录》在唐人说部之中，"犹为善本焉"，⑤而《尚书
故实》在唐人小说之中"亦《因话录》之亚也"。⑥南唐刘崇远的《金华
子》，主要记载唐大中以后朝野故事，"于将相之贤否、藩镇之强弱，以
及文章吟咏、神奇鬼怪之事，靡所不载，多足与正史相参证。观《资治
通鉴》所载宣宗对令狐绹、李景让禀母训、王师范拜县令、王式驭乱卒
诸事，皆本是书，则司马光亦极取之。惟其纪刘郢袭兖州一条，以兖帅为
张姓，而考之五代欧、薛二《史》，则当时兖帅实葛从周，不免传闻异
词。然要其大致，可信者多，与《大唐传载》诸书摭拾委巷之谈者，相
去固悬绝矣"。⑦

在集部文献中，四库馆臣除品评著作之优劣外，还兼及作者的诗文风
格、水平及人品的评论。如评论储光羲的诗曰："其诗源出陶潜，质朴之
中，有古雅之味，位置于王维、孟浩然间，殆无愧色。殷璠《河岳英灵
集》称其'削尽常言，得浩然之气'，非溢美也。"⑧评论唐代诗僧皎然
曰："皎然及贯休、齐己皆以诗名，今观所作弱于齐己，而雅于贯休，在
中唐作者之间，可厕末席。"⑨评刘禹锡曰："盖其人品与柳宗元同，其古

---

① 《四库全书总目》卷一三五《子部·类书类·艺文类聚》，第 1142 页。
② 《四库全书总目》卷一三五《子部·类书类·初学记》，第 1142—1143 页。
③ 《四库全书总目》卷一一八《子部·杂家类·兼明书》，第 1017 页。
④ 《四库全书总目》卷一八六《集部·总集类·唐御览诗》，第 1689 页。
⑤ 《四库全书总目》卷一四〇《子部·小说家类·因话录》，第 1184 页。
⑥ 《四库全书总目》卷一二〇《子部·杂家类·尚书故实》，第 1034 页。
⑦ 《四库全书总目》卷一四〇《子部·小说家类·金华子》，第 1187 页。
⑧ 《四库全书总目》卷一四九《集部·别集类·储光羲诗》，第 1283 页。
⑨ 《四库全书总目》卷一四九《集部·别集类·杼山集》，第 1284 页。

文则恣肆博辨，于昌黎、柳州之外，自为轨辙。其诗则含蓄不足，而精锐有余，气骨亦在元、白上，均可与杜牧相颉颃。而诗尤矫出，陈师道称苏轼诗初学禹锡，吕本中亦谓苏辙晚年令人学禹锡诗，以为用意深远，有曲折处。刘克庄《后村诗话》乃称其诗多感慨，惟'在人虽晚达，于树似冬青'十字，差为闲婉，似非笃论也。"① 对明人高棅所编、后人非毁即誉的《唐诗品汇》，《四库全书总目》评价曰："平心而论，唐音之流为肤廓者，此书实启其弊；唐音之不绝于后世者，亦此书实衍其传。功过并存，不能互掩，后来过毁过誉，皆门户之见，非公论也。"② 而由于《全唐诗》系所谓康熙御定，《四库全书总目》称其"网罗赅备，细大不遗"，"得此一编，而唐诗之源流正变，始末厘然。自有总集以来，更无如是之既博且精者矣"。③ 此论难免溢美之嫌，然在当时，时势使然，不足为过。

---

① 《四库全书总目》卷一五〇《集部·别集类·刘宾客文集》，第 1290 页。
② 《四库全书总目》卷一八九《集部·总集类·唐诗品汇》，第 1713 页。
③ 《四库全书总目》卷一九〇《集部·总集类·御定全唐诗》，第 1725 页。

# 第二章

# 两《唐书》的整理与研究(上)

史学研究是在史料的基础上进行的，史学研究离不开史料，著名史学家傅斯年甚至认为"史学便是史料学"，他在《史学方法导论》一书中说："史学的对象是史料，不是文词，不是伦理，不是神学，并且不是社会学。史学的工作是整理史料，不是做艺术的建设，不是做疏通的事业，不是去扶持或推倒这个运动，或那个主义。"① 清代学者虽然没有将史料的作用上升至理论的高度，但对史料重要性的认识却从他们不遗余力的搜集、整理、考订史料等方面体现了出来。在整理唐代文献的过程中，清代学者通过不懈的努力，对有关唐史研究的史料进行了全面的搜集与整理，一方面为后人研究准备了条件，同时也为后人指出了研究的方法与门径，可谓一举两得，功不可没。两《唐书》作为研治唐史最基本的史料，清代以前不受重视，尤其是《旧唐书》，自《新唐书》问世后，《旧唐书》少人问津，备受冷落。正如《四库提要》所云："自宋嘉祐后，欧阳修、宋祁等重撰《新书》，此书遂废。"② 湮没了几百年的《旧唐书》至清代乾隆四年（1739）重新校刻，才得以厕身正史之林，恢复其应有的地位。此后，学术界对两《唐书》进行了全面、细致、深入的整理和研究，取得了丰硕的成果，足资后人借鉴利用。

## 第一节 两《唐书》的刊校

《旧唐书》修成后，何时刊刻，印本有几种，学术界认识不一，加之

---

① 傅斯年著，雷颐点校：《史学方法导论·史料论略》，中国人民大学出版社 2004 年版，第 2 页。

② 《四库全书总目》卷四六《史部·正史类·旧唐书》，第 410 页。

《新唐书》面世后，《旧唐书》少有流通，因此清代以前《旧唐书》的刻本流传至今的只有南宋绍兴年间浙东路茶盐司刻本（又称越刻本，今残存69卷，现藏中国国家图书馆）和明嘉靖十八年（1539）闻人诠刻本。相比之下，《新唐书》虽晚出，但其历宋、元、明、清四朝，一直居于正史的地位，因此宋代以来的刻本远远多于《旧唐书》，流传至今较有名的南宋刻本有十四行残本、越刻本的元补版印残本、十六行残本及建阳书坊魏仲立刻残本，此外尚有元刻本、明成化南监刻本、明万历北京国子监刻二十一史本、明毛晋汲古阁刻十七史本等。有清一代，不仅恢复了《旧唐书》的正史地位，还重新校勘、刊刻两《唐书》，使之更为通行易得，不失为清儒整理唐代文献的主要成就之一。

### 一　武英殿本

被称为人类"文明之母"的雕版印刷术发展至清代，技术高度成熟，使用更加普遍，加之清代前期帝王"右文弘道"，普遍重视文化事业，整理刊刻古代文献达到前所未有的高潮。就两《唐书》而言，清代以前，《新唐书》刻本较多，比较流行，而《旧唐书》不但刻本少，流传亦不广。清乾隆四年（1739）校刻正史，重新认识新、旧《唐书》的作用及价值，当时学者一改长期以来《新唐书》优于《旧唐书》的观点，普遍认为新、旧《唐书》"互有短长"，不宜偏废而当并行于世。因此在二十一史的基础上增入《旧唐书》，与《新唐书》并列，重新恢复了《旧唐书》的正史地位。这就是所谓的"武英殿本"，加上《明史》共二十三史，乾隆四十九年（1784）又增刻辑本《旧五代史》，成为殿本二十四史。

乾隆年间校刻二十四史，刊刻与校勘同步进行，除《明史》外每部正史都附有考证。在刊刻伊始，沈德潜即奉命担任新、旧《唐书》的总校官，奉敕校勘两《唐书》，所成校勘记附于每卷之末。参与校刻《旧唐书》的有陈浩、陆宗楷、叶酉、卢明楷、杨茂迁等人，参与校勘《新唐书》的有陈浩、林蒲封、孙人龙、叶酉、王济师、龚元朱等人。在殿本《旧唐书》的考证跋语中，沈德潜谓校刻《旧唐书》以闻人诠本为底本，由于闻人本"志多缺略，表全散轶，且纪、志中多前后讹舛之文"，因此又用《新唐书》作校本，"核其异同"。此外又征引《通鉴纲目》"以审其裁制"，广采《通典》、《通志》、《文献通考》及《文苑英华》、《唐文粹》等书"以广其参订"，同时还参考了沈炳震的《唐书合钞》。在校勘过程中，"参错者更之，谬误者正之，其辞义可疑而无从证据者，俱仍原文，凡以存阙疑阙文之意也"。沈氏自谓其"搜罗未备，挂漏良多"，又成考证若干条分附于每卷之末。① 因沈德潜系文人，缺乏史识，对《旧唐书》的正文"往往据他书随便改窜，若干地方失去了《旧唐书》本来的面貌，实在不如闻人本"；"所附考证也只能引用一些《新旧唐书合钞》的陈说，敷衍塞责，很少自己的心得"。②

殿本《新唐书》则系用北监本重刻，沈德潜谓校勘时曾详加审阅，"合之《旧书》以辨其异同，质之'三通'以核其典实，余如唐人文集及《唐文粹》诸种加参考焉"。"中间审指归，正讹谬，指漏略，各有依据，不敢师心。其他文义可疑，无由证辨，同于夏五、郭公者，姑从阙疑，犹之校勘《旧书》之例也"。③ 黄永年先生认为，此次校刻《新唐书》，所用北监本本来就不算是好本子，加之"所附考证也出于沈德潜等人之手，和《旧唐书》考证一样不甚高明"。④

殿本两《唐书》虽颇受后人讥评，但自从乾隆四年（1739）校刻二十三史之后，四十九年（1784）又增刻辑本《旧五代史》，成为殿本二十四史，是清代最为通行易得的正史刻本。殿本的翻刻本、影印本甚多，常见的有咸丰时广州陈氏覆刻本、光绪时成都书局覆刻本、光绪时同文书局、五洲同文书局两种影印本、图书集成局扁铅字排印本、竹简斋剪贴影印本等。殿本的刊刻与不断翻刻重印，使得两《唐书》广为流传，为清代学者阅读和研治两《唐书》提供了便利条件。

## 二　《旧唐书》惧盈斋刻本

时至清代，可见的《旧唐书》刻本有闻人本、殿本、阁本（即四库本），虽仍少于《新唐书》，但基本上改变了清代以前《旧唐书》久无刻

---

① （后晋）刘昫：《旧唐书》卷末《考证跋语》，上海古籍出版社 1986 年影印武英殿本，第 650 页。以下凡引此本简称"殿本"。案：《旧唐书》本无表，沈德潜在《考证跋语》中谓《旧唐书》"志多缺略，表全散轶"颇受后人讥讽。

② 黄永年：《唐史史料学》，上海书店出版社 2002 年版，第 16 页。

③ （宋）欧阳修、宋祁：《新唐书》卷末《考证跋语》，上海古籍出版社 1986 年影印武英殿本，第 717 页。以下凡引此本简称"殿本"。

④ 黄永年：《唐史史料学》，第 32 页。

本的局面。然而闻人本刻版亡佚已久，"其书尤为难觅"；殿本《旧唐书》属二十四部正史之一，"坊肆间罕有单行者，寒素之家，购求匪易"；阁本仅缮写七部而未曾刻印，读者"艰于传钞"，因此对于清人来说，要研读《旧唐书》亦非易事。鉴于这种情况，喜好镌刻古籍的甘泉人岑建功在友人梅植之的鼓励下，以个人之力承担起重刻《旧唐书》的重任，由当时著名学者刘文淇主持，并延请沈龄、殷煦、凌镛、黄春熙诸人分任校字之事，"全书字句，悉以殿本为主，其间有刊刻小讹，为人所共知者，即随笔改正，外此则不敢妄改"。"至于行款书式，则仿照汲古阁史书，盖毛氏所刻十七史，久已风行海内，而《唐书》有新无旧，故特补其所未备也"。① 此即道光二十年（1840）扬州岑氏惧盈斋刻本。

清代所刻两《唐书》虽多，但各种版本均源于武英殿刻本，道光二十年扬州岑建功惧盈斋重新校刻《旧唐书》，虽然弥补了《旧唐书》刻本少的不足，但此次校刻，仍然以武英殿本为底本，仿"汲古阁"十七史版式重刻，"大概由于殿本是官书的缘故，其实用闻人本重刻才对，这是岑本的最大缺点"。值得肯定的是此次重刻《旧唐书》，亦经过了相当精审的校勘，附于此本《旧唐书》后之校勘记，是刘文淇等用闻人本和其他史料与殿本对校的成果，"远胜殿本沈德潜的考证"。② 盖缘于此，新中国成立后中华书局点校《旧唐书》即以此本为底本，参校众本整理而成。

### 三 《旧唐书校勘记》

岑建功在校刻《旧唐书》时，延请罗士琳、刘文淇、刘毓松、陈立等人"校对各本，讨论群籍"，撰成《旧唐书校勘记》66 卷。此次校勘，以殿本《旧唐书》为底本，除用《新唐书》对校外，还用《旧唐书》之闻人本、沈炳震《唐书合钞》、丁小鹤《唐书合钞补正》及张登封《旧唐书考证》（稿本）等参校异同，亦即阮元所言"凡殿本、阁本之与闻本异者，一一胪列，并登载其考证；而沈氏《新旧合钞》所辨析者，亦附见焉"。③ 罗士琳等校勘《旧唐书》所征引文献主要以宋代成书并引用过

① （清）阮元：《重刻旧唐书序》，阮元《研经室集再续》卷四，《续修四库全书》第 1479 册，第 612 页。

② 黄永年：《唐史史料学》，第 16 页。

③ （清）阮元：《重刻旧唐书序》。

《旧唐书》的文献为主，即罗士琳在《凡例》中所言，"是书之例，以宋人所引《旧唐书》为主，或据刘昫所本之书详为考证，不沾沾于新、旧《书》之异同"。① 关于此点，岑建功在《序》中说得很清楚：

> 诚以《旧唐书》自越州本、影钞本外别无流传之宋本也，然如司马温公《通鉴》所载唐事皆据旧史，《考异》中所引之《旧唐书》则真刘氏之《旧唐书》也。周益公校刻《文苑英华》所引之《旧唐书》亦然。又如吴淑《事类赋》、乐史《太平寰宇记》以及《太平御览》皆在欧、宋未修《唐书》以前，诸书所引之《唐书》亦皆《旧唐书》也。《册府元龟》亦在未修《唐书》以前，其书虽不著书名，而皆据正史，书中所载唐事亦必有《旧唐书》，此皆《校勘记》中所当引证者也。②

以上各类文献所引用之《唐书》虽在《新唐书》成书之前，但其所引未必即是刘昫之《旧唐书》，也有可能是唐吴兢、韦述、柳芳、令狐峘等人预修之《唐书》以及唐朝历代之《实录》。虽然如此，但岑建功认为，"韦述《唐书》固刘氏所据以为本者也，以其所本之书校其所撰之书，不仅于以新史校旧史矣"。此外，《旧唐书校勘记》引用的文献还有《唐六典》、《唐会要》、《通典》、《文献通考》、《廿二史考异》、《十七史商榷》、《陔余丛考》、《新旧唐书互证》等，"凡有资于考订者，莫不采录"。③

黄永年先生认为，罗士琳《旧唐书校勘记》"用闻人本和其他史料校殿本，远胜殿本沈德潜的考证"。④ 事实也的确如此，岑建功撰《旧唐书校勘记》时，态度十分审慎，其校勘也，"可从者从之，其有详略互异，字句迥殊者，则谨载之而不敢遽断，以待后人之采择，抑亦可谓详慎矣"。⑤ 同时，《旧唐书校勘记》征引文献之广博，去取之谨严，也体现了作者的学识和功力。其引用文献不仅注明出处，还详注卷数，更为清代其

---

① （清）罗士琳、刘文淇：《旧唐书校勘记》卷首《凡例》，徐蜀编《隋唐五代正史订补文献汇编》第1册，北京图书馆出版社2004年版，第45页。

② （清）岑建功：《旧唐书校勘记序》，《旧唐书校勘记》卷首，第47—48页。

③ 同上书，第48页。

④ 黄永年：《唐史史料学》，第16页。

⑤ （清）岑建功：《旧唐书校勘记序》，第48页。

他学者所不及。正如《凡例》所言："凡引《太平御览》、《册府元龟》、《文苑英华》、《通鉴》等书，皆著明卷数。亦有不著卷数者，如本纪、列传所载事迹与《通鉴》所载皆有年代可考者，易于检查，不复一一尽载卷数。"[①] 在清人著述征引文献时普遍不注卷数的情况下，《旧唐书校勘记》特立独行，为后人查检核对提供了方便，体现了作者严谨的治学态度。

然翻检其书，岑建功所言"字句迥殊者，则谨载之而不敢遽断"并不尽然，其断定正误及以案语的形式出现的考证在文中时有所及。如卷39《周允元》："累转左肃政：沈本'政'下有'台'字，是。"[②] 卷44《李正己》："洽攻破其城外：沈本'城外'作'外城'是也。""洧，正己从父兄也：《御览》有云李洧从父兄正己死。按：《李纳传》纳从叔父洧以徐州归顺，则洧为正己弟明矣，今本误。"[③]

### 四 叶万《旧唐书》校本

叶万字石君，号潜夫，江苏吴县人，清初著名藏书家，一生嗜好藏书与校书，其所藏之书多以善本校正，且校对精严，一丝不苟，校本《旧唐书》即是叶万留下的一个极为珍贵的校本，今藏湖南省图书馆。笔者无缘见叶万《旧唐书》校本之全貌，据武秀成所见，知此校本系用闻人本作底本，用至乐楼抄宋本对校，"采用的是'死校法'，即不论文字正误，皆逐一记于闻人本上。其所校异文一般用朱笔直接书于底本文字之上（覆盖于底本文字上），少量的书于所校之字旁。若异文仅有偏旁的差异，则直接在底本文字上做偏旁部首的增删改易。若叶氏以为异文为误字，则于字旁标识'∟'，若为底本所脱或所无之字，则于相应插入的字旁标上'\'；若为抄本所无之字，则于底本上画'○'；若抄本此处缺字若干，则于此处标识若干'□'号；若抄本与底本文字互倒，则以'S'表示。""叶氏所校抄本异文，皆书于底本文字上或行间，个别处有脱文较多者，因行间不便书写，便记于天头。其它天头上的异文，则为叶石君理校的文字，此类数量不多，不得与书于版框内的异文相混淆。天头上还有一些文

① （清）罗士琳、刘文淇：《旧唐书校勘记》卷首《凡例》，第45页。

② 《旧唐书校勘记》卷三九，第704页。

③ 《旧唐书校勘记》卷四四，第784页。

字并不是校语，而是批语，如补注传主的字号等"。"叶氏对校，极为精细，凡同一异文，不论其是否屡屡重复出现，如'丙'作'景'、'已'作'以'等，皆一一不惮其烦，标注清楚，此足以说明叶氏校勘之严谨细密。可以相信，叶校本是非常忠实地保存了至乐楼抄宋本文字上的原貌"。①

武秀成通过对叶万校本的研究，认为其"虽然讹误甚多，但仍然有着巨大的可供我们利用的校勘价值"。叶校本保存的至乐楼抄宋本的文字，为今《旧唐书》残宋本所无者多达 65 卷，其中本纪 24 卷、志 4 卷、列传 37 卷，"从叶校的异文看，其最有校勘价值的是本纪部分"。② "同样珍贵的是，叶校本对考校《旧唐书》中的系时讹误也有不少稀见的资料"。③ 王鸣盛撰《十七史商榷》，校勘考证《旧唐书》时即用过此校本，武秀成在为《旧唐书》作《干支系时讹误考校》时也利用了叶校本中的珍贵资料。

### 五　岑建功《旧唐书逸文》

道光二十年（1840），岑建功重刻《旧唐书》，同时组织人力对《旧唐书》进行校勘，在校勘的过程中，发现《太平御览》等文献中注明引自《旧唐书》、《唐书》的内容不见于刘昫《旧唐书》，于是将两者"绝不相比附者"汇为一编并加以考订，撰成《旧唐书逸文》12 卷以附其后。显然《旧唐书逸文》是《旧唐书校勘记》的副产品，关于这一点，岑建功在《自序》中说得很清楚："自南宋以后，《新唐书》盛行而《旧唐书》流传渐少，至明嘉靖时藏书之家已罕有足本。闻人氏所刻乃汇集诸家之书补缀而成，其中不无残缺之处。钱氏《考异》言《薛播》等传有论无赞，王氏《商榷》言《柳公度传》其文不完，赵氏《札记》言《张巡传》行墨脱落，皆辨论精详，能正今本之失。而逸文散在群籍，尚未有汇集之者。道光癸卯，建功重刻《旧唐书》，延同志诸君博考各书，成《校勘记》六十六卷，既为序而梓行之矣。复思诸书所引《旧唐书》颇有累牍连篇，与今本不相附丽，无须悉载于《校勘记》者，窃不自量，

---

① 武秀成：《旧唐书辨证》，上海古籍出版社 2003 年版，第 31—32 页。

② 同上书，第 32 页。

③ 同上书，第 36 页。

为之会萃成书，一一整比编排而加以考订，共得十有二卷，即名之曰
《旧唐书逸文》。"①

《旧唐书逸文》主要辑自《太平御览》，其次为《太平寰宇记》、《事类赋注》、《通鉴考异》。岑建功认为这些文献"皆明引《唐书》，足以传信"。而《唐会要》、《册府元龟》所述唐代史事，如果已为《太平御览》等书所引用，即用来"校定其文"；若《太平御览》等书未曾引用，则不予裒辑，"诚以《会要》、《册府》虽根柢亦出于《唐书》，而究未尝明引，恐蹈无征不信之讥也"。②《旧唐书逸文》于辑逸之外，兼有考证。岑建功在《自序》中就《旧唐书逸文》的编排次序及判断逸文的标准等情况作了详细说明：

> 凡年月之先后则本诸《通典》、《通鉴》、《新唐书》以推其次第；诗文之详略则证诸《英华》、《乐府》、《唐文粹》以验其异同，务期确有凭依，不欲参以臆断。其中有互见于志传而实为纪之逸文者，有互见于纪传而实为志之逸文者，有互见于纪志而实为传之逸文者，并为之条分缕析，详著其采入《逸文》之由，庶乎区别较明，不以纷歧致惑矣。若夫其词有与《通典》相同，有与《会要》相同，疑是《通典》、《会要》之文而《御览》误引，然既标《唐书》之目，无以证其必非《唐书》，与其过而废之，不若过而存之，疑以传疑，姑留之以备考云尔。至于或似逸文而已载于纪，或似逸文而已载于志，或似逸文而已载于传，或因姓误，疑为逸文，而已附载其先人传内；或因名误，疑为逸文，而已附载于他人传中，倘列于此编，则是指本文为逸文，必以滥收贻诮，今则概行删削，不使混淆于其间也。他如或引《唐史》，盖即吴兢诸人所著，或引《唐书》、《新语》，其书字乃系衍文，皆无涉于《唐书》，即不必更加牵引，以免枝蔓之弊焉。是故知其必有逸文而已，见他书所引者则据以纂入，疑其当有逸文而未见他书所引者，则听其阙如。盖深戒凿空之谈，自勉为实事求是而已。惟念载籍极博而闻见未周，纵竭力搜罗，仍虞挂

---

① （清）岑建功：《旧唐书逸文》卷首《自序》，《隋唐五代正史订补文献汇编》第 2 册，第 216 页。
② 同上。

漏，况《旧唐书》本文二百卷，事迹浩繁，虽缮阅至再至三，而《逸文》中重复疏舛之失终觉不敢自保，所望精于史学之君子为之匡谬补遗，俾旧史复为完书，则建功区区重刻之苦心亦藉以少慰也已。①

阮元对岑建功《旧唐书逸文》给予了很高的评价，认为其所载事迹"有关系者甚多"，与那些搜集琐言碎语、无关大义者不可同日而语。至于其编次之精密，辨证之周详，"观其书者必能知之"；去取之谨严，校订之审慎，"观其《自序》者，必能识之"。② 然阮元对《旧唐书逸文》的推崇并不意味其完美无缺，清末李慈铭对其以《太平御览》为主要辑佚对象已提出异议，现代史学家岑仲勉先生对《旧唐书逸文》"几纯以《御览》为主，共成一十二卷"而大惑不解，发出了"岂刘昫之书脱漏至于此极耶"的疑问。岑仲勉详加考辨，列举出《逸文》中的七大可疑之处，并通过对唐人遗说、宋代目录及《太平御览》引文的详细考查，认为《太平御览》所引之《旧唐书》、《唐书》未必即刘昫所上之《旧唐书》，可能"兼举数种唐代之史"，此所言《旧唐书》盖指唐历朝《实录》，《唐书》盖指韦述、柳芳等人所撰之国史。"惟卷内引文又统称曰'《唐书》'，则直犹通名之唐史矣"。虽然如此，岑仲勉并没有完全否定《旧唐书逸文》的价值，而是作出了一分为二的评价："总之，《御览》'《唐书》'下之引文，无论本据为何，集成一篇，固极有裨于史学，建功氏之差，在徒泥为刘书逸文而已。"③

## 六 张道《旧唐书疑义》

咸丰年间，学者张道在阅读《旧唐书》时，发现书中有许多前后矛盾、自相抵牾之处，因此"有所疑辄笔之于册"，日积月累，几成卷帙，于是汇编成《旧唐书疑义》4卷，虽系"一人之见"，④ 也可视为对《旧

---

① （清）岑建功：《旧唐书逸文》卷首《自序》。
② （清）阮元：《旧唐书逸文序》，岑建功《旧唐书逸文》卷首，《隋唐五代正史订补文献汇编》第2册，第216页。
③ 岑仲勉：《〈旧唐书逸文〉辨》，《岑仲勉史学论文集》，中华书局1990年版，第597页。
④ （清）张道：《旧唐书疑义》卷首《自识》，《隋唐五代正史订补文献汇编》第2册，第173页。

唐书》的校勘。《旧唐书疑义》系采用陈垣先生四校法之本校法，对《旧唐书》的纪、志、传记载有出入处一一指摘，设疑发问。如卷三《高宗废后王氏传》："王皇后及萧淑妃为武后截去手足，投酒瓮中死，《传》中叙次甚明，而《传》乃先有武昭仪令人缢杀之文，何自为矛盾也？"又《张垍传》："《垍传》云垍与陈希烈为贼宰相，垍死于贼中，而《刑法志》乃云于大理寺狱赐自尽。然垍兄均临刑而免，则垍何至死狱哉？"①又《旧唐书疑义》卷二有《天文志补》、《五行志补》，则是作者据《旧唐书》诸本纪补其《天文志》、《五行志》之遗。

## 第二节　两《唐书》的笺注

清代学者在刊刻、校勘两《唐书》的同时，还做了大量的笺注工作，其中以沈炳震《唐书合钞》、唐景崇《唐书注》最为重要。

### 一　沈炳震《唐书合钞》

沈炳震（1678—1737）字东甫，浙江归安人，"少喜博览，读史于年月世系，人所忽者，必默识之"。②著有《历代世系纪年编》、《二十四史四谱》、《历代帝系纪元歌》、《唐书合钞》等史学著作，其中以《唐书合钞》最为有名。沈炳震《唐书合钞》成书于《旧唐书》列入正史之前，当时《旧唐书》仅有闻人本行于世，沈炳震慧眼卓识，认为新、旧《唐书》瑕瑜互见，各有优劣，"《新书》简严而《旧书》详备"，不应独以《新书》为重，而应兼采二书之长。鉴于此，沈氏历时十年，数易其稿而成《唐书合钞》260卷，对新、旧《唐书》采取分别去取钞注的办法互相校补。其中本纪、列传部分，"一以《旧书》作大文而《新书》分注"，分注的原则是"但取其事为《旧书》不载或互异者，若事同而文有详略，概不复录"；至于志部分，则"转以《新书》作大文而《旧书》分注"，主要是因为《旧唐书》的志阙略不全，"固当从《新书》

---

①　（清）张道：《旧唐书疑义》卷三，第198、201页。

②　赵尔巽等：《清史稿》卷四八五《沈炳震传》，中华书局1977年版，第13380页。

增入"；而天文、五行、地理诸志又疏漏殊多，"不如《新书》之整齐也"。①

《唐书合钞》的排列次序与两《唐书》略有不同。如改变《新唐书》诸志排列，沈炳震认为，"仪卫者，礼之末节，不可以言礼；兵者，圣人不得已而用之，不当以先经。故退《仪卫》于《舆服》之下，以类为从；列《兵志》于《食货》之后，八政之序，非敢妄为进退也"。② 沈氏在新、旧《唐书》互注的过程中，凡有所见，则加案语标识，并于每卷之首注明从《新书》、从《旧书》或从《新书》增以事说明，态度谨严。同时，沈炳震又不囿于新、旧《唐书》的记载，在互注的同时又有所删削订补，主要体现在以下两个方面：

一是删改。在《唐书合钞例》中，沈炳震对撰《唐书合钞》时删改两书的情况做了详细的说明。其一，两书对武则天的记载，《旧唐书》列入本纪，《新唐书》则有纪有传，《唐书合钞》"取《新传》所载附于《旧纪》，而删《新书》之传"。③ 其二，沈氏没有因循《新唐书》四《表》原有的格局，而是予以重新组织编排、删补订正。因《新唐书·方镇表》"但书州郡之去来增益，官名之废置改易，虽其人其事具于《藩镇列传》，然分而不合，阅《表》者但空空一地名一官号，全不知此时何人为将所以用命，何人作帅故尔擅地，且州郡何以有增损，官名何以有更易，其于作《表》之意似未显白也"。因此沈氏参考《藩镇列传》及《资治通鉴》的记载，在地名、官号之外，又补列了节度使的拜、罢、承、袭等项目，"似亦可考一时用人之得失"。又《新唐书·宰相表》列有三师、三公，沈炳震认为唐代的三师三公已不同于汉代，"实不与闻国政，其贤奸拜免不足以考得失"，故删此一项；又分三省为三格，其拜罢则依《史记》、《汉书》之例，"亦分格别载，庶几易于核检"。其三，"《新书》仿世家例，藩镇别为立传，而又分奸、叛、逆三名，《旧书》惟安史、泚、巢别列于末，其他皆以时序，不复标目，今从《旧书》，故去此名"。④

---

① （清）沈炳震：《唐书合钞例》，（清）沈炳震撰、丁小鹤补正：《唐书合钞》卷首，书目文献出版社 1992 年版。

② 同上。

③ 同上。

④ 同上。

　　二是考订。由于两《唐书》存在许多讹谬，沈炳震认为不当承讹袭谬，贻误后人，因此在钞录时对两《唐书》的讹谬之处多有考订。其一，由于《旧唐书》久无善本，"舛讹脱漏，触手而是"，正确的做法当是"存其讹字，别注校正"，但如此一来则"繁琐间断，几至不可句读"，因此沈氏对特别显著的错误"随文改正，不复详注"，于"《礼志》之考于《通典》诸书者，则各注所从之书以识之"。其二，新、旧《唐书》纪事互异者，定有一讹，"惟纪传相参，可以折衷者则用案以正之，其他书虽有确据，以事在正史，宁两是以阙疑，不敢援为左证"。其三，对于"舛讹特甚"如《新唐书·宰相世系表》者，"谨取经史所载，可为援据者详为校正，眉列于下，别为一册"。① 这就是多达 12 卷的《唐书宰相世系表订讹》。

　　《唐书合钞》成书后，沈炳震的老师柯煜为之撰写序言，给予了很高的评价，惜沈氏生前此书没有付梓印行，直至嘉庆年间，查世倓购得钞本开雕刻印，并嘱丁小鹤"详为雠校，其讹字脱句晓然可见，或他本足据者，辄为更正，稍涉疑似，仍存其旧，以从阙疑之义"，② 撰成《唐书合钞补正》以附于后。自查氏刻本出，《唐书合钞》始行于世。

　　沈炳震《唐书合钞》对两《唐书》所载史料进行了一次全面整理，成为后人整理两《唐书》的重要参考资料。沈氏卒后六年即乾隆四年（1739），适逢朝廷开馆校刻诸史，侍郎钱陈群进呈《唐书合钞》书稿，乾隆帝诏令史馆备采，"故两《唐书》考正中多引其说"。③ 随着《唐书合钞》的印行，利用的人越来越多，对其评价也见仁见智，毁誉参半。道光年间，岑建功校刻《旧唐书》，撰《旧唐书校勘记》时曾广为引证，并认为其"功力至深，然《新》、《旧》杂糅，其所改者又多不注所出，识者病之"。④ 之后唐景崇在《唐书注自序》中对沈氏《唐书合钞》杂糅《新》、《旧》也颇多微词，认为沈氏《唐书合钞》以两书互注显得支离破碎，"文理参错"，"于一篇之中全失两书真面目"。唐景崇认为《旧唐书》有《武后本纪》，故不列于《后妃传》；"《新书》以其称制后政事编

---

① （清）沈炳震：《唐书合钞例》。

② （清）查世倓：《唐书合钞跋》，《唐书合钞》卷末，第 1633 页。

③ （清）查世倓：《唐书合钞跋》，第 1633 页。

④ （清）岑建功：《旧唐书校勘记序》，第 47 页。

作本纪，而猥亵诸迹仍别立传，此自有深意"，沈氏《唐书合钞》则"以纪、传溷淆而删其传"。又因唐代不重视三师、三公而删《宰相表》中的三师、三公；因《宰相世系表》之舛讹，遂全行删削，"是盖意在钞书，故不惜破坏原书如此，此岂注书者之所敢出哉?"①李慈铭也认为《唐书合钞》系杂钞新、旧《唐书》而成，"虽可谓集二书之长，然既不得为古人原书，亦不得为东甫自作之书，其病殆与李映碧（清）《南北史合注》同"。②周中孚对《唐书合钞》则多有肯定："东甫以《新书》简严而《旧书》详备，故本纪、列传，一以《旧书》作大文，而《新书》分注。惟《旧书》诸志，多有阙略，其阙者固当从《新书》增入。他如《天文》、《五行》、《地理》诸志，转以《新书》作大文，而《旧书》分注。各注从《新书》本，则注从《新书》增以别之。其列传亦同斯例。凡序次先后，略为更定，自有所见，则加案焉。至《宰相》、《宗室》二表，皆从《新书》增。《新书·方镇表》，但书地书官而不书人，最为阙典，东甫则按年谱入，可以考一时用人之得失。《宰相世系表》本非正史所宜有，因别为订讹，不列于全书。是皆斟酌于两书间，精思博考，以成一代之书，泂为后来者居上矣。"③

　　近代以来，学术界对《唐书合钞》多有肯定。金毓黻通过对《唐书合钞》内容的详细考察，认为《唐书合钞》的纪传虽以《旧唐书》作大文而以《新唐书》分注，但也不是"概从《旧书》"。因为沈炳震深知《旧唐书》于穆宗长庆以前之史事记载详备，因此"乃悉用之为正文"；又因为《旧书》于长庆以后阙遗甚多，"乃取《新书》各传，附于《旧书》正文之后"，所以其于新、旧两《唐书》之长，"均能取精用弘，此沈书所以为精善也"。至于诸志，"亦非尽用《新书》"，其中《历》、《天文》、《五行》、《地理》、《兵》、《仪卫》六志皆用《旧唐书》为正文，而以《新唐书》分注；而《乐》、《职官》、《舆服》、《经籍》、《刑法》五志，"仍以《旧书》为正文，而以《新书》分注之"；《礼》、《选举》、《食货》三志则新、旧《唐书》参用。"是其不囿一隅，折衷至当，又可

---

　　①　（清）唐景崇：《唐书注》卷首《自序》，《隋唐五代正史订补文献汇编》第2册，第391页。

　　②　（清）李慈铭：《越缦堂读书记·史部·正史类》，第348页。

　　③　（清）周中孚：《郑堂读书记》卷一八，《清人书目题跋丛刊》第8册，中华书局1993年版，第102页。

知矣"。至于诸表则"俱从《新书》增入",同时对于《宰相》、《方镇》二表又均有增删。此外又别撰《宰相世系表订讹》12 卷附于书后,其用力之勤,"足为《唐书》功臣"。① 黄永年先生在《唐史史料学》一书中指出了《唐书合钞》的不足,但他认为《唐书合钞》"排比对勘了两《唐书》的内容,总汇了二书的史料,指出了二书的异同,为研究者提供了方便,其功劳还是应当充分肯定的"。同时又认为《唐书合钞》"把史料的对勘局限于两《唐书》,不引用其他如《大唐六典》、《通典》、《唐会要》、《册府元龟》、《通鉴》等以为佐证,以资补正,正是此书的最大缺点"。② 依笔者之见,黄先生所言似不尽然。沈炳震在《唐书合钞例》中说其在笺注《新书·宰相世系表》时曾"取经史所载,可为援据者详为校正",在笺注《新书·方镇表》时也以"纪传所载诸镇节帅观察,参之《资治通鉴》,按年谱入"。沈氏虽未明言"经史"者何书,但《唐书合钞》显然引用了包括《资治通鉴》在内的有关史料,并非仅仅局限于两《唐书》。其实岑建功所言其引证文献"不注出处"才是其最大的缺点,也许正因为如此,才致使后人产生以上误解。

## 二　唐景崇《唐书注》

清代学者普遍不满于前人为《新唐书》所作的注释,而在考史注史之风甚为盛行的清代,却没有一部关于《新唐书》的专门注释之作,有鉴于此,清末唐景崇着手为《新唐书》做注。唐景崇的弟子张书云在《唐书注序》中对其师注《新唐书》的目的略有说明:"盖先生注史之动机,起于求学之归宿,因择诸史中研究方面多资料富有诠注之价值而前人未曾致力者,莫如欧、宋之《新唐书》。夫有唐三百年制度典章,上媲两汉,其史料散见文集、政书、类书、传记者至夥,实吾华民族文化之渊薮也。宋董氏冲旧注既病空疏,吴氏缜《纠谬》则专就原书指摘,无关史料之搜补,而《新》、《旧》两书互有短长,参证同异,尤为学界所渴需。窃怪清儒治史学者于旧史表志部分之补辑,诸史或一史文义事实之疏证,

---

① 金毓黻:《中国史学史》第七章《唐宋以来之私修诸史》,河北教育出版社 2000 年版,第 254 页。

② 黄永年:《唐史史料学》,第 44 页。

搜剔钩索，用力精勤，裨益后学，功不可没，独于《唐书》未闻有从事注释者。"①

唐景崇撰《唐书注》"始于前清光绪乙酉之岁，而先生殁于民国二年，几逾四十寒暑"。工程浩繁可想而知，可惜当时唐景崇政务繁忙，其间又遭遇"海舶失慎，藏书悉毁，参考乏资"，加之乏人襄助，所以未能按计划完成全书的注释工作。未竟之稿经其外甥余棨昌仔细检核，不足全书之半，"计最完全之稿为《本纪》十卷，《礼乐志》十二卷，《历志》九卷，《天文志》三卷，《五行志》三卷，《地理志》七卷，《百官志》五卷，有稿不全者为《食货志》三卷，《仪卫志》一卷，《车服志》一卷。表稿虽全，尚未整理，其中尤以列传为最缺，先生所手订者仅十数卷而已。"余棨昌筹资予以印行，并亲自担负起雠校之责，遗憾的是因为资金及版权问题只刻印了十卷《本纪》即再无下文。②

唐景崇《唐书注》的体例，据其在《唐书注自序》中所云，系仿彭元瑞注《新五代史》的方法而变通其例，即照录《新唐书》原文，然后将《旧唐书》中"足资参证且应增补者录要附入"，此外，还广征博引，参考《史记》之三家注，《汉书》之颜注，《三国志》之裴注，《资治通鉴》之胡注的方法，主要从纠谬、补阙、疏解三个方面为《新唐书》作注。因此唐景崇注《新唐书》，所征引的文献不仅仅局限于两《唐书》，正如张书云在《序》中所说："参考搜采之书，自正经正史、唐贤专集、历代普通类书、典制学术诸专书，史部考证书，旁及金石、野史、小说逾数百种。"③ 其引用文献之广博，仅从已刊印的十卷本纪中即可略见一斑。

黄永年先生认为《唐书注》的优点是参考文献比沈炳震的《唐书合钞》广博，"不局限于两《唐书》"；缺点则是"但拘于彭元瑞注《五代史记》之陈例，舍史料较原始、较详密之《旧唐书》而为《新唐书》作注，则大失策"。④

关于两《唐书》的笺注，除上述《唐书合钞》、《唐书注》专为两书

---

① （清）张书云：《唐书注序》，唐景崇《唐书注》卷首，第392页。
② （清）余棨昌：《唐书注序》，唐景崇《唐书注》卷首，第393页。
③ （清）张书云：《唐书注序》，唐景崇《唐书注》卷首，第392页。
④ 黄永年：《唐史史料学》，第45页。

做注外，尚有专为两书个别篇目做注者，如张宗泰《新唐书天文志疏证》①、沈惟贤《唐书西域传注》、缪荃孙《新唐书艺文志注》及王先谦《唐书艺文志斠义》等。另有王先谦《新旧唐书合注》，因成书于民国初年，又经谢保成仔细研究，除厘清书名外，对其内容及史料亦有深入考论，故不再赘述。

## 第三节　两《唐书》的订补

自司马迁撰成《史记》之后，班固继之以《汉书》，纪传体即成为历代正史的固定体裁，二十五史中，本纪、列传一应俱全，而表、志齐备者除《史记》、《汉书》外尚有《新唐书》、《宋史》、《辽史》、《金史》、《元史》、《新元史》、《明史》等共九种，有志无表者有《后汉书》、《晋书》、《宋书》、《南齐书》、《魏书》、《隋书》、《旧唐书》、《旧五代史》、《新五代史》等九种，此外《三国志》、《梁书》、《陈书》、《北齐书》、《周书》、《南史》、《北史》等七种既无表，亦无志。就一部正史而言，无论表志皆阙或是有志而无表都是一种缺憾。即使那些有表志的史书，又"往往因为当时作者的疏忽以及后世传刻的错误，引起读者的憾惜"。此种缺憾，古今学者都有同感，而为了弥补这种缺憾，古今之学者"相率起任补正与考释之工作"，②在补缺正谬方面做了许多有益的工作，这些工作归纳起来，不外乎三类："一是补作的工作，像钱文子作《补汉兵志》，郝懿行作《补宋书食货志》等就是。二是校正的工作，像王元启作《史记月表正讹》、汪远孙作《汉书地理志校本》等就是。三是考订的工作，像梁玉绳作《汉书古今人表考》、姚振宗作《隋书经籍志考证》等就是。"③ 在正史的补缺方面，历来以补表、补志之作为最，尤其是清代学者，他们"以辑佚补阙为能事，因此补史之作层出不穷，补表、补志之

---

①　案：梁启超《中国近三百年学术史》十五《清代学者整理旧学之总成绩三·史学》谓张登封（宗泰）有《新唐书天文志疏证》若干卷（262 页），王绍曾《清史稿艺文志拾遗·史部·正史类》著录有张宗泰《新唐书天文志疏证》不分卷，《隋唐五代正史订补文献汇编》第 2 册收有此书，未言作者。

②　顾颉刚：《二十五史补编序》，《二十五史补编》第 1 册卷首，中华书局 1955 年版。

③　《二十五史补编刊行缘起》，《二十五史补编》第 1 册卷首。

作蔚为大观"，① 只要翻检一下《二十五史补编》总目即可一目了然。而清人考补旧史，自然少不了对两《唐书》的补阙与考订。

## 一　两《唐书》之补阙

关于两《唐书》的补阙，仅收入《二十五史补编》的就有 14 种之多，其中清人补作 12 种，清初著名史学家万斯同一人即补作 7 种，而万斯同所补则以表为主。两《唐书》中，《旧唐书》无表，《新唐书》只有《宰相表》、《方镇表》、《宰相世系表》、《宗室世系表》四种，万斯同不仅仅局限于补作，而是根据唐朝的实际情况在补作之余又有所创新。如其将《新唐书·宰相表》扩大为《唐将相大臣年表》，以皇帝纪年为经，每年之下详列将相大臣之在任、拜罢、迁转及卒年，起高祖武德元年（618），迄哀帝天祐四年（907），有唐一代将相大臣之人名、官职名称之增减变化都体现在表中，黄永年先生认为其将中晚唐时期的一些重要职官如神策中尉、枢密使、盐铁转运使等也列入，很有用，不足之处是"仍有缺漏"，"且有些似仅凭臆测，并无实据，应重加考订"。② 又唐代封爵凡九等："一曰王，正一品，食邑一万户。二曰郡王，从一品，食邑五千户。三曰国公，从一品，食邑三千户。四曰郡公，正二品，食邑二千户。五曰县公，从二品，食邑一千五百户。六曰县侯，从三品，食邑一千户。七曰县伯，正四品，食邑七百户。八曰县子，正五品，食邑五百户。九曰县男，从五品，食邑三百户。"③ 又《武德令》惟有公、侯、伯、子、男，"贞观十一年加开国之称也"。④ 然有唐一代封有多少爵位，史无明文。万斯同补作《唐功臣世表》，列举有唐一代因功赐封为国公者 216 人、开国郡公者 188 人、开国县公者 53 人、开国县侯者 34 人、开国县伯者 19 人、开国县子者 36 人、开国县男者 73 人，其封地所在及后世之袭封者一并罗列，使读者对有唐一代的封爵及袭封者一览无遗。岑仲勉认为，唐代封爵本来有食邑各若干的规定，但由于唐代"颁封颇滥"，因此有的只不过"徒有其名，唯'食实封'者才享其实"。⑤ 因此《唐功臣世表》只罗列

---

① 顾颉刚：《二十五史补编序》。

② 黄永年：《唐史史料学》，第 53 页。

③ 《旧唐书》卷四三《职官志》，中华本，第 1821 页。

④ 《旧唐书》卷四二《职官志》，中华本，第 1791 页。

⑤ 岑仲勉：《隋唐史》，河北教育出版社 2000 年版，第 528 页。

人名而不列举其享受食邑之数实为一大缺憾。又对关系到唐王朝兴亡成败的宦官现象，两《唐书》仅立宦官类传简要叙述，万斯同概依《历代史表》中的《东汉宦者侯表》之体例补作《唐宦官封爵表》，"取新、旧《唐书》宦者传为补封爵户数，略叙致封之故暨受爵之代与夫所历官阶"，[①] 列举李辅国、杨思勖、高力士、程元振、鱼朝恩、吐突承璀、马存亮、仇士良、鱼弘志、田令孜、杨复恭、杨复光、崔巨宗等 13 个宦官的封爵，惜为未竟之作。又武则天改唐为周，分封诸武，武氏诸王因武后擅权而飞黄腾达，在唐代历史上产生了重要的影响，两《唐书》叙之于《外戚传》，而关于其封爵的记载则散乱不一，万斯同根据具体情况创立新的年表体例，搜集史料，补作《武氏诸王表》，列举武承嗣、武三思、武攸暨、武延晖、武攸宜、武攸绪、武攸宁、武攸归、武攸止、武攸望、武懿宗、武嗣宗、武尚宾、武重规、武戴德、武延秀、武延祚、武崇训、武崇烈等武氏诸王的封号及与武则天之关系，体现了万斯同非凡的史识。然中宗即位后降封诸武，"武氏诸王俯首听命，暨乎延秀构逆，诸武诛徙略尽"，而万斯同于《武氏诸王表》中不录降封之号，乃是其不足之处，且《表》中载武攸宜封"淮阳王"，而两《唐书》均作"建安王"，"不识其何所据"。[②] 有唐一代，突厥始终是危及唐王朝安危的一个少数民族，唐与突厥之间屡战屡和，两《唐书》中仅有《突厥传》，万斯同补作《唐诸蕃君长世表》，名为诸蕃，实则仅突厥一族，列举唐代突厥族自始毕可汗至拔悉密可汗突厥灭亡凡十八代君王大事、世系及卒年。每目著录族别和亲缘关系以及与唐朝的交往如封号、征战等。如"始毕可汗：武德二年死。处罗可汗：始毕弟，武德三年死。颉利可汗：处罗弟，贞观三年大军出讨，明年被获，授左卫大将军，尽迁部众于河南，遂空其地。八年卒。"[③] 纵览此表，突厥一族在唐代的君长承袭及重大事件一目了然。"这种独立归纳正史中少数民族君王世系的专表实为万氏首创。可惜此表仅存《突厥》一目，从表前标目可以看出，该表当属万氏草创或散佚的史表之一。但此例之创，对于全面反映我国境内各民族人民的历史无疑具有积极

---

① （清）万斯同：《唐宦者封爵表》编者案语，《二十五史补编》第 6 册，第 7571 页。

② （清）万斯同：《武氏诸王表》编者案语，《二十五史补编》第 6 册，第 7572 页。

③ （清）万斯同：《唐诸蕃君长世表》，《二十五史补编》第 6 册，第 7661 页。

的意义"。①

　　唐自太宗贞观十四年（640）平高昌，置安西都护府起，全盛时期共在边疆民族地区设置了安西大都护、北庭大都护、昆陵都护、蒙池都护、单于都护、云中都护、安北都护、瀚海都护、安东都护、安南都护等 10 个都护府，任都护"抚慰诸蕃，辑宁外寇，觇候奸谲，征讨携贰"。② 关于这 10 个都护府的设置、分合、改易及历任都护，两《唐书》没有专门记载，为此万斯同补作《唐边镇年表》，始于太宗贞观十六年（642），终于玄宗先天元年（712）即设置节度使之前，前后 70 年，列举各都护府的设置经过及历任都护的姓名、迁转及卒年。睿宗景云年间，唐王朝开始在西、北边疆一些军事重镇设置方镇，由当地军事长官兼任节度使，至唐玄宗年间，共设有平卢、范阳、河东、朔方、河西、安西、北庭、陇右、剑南九节度使及岭南五府经略使等 10 个方镇。方镇与唐代兴亡关系密切，尤其是唐中叶以后，"收功弭乱，虽常倚镇兵，而其亡也亦终以此"，③ 鉴于此，《新唐书》设《方镇表》，表举景云元年（710）始设方镇至天祐四年（907）唐亡期间各方镇的废立、所统州郡及分合增减，表地而不表人，于各镇节度使一无所及。因此万斯同为之补作《唐镇十道节度使表》，始于睿宗景云二年（711），迄于天宝十四载（755），前后 45 年，逐年列举十道节度使的姓名及任命、改任、迁转时间。黄永年先生认为万斯同《唐镇十道节度使表》表睿宗景云二年至玄宗天宝十四载即安史之乱前，"都具列都护、节度使姓名，以弥补《新唐书》方镇表不记节度使姓名之缺失"。④ 万斯同的补作取材极其广博，《四库全书总目》总结其《历代史表》说："其书自正史、本纪、志、传以外，参考《唐六典》、《通典》、《通志》、《通鉴》、《册府元龟》诸书，及各家杂史，次第汇载。使列朝掌故，端绪厘然，于史学殊为有助。"⑤ 朱彝尊谓万斯同取历代正史之未著表者一一补之，"揽万里于尺寸之内，罗百世于方册之间，其用心也勤，其考稽也博，俾览者有快于心，庶几成学之助，而无烦费无用之

---

　　① 朱端强：《万斯同〈历代史表〉考论》，《云南师范大学哲学社会科学学报》1994 年第 6 期。

　　② 《旧唐书》卷四四《职官志》，中华本，第 1922 页。

　　③ 《新唐书》卷六四《方镇表》，中华本，第 1759 页。

　　④ 黄永年：《唐史史料学》，第 53 页。

　　⑤ 《四库全书总目》卷五〇《史部·别史类·历代史表》，第 452 页。

失者与"。① 从万斯同所补两《唐书》各表不难看出其卓越的才识和敏锐的洞察力。万斯同之后，补两《唐书》之作尚有黄大华之《唐藩镇年表》。黄大华系晚清人，其《唐藩镇年表》实接续万斯同《唐边镇年表》和《唐镇十道节度使表》，始于宝应元年（762），终于后梁龙德二年（922），罗列魏博、成德、卢龙、淄青、沧景、彰义、宣武等七节镇大事记，卷末又罗列七节镇所辖州郡及历任节度使之姓名。合观三表，有唐一代设立节度使之始末大体具备。近人吴廷燮继之又撰《唐方镇年表》8卷，《考证》2卷，表列各方镇自始置至废灭的历任节度使姓名及任免年月，并附注史料及出处，其史料分歧需辨订者则入考证。此表一出，"万、黄二表实已可废"。②

补表之作除以上所论外，尚有钱大昕的《修唐书史臣表》、《唐五代学士表》以及华湛恩的《唐藩镇表》（未见传本），罗振玉《高昌麴氏年表》、《唐书宰相世系表补正》。《修唐书史臣表》虽非补《唐书》之作，但其将从宋庆历四年（1044）枢密使贾昌朝建议修《唐书》，至嘉祐五年（1060）《唐书》修成奏上，前后十七年历任提举官、刊修官及编修官的人名及事迹一一罗列，参与纂修《新唐书》之人员及始末跃然纸上。

关于补志之作有张道的《天文志补》、《五行志补》③，《天文志补》主要采自《旧唐书》诸帝本纪，"其已见本《志》者不书"。④ 同时，张道因"《旧书·五行志》缺略尤多，今仍《天文志补例》，按诸帝纪散见之文补诸"。⑤ 而罗振玉的《补唐书张议潮传》（《丙寅稿》卷1）乃旧史补作中不多见的补传之作。

## 二　两《唐书》之考订

有清一代于两《唐书》补作之外，考订工作也取得了很大的成绩，收入《二十五史补编》中的考订之作有沈炳震《唐书宰相世系表订讹》、劳经原《唐折冲府考》、罗振玉《唐折冲府考补》及《唐折冲府考补拾

①　（清）朱彝尊：《曝书亭集》卷三五《万氏历代史表序》，《四部丛刊》初编第279册。
②　黄永年：《唐史史料学》，第54页。
③　案：张道《天文志补》及《五行志补》系其《旧唐书疑义》卷二中的内容。
④　（清）张道：《旧唐书疑义》卷二，第185页。
⑤　同上书，第188页。

遗》四种。

沈炳震《唐书宰相世系表订讹》其实是《唐书合钞》的副产品。沈炳震以新、旧《唐书》互注时,发现《新唐书·宰相世系表》舛讹特甚,"其小疵则以孙为子,以弟为兄,甚则以甥舅为父子,合二氏为一族"。① 沈氏甚至认为《新唐书·宰相世系表》不足征信,"适以滋谬,举可废也"。② 为了避免承讹袭谬,贻误后贤,沈氏于是"谨取经史所载可为援据者,详为校正,眉列于下,别为一册",③ 此即《唐书宰相世系表订讹》。其对《新唐书·宰相世系表》之讹谬多所订正,而其所纠主要是大的方面,至于"其所列官爵谥号或书或否,或丞尉而不遗,或卿贰而反阙,或误书其兄弟之官,或备载其褒赠之职,更或其生平所偶历,及曾未尝居是官者,庞杂淆乱,不可究诘,合之史传,不胜纠摘,以表序昭穆,此非所重,故不备指"。④

钱大昕认为,沈氏所指《新唐书·宰相世系表》诸讹谬"固中欧史之病",但是其在引用文献方面也存在不足之处,而唐人文集碑刻可资考证者甚多,沈氏"亦未能津逮也"。同时钱大昕还指出了沈氏以不误为误的具体例证,认为"东甫勤于考史,而未悟及此,乃知好学而能深思者之难"。⑤ 李慈铭也指出《新唐书宰相世系表订讹》的考订不及原书讹谬的十分之一,"所注寥寥,未能钩稽汉、晋、南北、五代各史,补其世数、官阀、子姓;若更取《全唐文》及自汉至宋文集碑版广证之,犹可十得四五也"。⑥

府兵制始创于西魏,废于唐天宝年间,前后历时二百余年,宋人陈傅良在《历代兵制》中说:"其制虽始于周齐,而其效则渐见于隋,彰灼于唐。"⑦ 因此唐代前期兵力的强盛,实得益于府兵制度。《新唐书·兵志》载:"初,府兵之置,居无事时耕于野,其番上者,宿卫京师而已。若四

---

① (清) 沈炳震:《唐书合钞例》。

② (清) 沈炳震:《唐书宰相世系表订讹》目录后,《唐书合钞》附,第1477页。

③ (清) 沈炳震:《唐书合钞例》。

④ (清) 沈炳震:《唐书宰相世系表订讹》目录后,《唐书合钞》附,第1477页。

⑤ (清) 钱大昕:《潜研堂文集》卷二八《跋唐书宰相世系表订讹》,钱大昕著,陈文和主编《嘉定钱大昕全集》第9册,江苏古籍出版社1997年版,第467—468页。

⑥ (清) 李慈铭:《越缦堂读书记·史部·正史类》,第347页。案:沈炳震撰《唐书宰相世系表订讹》时,《全唐文》尚未编纂。

⑦ (宋) 陈傅良:《历代兵制》卷五《隋》,影印文渊阁四库全书第663册,第465页。

方有事，则命将以出，事解辄罢，兵散于府，将归于朝。故士不失业，而将帅无握兵之重，所以防微渐、绝祸乱之萌也。"① 但是关于唐代实行府兵制的详情，《旧唐书·职官志》、《新唐书·百官志》、《兵志》以及《唐六典》、《通典》等文献虽有记载但不甚详备，甚至"立府之数，亦言人人殊"。② 《新唐书·兵志》仅举十道折冲府的数目，而未详其确地。《地理志》虽于有关府州举出若干折冲府的名称，阙佚者甚多。清代学者认识到了府兵制在唐代所起的重要作用，于是从兵府补遗入手，对唐代府兵制进行全面考订，尤其是在折冲府府名及数目的考订方面取得了很大的成就。

清末劳经原首先注意到了文献关于折冲府府数记载不一的问题，"《新》、《旧》书不甚详备，立府之数，亦言人人殊。要当以《邺侯外传》所云六百三十府者为据，陆宣公《论关中事宜状》所云八百余，所在关中者五百，盖约举其大数尔。又唐于西域置军府一百四十七，南蛮、东女等国皆例授将军、中郎果毅等官，则外裔亦尝置军府矣。然府名见于《新书·地理志》者，仅存十之六七，京兆府百三十一，《志》仅存十一，复有一府而重见者，有数府而误其所属者，脱落舛误，考核綦难"。劳经原于是"考诸新、旧《书》纪传，参以传记、地理之书，旁及诸家文集、石刻碑志、钩稽荟萃"，著成《唐折冲府考》4 卷。此书首卷"载折冲府废置之由"，广搜新、旧《唐书》、《唐六典》、《通典》等文献中有关折冲府的记载，著录全文，"有复出者，亦仍其旧，全同者则仅列其目，间有涉及府制者别为杂录系之于后"，所及文献有《旧唐书·职官志》、《新唐书·高祖纪》、《新唐书·百官志》、《新唐书·兵志》、《唐六典》、《通典·职官》、《文献通考·兵考》、《唐会要》、《玉海·兵制》、《杜樊川文集》及王鸣盛《十七史商榷》等。其余三卷分别记载各道折冲府及府名，"凡官于其府及置府之因地立名者，详为引证，志缺而见于他书者则补于每州之后，所隶之卫尚有可考者则列卫名于府上，所补之府无可考其所属之州者，汇为补遗附后，即有与诸州地名相同者，但云某府疑属某州，概不敢以肊决。凡补府百单九，合志所存四百四十八府，共得五百五十七

---

① 《新唐书》卷五〇《兵志》，中华本，第 1328 页。

② （清）赵钺：《唐折冲府考序》，劳经原：《唐折冲府考》卷首，《二十五史补编》第 6 册，第 7593 页。

府。于《新志》之羼乱者……则据群书以订正之，其重见者……则存疑以待考"。因唐初分天下为十道，后又分为十五道，故诸州"割隶无常，废置不定"，"兹以天宝八载以前所属之道为定，而于各州下略注沿革更改，使可参考。予深叹其援引该洽，考订精详，俾有唐一代兵制庶稍详备，拾遗补缺，有功于史者实多"。① 罗振玉言"仁和劳先生经原作《折冲府考》，其子格又增辑之，凡补府百有九，合之唐志，得府五百五十有七，又博考诸书，于志之羼乱讹误者——是正之，其书至精核"。②

在劳经原《唐折冲府考》刊刻之前，罗振玉即计划为之校补，之后随着新史料的陆续发现，罗氏"于石刻及隋唐兵符见有府名为劳氏所未及者"，于是进行辑录增补；"又《唐志》所载诸府，劳氏考注未详者，浏览所及，亦随时记于书眉"，③ 前后六易其稿，沿劳氏旧例，撰成《唐折冲府考补》1卷，"补府六十四，正《唐志》羼讹六，与《唐志》不合未知孰是者二，补注百有七"，并以隋兵府之见于金石碑刻者三十有八附于其后。此后罗振玉又搜集到中州新出土唐墓志二百余通，"复得兵府三十有四，隋兵府三"，于是补益前编，撰成《唐折冲府考补拾遗》1卷，经过劳氏父子及罗振玉的搜辑考订，使唐折冲府府名增加到626个，与《新唐书·地理志》所言"有府六百三十四"的数目已大致接近。

此外考订两《唐书》的重要著作还有董沛《唐书方镇年表考证》12卷、张登封《旧唐书考证》及赵绍祖《新旧唐书互证》，前二者系稿本，张之洞《书目答问》有著录。岑建功校《旧唐书》时曾引证张登封《旧唐书考证》，认为"其书以闻人本为主，考核详赡，惜书未卒业，而所改者大率据《新唐书》"。④ 赵绍祖《新旧唐书互证》20卷，虽名曰《互证》，实际上是证《新唐书》之讹谬及对《新》、《旧》两书的异文进行辨证，其体例则仿《通鉴考异》，先引用《新唐书》原文，然后引用文献进行辨证，最后得出结论或加案语说明孰是孰非。因此黄永年先生总结

① （清）赵钺：《唐折冲府考序》，第7593页。
② 罗振玉：《唐折冲府考补》，《二十五史补编》第6册，第7631页。
③ 同上。
④ （清）岑建功：《旧唐书校勘记序》。

说："（《新旧唐书互证》）以《新唐书》为主，用《旧唐书》对勘，用纪、志、传互勘，又用《通鉴》、《通鉴考异》及《新唐书纠谬》等校勘，在文字史实上下工夫，与《廿二史考异》相近，而条目尚多于《考异》。"① 据笔者考察，《新旧唐书互证》引用文献极为广博，充分利用前哲时贤有关两《唐书》的研究成果及有关史料进行考证，除黄先生所言外，尚有《廿二史考异》、《唐会要》、《元和郡县志》、《唐书合钞》等。关于两《唐书》的考订，《清史稿艺文志拾遗·史部·正史类》还著录有罗振玉《唐书宰相世系表补证》2 卷、《新唐书艺文志考证》4 卷、张道《旧唐书勘同》1 卷、林茂春《唐书诠要》1 卷、蔡世钹《读刘昫书随笔》1 卷、陈黄中《新唐书刊误》3 卷。

　　关于两《唐书》的考订，除以上所及外，成就最高、对后世影响最为深远的则要数钱大昕的《廿二史考异》、王鸣盛的《十七史商榷》及赵翼的《廿二史札记》，下文列专章论及。

---

① 黄永年：《唐史史料学》，第 52 页。

# 第 三 章

# 两《唐书》的整理与研究(下)

　　乾嘉时期，以考史见长的钱大昕、王鸣盛、赵翼三人分别以历代正史为研究对象，对其进行了全面的整理与研究，且都以读书札记的形式体现出来。钱大昕的《廿二史考异》、王鸣盛的《十七史商榷》、赵翼的《廿二史札记》被后人誉为三大考史名著。三人研究的对象大致相同，出发点则各不相同，关于这个问题，三人在序言中均有交代。钱大昕认为，廿二史"文字烦多，义例纷纠"，其记地理则"今昔异名，侨置殊所"；记职官则"沿革佚代，冗要逐时"。读史者想要理出头绪，并非易事，因此他的治史目的在于"祛疑指瑕，拾遗规过"。① 王鸣盛的观点与钱大昕相似，他认为好著书不如多读书，而想要读书必须先精校书，"校之未精，而遽读，恐读亦多误矣！读之不勤，而轻著，恐著且多妄矣！"因此王鸣盛通校十七史，为之改讹文，补脱文，去衍文，为读书著书做准备。同时王鸣盛在校勘本文、补正讹脱之外，举其中典制事迹，"诠解蒙滞，审核踌驳"，进一步深入研究。② 赵翼概括他著《廿二史札记》的宗旨曰："此编多就正史纪、传、表、志中参互勘校，其有牴牾处，自见辄摘出，以俟博雅君子订正焉。至古今风会之递变，政事之屡更，有关于治乱兴衰之故者，亦随所见附著之。"③ 赵翼治史也注重史书的校勘，然观其所著，重点却在其随所见附著之"有关治乱兴衰之故者"，其目的在于探讨历史时势的变化，深究历朝历代治乱兴衰的内在原因及教训。

---

　　① （清）钱大昕：《廿二史考异序》，钱大昕：《廿二史考异》卷首，《嘉定钱大昕全集》第 2—3 册。

　　② （清）王鸣盛：《十七史商榷序》，王鸣盛：《十七史商榷》卷首，中国书店 1987 年版。

　　③ （清）赵翼：《廿二史札记·小引》，（清）赵翼著，王树民校证：《廿二史札记校证》卷首，中华书局 1984 年版。

不同的治史目的，使得三大家的考史著作各有千秋，各具特色。梁启超在其《中国近三百年学术史》中对三大考史名家的考史成果进行了总结，认为考史三家考证历史，"形式绝相类，内容却不尽从同"，具体而言，钱大昕的《廿二史考异》"最详于校勘文字，解释训诂名物，纠正原书事实讹谬处亦时有"；王鸣盛的《十七史商榷》"亦间校释文句，然所重在典章故实"；赵翼的《廿二史札记》则于每史"先叙其著述沿革，评其得失，时亦校勘其牴牾，而大半论'古今风会之递变政事之屡更有关于治乱兴衰之故者'"。① 三大考史著作中无一例外都有关于新、旧《唐书》的考证，其成果是清代学者整理研究两《唐书》的重要组成部分。

## 第一节　钱大昕与两《唐书》

钱大昕（1728—1804），字晓征、及之，号辛楣、竹汀，晚号潜研老人，嘉定外冈人。清乾隆十九年（1754）进士，曾任编修、侍读、少詹事，历任山东、湖南、浙江、河南主考官，广东学政。乾隆四十年（1775），不再做官，家居三十年，先后主讲钟山、娄东、紫阳等书院。精通文字、音韵、训诂、历代典章制度、官制、氏族、古今地理沿革、金石、篆隶、算术、历法等。钱大昕著述繁富，有《经典文字考异》、《廿二史考异》、《诸史拾遗》、《方舆纪要地名考》、《十驾斋养新录》、《潜研堂全集》等。钱大昕治学广博精深，而最有成就的是史学。钱大昕自幼即好读乙部书，"通籍以后，尤专斯业"，对于从《史记》、《汉书》到《金史》、《元史》的二十二部正史，"反复校勘，虽寒暑疾疢，未尝少辍"。② 穷其一生之精力，完成了史学巨著《廿二史考异》，在100卷的《廿二史考异》中，考证两《唐书》的成果共20卷，占全书的五分之一，其中《新唐书》16卷，《旧唐书》4卷，可见钱氏用力之所在。钱大昕在考证两《唐书》时，首先对新、旧《唐书》的篇目进行了比勘，对于《新书》的增补删减以及人物传记的分合、人名之异同，依《新书》目录逐卷罗列说明。比勘之后，钱大昕分别就两《唐书》原有顺序依次考订研究，内容主要集中在两《唐书》的校勘、编纂得失以及有关问题的探

① 梁启超：《中国近三百年学术史》，上海三联书店2006年版，第259页。
② 《廿二史考异序》。

幽发微三个方面。

## 一　对两《唐书》的校勘

钱大昕生活在考证学极为发达的乾嘉时期,受当时学术环境的影响和熏陶,他治学始终以"实事求是"、"无征不信"为宗旨,认为研究历史,所据史料必须坚实可信,因此其所著《廿二史考异》以严谨求实的治学态度,缜密完善的考证方法,"正传闻之误,订字句之舛",对廿二史进行全面考订。经过钱大昕的考证,史书中的许多讹误得以纠正,许多疑问涣然冰释,"是书出而二千余年之史可读也"。① 钱大昕的校勘,主要是对史书正文及注文中出现的脱、衍、讹、误、省、重、倒等问题逐条考证并加以改订、增补或删除。同时,广征博引,类比举证,对史书中出现的讹误进行纠正。在考证两《唐书》的过程中,钱大昕也同样做了大量的校勘考订工作。

### 1. 校订文字

与其他文献一样,两《唐书》在刊刻及传抄的过程中,难免出现文字上的脱、衍、倒、重及鲁鱼亥豕现象,钱大昕依两书原文之次序,一一予以指摘考校。

脱文如《新唐书·百官志》载龙朔二年(662),改礼部曰司礼,祠部曰司禋,膳部曰司膳。钱大昕认为"此下脱'主客曰司藩'五字"。② 又《新唐书·温彦博传》载"突利可汗弟结社谋反",钱大昕据《太宗纪》、《魏徵传》、《突厥传》均作"结社率",认为此脱"率"字。③ 衍文如《新唐书·地理志》载灵州辖有朔方军经略军,钱大昕认为"当云朔方经略军,多一'军'字"。④ 又《旧唐书·顺宗纪》载贞元二十一年(805),以吏部郎中韦执谊为尚书右丞相、同中书门下平章事。钱大昕认为,"此时无左右丞相之官,'相'字衍"。⑤ 倒文如《新唐书·刑法志》载开元三年(715)卢怀慎之《开元格》,二十五年(737)李林甫之

① (清)王引之:《王文简公文集》卷四《詹事府少詹事钱先生神道碑铭》,(清)王念孙等撰:《高邮王氏遗书》,江苏古籍出版社 2000 年影印上虞罗氏辑本,第 211 页。

② 《廿二史考异》卷四四《唐书四·百官志一》,第 930 页。

③ 《廿二史考异》卷五二《唐书十二·温彦博传》,第 1028 页。

④ 《廿二史考异》卷四四《唐书四·地理志一》,第 925 页。

⑤ 《廿二史考异》卷五七《旧唐书一·顺宗纪》,第 1119 页。

《新格》及次年宋璟之《后格》次序颠倒。钱大昕据《新唐书·艺文志》所载，知宋璟《开元后格》成书于开元七年（719），李林甫等删定《开元新格》在开元二十五年（737），据此知"宋璟著《后格》在林甫之前矣"。"又据《璟传》，璟以开元二十五年（737）卒，即林甫进《新格》之岁也，安得于明年更预撰述乎？此叙次颠倒之甚者"。① 重文如《新唐书·艺文志》经部小学类重复著录蔡邕《今字石经论语》，"一类之中，前后重见"。又史部正史类著录李喜《汉书辨惑》30 卷，"《旧志》作'李善'。'善'与'喜'字形相涉，下文又有李善《汉书辨惑》20 卷，恐即一书而重出也"。② 诸如此类，不胜枚举。

2. 纠谬正讹

钱大昕对两《唐书》记载之讹误处纠正甚多，对于常识性的错误径直指谬正误而不作繁琐的考证，如《新唐书·李泌传》引夏桀语"我生不有命自天"，此语原出《尚书·西伯戡黎》，史家因一时疏忽而致误，钱大昕不引经据典，仅用"此纣语，非桀语"六字指谬正误，可谓惜墨如金。③ 更明显的错误如《新唐书·礼乐志》载开元十年（722），"诏宣皇帝复祔于正室，谥为献祖，并谥光皇帝为懿祖"，钱大昕通过本纪的记载认为此事在开元十一年（723），《礼乐志》记载有误，同时还指出："献、懿者，二祖之庙号，《志》称谥，亦误。"④

此外，钱大昕对两《唐书》的纠谬更多的是通过两书的互证或广征博引其他文献而进行的。如关于武则天之父武士彟追谥为"忠孝"的时间，《新唐书·武后纪》言在光宅元年（684）十月，钱大昕认为，《后妃传》载追赠五代及谥，"独不及'忠孝'之谥"，而其上文又有"后见宗庙，再赠士彟至司徒、爵周国公，谥忠孝"之文，因此，"士彟之谥忠孝乃在高宗朝，不在武氏临朝时也"。⑤ 又如关于唐末宰相崔昭纬在位时间，《新唐书·奸臣传》言其"居位凡八年"，钱大昕据《宰相表》及《本纪》的记载，认为昭纬以大顺二年（891）正月拜相，至乾宁二年（895）

① 《廿二史考异》卷四五《唐书五·刑法志》，第 942 页。
② 《廿二史考异》卷四五《唐书五·艺文志》，第 942—943 页。
③ 《廿二史考异》卷五四《唐书十四·李泌传》，第 1061 页。
④ 《廿二史考异》卷四三《唐书三·礼乐志》，第 914 页。
⑤ 《廿二史考异》卷四二《唐书二·武后纪》，第 899 页。

八月罢为右仆射，"居位实不满五年"。①

值得一提的是，钱大昕在考证中能充分利用避讳学、金石学、音韵训诂学等知识校读史籍，考证史事，为两《唐书》纠谬正讹。如《旧唐书·经籍志》著录有《崇安记》2 卷，《晋崇宁起居注》10 卷，钱大昕认为，《崇安记》当为《隆安记》，"隆安"是晋安帝年号，开元年间毋煚撰录《古今书录》时（《旧唐书·经籍志》系截取《古今书录》而成），避明皇讳，改"隆"为"崇"。又晋无"崇宁"年号，"崇"当为"隆"，"宁"乃"安"之讹，因"隆安纪元在宁康、太元之后，元兴、义熙之前。此下又有《晋崇安元兴大享副诏》8 卷，可证'崇宁'为'崇安'之讹"。②《新书·段志玄传》言段志玄谥"壮肃"，钱大昕据《旧唐书》本传、《唐会要》及《段志玄神道碑》均作"忠壮"，而独《新唐书》本传作"壮肃"，认为此乃"字之讹也"，当以"忠壮"为是。③ 又《旧唐书·张说传》记载有左司郎中阳伯诚，钱大昕据《王晙传》有"户部郎中杨伯诚"，《礼仪志》有户部郎中杨伯成，推断其"盖即一人而字各异"。又据藏于西安府学的《大智禅师碑阴记》有"河南少尹阳伯成撰"字样，得出"当据碑为正"的论断。④

**二　对两《唐书》编纂得失的认识**

长期的史学研究，加之钱大昕充任翰林院编修参与官方修史活动的经历，使其对中国古代官修史书的体制及弊病有了深刻的认识，对史书的编纂有了自己独到的见解和思想，这种思想虽然没有形成专著进而系统化、理论化，但却分散而具体地体现在《廿二史考异》当中，通过对钱大昕考订历代正史成果的整理分析，不难窥见其崖略。钱大昕在考订历代正史的过程中，不时针对史籍中出现的种种弊病阐发自己的认识和思想，这些见解在考校两《唐书》的过程中也时有体现。两《唐书》虽均为官修史书，但其成书年代、撰修者各不相同，钱大昕分别就两书编纂中出现的体例不一、繁简失当、彼此重复等问题一一进行详密考证，表达了他的史书

---

① 《廿二史考异》卷五六《唐书十六·奸臣传》，第 1108 页。
② 《廿二史考异》卷五八《旧唐书二·经籍志》，第 1139 页。
③ 《廿二史考异》卷五二《唐书十二·段志玄传》，第 1026—1027 页。
④ 《廿二史考异》卷五九《旧唐书三·张说传》，第 1152 页。

编纂思想。

1. 体例不一

钱大昕特别重视史书的编纂体例，强调编纂史书要做到体例前后统一，首尾一致，简明得当。在这一思想的指导下，钱大昕对两《唐书》在编纂中出现的体例混乱，前后矛盾等问题一一指出。如《旧唐书》诸帝本纪于帝王名称或名或讳，体例不一。"太宗、高宗、中宗篇中直书高、中、睿三宗之名，高祖篇中但书太宗而不名，此纪（睿宗纪）于明皇名称讳，于例初未画一。"① 又《旧唐书》各本纪于宰相死后或书薨，或书卒，体例不一。武后及其以前各帝本纪惟二品以上官员书"薨"，即使贵为宰相，不及二品，依例只能书"卒"而不得书"薨"。玄宗之后各帝本纪则或书薨或书卒，"殊无一定之例矣"。之后凡节度使带宰相衔者，除李光弼、郭子仪、李晟、马燧以元勋书"薨"外，其余皆书"卒"，但《德宗纪》于成德军节度使、检校太尉中书令王武俊，《宪宗纪》于剑南西川节度使、检校太尉中书令韦皋二人独书"薨"，"此亦义例之未当也"。穆宗以后，无论宰相、三公、三师或使相皆书"卒"，无有书"薨"者，"又与前数朝之例互异"。《新唐书》本纪"惟宰相终于位者书'薨'，而余官皆不书"，钱大昕认为与《旧唐书》相比则"简而当矣"。② 又如《旧唐书》各列传多不书散官，惟独《韦见素传》、《归崇敬传》、《令狐楚传》、《牛僧孺传》、《李珏传》、《崔铉传》书之，"此亦例之不一也"。③

晚出的《新唐书》同样也存在体例不一的问题。有唐一代因赐姓、避讳等原因而改姓更名者屡见不鲜，钱大昕认为史书在叙述这些人名时须统一体例，否则一人两名很容易造成误会。如《新唐书·宰相世系表》在这个问题上就出现了体例不一现象，"李世勣本徐氏，《表》从徐氏，不从李氏，此一例也。元载本景氏，《表》不别出景氏，而于元氏世系之后云'大历宰相元载，本景氏，故不著'，又一例也"。又《表》中载有武什方，据钱大昕考证，"什方本韦氏，赐姓武"，然《表》于此人"既

---

① 《廿二史考异》卷五七《旧唐书一·睿宗纪》，第 1115 页。
② 《廿二史考异》卷五七《旧唐书一·太宗纪》，第 1113 页。
③ 《廿二史考异》卷五九《旧唐书三·韦见素传》，第 1155 页。

不入韦氏，又不附书武氏之后，于例亦未当也”。① 又如黄门侍郎同中书门下三品刘齐贤，避章怀太子讳改名景先，《新唐书》之《高宗》、《武后纪》俱作“刘齐贤”，《宰相世系表》言“齐贤更名景先”，《宰相表》作“刘景先”。“《纪》书初名，《表》书改名，于例殊未画一”。②

钱大昕认为两书记载武氏诸王，依体例不及削封而卒者书当时之官爵，“余皆书所降之封”。但《新书·宰相世系表》关于武氏诸王封爵的记载混乱不一，如武攸宜自建安王降息国公，武攸绪自安平王降巢国公，武攸宁自建昌王降江国公，而“《表》并公爵亦不书”；又武重规已降封郐国公，“而《表》仍书高平王”；武懿宗已降封耿国公，“而《表》仍书河间王”；武崇训已降封镐国公，“而《表》仍书高阳王”；武延义已降封魏国公，“而《表》仍书嗣魏王”。其体例前后不一，“自相违反”，一篇之中乖谬如此。③

关于人物的列传，钱大昕认为依体例应在传主姓名之下，书某州某县人，“其无可考者，亦于传首言之”，通常用“史失其何所人”、“亡乡里世系”等语。但是《新唐书》中的刘知几、元结、韩全义、刘栖楚、韦表微、李翱、王璠、裴坦、郑启、孙偓、萧颖士、柳并、皇甫冉等人的本传皆缺此一项。钱大昕进一步论述说：“《结传》载《自释》一篇，述其族望乡里甚备，篇首不书可也。《知几传》叙其撰《家史》，称彭城丛亭里诸刘，出楚孝王嚣曾孙居巢侯般云云，篇首不书亦可也。若全义诸人，乡里既无可考，当依卫伯玉诸《传》之例，方合史法。”④

2. 繁简失当

钱大昕提倡编纂史书力求史文繁简得当，他认为：“文有繁有简，繁者不可减之使少，犹之简者不可增之使多。《左氏》之繁，胜于《公》、《穀》之简，《史记》、《汉书》，互有繁简，谓文未有繁而能工者，非通论也。”⑤ 在这种思想的指导下，钱大昕对两《唐书》的繁简问题进行了全面的考察，指摘其繁简失当之处，并论及原因。如钱大昕认为《旧唐

　　① 《廿二史考异》卷五〇《唐书十·宰相世系表四上》，第1006页。
　　② 《廿二史考异》卷四六《唐书六·宰相表上》，第950页。
　　③ 《廿二史考异》卷五〇《唐书十·宰相世系表四上》，第1006页。
　　④ 《廿二史考异》卷五三《唐书十三·刘知几传》，第1058页。
　　⑤ （清）钱大昕：《潜研堂文集》卷三三《与友人书》，《嘉定钱大昕全集》第9册，第576页。

书》各帝本纪"前后繁简不均"，具体而言，"睿宗以前，文简而有法；明皇、肃、代以后，其文渐繁；懿、僖、昭、哀四朝，冗杂滋甚"。同时，钱大昕还分析了《旧唐书》本纪出现前后繁简不一的原因，他认为睿宗以前五朝之本纪盖源于国史，此国史"经吴兢、韦述诸人之手，笔削谨严"；而唐中叶以后，修撰国史的柳芳、令狐峘等人缺乏史才，故叙事虽称完备而其文渐繁；至宣宗、懿宗以后，"既无实录可稽，史官采访，意在求多，故卷帙滋繁，而事迹之矛盾益甚也"。① 相对于《旧唐书》而言，《新唐书》号称"文省事增"，然其各帝本纪也同样存在繁简不均的问题。钱大昕认为，总体而言，《新唐书》本纪"以简要胜"，惟独《僖宗纪》与《昭宗纪》二篇，"繁冗重复，与它卷迥别"。钱大昕进一步列举出二本纪中或"无足轻重，徒费笔墨"，或纪、传重复、可省而未省的五大事例予以说明。钱大昕认为出现这一弊病的原因可能是史臣自夸其采摭之富，"欲求胜于《旧史》，而不知其繁而无当也"②。

　　另外，钱大昕认为体例不一也是造成两书记载繁简失当的原因之一。如《旧唐书》本纪的体例就极为混乱，"本纪之例，宰相除免皆当书，《高祖纪》书拜而不书罢，如刘文静之除名，《纪》亦失之也。睿宗以前《本纪》，惟书宰相除免，明皇以后，卿监方镇亦书矣。兴元、贞元以后，两制中丞六尚书亦书矣。又如元和以后，宰相多兼集贤殿、弘文馆大学士，《纪》皆不书，而《宣宗》、《昭宗》、《哀帝》三纪，则具书之；诸臣除授散官勋封例不书，而《宣宗》、《昭宗》、《哀帝纪》亦书之；诸臣赐紫赐绯例不书，而《宪宗》、《穆宗》、《宣宗》、《哀帝纪》屡书之；礼部知贡举例不书，而大中、咸通间屡书之，此纪文之所以益于前也"。③

　　3. 彼此重复

　　由于纪传体史书分别以纪、志、表、传等形式记载史事，重复在所难免，这就要求史臣在编纂过程中能够统一协调，尽量避免。但是由于官修史书成于众人之手，往往各自为政，顾此失彼，前后重复而不知，一再叙述而不觉，作为官修史书的两《唐书》也难免此弊。在考证过程中，钱大昕一一指出两《唐书》中的重复现象。如《旧唐书·王方庆传》载王

----

① 《廿二史考异》卷五七《旧唐书一·高祖纪》，第 1111 页。
② 《廿二史考异》卷四二《唐书二·僖宗纪》，第 902—904 页。
③ 《廿二史考异》卷五七《旧唐书一·高祖纪》，第 1112 页。

方庆驳辟闾仁谞告朔之议，已详见《礼仪志》，"而此《传》复叙其事，几五百言"。① 《新唐书·礼乐志》载神龙元年（705）议立始祖为七庙，有人建议以凉武昭王为始祖，太常博士张齐贤、博士刘承庆、尹知章均上言以为不可。钱大昕核检三人本传认为，张齐贤的章疏已见其本传，"意同而文异"；而刘承庆、尹知章之议已见此《志》又入载《张齐贤传》，"此重出也"。② 又《新书·韦嗣立传》载宋务光任监察御史时上言建议停止征封，"一切附租庸输送"，皇帝没有采纳。钱大昕认为宋务光此疏已见其本传，而此《传》又及之，不禁发出了"何其词之赘也"的叹息。③

值得指出的是，钱大昕不仅一一列举了两《唐书》记载重复的史事，有的还指出了具体的处置方法。《新唐书·宦者传》详细记载了唐内侍省的机构组成、官员人数及职掌，钱大昕认为内侍省官已见《百官志》，"此重出，可删"。④ 《新唐书·车服志》载"皇太子将释奠，有司草仪注，从臣皆乘马着衣冠，左庶子刘知几议曰：……太子从之，编于令"。钱大昕加案语曰："《知几传》亦载此事，凡一百八十余言，当去彼存此"。⑤ 《旧唐书·黄巢传》载杨复恭"露布献捷于行在，陈破贼事状"，露布七百余言，《旧唐书·僖宗纪》已载之，《黄巢传》又重出之，钱大昕认为"当存此而删彼"。⑥ 针对《新唐书·张又新传》中的重复，钱大昕曰："又新与拾遗李续、刘栖楚等为逢吉搏吠所憎，故有'八关十六子'之目。此事又见《李逢吉传》，宜存彼去此。且又新以谄附见讥，其事迹散见于《李逢吉》、《李绅》诸篇，其历官本末，自可附于父《荐传》，何必别立传乎？"⑦ 《新唐书·诸公主传》载于琮初尚永福公主，"主与帝食，怒折匕箸，帝曰：'此可为士人妻乎？'"于是改尚广德公主。钱大昕认为："永福主折箸事，又见《于琮传》，宜删彼存此"。⑧

对于有些重复，简单的删减不足以解决问题，钱大昕也一一指明处理

---

① 《廿二史考异》卷五九《旧唐书三·王方庆传》，第1150页。

② 《廿二史考异》卷四三《唐书三·礼乐志》，第914页。

③ 《廿二史考异》卷五三《唐书十三·韦嗣立传》，第1051页。

④ 《廿二史考异》卷五六《唐书十六·宦者传》，第1104页。

⑤ 《廿二史考异》卷四三《唐书三·车服志》，第915页。

⑥ 《廿二史考异》卷六〇《旧唐书四·黄巢传》，第1181页。

⑦ 《廿二史考异》卷五五《唐书十五·张又新传》，第1082页。

⑧ 《廿二史考异》卷五一《唐书十一·诸公主传》，第1022页。

方法。《新唐书·张易之传》载武后时张昌宗与李峤、张说、宋之问、富嘉谟、徐彦伯等二十六人编纂《三教珠英》一事，钱大昕认为，此事在《新唐书》的《艺文志》、《李适传》、《徐坚传》中都有记载，"此四处重出，而人数多寡同异各殊，所当删并以归于一也"。① 《新唐书·艺文志》于《大唐氏族志》及《姓氏谱》下详注撰者，钱大昕案："此两书撰人名已见《高士廉》、《李义府》二传，此注重出，但云某人等撰可矣。"② 又于《窦叔向集》下注云："字遗直。与常衮善，衮为相，用为左拾遗、内供奉，及贬，亦出溧水令。"钱大昕加案语曰："《窦群传》云：'父叔向，以诗自名。代宗时，位左拾遗。'若以此注云云改入本传，则文省而无重出之累矣。"③ 《新唐书·杜悰传》载宣宗世，夔王以下五王居大明宫内院，而郓王居十六宅，"帝大渐，枢密使王归长、马公儒等以遗诏立夔王，而左军中尉王宗实等入殿中，以为归长等矫诏，乃迎郓王立之，是为懿宗"。钱大昕认为，"此事已见《懿宗纪》，毋庸更入此《传》。若云'初懿宗之立，非宣宗意，及即位久之，遣枢密使'云云，则文省而意益明矣"。④ 《新书·杨嗣复传》载武宗即位并非宰相的意愿，"中人多言嗣复、珏不利于陛下。帝刚急，即诏中使分道诛嗣复等。德裕与崔郸、崔珙等诣延英言：……"钱大昕认为此语已见《李德裕传》，"此但当云'德裕等诣延英极谏'，不必更举其词也"。⑤

钱大昕关于两《唐书》编纂的论述，除以上体例不一、繁简失当、彼此重复等问题外，还涉及史料的裁剪及措置不当问题，如当书而不书者、不必书而书者、当书于彼而书于此者、宜见于本传而见于他传者等，在考证过程中都一一论及。此外，钱大昕还对两《唐书》的编纂者缺乏史识提出了严厉的批评，凡此，都体现了钱大昕关于史书编纂的思想及其严谨的治学态度。

### 三　考证过程中的探幽发微

钱大昕的《廿二史考异》在校勘史籍并对廿二史所及人物的姓字、

---

① 《廿二史考异》卷五二《唐书十二·张易之传》，第1038页。
② 《廿二史考异》卷四五《唐书五·艺文志二》，第945页。
③ 《廿二史考异》卷四五《唐书五·艺文志四》，第947页。
④ 《廿二史考异》卷五四《唐书十四·杜悰传》，第1074页。
⑤ 《廿二史考异》卷五五《唐书十五·杨嗣复传》，第1081页。

世系、里居、官爵、年齿等问题进行精密考证、纠谬正讹的同时，还就有关问题深入研究，探幽发微并进行概括总结，其独特的见解往往着墨不多，甚至只言片语却发人深思。清代学者阮元称赞钱大昕所著《廿二史考异》"皆实事求是，于天文、舆地、官制、氏族数大端，说之尤极精核"。① 钱大昕考证两《唐书》的成果中也不乏"精核"之处，而最值得称道的莫过于其对唐代官制及氏族等问题的总结论述。

唐代的官制问题十分复杂，官职时增时减，职掌屡有变迁，职事官之外，又有差遣之官，检校之职，不明官制，就不能正确理解文献中的有关记载，更谈不上深入研究。因此，钱大昕在有关两《唐书》的考证中，对唐代的官制问题十分重视，他一方面对两《唐书》中有关官制记载出现的错误予以纠正，另一方面又对有关官制的源流演变及职权之消长进行梳理论述，尤其是后者，已远远超出了考证的范畴，而已深入有关典章制度的研究领域，显示了钱大昕敏锐的观察力和综合贯通的研究能力。

唐代宰相的名号复杂多变，钱大昕在考证两《唐书》时注意到了这一问题，并随手加以总结。如关于宰相称"同中书门下三品"之始终，《新唐书·百官志》载始于李绩以太子詹事同中书门下三品之时，钱大昕进一步解释说："太子詹事与侍中、中书令阶皆正三品，然惟侍中、中书令为宰相，故云同中书门下三品，以别于他三品也。大历以后，升侍中、中书令为二品，自是无同中书门下三品之称"。② 唐中后期又有"使相"之称，钱大昕认为，"盖唐自中叶以后，节镇加宰相衔者极多，谓之使相，亦称外宰相，非真宰相也"。③

中书舍人是唐代中书省的主要官员，负责起草诏敕、宣读册命等事务。钱大昕在考证两《唐书》的过程中，发现中书舍人的职掌在逐渐削弱，因此他总结说："唐中叶以后，常以它官知制诰，行中书舍人之职，与学士对掌内外制，当时亦呼为舍人。然必官至前行郎中以上，乃得正授舍人。若学士除中书舍人者，仍典内制，不兼外制也。"④ 钱大昕已经认识到唐中期以后，翰林学士职掌内制已经削弱了中书舍人的权利。此外，

---

① （清）阮元：《三统术衍序》，《嘉定钱大昕全集》第 8 册，第 1 页。
② 《廿二史考异》卷四四《唐书四·百官志一》，第 929 页。
③ 《廿二史考异》卷五〇《唐书十·宗室世系表下》，第 998 页。
④ 《廿二史考异》卷五七《旧唐书一·文宗纪》，第 1119 页。

钱大昕还从中书舍人人数的变化进一步说明其职权的消长，在解释《旧唐书·权德舆传》"德舆居西掖八年，其间独掌者数岁"一语时，钱大昕说："唐人称门下为左掖，中书为西掖。据《六典》，中书舍人本六人。中叶以后，常以它官知制诰，行舍人之职。德舆以贞元十年迁起居舍人，即兼知制诰，至十八年，拜礼部侍郎，故云居西掖八年也。至德以后，始置翰林学士，专掌内制，而中书但掌外制，西掖之员渐少，乃有一人独掌制诰如权德舆者。"①

唐代官制中的使职数目繁多，两《唐书》官志虽有所涉及，但对其职掌、品秩、统属、数量等问题皆略而不记，钱大昕在考证的过程中对使职问题做了简要的总结：

> 节度、采访、观察、防御、团练、经略、招讨诸使，皆无品秩，故常带省台寺监长官衔，以寄官资之崇卑。其僚属或出朝命，或自辟举，亦皆差遣无品秩。如使有迁代，则幕僚亦随而罢，非若刺史、县令之有定员有定品也。此外如元帅、都统、盐铁、转运、延资库诸使，无不皆然。即内而翰林学士、弘文、集贤、史馆诸职，亦系差遣无品秩，故常假以它官。有官则有品，官有迁转而供职如故也。不特此也，宰相之职，所云平章事者，亦无品秩，自一、二品至三、四、五品官，皆得与闻国政，故有同居政地而品秩悬殊者；罢政则复其本班。盖平章事亦职而非官也。②

钱大昕的论述，揭示了唐朝使职差遣的普遍性，这一认识对后人研究探讨唐朝的使职差遣制度不无启发意义。

此外，唐代官员的头衔往往叠床架屋，使人莫知所云，如官名之前常加有检校、兼、知、行、判等字，钱大昕就考证所及也加以阐释。关于检校，钱大昕说："唐初检校官乃任职而未正授之称，故《新史·宰辅表》开元以前检校左右仆射、侍中、中书令者，皆与正官同列；肃、代以后，检校但为虚衔，故检校之三公、三师不入于《表》。"③ 至于兼、判，钱大

---

① 《廿二史考异》卷六〇《旧唐书四·权德舆传》，第 1166 页。
② 《廿二史考异》卷五八《旧唐书二·职官志》，第 1138 页。
③ 《廿二史考异》卷六〇《旧唐书四·令狐楚传》，第 1171 页。

昕认为其"皆未正授之称"。又据《新唐书·宰相表》载陈叔达武德元年(618)六月以黄门侍郎判纳言,次年乃兼纳言一事,推知"判又在兼之下也"。①

钱大昕研究历史尤其重视氏族谱系,而史书又往往缺乏系统的记载,即使已有的记载如《新唐书》之《宗室世系表》、《宰相世系表》也偏而不全,且错漏百出。因此钱大昕在考证两《唐书》的过程中特别重视对人物世系的校正和梳理,其考证《新唐书·宰相世系表》讹误之文,几乎占到其考证《新唐书》篇幅的一半,其于氏族源流、世系支脉皆能详悉言之。在钱大昕有关唐代氏族的研究成果中,最值得称道的莫过于对唐代豆卢氏源出慕容氏的辨正。《新唐书·宰相世系表》载豆卢氏本姓慕容氏,系前燕高祖慕容廆弟慕容运之后,"运生尚书令临泽敬侯制,制生右卫将军北地愍王精,降后魏,北人谓归义为'豆卢',因赐以为氏,居昌黎棘城。二子:丑、胜"。又慕容胜有子名鲁元,后魏时位至太保,封襄城公。② 清人沈炳震考证其非有二:据《北史》豆卢氏乃北地王精之后,"精未尝封归义侯,则所谓以归义为豆卢者,亦未的也";《魏书》有《卢鲁元传》,言鲁元曾祖副鸠仕慕容氏为尚书令、临泽公,祖父并至大官。《后燕录》又有《副鸠传》,不言其为慕容氏之族。"《鲁元传》又不言豆卢改姓为卢,且祖父皆不书名,则鲁元非特非胜之子,而自姓卢氏,其与豆卢氏绝不相蒙,大误也"。③ 钱大昕考证认为,据《新唐书·宰相世系表》尚书令临泽敬侯制乃鲁元之曾祖,"制"与"副"字形相似,官与封号又同,惟"公"、"侯"字小异,《新表》所载尚书令临泽敬侯制与《魏书》所言鲁元之曾祖显系一人,《新表》于"制"字下脱"鸠"字。又慕容氏出于徒河,而《魏书·卢鲁元传》亦称其为昌黎徒河人,"其为慕容之支庶,亦无可疑"。"魏初改姓豆卢,犹之改秃发为源氏,其单称'卢'者,必是孝文迁洛时,改代北复姓,因去'豆'存'卢',故魏收修史仍之也。宇文泰据关中,悉复代北氏族之旧,故豆卢宁仍称本氏。沈氏谓鲁元自姓卢氏,与豆卢绝不相蒙,斯不然矣。《晋书·后燕载记》称'慕容麟以兵劫北地王精,谋率禁旅弑主,精以义距之,麟怒,杀精',

---

① 《廿二史考异》卷四六《唐书六·宰相表上》,第949页。
② 《新唐书》卷七四下《宰相世系表》四下,殿本,第318页。
③ (清)沈炳震:《唐书宰相世系表订讹》卷一〇,《唐书合钞》,第1575页。

是精无降魏之事。《北史·豆卢宁传》云'燕北地王精之后，高祖胜，以皇始初归魏，赐姓豆卢氏'，盖得其实。又据《北史》，宁父苌是胜之曾孙，而《表》以苌为丑之孙，疑亦当从《传》也。"① 经钱大昕考证，知《新表》记载虽有讹误，但其言豆卢氏源出慕容氏实不误，而沈炳震之辨正则错上加错。如今豆卢氏源出慕容氏业已成定论，钱氏辨正之功自不可没。

总之，钱大昕对两《唐书》的考证与研究，不仅解决了两书在传钞刊刻过程中出现的文字上的脱、衍、倒、重等现象，还纠正了两书中的许多讹谬，尽量还其本来面目。钱大昕的考证精密详审，除以两书互证外，还杂采他书，广征博引，而其引用文献之广博，亦远非王鸣盛、赵翼之所能及。这种精详的校勘为研治唐史的学者提供了可资参考的资料，正如周振鹤先生所言："一部《廿二史考异》处处皆点石成金之语，不是因为其多谈考据而这样说，而是因为其考据高明，使不可读或读不懂之典籍变成可读可懂之史书而这样说。"② 同时钱大昕的校勘也为之后两《唐书》的整理及研究奠定了基础，道光年间罗士琳等撰《旧唐书校勘记》，新中国成立后中华书局整理出版两《唐书》校点本时都曾广泛汲取了钱大昕的考校成果。钱大昕关于两《唐书》编纂得失的议论，不仅使后人更清楚地认识到了两书的缺陷，同时也为史书编纂者积累了可资借鉴的经验。黄永年先生认为《廿二史考异》的体例过于谨严，"除校勘外对各史的得失不多作评论"，③ 此言似非尽然，至少对两《唐书》部分来说不甚公允。钱大昕对唐代有关典章制度的考证研究也起到了正本清源、抛砖引玉的作用。尽管钱大昕的考证繁杂而琐碎，对许多问题的阐述孤立而分散，缺乏系统性、全面性，然钱大昕考史的目的在于"袪疑指瑕，拾遗规过"，④因此缺乏全面系统的议论并不足以掩盖其学术价值。

## 第二节　王鸣盛与两《唐书》

王鸣盛，字凤喈，号礼堂，又号西庄，晚年改号西沚居士，江苏太仓

---

① 《廿二史考异》卷五〇《唐书十·宰相纪系表四下》，第 1007 页。

② 周振鹤：《点石成金、披沙沥金与脸上贴金》，《读书》1995 年第 3 期。

③ 黄永年：《唐史史料学》，第 49 页。

④ （清）钱大昕：《廿二史考异序》，《廿二史考异》卷首。

嘉定人（今属上海），生于康熙六十一年（1722），卒于嘉庆二年（1797），年七十六。官侍读学士、内阁学士兼礼部侍郎、光禄寺卿。王鸣盛系清代著名的史学家、经学家，一生著述宏富，有《十七史商榷》100 卷、《尚书后案》30 卷及《后辨》1 卷，晚年仿顾炎武《日知录》著《蛾术编》100 卷，对古代制度、器物、文字、人物、地理、碑刻等均有考证，具有很高的学术价值。另有《续宋文鉴》80 卷，《周礼军赋说》6 卷。

王鸣盛《十七史商榷》取毛氏汲古阁所刻十七史，外加武英殿本《旧唐书》及四库馆所辑《旧五代史》钞本，合为十九史，通校一遍，为之改讹正误，去衍补脱，同时参阅其他历史著作纠谬正讹。校勘之外，王鸣盛又特别注重对历史时期地理、职官等典章制度的考察。在王鸣盛看来，"读史者不必以议论求法戒，而但当考其典制之实，不必以褒贬为与夺，而但当考其事迹之实"，①因此，《十七史商榷》历来与钱大昕《廿二史考异》、赵翼《廿二史札记》相提并论，颇得好评。李慈铭对《十七史商榷》更是称赞有加，认为其"考核精审，议论淹通，多足决千古之疑，著一字之重，与钱辛楣少詹《廿二史考异》、赵云崧观察《廿二史札记》皆为读史者必读之书，自来论史者，从未有此宏纤毕赅，良窥悉见也"。②

王鸣盛《十七史商榷》100 卷，其中考校两《唐书》部分共 24 卷，与钱大昕考校两《唐书》相类似，王鸣盛也依两书原有次序，将两书综合在一起，分别就两《唐书》的文字校勘及编纂得失进行考校议论，同时广采前贤有关两《唐书》的议论，进一步评价或补充。在考校的过程中，王鸣盛取得了一定的成绩，但也存在不少问题，甚至出现了一些疏漏及失误。

## 一　文字内容的校勘与比较

王鸣盛撰写《十七史商榷》的目的系为正史"改讹文、补脱文，去衍文"，并在此基础上，"举其中典制事迹，诠解蒙滞，审核踌驳"，③做进一步的考论。因此，校勘正史文字是《十七史商榷》的主要内容。王

---

① 《十七史商榷序》。
② 王利器纂辑：《越缦堂读书简端记》，天津人民出版社 1980 年版，第 170—171 页。
③ 《十七史商榷序》。

鸣盛在考校两《唐书》时，《旧唐书》以乾隆四年（1739）校刻之武英殿本为底本（王称近本），《新唐书》则以毛晋汲古阁本为底本，但在具体考校过程中又不拘泥于各本，遵循"旧唐书各种本不同宜择善而从"的原则。在校勘过程中，除用本校、对校、他校法外，王鸣盛还大胆地采用了理校法，"以己意裁取"。① 王鸣盛的校勘成果主要体现在文字校勘和异同比较两个方面。

1. 文字校勘

随着两《唐书》的传钞与刊刻，其脱文衍字及讹误之处也与日俱增，钱大昕《廿二史考异》中的校勘成果已相当可观，王鸣盛考校两《唐书》时，校出的脱文衍字及讹误与钱氏相比有过之而无不及。王鸣盛自两书目录开始，依次对两书的纪、志、传等内容进行校勘，其前半部分基本上是凡遇脱误即一一录出，如"旅贲郎"条："《旧纪》：'永徽三年七月，立陈王忠为皇太子。九月，改诸率府中郎将为旅贲郎，以避太子名。''旅贲郎'下脱'将'字。"② 又如"某州妇人"条："十月，许叔冀奏：某州妇人王二娘请赴行营讨贼。'某'，校本作'青'，是。原本误同。"③其他如卷七一"万岁登封元年脱误"、"朱敬则官脱字"、"神龙元年脱误"、"三年脱误"、"中宗纪论脱文"、"睿宗纪首脱误"、"景云三年脱文"等条均一一列举，不可悉数。而卷七八"十节度异文脱文衍文"所校脱衍讹误则多达几十处。大概由于所校脱衍太多，王鸣盛在"则天遣阎知微事"条中说："凡脱误一两字者不悉出，多者见之。"④ 之后在"刘黑闼传脱文"条中又特地注明："以后凡脱误一二字不悉著，多者出之。"⑤ 因此"裴冕传脱文"、"王武俊传脱误"、"柳公度传有脱"、"宦官传原文脱文"等条所校脱漏均不止一二字，有的甚至多达数行，而"新旧地理杂校误"条竟用一章之篇幅校勘新、旧《地理志》的脱漏衍误及异文。

王鸣盛的校勘成果中以考校文字正误的条目较多，如"池水县"条：

---

① 《十七史商榷》卷六九"旧唐书各种本不同宜择善而从"。

② 《十七史商榷》卷七〇"旅贲郎"。

③ 《十七史商榷》卷七三"某州妇人"。

④ 《十七史商榷》卷七七"则天遣阎知微事"。

⑤ 《十七史商榷》卷八六"刘黑闼传脱文"。

"五年十月，中书奏池水县武牢关云云，'池'当作'汜'。"① 又如"文都"条："《旧·懿宗纪》：咸通四年四月，敕徐州罢防御使，为文都，隶兖州。'文都'当作'支郡'，原本误同。"② 此外如"天文志叙首误"、"灾异标题歧误"、"兵志校误"、"李氏宰相世表遗漏"、"许绍传错乱"等诸条均属此类。

王鸣盛对两《唐书》尤其是《新唐书》中出现的错误颇为不满，如其在"裴光庭书名错误"条中指出，《旧唐书》均作"庭"，而《新唐书》则"廷"、"庭"并见，又根据《文苑英华》及张九龄《曲江集》中的《光庭神道碑》及拓本、《集古录跋尾》等文献均作"光庭"，认为《新唐书》谬作"光廷"不可理喻，并责备宋祁"养尊处优"，将编纂任务分授门生子弟，"己特总其大纲"，书成之后，"一任吏胥钞誊，懒于检校"，于一朝宰相之名"尚舛讹至此，何论其他"。③

综观王鸣盛所校两《唐书》的脱文误字，其成果以《旧唐书》为多，这与其所用底本（武英殿本）非善本有很大的关系，加之钱大昕《廿二史考异》对《新唐书》校勘最为用力，所以王氏考校的重点是《旧唐书》。

2. 异同比较

王鸣盛校勘两《唐书》，除校脱漏衍误外，校异同也是其主要内容，可以说其比较两《唐书》异同的内容几乎占到其校考两《唐书》成果的一半，因此校脱漏衍误与校异同成为王鸣盛校考两《唐书》的主要特色。

首先，比较两《唐书》的纪、志、表、传之异同。通过比较，王鸣盛发现其中有内容相同而叙述次序不同者。王鸣盛认为《新唐书》往往求异于《旧书》，改削之处甚多，惟《官志》内容大多相同，但为了显示不同，则在叙述次序上做文章，此种不同主要体现在新、旧《官志》对外官的记载上。《旧唐书·职官志》在东宫官属、王府官属之后，以"州县官员"四字为标题，详载三府都督、州县都护等官，然后载节度、元帅、招讨、防御、团练等使。而《新唐书·百官志》于文末专列"外官"进行叙述，虽然"叙次甚明晰"，然不过取《旧志》之内容而"颠倒其前

---

① 《十七史商榷》卷七五"池水县"。

② 《十七史商榷》卷七五"文都"。

③ 《十七史商榷》卷八七"裴光庭书名错误"。

后次第耳"，"究之如《旧书》叙次，亦何尝不妥？"① 此外又有详略不同者。如《郭知运传》，王鸣盛认为新、旧本传所载"互有详略"，并一一列举说明。② 又有乡里世系记载之不同者。王鸣盛认为新、旧两书关于后妃乡贯世系的记载全然不同，如高祖皇后窦氏、太宗皇后长孙氏、肃宗张皇后的籍贯，两书记载全然不同。于德宗昭德皇后王氏，《旧传》言"父遇，官秘书监"，《新传》则云"本仕家，失其谱系"。德宗韦贤妃，《旧传》言"不知氏族所出"。《新传》则云其戚里旧族，"祖濯，尚定安公主"。且《旧传》甚至阙载穆宗宣懿皇后韦氏、武宗王贤妃、宣宗元昭皇后晁氏，懿宗惠安皇后王氏之乡里世系，而《新传》则记载详明。对于这种现象王鸣盛表示不能理解："一代中后妃有传者仅三十余人，《旧书》于其里居、籍贯、氏族、世系，半属讹舛阙佚，必待《新书》改正补完之，恐非情实。《旧书》据实录、国史，况相去之时尚近，乃反讹阙，修《新书》者在其后几及百年，乃反详明，似觉难信。"③ 又有史事记载之不同者。如关于懿安皇后郭氏的记载，新、旧两书"大异"，王鸣盛详列新、旧记载的矛盾之处并对其原因作了简要说明。④

其次，通过比较，王鸣盛发现大量的异同存在于两《唐书》的人物传记中。如"王忠嗣两《传》异同"、"《李抱真传》异同"⑤ 等条目都是对两书所载同一人物之传记进行异同比较。有的比较不但指出其异同，还说明产生异同的原因。如"李绅拒李锜书币"条言新、旧《李绅传》关于李绅拒绝为李锜效力一事，《新传》比《旧传》不但详细得多，且"情事绝不同"。王鸣盛认为《新传》采自沈亚之《沈下贤文集》卷四《李绅传》，且言欧宋之《新书》"务求异于《旧》，掇拾小说、文集，见异于《旧》者必取之，亚之称绅临大节不可夺，恐有增饰溢美，未足信，《旧书》则据国史、实录，似宜仍《旧》"。⑥

第三，用相关文献及行状碑志等与两《唐书》进行比较，指出其异同。如关于三省名称的排列顺序，新、旧《官志》皆宗《六典》，先尚

---

① 《十七史商榷》卷八一"新、旧《志》外官序次不同"。
② 详见《十七史商榷》卷八八"郭知运传互有详略"。
③ 《十七史商榷》卷八六"后妃乡贯世系新、旧全异"。
④ 详见《十七史商榷》卷八六"懿安皇后郭氏二书大异"。
⑤ 详见《十七史商榷》卷八八、八九各条。
⑥ 《十七史商榷》卷九一"李绅拒李锜书币"。

书,后门下、中书,而《通典》则先门下、中书,后尚书。王氏认为其排列顺序虽各有道理,但总的来说,"中书出令,门下审驳,尚书受成,则中书、门下居前,于理为长。唐制,同中书门下平章事即宰相之职,而尚书省不系平章衔,则其不合先中书、门下两省可知"。① 又如司天台之名,新旧《官志》均称"司天台",《唐六典》及杜佑《通典》则皆作"太史局",王氏认为"盖新、旧《志》据后定,故不同"。② 如"薛元超历官条"用杨炯所作《行状》校两《唐书》本传,结果发现新、旧本传删去薛元超于高宗幸洛阳时留侍太子监国时兼户部尚书一职,于薛元超所举荐者又删去顾彻、沈伯仪、贺凯、颜强学等四人。③ 关于李宝臣的生平事迹,"新、旧本《传》颇多异",王鸣盛利用《李宝臣纪功载政颂碑》之残拓本,就其可辨者与新、旧二《书》相校,"亦有异"。④ 又关于李元谅,《旧传》与《新传》"详略互异",王鸣盛氏又用华州吏民所立之《楙功昭德碑》与两《传》相校,列举其异同。⑤ 关于牛僧孺,王鸣盛利用李珏所撰《僧孺神道碑》及杜牧之《僧孺墓志铭》与两书列传相校,列举其异同并总结说:"《旧传》于僧孺大加褒美,其恶无一及,交结刘稹事,《神道碑》及《墓志》尚皆为之辨,《新传》则直书之,而《旧传》隐而不言。《旧》论赞不甚贬僧孺,《新》论则极其贬黜,《新》是《旧》非。"⑥

## 二 编纂得失的认识和思考

王鸣盛在考校正史的过程中,尤其注重对历代正史编纂得失的总结,体现了作者对史书编纂的认识和思考。其在考校两《唐书》时,即从体例书法、优劣、改削、史料来源等四个方面对两书的编纂得失进行了总结。

### 1. 关于两《唐书》的体例书法

与钱大昕一样,王鸣盛也特别重视两《唐书》体例及书法问题,尤

---

① 《十七史商榷》卷八一"三省先后序次"。
② 《十七史商榷》卷八一"司天台"。案:岑建功《旧唐书校勘记》卷二五有考辨。
③ 《十七史商榷》卷八七"薛元超历官"。
④ 《十七史商榷》卷九〇"李宝臣传异同"。
⑤ 《十七史商榷》卷九〇"李元谅传互异"。
⑥ 《十七史商榷》卷九一"牛僧孺新旧互异"。

其对两书体例不一颇有微词。如"高祖高宗独书字"条言《旧唐书》本纪于各帝均不书字，而《新唐书》则于高祖、高宗二帝独书其字，"但二十帝之中只此二帝有字，反觉不伦"。"《旧唐》之无字，以其无考耳。《新书》独书两帝字，则自乱其例矣"。① 又"诸臣或卒或薨"条认为，《旧唐书》本纪于诸臣之卒，"或书卒，或书薨，随便书之，无义例"。为了整齐划一，《新唐书》皆书薨。但是《旧唐书》本纪皆书诸臣之官名，而《新唐书》则皆去之，"《旧》是《新》非也"。"《新纪》杀某人，或官或不官，或云有罪伏诛，或云伏诛……其义例之参错不一，皆不可解。"② 又"诸武不书姓"条云《旧书·武后纪》凡诸武皆不书姓，"其意若以革唐命，改国号周，则武为国姓，故不书姓，以纪实也"。"新纪无不书姓者，凡史家之例，于宗室不书姓，当从《旧书》不书武姓，以著其篡位之实，然《新书·太宗纪》于宗室或书姓，或不书姓，其例本乱，见吴缜《新唐书纠谬》第十五卷，不独《武后纪》失之"。③ 又"新书于各帝子，惟中宗、睿宗子有论，余则十一宗子共一论，而高祖、太宗、高宗之子皆无论。或论或否，例既参错，有叙无断，成何体式？班、范史裁，毅然决裂之，此宋人妄态也"。④ 改元是古代社会的普遍现象，正史于改元纪事亦有章可循，《旧唐书》各本纪不书改元，于改元之年的正月仍以旧年号纪事，直至改元之月，之后不便提行另起，"故于其下文则正月遂直书二年，使新改之元混入散文之内，阅者一举目而但见二年，不见元年，如此者甚多"。至《昭宗纪》改元书法则有所变化，"光化元年八月改元而正月即书之，不沿上书乾宁六年；天复元年四月改元而正月即书之，不沿上书光化四年；天祐元年闰四月改元而正月即书之，不沿上书天复四年，此则是也。一书中体例参错，有得有失如此"。⑤

"书法"即史书的行文措词，系作者对历史人物及历史事件的褒贬予夺。王鸣盛对欧阳修编纂《新唐书》时采用《春秋》一字褒贬的笔法多所诟病。认为"春秋书法，去圣久远，难以揣测，学者但当阙疑，不必强解，惟考其事实可耳"。若不顾事实，一意效法《春秋》笔法，难免弄

---

① 《十七史商榷》卷七〇"高祖高宗独书字"。
② 《十七史商榷》卷七〇"诸臣或卒或薨"。
③ 《十七史商榷》卷七一"诸武不书姓"。
④ 《十七史商榷》卷八六"元轨事迹历官"。
⑤ 《十七史商榷》卷七六"昭纪改元书法"。

巧成拙。① 并认为"欧公手笔诚高，学《春秋》却正是一病"，"《春秋》出圣人手，义例精深，后人去圣久远，莫能窥测，岂可妄效？且意主褒贬，将事实一意删削，若非旧史复出，几叹无征"。② 此外，王鸣盛对一些具体篇章的书法也发表了个人的见解。如"擒窦建德降王世充"条，王鸣盛认为《旧唐书》本纪云"斩窦建德于市，流王世充于蜀，未发，为仇人所害"书法极是，宜仍之。而《新唐书》乃改为"窦建德伏诛"，"而世充之死略去不书，建德但当云斩于市，不必云伏诛，世充之死，何以不见于《纪》，《旧》是《新》非也"。至于王世充，王鸣盛认为其恶"十倍于建德，而唐一斩之，一赦之，皆出私意，而《新唐书》书法殊不可解。"③ 又"李昭德来俊臣书法条"，王鸣盛认为，李昭德"以才结知于武后"，"忠谋与狄仁杰无异，挫抑酷吏，平反冤狱，真仁人君子之用心也"。而《旧唐书》竟将其与来俊臣并列书"以罪伏诛"，"此舛谬之尤者"。《新唐书》虽于传赞中"深许其忠"，"而亦贬其进不以道"，其论则"颇嫌太刻"。"《通鉴》书此事，但平平叙述，各书其官，采史家'人无不痛昭德而快俊臣'云云，则二人一枉死，一伏罪，千载而下自是显然别白，即今读者展卷之下，孰不一痛之，一快之乎？此真叙事良法，可以翼赞天命天讨之权者也"。④ "太真禄山书法"："《新纪》于贵妃杨氏去其姓，称太真，殊属无义。《旧纪》云'册太真妃杨氏为贵妃'，太真乃其号，今曰太真妃，似妃号有此称者，亦非。开元二十八年当如《新纪》书'以寿王妃杨氏为道士，号太真'，四载当如《旧纪》而小变其文，云'册杨氏太真为贵妃'。又《新纪》安禄山忽称姓，忽不称姓，皆非史法。"⑤

2. 关于两《唐书》之优劣得失

与钱大昕考证两《唐书》重视编纂体例，强调繁简得当有所不同，王鸣盛除以大量的篇幅校其异同外，更为关注两书的优劣得失，在肯定二者不分优劣，"瑕瑜不掩，互有短长"的同时，又对两书的纪、志、传进行对比，就其优劣作出具体的评价，得出"《新书》最佳者志、表，列传

---

① 《十七史商榷》卷七一"李昭德来俊臣书法"。
② 《十七史商榷》卷九三"欧法春秋"。
③ 《十七史商榷》卷七〇"擒窦建德降王世充"。
④ 《十七史商榷》卷七一"李昭德来俊臣书法"。
⑤ 《十七史商榷》卷七二"太真禄山书法"。

次之，本纪最下，《旧书》则纪、志、传美恶适相等"的结论。①

此外，王鸣盛还通过具体而细微的比较，认为有些记载《新唐书》不如《旧唐书》，但有些记载则《旧唐书》不如《新唐书》。就本纪之论赞而言，王鸣盛认为《新唐书》不如《旧唐书》。《新唐书》本纪往往于一篇论赞之中兼论多位帝王，或"贤愚错杂"，或"不相照顾"，或"隔靴搔痒"，"总之，其行文俯仰顿挫，多作唱叹，甚有态，而命意却不得其要领，似是而非，反不如《旧书》之多精语"。② 相较而言，《旧唐书》不如《新唐书》的地方则更多，尤其是列传部分。如《李轨传》："《旧·李轨传》先叙安修仁本与胡助轨举事，其后梁硕劝防察诸胡，硕与修仁由是有隙。'由是'二字遥应前文，乃其下突接'又轨子仲琰怀恨，形于辞色'，则绝不知其何故。《新书》补之云：仲琰候硕，不为起，仲琰憾之。《旧》不如《新》。"③ 又如《鱼朝恩传》，王鸣盛认为《新唐书》对鱼朝恩恣横之状"描摹曲尽"，且大半内容为《旧唐书》所无，多出的内容虽然采自小说，"如此种采之却甚有益。《旧书》不采，使朝恩恶不著，固可恨"。④ 此外《旧唐书》诸列传传主有名无字者居多，王鸣盛认为，"史家列传之体，每人辄名字并举，此常例也。《旧书》各传亦举其字，而其无字者则甚多，如宗室襄武王琛……以上诸人《旧》皆无字。以《新书》考之，则琛字仲宝……《新书》必非妄造，《旧》不如《新》"。⑤

列传之外，王鸣盛还认为《新唐书》在创立体例方面也远胜于《旧唐书》。其一，《旧唐书》无《兵志》，"《新书》补之，甚善"。⑥ 其二，《新唐书》在《旧唐书》的基础上，创立《藩镇传》、《奸臣传》、《叛臣传》、《逆臣传》，将"方镇之守臣节者"入之列传，而将那些"桀骜自擅而犹羁縻为臣者"归入《藩镇传》，次于《酷吏传》之后，"盖此辈皆未至于叛而近于叛者也，故其位置如此"。又为"恶之甚者"专立《奸臣传》，为"敢为悖乱者"立《叛臣传》，为"称兵犯上僭窃位号者"立

① 《十七史商榷》卷六九"二书不分优劣"。
② 《十七史商榷》卷七五"新纪论穆敬以下七帝"。
③ 《十七史商榷》卷八六"李轨传旧不如新"。
④ 《十七史商榷》卷九二"鱼朝恩传新旧互异"。
⑤ 《十七史商榷》卷八四"旧书各传无字者多"。
⑥ 《十七史商榷》卷八二"总论新书兵志"。

《逆臣传》，"此皆创前史所未有也"。① 其三，关于唐代改郡为州一事，王鸣盛认为时异势殊，唐代的州与前代大不相同，"汉之刺史统唐数郡或数十郡之地，唐乃以郡守为刺史"，而《旧唐书·地理志》只罗列各州，"其下说本古某郡而已"；《新唐书·地理志》于每州"必州名、郡名并举"，且"州郡名同者犹必并举之"，其中偶尔只列州名时，必于州名下说明情况，如于渭州下注明"凡乾元后所置州皆无郡名"，读者据此即知乾元以前凡州皆兼郡名也，而《旧志》只列州名，"显系脱漏"。因此王鸣盛认为两书《地理志》在记载州郡沿革问题上，《旧唐书》不如《新唐书》。②

王鸣盛除对比议论两《唐书》之优劣外，还分别就各卷次之优劣进行议论，尤其是对《新唐书》各卷次的议论，颇为中肯。如王鸣盛认为《新唐书·百官志》首段的总论"提纲挈领，亦自明析"，而其分卷则不甚合理，认为"卫府当自为一卷，东宫官当合王府、公主邑官为一卷，外官自为一卷，方觉界画井然"，而《新唐书》"但图并省卷数以见其能简"，致使《百官志》"眉目不清，不便检阅"，成为一个弊病。③ 又"总论新书兵志"曰："《旧书》无《兵志》，《新书》补之，甚善，但其首段泛说一朝大意，而终之云：若乃将率、营阵、车旗、器械、征防、守卫，凡兵之事不可以悉记，记其废置、得失、终始、治乱、兴灭之迹，以为后世戒云。愚谓征防守卫，事之大者，后世所欲考而知者正在乎此，乃谓其不可悉记而略去之，何也？既略去制度不详，而记废置治乱何益？"王鸣盛又以府兵制为例进一步予以说明，认为府兵之制"起于周隋，定于唐初，至天宝而坏，一坏不可再复，然其立法之善，存之足备采取"，而《新唐书·兵志》于延续三百年之久的府兵制仅以七千字叙之，一方面极力宣称府兵立制之美，"又言府兵之所以为美者，以其能寓兵于农，使人读之，不觉神往，及徐徐读至下文，实叙府兵制度，而所谓寓兵于农者，仍不可得而详也"。"但有空空唱叹，绝未明叙其制，令人徒增怅闷"。④ 在"彍骑"条中再次提及《新唐书·兵志》"空发议论多，纪载实制

---

① 《十七史商榷》卷八五"新书创立体例远胜旧书"。
② 《十七史商榷》卷七八"改郡为州"。
③ 《十七史商榷》卷八一"总论新官志"。
④ 《十七史商榷》卷八二"总论新书兵志"。

少"，①足见其对《新唐书·兵志》的不满。与《新唐书·兵志》相反，《新唐书·方镇表》却颇得王鸣盛的好评。王鸣盛在"论方镇表"条中虽指出《方镇表》的不足，但大体上是肯定的，他说："方镇之建置、分割、移徙，最为纠纷，以唐一代变更不一，竟无定制，所以览史者苦于眯目。《旧书》无表，《新书》特补《方镇表》，开卷了然，此《新书》之最善者。"②

3. 关于《新唐书》改削之失当

《新唐书》系在《旧唐书》的基础上删削增补而成，号称"文省事增"，然自《新唐书》问世后，指摘批评的声音即不绝于耳，王鸣盛在考校两《唐书》时，对《新唐书》改削《旧唐书》之处亦颇多微词。

首先，王鸣盛不满意《新唐书》本纪为追求简省而大量删削《旧唐书》本纪的做法。王鸣盛谓"《新唐书》本纪较《旧书》减去十之七，可谓简极矣"，而其中最令人不能容忍的是删削诏令。王鸣盛认为自古以来，左史记言，右史记事，而《新唐书》本纪全削诏令，"是记动不记言也"。"德宗出奔奉天，全赖陆贽草诏罪己以激励将士，而《新纪》尽削不载，赞本传载奏议甚详，而诏令不便入之，所谓'武人悍卒感动流涕'者，竟不一见于史，此其失也。《旧书》所载虽少，然尚存其略"。③ 同样，王鸣盛对《新唐书》任意删改《旧唐书》之论赞亦大为不满，认为《旧唐书》各帝论赞"评断精确，自足传之久远"，然《新唐书》论赞则"尽黜旧文，驾空凌虚，自成伟议，欲以高情远识含跨前人，于高祖不说高祖美恶，而统言三百年大势，此脱题文章也；太宗亦不甚着题，转尚论三代诸君；高宗则借周幽王为波澜，此题外生枝也。中宗、睿宗《旧》虽作一卷，然仍各论，《新》乃并中宗于武后，睿宗于玄宗，各共为一赞。武后、中宗则先泛说武后之入《纪》合《春秋》书法，而中宗直以驾空了之；睿宗、玄宗则但说玄宗而直略过睿宗，置之不议。其行文多入语助，好用鸣呼，故为纡回顿挫、俯仰揖让之态，其末辄作复句云'可谓难哉'、'可不慎哉'，层见叠出，一唱三叹，欲使读者咀之有余味，悠然自得其意于言外，此皆宋人所以求胜《旧书》者也。窥其意，恨不得

---

① 《十七史商榷》卷八二"旷骑"。
② 《十七史商榷》卷八三"论方镇表"。
③ 《十七史商榷》卷七〇"新纪太简"。

尽改《旧书》为快，但纪传实事有不能尽改者耳，一遇论赞，遂奋笔全易之，幸《旧书》未致泯灭，今日平心观之，《旧书》何可废邪"？①

其次，王鸣盛指摘最多的是《新唐书》对《旧唐书》传记的改削。王鸣盛认为裴延龄乃"聚敛之臣，谗谄面谀之人"，陆贽作《论延龄奸蠹书》，以五千九百余字的篇幅历数其恶，《旧唐书·裴延龄传》即以此为据，虽有删节，"所存犹不下两千三百字"，"此不独关唐代兴衰，实可备千秋鉴戒，载之岂嫌太繁乎"？但是《新唐书·裴延龄传》"乃尽削去，仅存数语，非是"。②《新唐书》列传中诸如此类的改削数不胜数，王鸣盛在"狄仁杰历官事迹二书详略位置不同"条中进行了总结性的说明："合而论之，《新书》所增者皆有益，所删者当仍存，所改者当依旧。如迁擢左授，《旧》皆有纪年，《新》尽削去，独于其卒留圣历三年，且并高宗而改为帝，不知此皆眉目所在，一经删改，俱成晦昧。两次入相并无年，虽宰相别有年表，然传中削去亦为不可。其兼衔、其加阶俱削去，独存其职事官，亦嫌草草。《新》务求异于《旧》，凡传皆然，不能饶舌，特于仁杰详之。"③

王鸣盛认为《新唐书》一味追求"文省"并刻意有别于《旧唐书》，对《旧唐书》的内容大加删削，不仅遗漏了很多重要的史料，有时还导致史实不明，叙述失次，故而对《新唐书》不顾事实、任意为之的删改提出了尖锐的批评。王鸣盛认为在唐诸藩镇中，宣武军"治乱关系最大，他藩镇之除授与其帅之罢免及卒皆当书，而此镇尤不可略"。《旧唐书·德宗纪》不惮其烦，对德宗朝宣武军节度使之更易一一记之，"虽文笔太蔓，然一镇之治乱，帅臣之更易，五年中情事历历详明，亦不厌其繁，以《新书·董晋传》及昌黎作晋《行状》比较，大略相同"。而《新唐书·德宗纪》"但图句法短净，不顾事实"，大加删减，致误之处不可胜言。"最可怪者，唐室兴衰，视乎藩镇，况宣武尤为至要，乃于万荣死后，竟不书董晋之为节度，直至十五年方书'军乱，杀陆长源'，竟不知此几年中帅为何人。晋以宰相罢为东都留守，复用为节度，而可略乎？况长源本系晋之行军司马，今不书晋而突书杀长源，试问长源为何人幕下官乎？万

---

① 《十七史商榷》卷七〇"新书尽黜旧书论赞"。
② 《十七史商榷》卷八九"陆贽论裴延龄"。
③ 《十七史商榷》卷八七"狄仁杰历官事迹二书详略位置不同"。

荣、全谅卒皆书，晋卒不书，是何义例乎？逸准为节度，方赐名全谅，删去赐名一节，忽称逸准，忽称全谅，竟若两人，可乎？心粗胆大，而自以为是，蔑弃前人，落笔便谬，宋人往往如此。"①

4. 关于两《唐书》的史料来源

王鸣盛在考校两《唐书》的过程中，对两《唐书》的史料来源亦略有所及。如卷八一"新旧官志皆据开无六典"条，明确指出了两《唐书》官志的史料来源。又如《黄巢传》，"《新书》几及六千字，而《旧书》只一千六百余字，详略相去甚远"。而《旧传》的一千六百余字还包括宦官杨复光破贼收复京师露布七八百字，《新唐书》则仅以"杨复光献捷行在"一句了之，可见《旧传》遗漏之多。王鸣盛认为宋人无名氏撰有《平巢事迹考》1卷，载黄巢事颇详，作者当系宋初人，"《新书》大半采之，《事迹考》所无则又别有据"。②

此外，王鸣盛通过对两《唐书》所载同一人物列传的异同对比，进而找出其史料出处。如两《唐书》所载《李泌传》，《旧传》"深贬泌之挟左道，绝无美词，而《新传》大有褒许，与《旧》绝异。观其论赞，则知《新》所据者，其子繁所作《家传》也"。③ 又新、旧《唐书·李绅传》均载有李绅拒受李锜书币一事，然《新传》不但比《旧传》详细得多，且"情事绝不同"。王鸣盛认为其史料采自沈亚之《沈下贤文集》卷四《李绅传》，《新唐书》务求异于《旧唐书》，"掇拾小说文集，见异于旧者必取之"，但是沈亚之"称绅临大节不可夺，恐有增饰溢美，未足信。《旧书》则据国史实录，似宜仍《旧》"。④ 又《新书·顺宗本纪》载有贞元二十一年（805）罢宫市及五坊小儿事，王鸣盛认为此皆本于韩愈《顺宗实录》。⑤

《新唐书》好采小说已成共识，王鸣盛对此不但有考证，有的还论及其妥当与否。如《新唐书·宪宗懿安皇后郭氏传》与《旧传》所记大不相同，而《新传》末段所载"宣宗立，于后，诸子也，而母郑，故侍儿，有曩怨。……乃诏后主袝庙"事与《旧唐书》所记互相矛盾。王鸣盛考

---

① 《十七史商榷》卷七三"宣武帅李董刘韩事"。
② 《十七史商榷》卷九二"黄巢传二书详略甚远"。
③ 《十七史商榷》卷八九"李泌传据其家传"。
④ 《十七史商榷》卷九一"李绅拒李锜书币"。
⑤ 《十七史商榷》卷七四"顺宗纪所书善政"。

证此文采自裴庭裕《东观奏记》卷上而略有删改，"盖以宣宗在位颇多善政，虽载其事，稍为讳之"。"后人动訾《新书》好采小说，如此等采之却有益，据裴《记》则宣宗贼害嫡母，恶逆之尤"。① 又如新、旧《魏知古传》所言魏知古与姚崇不合事实出李德裕《次柳氏旧闻》，两《传》所言甚略，而《新唐书》于《姚崇传》则详言之。王鸣盛认为"此事《新书》移入《崇传》，故于《知古传》不见。《新书》好采小说，《次柳氏旧闻》一卷，掇拾殆尽，几无遗者"。② 王鸣盛认为《唐阙史》盛赞卢携，"又载王廷凑之孙景崇为弟景儒请镇易定，枢密使欲许之，携拒而不许，遂止"。而《旧唐书·卢携传》言卢携"举人不当，致贼充斥，及再相，以私憾尽易王铎、郑畋所任帅，内依田令孜，外援高骈，高下在心，货赂公行，贼陷潼关，皆携所致"。据此，王鸣盛认为《唐阙史》所载必系虚浮，"新、旧《景崇传》皆不载，可见《新书》虽好采小说，尚稍有裁断，未至极滥也"。③

关于两《唐书》的编纂，除以上所述两书的体例书法、优劣得失、《新唐书》删削之不当及史料来源外，王鸣盛还论及两书的繁简失当及彼此重复等问题，有的还指出了具体的处置方法，对于那些"可以无传而有传"、"当有传而无传"④ 的内容，王鸣盛也同样提出了自己的见解。

### 三　有关典章制度的考证与总结

王鸣盛《十七史商榷》虽以正讹补脱为主，其中也不乏史实的考证，而所及较多的是王鸣盛最为关注的历代典章制度，可以说对有关典章制度的考证和总结是王鸣盛《十七史商榷》的一大特色。王鸣盛能以史料为依据，对唐代有关制度，尤其是未形成条文而已付诸实施的制度进行概括总结。

关于分司东都，王鸣盛通过对两《唐书》中有关记载的条分缕析、归纳总结，认为唐在东都所设分司官并无实际权力，大多是"不关政事而食其禄"，担任分司官的，一部分是"罢黜之人"，"或既远黜，复量移

---

① 《十七史商榷》卷八六"懿安皇后郭氏二书大异"。
② 《十七史商榷》卷八八"姚崇谗毁魏知古"。
③ 《十七史商榷》卷九一"卢携无拒王景崇事"。
④ 详见《十七史商榷》卷八四各条。

于此"；另一部分为不慕荣利，性情恬淡，乐于退隐之人，"亦或反从而求为之"，"此其制颇似明南京官，而宋奉祠亦似之"。并得出了担任分司官的人"不论尊卑文武，上自宰相，下讫庶僚，皆可分司，大约宰相多以宾客居之"以及"节镇亦有分司"的结论。①

　　关于唐代的科举制度，王鸣盛在《新唐书·选举志》的基础上又进一步阐发，他首先对唐代科举取士的具体问题进行考论，如"不必登第方名进士"条认为进士乃"科中一目"，凡参加进士科考试的人都可称之为进士，而并非人们通常所理解的登第后才能称之为进士。②又在"登第未即释褐"条对唐人通过科举入仕的途径进行了分析，认为唐代士子登第后要步入仕途还有非常艰辛的路程，并非如后人所理解的登第即授官。③针对唐代科举取士，制举选才，而《新唐书·选举志》不列制举科目这一问题，王鸣盛通过爬梳史料，将散见于史传中的制举科目进行枚举罗列，如姚崇举下笔成章科，张九龄举道侔伊吕科，解琬举幽素科，房琯举任县令科，杨绾建复古孝弟力田等科，韦处厚举才识兼茂科，高适举有道科，王翃举才兼文武科，马遂举孙吴佣儗善兵法科④，韦皋之侄正贯举详闲吏治科，樊宗师举军谋宏远科，郑珣瑜举讽谏主文科，严善思举销声幽数科，"此类不可枚举，而志中皆不列其目者，此非定制，其名皆随时而起，志中不能缕述"。⑤此外，王鸣盛还通过对两《唐书》人物传记的考察，得出了唐人得第做官后尚有应制科者，如刘蕡、马怀素、阎朝隐、贺知章等人登进士第后又中制科，归崇敬登明经第后又中制科，张鷟、殷践猷等人做官后又中制科等。⑥此外王鸣盛还对唐代科举制度进行了概括性的总结。《新唐书·选举志》言唐制取士大要有三，王鸣盛认为其实惟二，"以其地言，学馆、州县异；以其人言，生徒、乡贡异，然皆是科目，皆是岁举常选，与制举非常相对"。"唐人入仕之途甚多，就其以言

---

①　《十七史商榷》卷八五"分司官"。

②　详见《十七史商榷》卷八一"不必登第方名进士"。

③　详见《十七史商榷》卷八一"登第未即释褐"。

④　案：疑"马遂"当作"马燧"。又百衲本、殿本、中华本《新唐书》卷一五五《马燧传》均言燧父季龙"举孙吴佣儗善兵法科，仕至岚州刺史"，王鸣盛误以为马燧。中华书局1975年版，第4883页。

⑤　详见《十七史商榷》卷八一"制举科目"。

⑥　详见《十七史商榷》卷八一"得第得官又应制科"。

扬者，则有此三种耳。科之目共有十二，盖特备言之，其实若秀才则为尤异之科，不常举，若俊士与进士实同名异，若道举仅玄宗一朝行之，旋废，若律、书、算学虽常行，不见贵，其余各科不待言。大约终唐世为常选之最盛者，不过明经、进士两科而已。"① 与此同时，王鸣盛还通过对有关文献的考察，指出了唐代虽明经、进士并重，实际则偏重进士，认为此乃唐"立法之弊"，"徒长浮华，终无实用"。②

　　关于唐代的官制及官阶勋爵等问题，王鸣盛论述颇多。如关于唐代三省制中三省的职权及排序问题，王鸣盛通过对三省的职掌、宰相与翰林学士及宦官等权力的消长问题的考察，基本勾画出了有唐一代三省的轻重及先后变化问题。如其在分析《旧唐书·宪宗纪》所载武元衡"中书门下御史台五品以上官、尚书省四品以上等官除授，皆入阁谢，余官许于宣政南班拜讫便退"之奏时说："中书门下是宰相，御史亦副相，重其职，故五品即须入阁谢，尚书则四品方入阁谢。观此等级，则知唐时体统，尚书省远不如中书、门下两省。以两省出纳王命、封驳诏敕，特优异其礼，而尚书省惟令为宰辅，余皆执事官也。"③ 王鸣盛认为尚书省权轻于中书、门下两省，"自古为然"，"两省实政本，非尚书比也"。④ 虽然如此，但在三省序次问题上，《唐六典》效法《周官》先尚书，后门下、中书，新、旧《唐书》及《志》皆因之，而《通典》则先门下、中书，后尚书。王鸣盛又从三省长官的品秩及职掌方面阐释说，"论其品秩，仆射从二品，侍中、中书令正三品，似当以尚书省居先；论其职掌，侍中、中书令是真宰相，而仆射特以权代令，则又当居后矣。二者虽各有一义，要之中书出令，门下审驳，尚书受成，则中书、门下居前，于理为长。唐制，同中书门下平章事即宰相之职，而尚书省不系平章衔，则其不合先中书、门下两省可知"。⑤

　　关于宦官问题，王鸣盛认为随着唐代宦官权力的日益膨胀，三省的权力不断削弱，自唐中叶以后，形成了南衙与北司相抗衡的局面。"自开元以前，史文称南北非一，但中人未典禁军，乱犹易弭；代、德两朝，兵权

---

① 详见《十七史商榷》卷八一"取士大要有三"。
② 《十七史商榷》卷八一"偏重进士立法之弊"。
③ 《十七史商榷》卷七四"新纪不见王叔文"。
④ 《十七史商榷》卷七六"李茂贞乞罢尚书令"。
⑤ 《十七史商榷》卷八一"三省先后序次"。

尽入宦官"。之后"神策中尉王守澄负弑逆罪，更二帝不能讨"；文宗时宦人握兵，横制海内，"外胁群臣，内侮天子"；王涯、郑注"谋以群阉送守澄葬诛之"，不料竟招致杀身之祸。"要而言之，则祸根总在中人得兵"。①

又唐代官制较为复杂，不但官职名目繁多，往往又一人身兼数职，两《唐书》在叙述有关人物时，人名前的官职叠床架屋，令人眼花缭乱，如《旧唐书·昭宗纪》载天复三年（903）五月李茂贞乞罢尚书令，"制凤翔陇右四镇北庭行军、彰义军节度、泾原渭武观察处置押蕃落等使、开府仪同三司、守尚书令、兼侍中、凤翔尹、上柱国、秦王李茂贞可检校太师、守中书令"。② 王鸣盛加案语曰："凤翔云云者，使职也。开府云云，散官也。曰守、曰兼，摄衔也。凤翔尹，本官也。上柱国，勋也。秦王，爵也。"③ 王鸣盛还对唐代官阶勋爵的前后变化进行了总结，他说："愚谓唐初官制惟有官、阶、勋、爵四项，尚属简明，中晚以下，日渐纠纷，员外、试官之多，有增靡已，于是乎一官而变为数官，权知里行、检校判摄，枝岐节赘，不可爬梳。官之外又有正官，正官之外又有职，而勋、散、爵、号更为冗滥，往往以卑兼尊，与官不相照应，所以然者，何也？突锋排难者，以是酬之之故也。"④

王鸣盛特别重视军事制度，认为"征防守卫，事之大者"，因此认为《新唐书》增补《兵志》颇有见识，但对于《兵志》记载之简略缺失又大为不满。王鸣盛通过梳理史料，认为《新唐书·地理志》于每一府州之下皆用小字注云有府若干，此"府"与唐京兆府、都护府、都督府之类"绝无干涉"，此乃府兵制下所立之"营屯队伍名色"。同时王鸣盛还勾勒出唐代府兵的大致概况："唐制，府兵寓兵于农，无事时耕于野，番上者宿卫京师，有事则命将以出，事解，兵散于府，将归于朝。其无事时虽与农无异，要必别自为籍，如后代卫所之制。《新·兵志》惜未详，而于《地志》中犹存其名目。《兵志》言府兵诸府总曰折冲府，凡天下十道，置府六百三十四，今《地志》于京兆郡多至府百三十一者，以其为

----

① 《十七史商榷》卷八九"南衙北司"。
② 《旧唐书》卷二〇上《昭宗纪》，殿本，第103页。
③ 《十七史商榷》卷七六"李茂贞乞罢尚书令"。
④ 《十七史商榷》卷八一"官阶勋爵中晚日渐纠纷"。案：疑"枝岐节赘"之"岐"当作"歧"。

京师也。河南郡则三十九，稍多，以其为陪京也。其余各州郡至多不过一二十府，少至一二府者甚多。然则其为府兵，散隶各州郡，平日无事时别立部籍名色无疑。"① 此外，王鸣盛还对唐代府兵制的起始兴废作了总结，他认为府兵制"起于周隋，定于唐初，至天宝而坏，一坏不可再复"，"然其立法之善，存之足备采取"。② 王鸣盛有关府兵制的论述，充分体现其视野开阔，观察、分析问题客观、辩证的特点。

除以上所述外，王鸣盛还对唐代的区域建置、地理沿革以及人口户数等问题进行了论述和考证，其考证巨细并存，条分缕析，贯穿会通，综合研究，解决了许多典制上的千古疑难，提出了不少独创性的、为后世广泛取用的史学见解。其考史方法，比起前人来更加严谨，更具科学因素，对清代考证学的日臻完善作出了较大贡献，其考史成果也多为后人所继承。

### 四　有关史事、人物的考证与评价

王鸣盛虽然主张读史者不必"横生意见"，"驰骋议论"；不必"强立文法"，"擅加与夺"，应当把主要精力用在考证"典制之实"与"事迹之实"两个方面，③ 其在考校两《唐书》时也主要以纠谬补脱为主，但是在考校的过程中，仍不时对唐代史事进行考证，针对史事、人物发表自己的见解，裁量时政，品核人物，且其考证议论颇得后人好评，也确实有发覆之功，启发之力。

在史事考证方面，王鸣盛能够对新、旧《唐书》记载矛盾之处详加论证，得出令人折服的论断。如在"太平公主谋逆事"条，王鸣盛据《旧唐书·睿宗纪》所载延和二年（713）七月太平公主与仆射窦怀贞等人谋逆，"事觉，皇帝率兵诛之，穷其党与"，被杀者中有崔湜、卢藏用二人。而《旧唐书·玄宗纪》亦载此事，则言"崔湜、卢藏用除名，流岭表"。王鸣盛据《新唐书·卢藏用传》所言"主诛后，玄宗欲捕斩之，因其未执政，意解，流新州，又流驩州，改昭州司户参军，迁黔州长史，判都督事，卒于始兴"，知《旧唐书·睿宗纪》所载有误，"是二人未诛，

---

① 《十七史商榷》卷七九"每府州下皆有府"。

② 《十七史商榷》卷八二"总论新书兵志"。

③ 《十七史商榷序》。

仅流徙也"。①

在评价历史人物方面，王鸣盛也能提出自己独到的见解。如唐人对"初唐四杰"的评价已有分歧，《新唐书·裴行俭传》谓裴行俭精通阴阳历法，善知人，李敬玄称赞王勃、杨炯、卢照邻、骆宾王之才，裴行俭不以为然，说："士之致远，先器识，后文艺。如勃等，虽有才，而浮躁炫露，岂享爵禄者哉？炯颇沉默，可至令长，余皆不得其死。"② 后来四杰的命运果如裴行俭所言，时人以为行俭知人。王鸣盛不同意裴行俭的观点，认为王勃仰慕诸葛武侯之功，"读《易》，作《发挥》数篇，其学行卓然如此"。卢照邻隐居具茨山下，"自以为高宗尚吏，己独儒，武后尚法，己独黄老，后封嵩山，屡聘贤士，己独废，著《五悲》以自明，其意气肮脏，不肯诡随徇俗可知"。杨炯坐从父兄神让与徐敬业起兵事，"谪梓州司法参军"。骆宾王则与徐敬业共举义旗，"所为檄文，至今读之犹凛凛有生气"。"初唐文士如苏味道之模棱，李峤之赋《金枢》诗颂周功德，杜审言、沈佺期、宋之问皆张易之、武三思家鹰犬耳，虽享爵禄，固不足道。四杰风概，迥出辈流，何得以浮躁斥之？且论人而徒以其不能安享爵禄为言，可鄙甚矣。行俭议论如此，宜其家法之丑，子孙遂为宦官窦文场养子"。③

### 五 对前人成果的评价和补充

王鸣盛《十七史商榷》参考史料极为广博，如其所言有"偏霸杂史、稗官野乘、山经地志、谱牒簿录，以暨诸子百家、小说笔记、诗文别集、释老异教，旁及于钟鼎尊彝之款识，山林冢墓、祠庙伽蓝碑碣断阙之文，尽取以供佐证"。④ 王鸣盛在广泛参考各种资料进行考证的同时，又常常汇集他说，然后附以己见，或存疑待考，其在考校新、旧《唐书》时也有类似现象。

首先，王鸣盛考校两《唐书》，所引以宋吴缜《新唐书纠谬》为多。如吴缜在《新唐书纠谬·自序》中言欧阳修、宋祁修《新唐书》时各务

---

① 《十七史商榷》卷七一"太平公主谋逆事"。
② 《新唐书》卷一〇八《裴行俭传》，殿本，第418页。
③ 《十七史商榷》卷八七"裴行俭论王勃等"。
④ 《十七史商榷序》。

其事，"不相通知，各从所好"，致使"纪有失而传不知，传有误而纪不见"。王鸣盛不同意吴缜的观点，他通过对欧、宋生平事迹的考察，认为二人修《新唐书》实不同时，而非如吴缜所言不相通知。① 此外，王鸣盛在引用吴缜《新唐书纠谬》成说予以补充议论的同时，还附以己见，评论优劣。如《新唐书纠谬》卷5《年月时世差互》考证《新唐书·懿德太子重润传》所言重润年十九当为年二十之误，王鸣盛认为此系"《旧书》偶误，而《新》沿袭之"，并议论曰："吴缜所纠固佳，惜不将《旧书》一参"。② 此外，王鸣盛指摘吴缜《新唐书纠谬》所纠太过苛碎。如在"胶东郡公道彦"条中指摘吴缜《新唐书纠谬》"搞摭烦碎，吹毛求疵"，并举例说明。③

其次，王鸣盛引用较多的是明人邵经邦的《弘简录》及其孙邵远平的《续宏简录》。对于二书中的成说，王鸣盛或补充，或否定，或存疑，引用之外多有评议。如邵经邦认为"新纪一意删削，并春夏秋冬亦皆无存"。王鸣盛补充说："予考之诚然，不觉失笑。《新书》之以简胜，全部皆然，本纪尤甚，春夏秋冬特一字耳，犹不肯存，其删削可云算无遗策矣。"④ 邵远平《续宏简录》认为隋王通的儒学成就不在陆德明、颜师古、孔颖达之下，而"《隋史》既逸其传，《唐书》又不补入，殊属阙然"。王鸣盛引用此说并发表个人的观点曰："愚谓通隋人，《唐书》本不当有专传，然新、旧《隐逸传》于通之弟绩传中已附见通事，非全不见也。而《旧书》乃云'通自有传'，则史之驳文耳"。不仅如此，王鸣盛还就王通其人其书展开议论，认为王通乃浮虚无实之人，远非陆德明诸人之所能比。⑤

此外，王鸣盛所引文献尚有《容斋随笔》、《唐鉴》等。值得肯定的是，王鸣盛在引用前人成说并加以补充或议论之外，有时还有所发明。如王鸣盛总结唐人登第后未必立即授官即是对吕祖谦所云"唐制，得第后不即释褐，或再应皆中，或为人论荐，然后释褐"的进一步阐述，通过

---

① 《十七史商榷》卷六九"宋欧修书不同时"。

② 《十七史商榷》卷八七"懿德太子重润年"。

③ 《十七史商榷》卷八六"胶东郡公道彦"。

④ 《十七史商榷》卷七〇"新纪太简"。

⑤ 《十七史商榷》卷八四"王通隋唐二书皆无传"。

对相关记载的类比分析，得出了唐时士子登第后得官之不易的结论。①

广泛参考各种资料是乾嘉考据学派的治学特点，王鸣盛也不例外，其在考校两《唐书》的过程中，在广泛参考、引据各种资料的同时，又大量汇集他说并附以己见，或补充，或评论，显示了其广博的学识，而这种善于吸收前人成果的治学精神也值得肯定和学习。

### 六　考校过程中的疏漏与失误

王鸣盛考校两《唐书》虽然取得了较大的成就，值得肯定，但在考校过程中也存在疏漏和失误，不容回避。

清代学者王引之称赞钱大昕《廿二史考异》考证精核，清末李慈铭对王鸣盛《十七史商榷》更是称赞有加，谓其"考核精审，议论淹通，多足决千古之疑"，② 然而与钱大昕《廿二史考异》相比，王鸣盛《十七史商榷》中的考证失误之处不一而足，多为前贤时哲所诟病。李慈铭虽对《十七史商榷》称赞有加，然对其中的错误也毫不隐讳，不时有"王氏此注非也"，"此说未当"之语。道光年间罗士琳等撰《旧唐书校勘记》时也广引《商榷》，是者用之，非者辨证之，常加案语"王说非也"，"王氏之言不知所据"云云。当代史家陈寅恪、岑仲勉对《十七史商榷》中的疏误亦有驳正。③

笔者在研读《十七史商榷》的过程中，也发现王鸣盛考证两《唐书》的疏误若干条。其中有不明典故而致误者。如《旧唐书·德宗纪》载建中三年（782），诏京兆尹，长安、万年令"大索京畿富商"以充军用，长安令薛苹"荷校乘车，于坊市搜索，人不胜鞭笞，乃至自缢"。④ 王鸣盛认为"荷校"当系"苛杖"之误。笔者曾撰《说"荷校"》一文对此说详加考辨。⑤ 此外又有不明古人习惯用语而致误者。如唐人习惯称都城以外各州为外州，唐文宗《条流僧尼敕》曰："自今已后，京兆府委功德

---

① 《十七史商榷》卷八一"登第未即释褐"。

② 王利器纂辑：《越缦堂读书简端记》，第170—171页。

③ 详见陈寅恪《李德裕贬死年月及归葬传说辨证》，《金明馆丛稿二编》，三联书店2001年版，第9—48页。岑仲勉：《唐史余沈》（外一种）卷三《宰相萧仿》，中华书局2004年版，第204页。

④ 《旧唐书》卷一二《德宗纪》，殿本，第47页。

⑤ 详见本书《附录》。

使，外州府委所在长吏，严加捉搦，不得度人为僧尼，累有明敕，切在提举。"① 李肇《唐国史补》言"进士何儒亮自外州至，访其从叔，误造郎中赵需宅"。②《旧唐书·文宗纪》载开成二年（837）七月"外州李绅奏蝗虫入境，不食田苗"也属此类，③ 王鸣盛不明所以，认为李绅时任汴州刺史，"外州"当系"汴州"之误。④

又有因为疏忽失检而致误者。王鸣盛认为"史家纪事，所书甲子舛误最多"，并取《旧唐书·哀帝纪》天祐二年（905）四、五两月纪事予以考证："四月己丑朔，其纪事有壬辰、癸巳、丙午、乙未、辛丑、壬寅、癸卯、甲辰、丁未、辛亥、壬子、丙辰、戊午。五月己未朔，其纪事有壬戌、乙酉、丙寅、丁卯、己巳、庚午、壬申、甲戌、乙亥、丙子、丁丑、戊寅、庚辰、辛巳、壬午、甲申、丙戌，其下文即接六月戊子朔。然则四月丙午当为甲午，是初六日，五月乙酉当为乙丑，是初七日，四月月大，戊午是晦，五月月小，丙戌是晦矣。"⑤ 依干支次序，王鸣盛所校"四月丙午当为甲午，是初六日，五月乙酉当为乙丑，是初七日"实不误。然因王氏漏记五月丁亥日，其所言"五月月小，丙戌是晦"则误矣。检陈垣《二十史朔闰表》，天祐二年四月己丑朔，五月己未朔，六月戊子朔，《旧唐书·哀帝纪》所记天祐二年四、五、六三月朔日不误，依干支次序，则五月丁亥晦，共二十九天，当是小月。若依王氏所言，五月己未朔，丙戌晦，则五月仅二十八天，显然与夏历小月二十九天的事实不符，此当是王鸣盛弄巧成拙，以不误为误。

又有因引据文献不当而致误者。如《新唐书·王涯传》及《资治通鉴》均言昭雪王涯在昭宗天复初年，而王鸣盛据宋人王明清《玉照新志》所载"光启雪王涯诏"认为在僖宗光启四年（888）。岂不知王明清《玉照新志》所载"光启雪王涯诏"与《唐大诏令集》所载《改元天复赦》系同一诏令，而《玉照新志》系小说家言，"多谈神怪及琐事，亦间及朝野旧闻及前人逸作"。⑥ 显然《玉照新志》所载有误。因引据史料不当，

---

① （宋）宋敏求：《唐大诏令集》卷一一三，商务印书馆1959年版。

② （唐）李肇：《唐国史补》卷中，上海古籍出版社1979年版。

③ 《旧唐书》卷一七下《文宗纪》，中华本，第570页。

④ 《十七史商榷》卷七五"外州李绅"。

⑤ 《十七史商榷》卷七六"甲子多误"。

⑥ 《四库全书总目》卷一四一《子部·小说家类·玉照新志》，第1198页。

又导致王鸣盛得出诏文所言王涯等人自"甘露之变"蒙冤至昭雪"六十余年，幽枉无诉"当为五十余年之误的错误判断。①

作为乾嘉时代的考据大家，在考证中出现诸如以上各种疏误实属不该，也就难怪周振鹤批评王鸣盛"一方面常以不误为误，而妄下雌黄；另一方面却又将疑点当信史，外加自己的葫芦判"；"《商榷》一书，说对了的地方，治史者多半均能自己悟到，至说错之处在在皆是，误人不浅"。因此王鸣盛《十七史商榷》并非尽善尽美之作，在肯定其学术价值的同时，也不应回避其中存在的问题。

综上所述，王鸣盛考校两《唐书》，除从文字和异同两个方面对两书进行校勘外，又从书法体例、两书之优劣比较、《新唐书》改削失当及史料来源等四个方面总结了两《唐书》的编纂得失。考证之外，王鸣盛又对有关典章制度进行概括和总结，对有关历史人物、历史事件给予评价议论，并广采前贤有关两《唐书》的研究成果，汇集他说，附以己见，进行评价或补充。不论是前者还是后者，都取得了一定的成就，应该予以充分的肯定。不足之处是在考校过程中出现了一些疏漏和失误，或多或少影响了《十七史商榷》的学术地位，这也许是近年来学术界在重新认识和评价考史三家时，相较钱大昕、赵翼而言，对王鸣盛颇多争议的一个重要原因。

## 第三节　赵翼与两《唐书》

赵翼（1727—1814），字云崧，一字耘崧，号瓯北，江苏阳湖（今江苏常州）人。乾隆二十六年（1761）进士，授翰林院编修。曾任镇安、广州知府，官至贵西兵备道。乾隆三十八年（1773）辞官归里，曾一度主讲扬州安定书院。赵翼是清代著名的文学家、史学家，其诗与袁枚、蒋士铨齐名，并称"江右三大家"。文学著作有诗集53卷及《瓯北诗话》。赵翼"尤邃史学"，②长于考据，著有《陔余丛考》、《廿二史札记》、《皇朝武功纪盛》、《檐曝杂记》等。

赵翼研治两《唐书》的成就主要集中在《陔余丛考》和《廿二史札

---

① 《十七史商榷》卷九一"光启雪王涯等诏"。

② 《清史稿》卷四八五《赵翼传》，第13391页。

记》中。《陔余丛考》是赵翼的第一部学术著作,是其46岁辞官回乡后静心读书所得的汇编,全书不分门目,以类相从,主要论经义、史学、掌故、艺文、官制、科举、风俗等内容。其中卷一〇至卷一二议论两《唐书》的编纂及得失,卷一七论唐代史事。继《陔余丛考》之后,赵翼又完成《廿二史札记》36卷,对二十四史进行全面考订研究,其中卷一六至卷二〇共5卷为新、旧《唐书》部分。与《陔余丛考》一样,也主要涉及两《唐书》的编纂得失及史事议论。《廿二史札记》成书于《陔余丛考》之后,其中的一部分内容,即是在《陔余丛考》的基础上扩充而成。赵翼考校正史不同于钱、王,尤其是他对两《唐书》的考论,在校勘方面用力甚少,仅以两书互证,就其纪传表志"参互勘校",而将主要精力集中在两《唐书》的编纂及"古今风会之递变,政事之屡更,有关于治乱兴衰之故者"诸方面。[①]

合观赵翼《陔余丛考》及《廿二史札记》中有关两《唐书》部分内容,主要包括两个方面:其一是针对两《唐书》的编纂体例、方法、史料来源与取舍及编纂得失的总结。其二则是对有唐一代史事的概括和提炼,即陈垣所言"先考史法,次论史事"[②]。以下就这两个方面分别阐述。

## 一 史法

关于两《唐书》的编纂及得失,清人颇多论述,钱大昕与王鸣盛在考校两《唐书》时也有所涉及,赵翼在前人研究的基础上又进一步就两《唐书》在编纂过程中存在的种种问题及得失进行总结论述,主要论及两《唐书》的书法、史料来源及各自的得失,所论较前人而言更加系统而全面。赵翼考论两《唐书》史法的最大特点即是在比较新、旧两《书》的基础上展开论述,而议论最多的则是两书的编纂得失问题。

### 1. 书法

与钱大昕、王鸣盛一样,赵翼也认为两《唐书》的书法存在不少问题。如在改元问题上,赵翼认为各史遇一岁数改元之年"书法不一"。《旧唐书》承袭前代史书的书法,"凡一岁数改元者,皆以下诏之日为始,按月顺书",赵翼认为此种书法"最为得实",但也有不甚明晰者,"如唐

---

① (清)赵翼:《廿二史札记·小引》。

② 《陈垣题记》,《廿二史札记校证》附录,第888页。

高宗显庆六年三月改元龙朔，是年既以六年书岁首，而三月以后即为龙朔元年，故次年岁首即以二年起，竟似六年之后继以二年，几令阅者不甚了了"。而《新唐书》则"以最后所改之号书于岁首"，此种书法"诚足以醒眉目"，"然又有窒碍而难行者"，《新唐书》为了曲就成例不惜抹煞一二帝，如"睿宗即位之岁，五月以前，中宗神龙年号也，六月韦氏弑中宗，立少帝重茂，改元唐隆，则少帝号也，七月少帝被废而睿宗立，始改元景云"。则景云以前尚有中宗、少帝二君，何得尽行抹煞，而预书景云于岁首乎"？相比之下，《新书》书写年号之法"究不如旧史书法为正"。①此外，赵翼认为，与《旧唐书》相比，《新唐书》书法"多可议者"，就本纪而言，因欧阳修等纂修《新唐书》时"过求简净"，不但省略掉了许多大事，还存在叙事不明、体例不一、用词不当等问题。② 而本纪在记载安史之乱时，书法尤其混乱。依《新唐书》本纪书法，"凡反逆者，虽遣其将拒战，亦必书逆首姓名，不书贼将"，但是像安禄山、史思明这样"地广兵雄，遣将四出"的逆首，其手下大将又皆"僭大官，拥大众，分路专征，各当一面"，《新唐书》本纪亦"处处书逆首之名"，遂使"观者回惑"，不知拒战者何人、败绩者又何人。③ 就列传而言，《新唐书》则多回护周旋之文，其目的无非是为贤者讳，"欲以完节予其人，不忍累以白璧之玷"，而具体的做法则是"于名臣完节者虽有小疵，而于本传多削之"，④"著其人之美于本传，而别见其疵于他传"，这种做法的弊病则在于"其有数人共一善事，而分隶数人，使各得专其功，若不数传参观，则竟似一人独为之事而与他人无与者，此虽善善欲长，究非信史也"⑤。

2. 史料来源

赵翼就两《唐书》的作者及史料来源问题进行了总结说明。关于《旧唐书》署名刘昫，早有学者提出疑问，王鸣盛亦曾论及但并未将问题说清楚，赵翼通过爬梳整理有关史料，对《旧唐书》从始修到完成直至呈上整个过程予以全面的考证，认为《旧唐书》的修成，监修赵莹贡献最大，"纂修则张昭远、贾纬、赵熙之功居多"，而后来《旧唐书》之所

---

① 《陔余丛考》卷一〇"新旧唐书书年号各有得失"，第175—176页。
② 《廿二史札记校证》卷一六"新唐书本纪书法"，第349—350页。
③ 《廿二史札记校证》卷一六"新书本纪书安史之乱"，第350—351页。
④ 《陔余丛考》卷一一"新唐书多回护"，第200页。
⑤ 《陔余丛考》卷一一"新唐书多周旋"，第202—203页。

以署名刘昫，是因为刘昫任宰相时，《旧唐书》正好修成，"遂由昫表上，其实非昫所修也"。① 在前人研究的基础上，赵翼基本上澄清了《旧唐书》署名及监修、参修者之间的关系。关于《旧唐书》的史料来源问题，顾炎武、钱大昕、王鸣盛诸人均曾论及，但直至赵翼才对这一问题有了全面而系统的认识。赵翼认为修《旧唐书》之时，虽适值五代战乱之际，史籍散佚，"然代宗以前尚有纪传，而庾传美得自蜀中者，亦尚有九朝实录，今细阅《旧书》文义，知此数朝纪传多钞实录、国史原文也"。同时，赵翼又列举《旧唐书》本纪、列传中的诸多"回护"之文，认为"凡史修于易代之后，考覆既确，未有不据事直书，若实录、国史修于本朝，必多回护"。由此可见《旧唐书》全用国史、实录"而不暇订正也"，因为据"实录、国史书法既有回护，易代后修史时，考其非实，自应改正，而直笔书之。乃《旧书》书法仍复如此，知其全用旧史之文，不复刊正也"。又《旧唐书》言玄宗用"今上"，"此《玄宗实录》原文也"。《崔元翰传》称李勉为"李汧公"，《薛佽传》谓郭子仪为"尚父汾阳王"，"此并是元翰、佽家状送入史馆者，国史即用之不及改，五代修史时，亦即用之不复改也"。据此，赵翼得出了《旧唐书》前半全用国史实录的结论。至于《旧唐书》武宗以后的记载，赵翼认为因无实录、国史可据，故"杂取朝报吏牍补缀成之"，致使"本纪书吴湘狱案至千余字"，甚至咸通八年（867）"并将延资库计账贯匹之数琐屑开入，绝似民间记簿"。②

纂修《新唐书》时，修纂《旧唐书》时载籍散佚，"掇拾补葺，其事较难"的局面已有所改观。北宋时期，"文治大兴，残篇故册，次第出见"，可以参考的文献远远多于修《旧唐书》时，因此赵翼认为，"观《新唐书·艺文志》所载唐代史事，无虑数十百种，皆五代修《唐书》时所未尝见者，据以参考，自得精详"。关于《新唐书》的修纂，钱大昕撰有《修唐书史臣表》，参与修史之人一目了然，但未言及具体分工和各人承担的工作。赵翼认为欧阳修撰纪、志、表，宋祁撰列传，并对二人署名之先后作了说明："故事，每书首只用官尊者一人，修以祁先进，且于《唐书》功多，故各署以进。"又参与撰修者中，"吕夏卿熟于唐事，博采

---

① 《廿二史札记校证》卷一六"旧唐书源委"，第340页。
② 《廿二史札记校证》卷一六"旧唐书前半全用实录国史旧本"，第345—348页。

传记杂说数百家，又通谱学，创为世系诸表，于《新唐书》最有功"。[①]

3. 编纂得失

关于两《唐书》的编纂得失，钱大昕已从体例不一、繁简失当、彼此重复三个方面进行了详密论述，王鸣盛也就两《唐书》的体例书法、优劣得失、《新书》删削失当及史料来源等做过论述。与钱、王二人相比，赵翼对两《唐书》编纂得失的认识更为全面，论述也较为系统，一改钱、王二人分散论述的特点，而是将两《唐书》编纂中出现的问题专题化，罗列资料进行有系统的总结说明，因此与钱、王二人的总结论述相比，赵翼的总结更具有史论的特点。

其一，新、旧《唐书》两书互有得失。赵翼首先对两书作比较，认为在有些问题上，两书互有得失，要具体问题具体分析，并就新、旧《唐书》的得失问题做了详尽的论述。除前文所说改元之年年号的书写问题外，在本纪的书法、繁简等问题上，新、旧《唐书》亦互有得失。就本纪书法而言，"《旧唐书》书法多有不合于古者"，如唐高祖进位相国时，隋帝令其立四亲庙，其时高祖尚未为帝，而《高祖本纪》则云"立皇帝祖已下四庙于长安通义里第"，此不合古法之明证。而《新唐书·高祖本纪》于立庙"则书高祖进位相国，立四亲庙"，无疑《新唐书》书法胜过《旧唐书》。然而《新唐书》书法"亦有可议者"：一是前后不一，二是过于简略，三是纪传"自相牴牾"。[②] 就本纪之繁简而言，赵翼认为从大的方面说，"《旧书》主于详明，《新书》主于简括。即如二十一帝纪，《旧书》几三十万字，《新书》仅九万字"。从小的方面来说，"《旧书》本纪，凡生杀予夺之事，皆略见其所由，而《新书》则必一一考之列传而后见，此亦两书之各有得失者也"。不仅如此，许多有关朝政得失的大事，《新唐书》皆不书，"此皆《新书》过求简净而失之太略者也"。[③]

其二，《新唐书》之得失。赵翼认为《旧唐书》在编纂上有得亦有失。由于修史者之草率，《旧唐书》存在一人两传、目录有其名而传中无其人、传主前后失次等诸多失当处。[④] 在叙事上也存在许多疏误，[⑤] 然而

①　《廿二史札记校证》卷一六"新唐书"，第341—342页。

②　《陔余丛考》卷一〇"新旧唐书本纪书法互有得失"，第177—181页。

③　《陔余丛考》卷一〇"新旧唐书本纪繁简互有得失"，第181—185页。

④　《陔余丛考》卷一〇"旧唐书编订之失"，第187页。

⑤　《陔余丛考》卷一一"旧唐书叙事疏误处"，第204—205页。

赵翼议论最多的则是《新唐书》的编纂得失。赵翼认为，与《旧唐书》相比，《新唐书》有许多优点。首先，《新唐书》增补了许多《旧唐书》缺载的内容。于志《新唐书》增加了《兵志》、《选举志》，于表增加了《宰相表》、《方镇表》、《宗室世系表》、《宰相世系表》等，与《旧唐书》相比详备而周密。在列传方面，不仅增设"公主"、"奸臣"、"叛臣"、"逆臣"等门类，又增立《藩镇传》，"使各镇传袭杀夺，展卷瞭如，尤为明晰"①；总的来说，《新唐书》各列传较《旧唐书》大同小异，"不过删其芜词，而补其未备，无有大相径庭者"，但仍然增补了许多内容，比如在刘晏、李泌、陆贽、李绛、高骈、高力士6人的传记上，不但内容比《旧唐书》详尽完备，字数也"几至倍蓰"，足见宋祁"采辑之勤"②。赵翼又通过对比新、旧《唐书》的列传，统计出《新唐书》列传所增事迹较《旧唐书》多二千余条，并列举出其事关重大者若干条。③ 其次，《新唐书》在史料裁剪方面也有可称道者。《新唐书》多取材于小说已成共识，吴缜《新唐书纠谬》对《新唐书》好采唐人小说颇多微词，赵翼则认为《新唐书》好采小说固然属实，但其在采择时也"未尝不严于别择"。赵翼认为唐人小说所记佚事甚多，《新唐书》在取材时并非不加别择地滥采滥收，即使已为《旧唐书》采用而"稍涉于仟且俚者"，《新唐书》亦削而不书，可见其"立言有体"，较之《晋书》及南、北《史》专以新奇悦人耳目者，"其卓识固不同矣"。至于《新书·段秀实传》采柳子厚所撰《逸事状》、《鱼朝恩传》采苏鹗《杜阳杂编》的记载以补充史实，不能仅视之为小说。对于采自小说而《旧唐书》所无的琐言碎事，或可见人物之善知人，或可见人物之才华，并非出自猎奇之目的。④

其三，《新唐书》列传隶事较为允当。赵翼认为《旧唐书》在叙述事关多人的史事时常常是当详于此人之传却详于彼人之传，《新唐书》则改正了这一弊病。如《旧唐书·张柬之传》载张柬之驳王元感三年丧当三十六月之论全文，"《新书》尽删之，以柬之功在社稷，此论非所重也。

---

① 详见《陔余丛考》卷一〇"《新唐书》改订之善"，《廿二史札记校证》卷一六"新书改编各传"。

② 《廿二史札记校证》卷一七"新书立传独详处"，370—371页。

③ 详见《陔余丛考》卷一二"《新唐书》列传内所增事迹较《旧书》多二千余条……"，第209—214页。

④ 详见《陔余丛考》卷一一"《新唐书》得史裁之正"，第195—196页。

而其论终不可废，则反载于《元感传》内"。又《旧唐书·李宝臣传》载
有田承嗣被讨，私使人说李正己一段文字。赵翼认为此事应详于《田承
嗣》、《李正己传》，"《宝臣传》何必详叙"？《新唐书·宝臣传》但云：
"承嗣以甘言绐正己，正己止屯，诸军亦不敢进。又天子使中人马希倩劳
宝臣，宝臣赆以百缣，希倩怒，投之地，宝臣惭，于是部将王武俊说宝臣
私与承嗣通谋。此事自应载《宝臣传》，乃《旧书》反详于《武俊传》，
《新书》则《宝臣传》详之，而略于《武俊传》。又武俊后为李维岳部
将，时为维岳所忌，乃自贬损，出入不过三四人。此事自应入《武俊
传》，《旧书·武俊传》乃不叙，反叙于其子《士真传》内，更觉无谓，
《新书》改入《武俊传》。此皆《新书》隶事之详略得宜也。"①

　　《新唐书》除以上优点外，大部分情况下在编纂上有得有失，尤其是
在对《旧唐书》的删改方面。就文笔而言，《新唐书》的修纂者力矫《旧
唐书》繁芜之弊，"宁简毋冗，宁僻毋俗"，对于《旧唐书》列传文字的
"改窜易换"随处可见，这种删改"大约事多而文省，语短而意长，过
《旧书》远甚"。欧、宋所改，有的"仿古逼肖"，有的"避俗就雅"，有
的更为"简劲"，但也有不足之处，由于作者过于追求"简净"，有时难
免出现"晦涩"的语词；至于其"造语用字，尤多新奇"。赵翼列举《新
唐书》"极意避俗、戛戛独创者"若干处，讥其好改《旧唐书》喜用新奇
之词的弊病。② 另外，《新唐书》在改正《旧唐书》之失时"斟酌尽善"，
使人物列传"各从其类"，"较为允当"而"更无可议"。而在删改《旧
唐书》方面亦有得有失。《新唐书》对无事实可纪而《旧唐书》立传者予
以删削，对有事可纪而《旧唐书》无传者予以增补，凡此都显示了宋祁
考订之精博，"固未可轻议也"。③ 但也存在删削失当问题，如有不当删而
删之者，尤其是一些事关重大的章疏，宋氏亦"率意裁汰，不及酌其轻
重"而删之④，并列举出了《旧唐书》所载亦有不应删而《新唐书》反

　　① 《陔余丛考》卷一一"《新唐书》列传隶事之当"，第196—197页。

　　② 《陔余丛考》卷一一"《新唐书》文笔"，第197—200页。

　　③ 详见《陔余丛考》卷一〇"《新唐书》改订之善"、《廿二史札记校证》卷一六"新书
改编各传"，第352—355页。

　　④ 《廿二史札记校证》卷一七"新书删旧书处"，第372—374页。

削之者若干条。① 同时,《新唐书》删改《旧唐书》亦有可称道者:"《新书》事增于《旧书》,非特于《旧书》各传内增事迹,并有《旧书》无传而《新书》增传者",足见《新唐书》纂修者"搜考之博"。对于《旧唐书》所载事迹,《新唐书》作者或认为其无关紧要而删之,或认为已见于他传而删之,足见其"去取得当"。对于《旧唐书》不当入本传而入之者,《新唐书》改入他传,足见其"移置得宜"。② 此外,与《旧唐书》一样,《新唐书》在叙事上也存在许多疏误之处③,赵翼均一一指摘说明。

其三,新、旧《唐书》之异同。赵翼在考论两《唐书》史法时,最大的特点是时时刻刻将两书互相比较,无论是书法还是编纂得失,都是赵翼在比较的基础上得出的结论,因此在总结两书编纂得失的同时,也发现了两书的异同。赵翼分别以"新书增旧书处"、"新书增旧书有关系处"、"新书增旧书琐言碎事"为题对《新唐书》增补部分进行了详细说明。又以"新书删旧书处"、"新书改旧书文义处"、"新书尽删骈体旧文"为题对《新唐书》的删改部分作了说明。以"新旧书互异处"、"新旧书各有纪传互异处"为题列举两书异文。"新唐书列传内所增事迹较旧书多二千余条其小者不必论其有必不可不载而旧书所无者今撮于后"、"新旧唐书有彼此互异者今据通鉴纲目唐鉴贞观政要五代史北梦琐言等书稍为订正于后"予以具体说明。④

## 二　史事

梁启超曾指出,赵翼"不喜专论一人之贤否、一事之是非,惟捉住一时代之特别重要问题,罗列其资料而比论之,古人所谓'属词比事'也"。⑤ 具体到唐代而言,梁启超的"属词比事"即表现在对有唐一代重大史事的总结和提炼,体现了赵翼敏锐的洞察力和提挈一代大事的能力。

赵翼在全面论述两《唐书》的编纂及得失的同时,已对唐代的史料及史事了然于胸,加之其敏锐的眼光,超凡的概括能力,他通过对两《唐书》

---

① 《陔余丛考》卷一二"《旧唐书》所载亦有不应删而《新书》反削之者,今亦录于后",第214—215页。

② 《廿二史札记校证》卷一七"新书删旧书处",第372—373页。

③ 详见《陔余丛考》卷一一"《新唐书》叙事疏误处",第206—208页。

④ 详见《陔余丛考》卷一二各条。

⑤ 梁启超:《中国近三百年学术史》,第259页。

相关史料的罗列排比，提纲挈领，总结历史现象，探兴亡之由，观世变之迹，客观地评价历史人物。赵翼所排比之史事都是与当时政治、军事、经济制度等关系重大的社会习尚及关系到王朝兴亡的史事，其目的在于探讨历史上的重大现象及其产生的内在因素，总结王朝兴衰成败的原因及教训。

首先，赵翼总结唐代史事，目的在于探兴亡之由。众所周知，唐贞观时期魏徵等大臣敢于犯颜直谏，唐太宗善于纳谏是古代历史上比较突出的现象，而这一现象直接关系到贞观之治的出现与唐朝的兴盛繁荣。赵翼在《廿二史札记》中初步认识到了这一问题，并对贞观时期出现的大臣进谏、太宗纳谏现象进行了初步总结。赵翼认为太宗贞观年间，大臣中能够直言极谏者"首推魏徵"，"至今所传十思十渐等疏，皆人所不敢言，而帝悉听纳之"。此外赵翼又通过对两《唐书》相关史料的钩稽排比，列举贞观时期除魏徵之外的谏臣，计有薛收、孙伏伽、温彦博、虞世南、马周、王珪、姚思廉、高季辅、戴胄、张玄素、褚遂良、张行成、李乾祐、柳范、刘洎等15人，得出贞观时期"直谏者不止魏徵"一人的结论。在此基础上，赵翼分析贞观时期众大臣敢于犯颜直谏的原因是"实由于帝之能受谏也"。而唐太宗作为一代英杰，之所以能够虚心纳谏，"盖亲见炀帝之刚愎猜忌，予智自雄，以致人情瓦解而不知，盗贼蜂起而莫告，国亡身弑，为世大僇。故深知一人之耳目有限，思虑难周，非集思广益，难以求治，而饰非拒谏，徒自召祸也"。而当时魏徵等大臣劝谏太宗，"亦动以隋为戒"，"此当时君臣动色相戒，皆由殷鉴不远，警于目而惕于心，故臣以进言为忠，君以听言为急"，因此才出现了贞观时期以魏徵为首的大臣敢于直言进谏，唐太宗善于纳谏的现象。①

宦官之祸与藩镇割据是导致唐王朝衰亡的重要原因，赵翼对此已有深刻认识。赵翼认为，由于宦官的特殊身份，"身在禁闱，社鼠城狐"，本来就特别容易"窃弄威福"，而有唐一代，"宦官之权反在人主之上，立君、弑君、废君，有同儿戏，实古来未有之变也"。赵翼认为唐代形成宦官专权的最根本原因则是宦官"掌禁兵，管枢密"，"是二者皆极要重之地，有一已足揽权树威，挟制中外，况二者尽为其所操乎。其始犹假宠窃灵，挟主势以制下，其后积重难返，居肘腋之地，为腹心之患，即人主废置亦在掌握中"。随着宦官势力的膨胀，穆宗以后八世君王，有七位由宦

---

① 《廿二史札记校证》卷一九"贞观中直谏者不止魏徵"，第394—396页。

官拥立，即所谓"援立之权，尽归宦寺，宰相亦不得与知"。因此宦官典兵权、掌枢密，就好比"倒持太阿，而授之以柄，及其势已成，虽有英君察相，亦无如之何矣"，积重难返，祸国殃民，最终导致了唐王朝的灭亡。① 此外，赵翼还认识到了唐政府派宦官任使臣及监军督战的弊端。赵翼认为，"中官出使及监军，累朝皆有之，然其害亦莫有如唐之甚者，小则索贿赂，大则酿祸端"。唐玄宗时，高力士等中官出使犹"不过藉禁近之势以黩财"，而辅璆琳出使受安禄山厚赂言其不反，边令诚奏封常清、高仙芝败退，致使"二大将同日受戮"。至代宗朝，中人出使，公然索取贿赂。"德宗晚年，姑息藩镇，每帅守物故，必先遣中使往觇军情，其副贰有物望者，辄厚赂使之保奏，德宗因而授之，由是节度使之除拜亦出其口矣。"因此中官出使，"徒纵其纳贿，而无益于国事，且反以酿祸者也"。至于中使监军亦有百害而无一利。一般情况下，临战时中使监军，"先取锐兵自卫，懦者出战，战胜则先报捷，偶衄则凌挫百端，侵扰军政，将帅不得专主。每督战辄建旗自表，小不胜则卷旗去，大军往往随之奔北"。至于平常无事之时，"各藩镇亦必有中使监军"，虽然偶尔也能够"靖难解纷"，但监军的宦官中"贤者百不一，而恃势生事之徒踵相接也"，"在河朔诸镇者既不能制其叛乱，徒为之请封请袭，而在中州各镇者则肆暴作威，或侵挠事权，或诬构罪戾"。或牵制藩臣，或激变将士，"监军之积威肆横，非一朝一夕之故，其所由来者渐矣"。②

赵翼认为，唐代设立节度使之初，其积极作用是显而易见的。因此他说"唐之官制，莫不善于节度使"。这主要是由于唐设节度使之初，节度使仅掌有兵权，"而州郡自有按察等使司其殿最"。至唐玄宗开元年间，朔方、陇右、河东、河西诸镇皆置有节度使，情况则发生了变化，"每以数州为一镇，节度使即统此数州，州刺史尽为其所属，故节度多有兼按察使、安抚使、支度使者"。从此以后，节度使"既有其土地，又有其人民，又有其甲兵，又有其财赋，于是方镇之势日强。安禄山以节度使起兵，几覆天下。及安、史既平，武夫战将以功起行阵，为侯王者，皆除节度使，大者连州十数，小者犹兼三、四，所属文武官，悉自置署，未尝请命于朝，力大势盛，遂成尾大不掉之势。或父死子握其兵而不肯代，或取舍由于士

---

① 《廿二史札记校证》卷二〇"唐代宦官之祸"，第424—426页。

② 《廿二史札记校证》卷二〇"中官出使及监军之弊"，第427—429页。

卒，往往自择将吏，号为留后，以邀命于朝。天子力不能制，则含羞忍耻，因而抚之。姑息愈甚，方镇愈骄。其始为朝廷患者，只河朔三镇，其后淄青、淮蔡，无不据地倔强。甚至同、华逼近京邑，而周智光以之反。泽、潞亦连畿甸，而卢从史、刘稹等以之叛。迨至末年，天下尽分裂于方镇，而朱全忠遂以梁兵移唐祚矣。推原祸始，皆由于节度使掌兵民之权故也"。①

其次，赵翼不仅重视对事关唐王朝兴亡成败的内在原因的探讨，还特别注意到了当时一些重大历史现象及其变化。赵翼通过对两《唐书》史料的梳理，总结出了有唐一代一些重大的历史现象，如"唐初武功之盛"、"唐初多用蕃将"、"唐诸帝多饵丹药"、"唐宦官多闽广人"、"间架除陌宫市五坊小使之病民"及"名父之子多败德"等。赵翼总结这些历史现象的目的在于观世变之迹。如唐代任官存在重内轻外现象，赵翼通过梳理两《唐书》中的有关史料，认为有唐一代"内外官轻重先后不同"，贞观时已有重内轻外之弊，至玄宗开元、天宝年间，内重外轻现象已相当突出，"及肃、代以后，京师凋敝，俸料寡薄，则有大反是者"。"此距开元、天宝时不及三、四十年，而外重内轻，相反一至于此，亦可以观世变也！"②此外，唐代封王封爵之滥也先后不同，赵翼认为"古来王爵之滥，未有如唐中叶以后之甚者"，唐初如李靖、李勣等屡立战功的大将也只封公，封王者"惟外番君长内附"及"群雄中有来降者"。"自武后欲大其族，武氏封王者二十余人，于是王爵始贱"，然中宗以至开元时，尚未至滥。"自肃宗起兵灵武，其时府库空竭，专以官爵赏功"，"及德宗奉天之难，危窘万状，爵赏尤殷"，"是时王爵几遍天下，稍有宣力，无不王者矣"。赵翼还总结了肃宗以后封王的几种情况：有以大功封者，有功绩不必甚大而亦封王者，有不必战功而亦封王者；有自贼中自拔来归而封者，或虽未能自拔，但送款即封者；有贼将来降而亦封者；有藩镇跋扈不得已而封之者；有藩镇兵盛欲其立功而先封者；"考其时封王者，不必皆高官显秩"，这种现象最终导致了"爵命虽荣，人皆不以为贵，即身受者亦不以为荣，故大将军告身才易一醉"的结果，赵翼因此发出了"爵赏驭人之柄，于是乎穷"的感叹，认为"此亦可以观世变也"。③

①　《廿二史札记校证》卷二〇"唐节度使之祸"，第429—430页。
②　《陔余丛考》卷一七"唐制内外官轻重先后不同"，第328—329页。
③　《陔余丛考》卷一七"唐时王爵之滥"，第336—339页。

　　第三，赵翼的考论，还涉及历史人物的评价，尤其是他对武则天的评价颇得后人好评。武则天作为一代女主，历代褒贬不一，《旧唐书》为武则天立本纪而《新唐书》纪传兼有已寓褒贬于其中。赵翼通过对两《唐书》有关武则天记载的梳理排比，不局限于史家的评论，而是以史实为根据，不囿于成见，一方面缕述其残忍无比，如称制前"搤死亲女"；废王皇后与萧良娣，"反接投酿瓮中"；杀上官仪等。称制后大开告密之门，"纵酷吏周兴、来俊臣、邱神勣等起大狱，指将相俾相连染，一切按以反论，吏争以周内为能，于是诛戮无虚日"，身遭杀戮者有中外官僚，有李氏宗室，同族之异母兄侄，甚至自己的子孙亦不能幸免。通过排比诸多史实，赵翼认为武则天"真千古未有之忍人也"，自古以来无道之君，"皆未有如唐武后之忍者也"。[①] 另一方面，赵翼不因武则天之残忍而全面否定其功绩，认为武则天虽然淫恶至极，但其能够纳谏知人，"亦自有不可及者"，是应当肯定的。因此赵翼又排比史料，推崇武后执政时能够纳谏知人，不管是论列朝政的谏言，还是"直揭后之燕昵嬖幸，可羞可耻"之事，武则天都能够听取，不但不以为罪，有时还赏赐进谏的大臣，可见其"能别白人才，主持国是，有大过人者"。因此对于武则天的所作所为，赵翼如是评价："人主富有四海，妃嫔动至千百，后既身为女主，而所宠幸不过数人，固亦无足深怪，故后初不以为讳，并若不必讳也。至用人行政之大端，则独握其纲，至老不可挠撼。陆贽谓后收人心，擢才俊，当时称知人之明，累朝赖多士之用。李绛亦言后命官猥多，而开元中名臣多出其选。《旧书·本纪赞》谓，后不惜官爵，笼豪杰以自助，有一言合辄不次用，不称职亦废诛不少假，务取实才真贤。然则区区帷薄不修，固其末节。而知人善任，权不下移，不可谓非女中英主也。"[②] 赵翼能够客观地评价历史人物，不曲美，不隐恶，显示了史家的卓识与远见。

### 三　理性超越与类比举证方法的运用

　　如果将赵翼考校两《唐书》的成果与钱大昕、王鸣盛的考校进行对比，不难发现在许多问题上，尤其是关于两《唐书》的编纂，三家有许多共同之处，只是表现形式不同罢了。赵翼考校两《唐书》，其中许多内

---

　　① 《廿二史札记校证》卷一九"武后之忍"，第411—414页。
　　② 《廿二史札记校证》卷一九"武后纳谏知人"，第414—416页。

容都是钱大昕、王鸣盛等人考校过的问题，诸如两《唐书》本纪的繁简、两《唐书》的优劣、《新唐书》删削《旧唐书》诸问题以及两书遇改元书写年号、《新唐书》取材于小说等，钱、王二人都曾作过论述。赵翼在钱、王二人的基础上继续就这些问题深入论述，涉及的内容更加广泛，更加具体，论述也更加系统，更有条理。因此在内容上赵翼的考论虽然重复了前人的成果，但是表现形式的不同则使得赵翼的考论与钱、王二人相比更具有史论的特点。赵翼往往举证大量同类事例以证明其考校结果，如此一来比钱、王二人的考校更加明晰，也更有说服力，这也决定了赵翼有别于钱、王二家的考校风格。赵翼能在前人研究的基础上进一步深入总结，从而将其系统化、理论化，不但使人耳目一新，也便于利用学习，这也许正是赵翼不同于钱、王二人而备受后人推崇的原因。

如果说在史法的考论中赵翼有难辞重复钱、王二人成果之嫌疑的话，在史事的考论上赵翼则远比钱、王二人高明，正好可以弥补其不足。在研究史事方面，赵翼的研究成果体现出了其探讨历史时势的变化，并且要究明治乱兴衰的内在原因的治学意识，这种治学意识直接源于清初顾炎武，赵翼也自认为他是顾炎武经世学风的继承者。乾嘉时期，正值考证学如日中天，经世致用之学几被人遗忘之时，赵翼不媚流俗，独具史识，将探求历史时期治乱兴衰的演变及内在原因作为自己研究历史的目的，其《陔余丛考》即完全仿效顾炎武《日知录》之体例，皆以经史群籍为基础，"荟萃众说，比较归纳，融前人之得为己有"①；《廿二史札记》则效法顾炎武《日知录》之精神，"谓身虽不仕，而其言有可用者"②，治史之目的在于经世致用，为后人提供可资借鉴的历史经验和教训。赵翼通过梳理许多孤立的事件，发现并概括出一个时期最具典型意义、最能反映历史发展趋势的一代大事。他探讨重大历史现象及原因，研究重要政治军事制度的变化，探究治乱盛衰之故，评价历史人物，都显示了他不同于乾嘉考证史学的远见和卓识。因此有学者指出："如果没有赵翼史学的突出成就，乾嘉考证史学就从整体上只停留在对历代正史中文字、音韵、训诂、职官地理、典章制度的史实考订上。因此，我们说赵翼史学是乾嘉考证史学的

---

　　①　陈祖武：《赵翼与〈陔余丛考〉》，赵翼著，栾保群、吕宗力校点《陔余丛考》前言，河北人民出版社 1990 年版。

　　②　赵翼：《廿二史札记·小引》。

重要组成部分,有不可替代的地位和作用,代表着乾嘉考证史学后期的最高水平。"①

在赵翼考校两《唐书》的成果中,更值得一提的是其研究方法。赵翼所用研究方法,既有对前人方法的继承,同时又有所超越和突破,无疑起了承前启后的作用。最值得称道的是赵翼在考论两《唐书》的过程中,主要从史法与史事两个方面,运用类比举证进而归纳总结的研究方法,分别就两《唐书》的编纂得失及关系唐代兴败存亡的重大史事进行考论。如"唐诸帝多饵丹药"条,首先列举唐太宗、宪宗、穆宗、敬宗、武宗、宣宗等六位皇帝惑于异说,不惜试食丹药以求长寿的具体事例,然后总结说:"统计唐代服丹药者六君,穆、敬昏愚,其被惑固无足怪,太、宪、武、宣皆英主,何为甘以身殉之?实由贪生之心太甚,而转以速其死耳。"② 又如"唐追赠太子之滥"条,赵翼认为追赠太子,"必其曾为太子,或早薨,或不得其死,则仍复其旧称"者,但是终唐一代,存在许多"未为太子而死后追赠者"的事实,赵翼先类比举证进而总结说:

> 如玄宗子琬,薨,赠靖恭太子;代宗子邈,薨,赠昭靖太子;宣宗子汉,薨,赠靖怀太子。此则其人本不应为太子,而殁以太子之号荣之,已不免紊于礼,然此犹父之赠其子,于名分尚顺也。若玄宗赠弟申王㧑为惠庄太子,岐王范为惠文太子,薛王业为惠宣太子。此三王者,将以为睿宗之太子耶,则睿宗自有太子宪,(睿宗在武后时为帝,先立宪,后玄宗平内难,宪让玄宗为太子。)继又以玄宗为太子。此三王初未身为太子,则加以大国荣封可矣。太子之称,究属以子继父而言,非同官爵之可加赠也,而以施于未为太子之弟,转似下侪于己子之列,此则苟欲以追崇见其友爱,而不知转失礼甚矣。③

此外,诸如"贞观中直谏者不止魏徵"、"武后之忍"、"武后纳谏知人"、"改恶人姓名"、"唐代宦官之祸"、"中官出使及监军之弊"、"节度

---

① 白兴华:《赵翼史学新探》,中华书局 2005 年版,第 195 页。
② 《廿二史札记》卷一九"唐诸帝多饵丹药",第 399 页。
③ 《廿二史札记》卷一九"唐追赠太子之滥",第 404 页。

使之祸"、"名父之子多败德"等条都运用了类比举证进而归纳总结的方法，这是乾嘉学者治学的一大特色，即"最喜罗列事项之同类者，为比较的研究，而求得其公则"。① 这一特色在赵翼身上体现得最为充分，正如梁启超所言："惟赵书于每代之后，常有多条胪列史中故实，用归纳法比较研究，以观盛衰治乱之原，此其特长也。"②

赵翼考校两《唐书》的成果，在分量上虽远不及钱大昕之《廿二史考异》和王鸣盛之《十七史商榷》，但无论是从方法论及经世致用的角度考虑，还是从史学发展及对后世的影响方面而言，其价值都远在钱、王之上。因此可以说赵翼《廿二史札记》是考据史学向近代史学过渡的产物。与赵翼同时代的钱大昕对赵翼《廿二史札记》评价颇高，认为其所著《瓯北诗集》、《陔余丛考》传播既久，"纸贵都市"，而其《廿二史札记》，"读之窃叹其记诵之博，义例之精，论议之和平，识见之宏远，洵儒者有体有用之学，可坐而言，可起而行者也。……先生上下数千年，安危治忽之几，烛照数计，而持论斟酌时势，不蹈袭前人，亦不有心立异，于诸史审订曲直，不掩其失，而亦乐道其长，视郑渔仲、胡明仲专以诟骂炫世者，心地且远过之"。③ 乾嘉以后，赵翼在史学上的地位受到更多的肯定，道咸年间，张维屏称《廿二史札记》"考证精审，持论明通"。④ 李慈铭评《廿二史札记》曰："此书贯串全史，参互考订，不特阙文误义多所辨明，而各朝之史，皆综其要义，铨其异闻，使首尾井然，一览可悉。即不读全史者，寝馈于此，凡历代之制度大略，时政得失，风会盛衰，及作史者之体要各殊，褒贬所在，皆可晓然，诚俭岁之梁稷也。其书以议论为主，又专取各史本书，相为援证，不旁及他书，盖不以考核见长，与同时嘉定钱氏《廿二史考异》、王氏《十七史商榷》不同。"⑤ 梁启超综合考察了考史三家的著作及内容，认为三书"形式绝相类，内容却不尽从同"，具体而言，钱大昕的《廿二史考异》"最详于校勘文字，解释训诂名物，纠正原书事实讹谬处亦时有"；王鸣盛的《十七史商榷》

① 梁启超：《清代学术概论》十三"朴学"，上海古籍出版社 1998 年版，第 47 页。

② 梁启超：《清代学术概论》十四"经史考证"，第 52 页。

③ （清）钱大昕：《廿二史札记序》，《廿二史札记校正》附录二，第 885—886 页。

④ （清）张维屏：《国朝诗人征略》卷三八《赵翼》，全国图书馆文献微缩复制中心 2004 年影印河南省图书馆藏本，第 2 册，第 577 页。

⑤ （清）李慈铭：《题记》，《廿二史札记校证》附录，第 887—888 页。

"亦间校释文字，然所重在典章故实"；赵翼的《廿二史札记》则于每史"先叙其著述沿革，评其得失，时亦校勘其牴牾，而大半论'古今风会之递变政事之屡更有关于治乱兴衰之故者'"。黄永年先生在《唐史史料学》一书中充分肯定了《廿二史札记》的学术价值，认为赵翼考论两《唐书》的编纂得失"比较详密平允"，其对历史现象的评析"不仅给我们提供了丰富的历史知识，而且教给我们如何从大量史料中发现问题及研究问题的方法"。①

---

① 黄永年：《唐史史料学》，第51页。

# 第 四 章

# 唐代金石文献的整理与研究

著名金石学家马衡定义金石学曰："金石者，往古人类之遗文，或一切有意识之作品，赖金石或其他物质以直接流传至于今日者，皆是也。以此种材料作客观的研究以贡献于史学者，谓之金石学。古代人类所遗留之材料，凡与中国史有关者，谓之中国金石学。"① 中国金石学作为一门专学始于宋代已成共识。两宋时期，上自朝廷显贵、地方官员，下及士人学子均热衷于古代礼乐器物以及石刻碑志的收集、整理与研究。同时，历史学、古文字学和书学的进步，也在一定程度上刺激了对新资料的渴望和搜求；而印刷技术的进一步提高，也为金石文字的流传提供了便利条件，促进了金石学的形成和发展。这一时期，出现了诸如吕大临《考古图》、王黼《宣和博古图》等摹录出土器物的图像、铭文，记录它们的尺寸、容量和重量，并辅以考证的金石文献。另一方面，还出现了诸如欧阳修《集古录》、赵明诚《金石录》等侧重于古器物的著录与考订，借以印证史实或补正史传文集之阙谬的金石著作。著名金石学家吕大临还总结了金石学研究的目的，即"探其制作之原，以补经传之阙亡，正诸儒之谬误"。② 郑樵在编纂《通志》时，专立《金石略》一门。凡此都标志着金石学已经发展成为一门专学，宋代金石学之兴盛，著述之丰富，学界有目共睹，此不赘述。而元、明两代，金石学备受冷落，处于停滞不前的状态也是不争的事实。时至清代，金石学重新振兴，并发展到一个新的高峰，取得了前所未有的成就，而清儒整理研究唐代金石文献即是其中的一个重要方面。

---

① 马衡：《凡将斋金石丛稿》卷一《中国金石学概要》上，中华书局1977年版，第1页。
② （宋）吕大临：《考古图·序》，影印文渊阁四库全书第840册，第95页。

# 第一节　金石学的复兴与繁荣

金石学是清代学术研究的中心之一，与清王朝相始终。有清一代，学者们普遍重视金石材料的搜集、整理与研究，并自觉地将金石学与经史研究结合起来，涌现出了一大批卓有成就的学者和著述，传统的金石学至此发展成为一门显学。著名学者梁启超对清代金石学给予了很高的评价："金石学之在清代又彪然成一科学也。自顾炎武著《金石文字记》，实为斯学滥觞。继此有钱大昕之《潜研堂金石文字跋尾》，武亿之《金石三跋》，洪颐煊之《平津馆读碑记》，严可均之《铁桥金石跋》，陈介祺之《金石文字释》，皆考证精彻，而王昶之《金石萃编》，荟录众说，颇似类书。其专举目录者，则孙星衍、邢澍之《寰宇访碑录》。其后碑版出土日多，故《萃编》、《访碑录》等再三续补而不能尽。"① 纵观清代金石学的发展，其繁荣主要表现在以下三个方面。

## 一　经久不息的金石热

有清一代，金石热持久不衰，网罗搜求碑石古物之风日甚一日。自清初至清末，上自朝廷命官，下至学者士人，或出于考经证史之目的，或出于收藏鉴赏之喜好，或出于研习书法之需求，目的虽各不相同，热情却是一浪高过一浪，促使无数金石爱好者致力于金石的搜求、鉴藏、著录与研究。被誉为开清代学术风气之先的顾炎武，一生漂泊不定，周游天下，"所至名山巨镇，祠庙伽蓝之迹，无不寻求。登危峰，探窈壑，扪落石，履荒榛，伐颓垣，畚朽壤，其可读者必手自钞录，得一文为前人所未见者，辄喜而不寐。一二先达之士，知予好古，出其所蓄，以至兰台之坠文，天禄之逸字，旁搜博讨，夜以继日，遂乃抉剔史传，发挥经典，颇有欧阳、赵氏二录之所未具者，积为一帙，序之以贻后人"。② 顾炎武先后著有《求古录》、《金石文字记》、《石经考》，并自觉地利用金石文字校正古籍。梁启超评价顾炎武在清代金石学上的贡献说："亭林笃嗜金石，所至搜辑碑版，写其文字，以成此书。他对于金石文例，也常常论及。清

---

① 《清代学术概论》十六"金石学、校勘学和辑佚学"，第58页。
② （清）顾炎武：《金石文字记》卷首《序》，影印文渊阁四库全书第683册，第703页。

代金石学大昌，亦亭林为嚆矢。"① 尽管顾炎武的考证偶有舛误，但他利用金石文字校勘古籍的实践和成就，直接开启了清代金石学研究的序幕，对后世影响很大。顾炎武之后，越来越多的学者沿其流而扬其波，致力于金石碑刻的搜求与研究。朱彝尊博闻强识，"家贫客游，南逾岭，北出云朔，东泛沧海，登之罘，经瓯越。所至丛祠荒冢、破炉残碣之文，莫不搜剔考证，与史传参校同异"。② 后人称赞其《曝书亭金石文字跋尾》"考据精凿，与顾氏《金石文字记》称抗手，继前贤，开后学，于两先生实无愧焉"。③

顾、朱之后，清代学术进入考据时代，乾隆年间，梁诗正奉旨据内府所藏及新出土的古铜器，编成《西清古鉴》，之后乾隆帝又敕编《西清续鉴甲编》、《西清续鉴乙编》、《宁寿古鉴》三部大型古器物图录。此举不但推动了古文字研究，同时又掀起了新一轮收藏热。政府的倡导，学者的热衷，使金石的收藏与研究蔚然成风。乾嘉学派的中坚，有"一代儒宗"之称的钱大昕，博学多闻，尤其注意金石文字的搜罗研究，撰有《唐石经考异》、《潜研堂金石文字目录》，《潜研堂金石文跋尾》等多种金石著作。他酷嗜金石文字，"所过山厓水畔，爨宫梵宇，得一断碑残刻，必剔藓拂尘，摩挲审读而后去"，④ 收罗范围远至越南，"搜罗金石二千余种，经跋尾者，八百六十"。⑤ 钱大昕搜罗碑石的目的是掌握第一手资料，以金石资料与史籍相参证，补史籍之缺，正文献之讹。王鸣盛认为，自宋代金石学成为专学，从事金石的著录与研究者不乏其人，然卓有成就者不过欧阳修、赵明诚、都穆、赵崡、顾炎武、王澍、朱彝尊七家而已。自钱大昕《潜研堂金石文跋尾》出，于是"乃尽掩七家出其上，遂为古今金石学之冠"。⑥

钱大昕之外，乾嘉时期著名的学者王鸣盛、翁方纲、朱筠、冯浩、纪昀等都于金石学有所涉足，而颇有建树者则有王昶、阮元二人。王昶自幼即有志于古学，"及壮游京师，始嗜金石，朋好所赢，无不丐也；蛮陬海

① 梁启超：《中国近三百年学术史》，第 59 页。
② 《清史稿》卷四八四《朱彝尊传》，第 13339 页。
③ （清）李遇孙：《金石学录》卷三，《续修四库全书》第 894 册，第 24 页。
④ （清）瞿中溶：《潜研堂金石文字目录跋》，《嘉定钱大昕全集》第 6 册，第 201 页。
⑤ （清）胡子彝：《潜研堂金石文跋尾跋》，《嘉定钱大昕全集》第 6 册，第 557 页。
⑥ （清）王鸣盛：《潜研堂金石文跋尾序》，《嘉定钱大昕全集》第 6 册，第 1—2 页。

潼，度可致无不索也。两仕江西，一仕秦，三年在滇，五年在蜀，六出兴桓而北，以至往来青、徐、兖、豫、吴、楚、燕、赵之境，无不访求也"。① 先后访得三代至辽金石碑刻 1500 余通，编成《金石萃编》160卷。阮元的金石著作有《积古斋钟鼎彝器款识》、《山左金石志》、《两浙金石志》等，他历述自己一生从事金石搜求与研究的成就，撰成《金石十事记》一文。阮元之后，又有嘉兴人李遇孙，性嗜金石之学，在他任官处州时，"以处州地僻山远，阮元《两浙金石志》未免脱漏，乃搜辑数百余种为《括苍金石志》八卷"。② 乾隆年间朱枫曾在关中滞留十载，因"其地为周汉隋唐故都，金石遗文所在皆有"，他自己又"夙有金石之癖"，于是"暇则策蹇行游，逢古碑辄坐卧其旁，流连竟日，或宿山寺，或问樵牧，不少倦也"，久而久之，搜得汉唐碑石二百种，编为《雍州金石记》10 卷，"其五代及宋元概置弗录，中有古人所未见者，十犹二三焉；碑存而未获者，疑无几矣"。③

　　乾隆时期著名校勘家卢文弨在《关中金石记序》中总结说："自国朝以来，为金石之学者多于前代。以余所知，若昆山顾氏炎武、秀水朱氏彝尊、嘉兴曹氏溶、仁和倪氏涛、大兴黄氏叔璥、襄城刘氏青芝、黄冈叶氏封、嘉兴李氏光映、邰阳褚氏峻、钱塘丁氏敬、山阳吴氏玉搢、嘉定钱氏大昕、海盐张氏燕昌皆其选也，继此者方未有艾。"④ 阮元在《金石学录序》中总结两浙地区的金石学说："两浙多留心金石之士，余于丙辰岁奉命视学兹地，如赵晋斋、何梦华、张文鱼辈皆素所稔知。及按试禾郡，复得吴侃叔、张叔未、李金阑⑤数人，并嗜古好学，侃叔于石鼓文识解独有心悟。叔未博收周秦以来爵卣碑砖，其好亦可谓笃矣。金澜为秋锦征士之后，学有渊源，以宋元来金石之书甚多，而讲求金石之人未有著录，于是上溯三代，以迄近世，凡为金石学者，虽释一器，剔一碑，无不搜罗，荟

---

① （清）王昶：《金石萃编》卷首《序》，陕西人民美术出版社 1990 年版。

② 《清史稿》卷四八二《李富孙传》附，第 13261 页。

③ （清）朱枫：《雍州金石记》卷首《自序》，《续修四库全书》第 908 册，第 283 页。

④ （清）卢文弨：《关中金石记叙》，毕沅《关中金石记》卷首，《续修四库全书》第 908 册，第 191 页。

⑤ 案：据下文"阑"当作"澜"。李遇孙，字庆伯，号金澜，浙江嘉兴人，撰有《金石学录》。

萃录之，得五百余人，为四卷。"①

　　乾嘉之后，考据学虽趋于衰落，但搜讨、研究金石的风气则日甚一日，考经证史的成果与前期相比有过之而无不及。陈介祺"绩学好古，所藏钟鼎、彝器、金石为近代之冠"。② 吴大澂擅长书法绘画，因此也从事金石搜购与古文字研究并颇有建树。清末著名收藏家潘祖荫"嗜学，通经史，好收藏，储金石甚富"。③ 陆增祥继王昶《金石萃编》之后，纂《八琼室金石补正》。罗振玉作为清代金石学研究的殿军，将金石学研究的范围进一步拓展至甲骨文、竹木简、敦煌遗书及明清档案等领域，"他以一人一家之力，广泛收集各种新发现的文物资料，分门别类地进行整理研究，为许多方面的研究提供可贵的资料，作出有益的贡献"。④ 康有为总结说："乾、嘉之后，小学最盛，谈者莫不借金石以为考经证史之资。专门搜辑著述之人既多，出土之碑亦盛，于是山岩、屋壁、荒野、穷郊，或拾从耕夫之锄，或搜自官厨之石，洗濯而发其光采，摹拓以广其流传。若平津孙氏、候官林氏、偃师武氏、青浦王氏皆辑成巨帙，遍布海内。其余为《金石存》、《金石契》、《金石图》、《金石志》、《金石索》、《金石聚》、《金石续编》、《金石补编》等书，殆难悉数。"⑤

　　有清一代，从事金石搜罗、收藏与研究者除以上所述颇有成就者外，尚有许多学者鲜为人知。如嘉庆时人李遇孙撰《金石学录》，著录自宋、元以来研究金石的学者，"上溯三代，以迄近世……得五百余人"，⑥ 其中清代共计 165 人，占总人数的三分之一。光绪年间，陆心源因李遇孙《金石学录》"舛漏实甚"，于是又事补正，"就见闻所及，笔之简端"，以补李遇孙之缺遗。先撰成《金石学录补》2 卷，"自汉至今凡得一百七十人"，后又"搜采群书，证以闻见，又得一百六十余人"，于是重新编订，合为四卷，"合之李氏原书都得八百余人，古今言金石者略备于斯

---

　　① （清）阮元：《金石学录序》，李遇孙《金石学录》卷首，《续修四库全书》第 894 册，第 1 页。

　　② 《清史稿》卷三六五《陈官俊传》附，第 11439 页。

　　③ 《清史稿》卷四四一《潘祖荫传》，第 12416 页。

　　④ 《中国大百科全书·考古学》，中国大百科全书出版社 1986 年版，第 293 页。

　　⑤ （清）康有为著、崔尔平校注：《广艺舟双楫注》卷一《尊碑》，上海书画出版社 2006 年版，第 35 页。

　　⑥ （清）阮元：《金石学录序》，李遇孙《金石学录》卷首，《续修四库全书》第 894 册，第 1 页。

矣。李书兼收同时诸公，余书断自己往，惧标榜也"。① 陆心源于《金石学录》165 人之外，又增补清代金石学者 157 人，两书共记载清代金石学者 322 人，可谓洋洋大观。

### 二 著录宏富的金石文献

有清一代，搜讨、鉴藏、研究金石的风气盛行不衰，有关金石的著述层出不穷，研究成果亦蔚为可观。

首先，从数量上看，清代金石文献之多可谓空前。《清史稿·艺文志》所收书籍仅限于清人著述，其中史部金石类共著录有清一代金石文献 324 部、2087 卷。清代学术文化盛极一时，各类著述数量惊人，种类繁多，宏篇大作未见著录者难以悉数，《清史稿·艺文志》遗佚的亦不在少数。20 世纪 50 年代，武作成独立完成《清史稿艺文志补编》，对《艺文志》进行了大量的增补，增补文献多达 1 万余种，其中史部金石类共增补 201 部、757 卷。② 继此之后，王绍曾又主编完成《清史稿艺文志拾遗》，全书网罗《清史稿·艺文志》及武氏《补编》未及收录的清人著述，竟多达 5.4 万余种，以类相从，厘然有绪，且各著版本，兼明出处。《拾遗》于史部金石类增补金石类著述凡 883 部、2857 卷，其中不分卷者 327 部。③ 凡此，《清史稿·艺文志》及《补编》、《拾遗》共著录清人所著金石文献 1208 部、5701 卷，清代金石文献之宏富于此可见一斑。

其次，清代金石文献种类繁多，体例多样。同治年间陆增祥在《金石续编序》中对清代金石文献著录之宏富做了初步总结，迻录如下：

> 古人事迹，史不悉载，赖金石以传之；金有时毁，石有时泐，赖墨本以传之；墨本聚散何常，存亡何定，赖著录以传之。著录之家，本朝极盛，荟萃成书，奚啻百数。有限以时代者，有限以一省者，有限以一省并限以时代者，有限以一郡者，有限以一邑者，有限以域外

---

① （清）陆心源：《金石学录补》卷首《金石学录补序》，《续修四库全书》第 901 册，第 321 页。

② 武作成：《清史稿艺文志补编·史部·金石类》，《清史稿艺文志及补编》，中华书局 1982 年版，第 511 页。

③ 王绍曾主编：《清史稿艺文志拾遗·史部·金石类》，中华书局 2000 年版，第 1025 页。

者，有限以名山者，有限以一人者，有限以一碑者。有别以体者，有
叙以表者，有绘以图者。其上追秦、汉，下逮辽、金，近自里间，远
迄海外，综括而考证之者亦不下数十家，或宗欧、赵之例，著目录，
加跋尾；或宗洪氏之例具载全文。或勘前人之讹，或补前人之不
足。……①

　　再次，清代不同时期的目录书对金石文献的著录也从一个侧面反映了
金石文献的剧增。清代乾隆年间纂修《四库全书》，在《四库全书总目》
中，金石文献散见于经部小学类字书之属、史部目录类金石之属、子部谱
录类器物之属及集部诗文评之属，分类不明，归属不定，基本反映了清初
金石学的发展状况。随着金石学的蓬勃发展，金石文献日益增多，光绪初
年，张之洞在任四川学政期间，撰成指导治学门径的《书目答问》一书，
鉴于金石文献日益增多的实际情况，仿郑樵《通志》专列《金石略》一
门之例，于史部增设金石类，结束了金石文献隶属于史部目录类的状况。
张之洞指出："金石之学，今为专家，依郑夹漈（郑樵）例，别出一门，
无考证者不录，疏舛者不录。"② 同时张之洞又将金石类文献细分为金石
目录、金石图像、金石文字、金石义例四小类。可以说，目录分类中金石
类的设立及分类的细化是金石文献剧增及金石学蓬勃发展的结果。遗憾的
是《清史稿·艺文志》继承了《书目答问》于史部增设金石类的做法，
但未分细目，颇有不便。

### 三　新史料意识的全面觉醒

　　清代学者远绍宋学，研治金石学的主要目的是考经证史，收藏、鉴赏
及研习书法均在其次，而且研究者已普遍认识到了金石文字的史料价值，
且在乾嘉考据史学的影响下，这种认识越来越具体明确。
　　第一，史料价值居于首位。宋代金石学家刘敞认为金石文献的史料价
值主要体现在研究古代礼制、语言文字及谱牒三个方面，即"礼家明其

---

① （清）陆增祥：《金石续编序》，《金石续编》卷首，《石刻史料新编》第 1 辑第 4 册，第
2991 页。
② （清）张之洞撰，范希曾补正：《书目答问补正》卷二《史部》，上海古籍出版社 1983
年版，第 171 页。

制度，小学正其文字，谱牒次其世谥"。① 清代学者朱筠对此也有自己的认识："尝论今人读古人书，鱼、鲁、帝、虎之讹，不可胜诘，独金石文字，历久如新，一可宝也；篆隶变革之源，了然可见，二可宝也；名物杂陈，词义典贵，可以翼经传注疏家言，三可宝也；轶事无传，史篇多误，断碣残碑，恒资考证，四可宝也。"② 总的说来，金石文字的史料价值是多方面的，然而自顾炎武以来，多数学者首先肯定的是金石文字的史料价值。顾炎武在《金石文字序》中说："余自少时即好访求古人金石之文，而犹不甚解，及读欧阳公《集古录》，乃知其事多与史书相证明，可以阐幽表微，补阙正误，不但词翰之工而已。"③ 朱彝尊亦言："予性嗜金石文，以其可证国史之谬，而昔贤题咏往往出于载纪之外。"④

乾嘉及其以后，在考据学风的影响下，清代学者对金石文字史料价值的认识更加明确，钱大昕、王鸣盛等考史大家自不待言，其他学者更是有过之而无及。如翁方纲曾见陕西修某城碑，"字极丑拙，而其事足以证史。如此之类，不以书法言可也"。⑤ 翁方纲在为孙星衍的门人洪颐煊《平津馆读碑记》所作序言中说："夫金石之足证经史，其实证经者二十之一耳，证史则处处有之。"⑥ 清末有些学者甚至偏激地认为研究金石学除考证以外都不是真正的金石学。如陆增祥在给缪荃孙的信中曾说："世之言金石者，喜求宋拓，宋拓诚足宝贵，何可多得，得而藏之秘之，其去玩物者几希。次则讲求文法笔意，皆未可与言金石之学焉。"⑦ 王季烈甚至批评明代赵崡《石墨镌华》，谓其"跋语详于笔法，略于考证，是近于论述法帖，非金石之学也"。⑧ 可以说终清一代，持这种观念的学者不

---

① （宋）刘敞：《公是集》卷三六《先秦古器记》，影印文渊阁四库全书第 1095 册，第 715 页。

② 姚名达编：《朱筠年谱》，商务印书馆 1933 年版，第 95 页。

③ （清）顾炎武：《金石文字记》卷首《序》，影印文渊阁四库全书本第 683 册，第 703 页。

④ （清）朱彝尊：《曝书亭集》卷四九《跋石淙碑》，《四部丛刊》初编第 279 册。

⑤ （清）翁方纲：《复初斋文集》卷七，沈云龙主编《近代中国史料丛刊》第 43 辑第 421 册，台北文海出版社 1966 年版，第 303 页。

⑥ （清）翁方纲：《平津读碑记序》，洪颐煊《平津读碑记》卷首，《续修四库全书》第 905 册，第 2 页。

⑦ 顾廷龙校阅：《艺风堂友朋书札》，上海古籍出版社 1980 年版，第 1 页。

⑧ （清）王季烈：《八琼室金石补正跋》，（清）陆增祥《八琼室金石补正》卷末，文物出版社 1985 年影印本，第 970 页。

乏其人。

第二，金石文字的补史作用主要是阐幽表微、补阙正误。清代学者普遍认为，金石文字作为典籍文献的补充，其史料价值主要体现在考史过程中阐幽表微、补阙正误等方面。顾炎武在其《金石文字记序》中对此已有明确阐述，顾炎武之后，学者们不但重视金石文字的史料价值，还不断尝试通过金石文字与历史文献的对勘来弥补史书记载的阙漏谬误。乾嘉学派的中坚钱大昕一生主要从事史事的考证订谬，他搜罗碑石的目的是掌握第一手资料，以金石资料与史籍相参证，补史籍之缺，正文献之讹。钱大昕在《关中金石记序》中说："金石之学，与经史相表里，'侧'、'菑'异本，任城辨于《公羊》；'戛'、'臭'殊文，新安述于《鲁论》；欧、赵、洪诸家涉猎正史，是正尤多。盖以竹帛之文，久而易坏，手钞板刻，展转失真；独金石铭勒，出于千百载以前，犹见古人真面目，其文其事，信而有征，故可宝也。"①

洪颐煊认为利用金石文字考史证史可信度更高一些，其在《平津馆读碑记自序》中说："夫世之所贵乎金石者，以其足取证经史也。圣贤经传，微言奥义，典籍散亡，往往得自学士之摘词，家状之缀述。至国家易代，修史或采自传闻，或成于众手，残舛讹阙，势不能免。尤不若金石之出于当时为可据。"② 沈涛则认为金石碑版上的文字信息隐含着多方面的史料价值，他在《开元寺三门楼石柱刻经造像并柱主题名》之《宗息希□等供养题名并刻象》后的案语中说："题名下刻唐衣冠者三人，皆手持莲花，拱手南向，犹香花供养之意。凡柱上刻有经文佛象者，其上下层或两旁皆刻己象，以状供养，虽妇孺亦然。向南一面第二、三、六层皆如此，一代衣冠于斯略见，谁谓金石无补典章哉？"③ 基于这种认识，清代学者利用金石文字考史补史几成风尚。

第三，金石文字在研究氏族、职官、地理方面的价值更为突出。清代学者不但普遍认识到了金石文字的史料价值，而且鉴于金石碑志的特殊性，还更加具体地认识到了其在研究氏族、职官及地理等方面的重要作

① （清）钱大昕：《潜研堂文集》卷二五《关中金石记序》，《嘉定钱大昕全集》第9册，第396页。

② （清）洪颐煊《平津读碑记》卷首"自序"，《续修四库全书》第905册，第2页。

③ （清）沈涛：《常山贞石志》卷五《开元寺三门楼石柱刻经造像并柱主题名》，《续修四库全书》第906册，第359页。

用。陈其荣在《曝书亭金石文跋尾序》中说："金石家之见重于世也，岂仅足以见古迹之存亡，考字学之源流已哉。彼前哲之究心于此，实与经学诸儒之剖析微文、考证坠简相等者，将藉以征文考献。举凡氏族所系，功绩所存，以及官职之异同、爵秩之迁转，于诸史志传所载有可考证其得失，订正其缪讹，正不特其文之引用经传，为说经家所取资也。"①孙星衍一生喜好搜集收藏金石碑版，一个重要因素就是他更为明确地认识到了金石文字的史料价值，其在《孙氏祠堂书目序》中说："钟鼎碑刻，近代出土弥多，足考山川，有裨史事。"②在《京畿金石考序》中亦言："夫金石实一方文献，可以考证都邑、陵墓、河渠、关隘、古今兴废之迹，大有裨于政事，不独奇文妙墨，足垂永久。"③可以说孙星衍对利用金石文字考史补史的认识更为具体，别有新见。许宗彦评价孙星衍门人洪颐煊《平津读碑记》"考据明审，于唐代地理尤多所得"，④可谓一语中的。

总之，有清一代，学者们在治学的过程中有意无意地都认识到了金石文字作为史料在历史研究上的重要性，自觉或不自觉地将金石文字与历史研究结合起来，成为清代的学术潮流，推动了有清一代史学的发展。陈寅恪在《敦煌劫余录序》中说："一时代之学术，必有其新材料与新问题。取用此材料，以研求问题，则为此时代学术之新潮流。治学之士，得预于此潮流者，谓之预流。其未得预者，谓之未入流。此古今学术史之通义，非彼闭门造车之徒，所能同喻者也。"⑤可以说，清代学者即视金石文字为史学研究的新材料，利用金石文字考经证史成为当时学术界的风尚，影响了一代学人的治学观念和研究方法，成为"二重证据法"的先行者和实践者。因此，傅斯年总结说："最近三十年中，缪荃孙、罗振玉、王国维皆于石刻与史传之校正工夫上续有所贡献，然其造诣之最高点，亦不过

①　（清）陈其荣：《曝书亭金石文字跋尾序》，《石刻史料新编》第 1 辑第 25 册，第 18665 页。

②　（清）孙星衍：《孙氏祠堂书目》，《丛书集成新编》第 2 册，新文丰出版公司 1985 年版，第 226 页。

③　（清）孙星衍：《京畿金石考》卷首《京畿金石考序》，《续修四库全书》第 906 册，第 187—188 页。

④　（清）许宗彦：《平津读碑记序》，洪颐煊《平津读碑记》卷首，《续修四库全书》第 905 册，第 2 页。

⑤　陈寅恪：《陈垣敦煌劫余录序》，《金明馆丛稿二编》，三联书店 2001 年版，第 266 页。

如钱竹汀而已。"①

## 第二节　唐代金石文献的著录与研究

### 一　清人研究唐代金石的专著

有清一代金石著作数不胜数，研究成果不一而足；有唐一代巨石丰碑比比皆是，石刻墓志遍布各地，因此唐代金石碑志无疑是清人金石学研究的最主要对象。然而由于金石学繁荣时期人们关注的焦点主要在搜罗著录方面，考释研究则在其次，因此对于最为繁富亦最有研究价值的唐代石刻，形成了著录者多，研究者少；零星题跋考释者多，集中专门研究者少的局面，清代学者研究唐代碑石的专著更是屈指可数。见于《清史稿·艺文志》史部金石类涉及唐代金石的著述共 7 部 52 卷，主要有林侗《唐昭陵石迹考》、孙三锡《昭陵碑考》、赵钺和劳格《唐尚书省郎官石柱题名考》及《唐御史台精舍题名考》等。见于《清史稿艺文志补编》及《清史稿艺文志拾遗》史部金石类涉及唐代金石的著述有 5 部，主要有赵魏辑《御史台精舍题名》及《郎官石柱题名》、郑杰《唐陈观察墓志考》、钱泳《唐赐铁券考》等。除此之外，清末金石学殿军罗振玉有关唐代的著述较多，主要有《昭陵碑录》、《唐三家碑录》、《唐代海东藩志存》等。相对于宏富的清代金石著作而言，专论有唐一代的金石著述则相形见绌，可以看出清代金石学虽然空前繁荣，但关于唐代碑石的研究则远未形成气候。

著名史学家岑仲勉称《郎官石柱题名》、《御史台精舍题名》及《元和姓纂》为唐代留存于今的三大"缙绅录"，②足见其价值之高。清代以前的学者对《御史台精舍题名》和《郎官石柱题名》亦曾著录或论及，但均未给予足够的关注，亦未发现其价值之所在。清代乾隆年间，"笃嗜金石，雅有欧、赵之癖"的钱塘人赵魏游历关中，"搜汉唐诸碑碣，虽单

---

① 傅斯年著，雷颐点校：《史学方法导论·史料论略》，中国人民大学出版社 2004 年版，第 28 页。

② 岑仲勉：《元和姓纂所见唐左司郎官及三院御史》，岑仲勉：《金石论丛》，上海古籍出版社 1981 年版，第 394 页。

行只字，不肯放过"，① 亲临西安府学宫拓《御史台精舍题名》与《郎官石柱题名》二碑，并手录精舍题名，嘉庆四年（1799）刊入顾清修所辑《读画斋丛书》已集。赵魏手录《御史台精舍题名》及《尚书省郎官石柱题名》的刊刻为后人研究提供了便利条件，而赵钺、劳格同撰之《唐御史台精舍题名考》与《唐尚书省郎官石柱题名考》则成为研治唐史的重要著作。

1. 《唐尚书省郎官石柱题名考》

唐承隋制，设三省六部，其中尚书省六部分掌全国官吏、财政、典礼、选举、军政、司法、土木等政务。尚书省都堂居中，东面为吏、户、礼三部，每部四司，由左司统领；西面为兵、工、刑三部，每部四司，由右司统领。六部共二十四司，每部各有尚书一员，侍郎一至二员，每司均有郎中、员外郎及主事若干人，构成一个庞大的行政机构，负责政令的施行。六部郎官分掌具体事务，起草立议，上通下达，地位非常特殊，也就决定了郎官的重要性。有唐一代，郎官备受推重，也成为士人趋之若鹜的清要之职。玄宗开元五年（717）四月九日敕文中有"尚书郎皆是妙选，须称职司，焉可尸禄悠悠，曾无断决"之文，② 唐文宗时，姚勖因有功权知职方员外郎，尚书右丞韦温执奏曰："国朝已来，郎官最为清选，不可以赏能吏。"③ 凡此均说明有唐一代郎官地位之重要，身份之特殊。

唐朝有题写厅壁记的习俗，上自中央机构，下及州县官署，遍布各式各样的厅壁记，尚书省各司也不例外。韦述《两京新记》曰："郎官盛写壁记，以纪当厅前后迁除出入，寖已成俗。"④《两京新记》成书于开元年间，可见此前六部各司题写壁记已蔚然成风。但是壁记所写人名及职官难免出现讹误，于是左司郎中杨慎余"合清论，创新规"，改壁记为石刻，立于尚书省署之南。据陈九言《尚书省郎官石记序》，此石刻题名断自开

---

① （清）吴骞：《御史台精舍碑序》，赵魏《御史台精舍碑题名》卷首，丛书集成初编本，中华书局1985年版。

② （宋）王溥：《唐会要》卷五八《尚书省诸司中·左右司员外郎》，中华书局1955年版，第1004页。

③ 《旧唐书》卷一六八《韦温传》，中华本，第4379页。

④ （宋）王谠撰、周勋初校证：《唐语林校证》卷八引韦述《两京新记》，中华书局1987年版，第686页。

元二十九年（741），"咸列名于次，且往者不可及，来者不可遗，非贵自我，盖取随时班位以序昭其度也"。① 据后人研究，从开元二十九年起，任郎官者即题名于石柱，贞元年间，又补刻了唐初至开元时的郎官题名。

尚书省六部分左右司，石柱题名也应东西各一，遗憾的是，左司所统题名石柱保存了下来，而右司所统之石柱题名则不知去向，即使仅存的左司所统吏、户、礼三部郎官题名石柱，由于年深日久，也遭到了很大的破坏。明代赵崡最早注意到《郎官石柱题名》的损毁及题名人数："柱八面，每面为三段或四段，曰左司郎中……按唐制：二十四司以尚书左、右丞领之，左、右司为之副，此皆左丞之属也。题名不及左丞者，自五品以下也十二司，司各百余人。后题大中十二年十一月书镌上石柱，故自唐初迄宣宗诸名臣多在焉。"② 清初，朱彝尊通过对拓本的仔细辨认，其中"姓名可识察者三千一百余人"，并"别录诸格纸"。③ 钱大昕对《郎官石柱题名》的价值也略有所及："此柱虽有残阙，亦仅十之一二。合之《御史台题名》，一代清流姓名略备，未必非考史之一助也。"④ 乾隆年间赵魏手录题名时曰："石柱在西安府学，中凡七面，面各四层，正书，无序跋。"⑤ 赵魏所辑《郎官石柱题名》于郎官姓名一一罗列，但后人认为其"记载简略，题名窜乱，厥迹显然"。⑥

以上著录《郎官石柱题名》者或叙述立碑之始末，或统计题名之人数，或列举题名者之姓名，皆不加详考，意义不大。以考史见长的钱大昕虽然认识到了《郎官石柱题名》所及皆"一代清流"，"未必非考史之一助"，⑦ 但是未作深究，实为憾事。对《郎官石柱题名》真正意义上的研究考订始自王昶。王昶撰《郎官石柱题名考》1卷，除著录全文，辑录前人题跋外，还将自己的研究成果以案语的形式附其后。在案语中，王昶

---

① （唐）陈九言：《尚书省郎官石记序》，《金石萃编》卷一一六。

② （明）赵崡：《石墨镌华》卷四《唐石柱题名》，影印文渊阁四库全书第683册，第495页。

③ （清）朱彝尊：《曝书亭集》卷四九《唐郎官石柱题名跋》，《四部丛刊》初编第279册。

④ （清）钱大昕：《潜研堂金石文跋尾》卷九《郎官题名石柱》，《嘉定钱大昕全集》第6册，第242页。

⑤ （清）赵魏：《郎官石柱题名》卷首《序》，丛书集成初编本，中华书局1985年版。

⑥ 陈达超：《郎官石柱题名新考订引言》，岑仲勉：《郎官石柱题名新考订》（外三种），上海古籍出版社1984年版。

⑦ 《潜研堂金石文跋尾》卷九《郎官题名石柱》，《嘉定钱大昕全集》第6册，第242页。

首先对所存左丞石柱题名的人数进行了统计:"今所存题名只左丞一柱,拓亦不全,存者只七面,内多泐字,计其姓名可见者凡三千一百九十二人,除去姓名不全者二百七十七人,其全者有二千九百十五人,内姓名再见者五百四十七人,三见者一百四十人,四见者二十六人,五见者六人,通共重见者七百十九人,盖一人兼历别司,则前后复出,亦有在本司再任而复载者。"王昶所举三千一百九十二人与朱彝尊所举三千一百余人基本一致。又"其各司所载人数,多寡不齐,其中最多者户部,员外有三百十二人,郎中亦二百六十四人。其次则吏部,郎中、员外俱二百余人。其余率不过百余人。计自唐初以至大中,立柱几及二百四十年,而各司姓名只此,可知当时亦未全载也"。①

其次,王昶又对左丞石柱题名中于新、旧《唐书》有传者进行了考证,主要"考其历官与碑合否",同时又参考《新唐书·宰相世系表》及《全唐诗》小传,以补两《唐书》之阙遗。"凡有可考者,得五百七十六人,余一千六百廿四人则无考矣"。②王昶经考证认为,两《唐书》本传用词简略,"多书其人最后之官",因此《郎官石柱题名》所载之官职往往不见于本传,但也有本传记载曾任郎官而《郎官石柱题名》反不见其姓名者,也有本传记载官任某司而《郎官石柱题名》却在别司者,还有本传记载某人官任郎中而《郎官石柱题名》则为员外郎者,诸如此类,"或皆传有纪载之讹也"。王昶将自己的考证结果一一详细地注于姓名之下,"无可考者阙之"。王昶自认为他的考证虽不能详备,"然可以广史传所不载",稽其阙讹,考其异同,于史传不无裨益。

虽然《郎官石柱题名》近三千二百人,王昶只考及五百七十六人,但在考证的过程中,王昶还是总结出了唐代尚书省郎官的迁转规律:"考诸司迁擢之制,在京或由侍御史,在外或由县令,或由掌书记,内擢先员外而后郎中,其由郎中升迁,或给事中,或中书舍人,知制诰,或外任刺史,此迁转之大凡也。"同时,王昶还进一步认识到了郎官地位的重要性:"唐之设官,以郎官为清要,一代名卿贤相,未有不荐历郎官者,此所考虽只五百余人而已,可得其概矣。"③

---

① 《金石萃编》卷一一六《郎官石柱题名考》。
② 案:《金石萃编》著录三千二百余人,此两者相加共两千二百人,疑有误。
③ 《金石萃编》卷一一六《郎官石柱题名考》。

继王昶之后，赵钺、劳格同撰《唐尚书省郎官石柱题名考》26 卷，搜辑和考证唐代郎官事迹，经过对大量史料的认真比勘、考证，收录唐代郎官三千二百余人，另外补遗六百三十四人。赵、劳二人除了利用研治唐史者经常引用的两《唐书》、《资治通鉴》之外，还从政书、类书、总集、别集以及杂史笔记、舆地方志、金石著录等文献中采辑史料，罗列于有关人物之下，"该书（劳考）于各司题名目内，详加事迹，广考博证，对郎官问题的研究做了大量开创性的工作，为治唐史所必备的有价值参考书"。但是由于郎官石柱系断而复接，各面错相配合，赵魏《郎官石柱题名》已经存在误并的严重缺陷，"劳本亦任其糅混，一些司、一些人次序颠倒，未能恢复或接近当日题名的本来面目"。此外，由于赵、劳二人当时所依据的资料不足，疏误和错误在所难免。岑仲勉在继承清代学者研究成果的基础上，对《郎官石柱题名》作进一步研究，撰《郎官石柱题名新著录》及《郎官石柱题名新考订》，前者侧重于纠正各司题名的错乱，致力在姓名整理；后者则据史实，探其错乱之因，复其任官之事迹，还当日题名的本来面目。"无疑，著者在订误、补缺、考异、存疑等方面，多发前人之所未发，创获甚丰。"①

2.《唐御史台精舍题名考》

唐代御史台是受理讼案、拘捕犯人、审讯案犯三位一体的行政监察机构。《新唐书·百官志》："御史台：大夫一人，正三品；中丞二人，正四品下。大夫掌以刑法典章纠正百官之罪恶，中丞为之贰。其属有三院：一曰台院，侍御史隶焉；二曰殿院，殿中侍御史隶焉；三曰察院，监察御史隶焉。"② 三院御史品阶不高，但职权重大，其监察对象，不受品秩和地位的限制，上自皇亲国戚、朝廷重臣，下至地方官吏，违法者均受其弹劾，历来备受重视。"大唐自贞观初以法理天下，尤重宪官，故御史复为雄要"，"御史为风霜之任，弹纠不法，百僚震恐，官之雄峻，莫之比焉"。③ 唐御史台署设在长安城承天门街之西，第六横街之北。④ 贞观二十二年（648），李乾祐任御史大夫，于御史台别置台狱，"有所鞫讯，便辄

① 陈达超：《郎官石柱题名新考订引言》。

② 《新唐书》卷四八《百官志》，中华本，第 1235 页。

③ （唐）杜佑：《通典》卷二四《职官六·御史台》，中华书局 1988 年版，第 143、141 页。

④ （清）徐松撰，张穆校补：《唐两京城坊考》卷一，中华书局 1985 年版，第 16 页。

系之。由是自中丞、侍御史已下，各自禁人，牢扉常满"。① 武则天长安初年，又于台狱之旁建筑精舍并为之立碑，以期用佛教来感化罪囚。精舍建成之时，正值左补阙崔湜迁任殿中侍御史，于是同僚推其撰写碑文。玄宗开元十一年（723），殿中侍御史梁升卿追书刻石，由石匠赵礼镌刻成碑。碑成之后，三院御史及属官纷纷题名于碑阴及两侧。岑仲勉曰："御史有题名，盖自武后末始。今碑中所见，太半玄宗时人，较迟者下达大中。"因御史台有三院，故题名分为三截，分别为侍御史并内供奉、殿中侍御史并内供奉、监察御史并内供奉。此外碑阴下层、碑左右棱、碑左右侧、碑阴额等处三院御史题名混杂，"碑阴额者为天宝元载已后之知杂侍御史。碑之右侧为侍御史兼殿中，碑额为监察。此外未著其官位者则有碑之左侧及碑之左棱，按此两栏似是监察，碑阴右棱与碑阴下层亦然。惟碑之右棱与碑阴左棱则未能确定。有无专属'殿中侍御史'者亦未能详。至碑中嵌入，数仅六人而已"。②《御史台精舍题名》所题虽非有唐一代全部三院御史，但却是现存唐人石刻题名人数仅次于《郎官石柱题名》者，故其价值与《郎官石柱题名》同等重要，正如钱大昕所言："右《郎官题名石柱》……此柱虽有残阙，亦仅十之一二。合之《御史台题名》，一代清流姓名略备，未必非考史之一助也。"③

　　清代以前，学者们就开始关注《御史台精舍题名》，宋欧阳修《集古录》已有著录，且已注意到了其碑首题名"多知名士"。④ 欧阳修之后，《御史台精舍题名》虽时有著录，但学者们主要着眼于当时立精舍之缘由及唐代法制、书法诸问题，鲜及题名中的人名官职等情形。最早留意此问题的是明代赵崡，其在《石墨镌华》中说："碑阴题侍御史并内供奉、殿中侍御史并内供奉、监察御史名共六百余人，参差不齐，分书者五六人，

---

　　① 《旧唐书》卷一八五下《良吏传·崔隐甫》，中华本，第4821页。

　　② 岑仲勉：《元和姓纂所见唐左司郎官及三院御史》，岑仲勉：《金石论丛》，上海古籍出版社1981年版，第394—395页。

　　③ 《潜研堂金石文跋尾》卷九《郎官题名石柱》，《嘉定钱大昕全集》第6册，第242页。

　　④ （宋）欧阳修：《集古录》卷六《唐御史台精舍记》，影印文渊阁四库全书第681册，第87页。

余皆正书，书皆有法，不似后世胥吏书也。"① 清代以来，随着金石学的复兴与繁荣，《御史台精舍题名》引起了金石学者的广泛关注。顾炎武在《金石文字记》中已指出题名分三截："碑阴题名表，其上格曰侍御史并内供奉，列卢怀慎等名；中格曰殿中侍御史并内供奉，列崔湜等名；下格曰监察御史，下有一并字，下缺不全，列陆景初等名。……碑额空处、前后皆有刻，前刻监察御史及姓名，后刻知杂侍御史及姓名。"② 朱彝尊的著录则较为详细："《碑》阴列侍御史、殿中侍御史、监察御史并内供奉衔，题名仅卢怀慎、崔湜、陆景初三人，亦升卿分书。自怀慎以下正书，百二十二人，侍御史也；自湜以下正书，百八十四人，殿中侍御史也；自景初以下正书，三百四十七人，监察御史也。碑额又有天宝元载以后侍御史、知杂侍御史、监察御史共五十人。而碑之左右椎拓不及焉，中有薛偘偘者，二名重文，碑凡三见，此唐一代所仅有也。"③ 依朱氏所述，题名之可数者七百余人，与明末赵崡所举六百余人又增多百余人。

欧阳修指出《御史台精舍题名》"多知名士"实颇具慧眼，然未进一步深究，赵崡、顾炎武、朱彝尊等学者分别列举了题名之官职及人数之多寡，为进一步深入研究奠定了基础。继此之后，王昶于《金石萃编》卷七四不仅著录《御史台精舍题名》全文，辑录前人有关研究成果，还对《御史台精舍题名》进行了更为深入的考订。王昶统计题名人数如下："碑阴题名，上截凡侍御史并内供奉一百二十二人，殿中侍御史并内供奉四百九十七人；下截及左右棱不书官位者一百十九人，中间搀入郑韬会二十七日寓直一行，左侧题一百三十三人，右侧题侍御史兼殿中一百三十八人，碑额题监察御史四十二人，碑阴额题知杂事御史五十一人，而知杂事御史之下有云自天宝元载已后，则非开元十一年一时所刻矣。"④ 王昶所举合计一千一百余人，较朱彝尊所举又增多四百余人。

王昶除详细统计题名人数之外，还"撮举数人与两《唐书》传考之"，对碑阴题名重复以至三见、四见者进行了考辨："如颜真卿再见，

① （明）赵崡：《石墨镌华》卷四《唐御史台精舍碑阴题名》，影印文渊阁四库全书第 683 册，第 490 页。

② 《金石文字记》卷三《御史台精舍碑》，第 761—762 页。

③ （清）朱彝尊：《曝书亭集》卷四九《唐御史台精舍记并碑阴题名跋》，《四部丛刊》初编第 279 册。

④ 《金石萃编》卷七四《御史台精舍碑》。

《传》云开元中举进士，四命为监察御史，迁殿中侍御史，转侍御史，据《碑》侍御史内不列真卿名，殿中侍御史及知杂侍御史有之。苗晋卿三见，《传》载进士擢第，由万年县尉迁侍御史，此后不云再任御史。王维三见，《传》云开元九年进士，历监察御史，后亦不云再任。杨慎矜再见，《传》云开元中拜监察御史，丁父忧，二十六年服阕，累迁侍御史，授大理评事，摄监察御史，数年又专知杂事，天宝二年权判御史中丞，是不止于再任矣。余如鲜于仲通、独孤通理、李彦超、苗延嗣、徐履道、王翼、张利贞、达奚珣皆再见，赵广微三见，李彦允四见，皆无传可考，无从定其合否。大抵此碑出于吏胥工人之手，殆不足深据也。"①王昶以两《唐书》本传与《御史台精舍题名》之人物相互考证，虽仅及寥寥数人，却开启了后人考辨《御史台精舍题名》之序幕，其意义非同寻常。

王昶之后，赵钺、劳格同撰《唐御史台精舍题名考》3卷，《附录》1卷。《唐御史台精舍题名考》著录人名与王昶相差无几，此书最大的贡献在于从繁富的唐代史籍中钩稽出有关史料，迻录于人名之下，"这种工作并不是单纯的搜集和罗列史料，而是对众多史料需作缜密的辨析和繁琐的考证，根据情况加以各种不同的处理。两《唐书》有传者，只记其姓氏里居及与题名相同或相近之职官；两《唐书》虽有传但未及题名之职官者，则征引其他史籍证之，并注明两《唐书》本传失载；不见载两《唐书》者，则广为引录其他史籍，尤为注重制词、碑刻、方志、姓氏族谱等史料，并旁及笔记小说所载趣闻轶事。对于同名异人之史料，经考辨能区分者，指出哪几条史料属该人，哪些史料为另一人；难以查考者，绝不强为臆测附会，在史料下注明'不详历官'，留待后人审考，这都不失为公允合理的办法"。②据后人研究统计，《唐御史台精舍题名考》所引据的文献多达四十余种，其考订之功主要表现在两个方面，其一是利用史籍文献订正题名的讹误与渤阙，其二是利用题名订正史籍记载之讹误；此外，赵钺、劳格对《精舍碑》之题名进行前后互证，又与《郎官石柱题名》进行对校，凡重见人名，均一一注明，便于读者综合稽考。"《精舍

---

① 《金石萃编》卷七四《御史台精舍碑》。

② 张忱石：《〈唐御史台精舍题名考〉点校说明》，（清）赵钺、劳格撰，张忱石点校《唐御史台精舍题名考》，中华书局1997年版。

碑》题名约千人，经作者的辛勤考订，无考者仅数十人而已。在百余年前，尚无人名索引之类工具书，史料全凭死背硬记，爬梳翻检，能做到这种程度，是极为难能可贵的了。"①

当然，《唐御史台精舍题名考》也有其不足之处，讹误遗漏在所难免。但"由于唐代三院御史的雄剧地位和特殊作用，夙以考订精审、纂集史料宏富的《唐御史台精舍题名考》，成了探讨唐代监察制度和唐人生平的重要著作，亦是研治唐史的参考典籍"。②

## 二 清代金石著作中的唐代碑石

经过汉魏六朝的发展，至唐代，刻石立碑及撰写墓志的风气遍及大江南北，而唐代作为中国封建社会发展的鼎盛时期，政治统一，社会安定，经济繁荣，也促进了这一风气的日益高涨。因此唐代的石刻碑志是中国古代石刻宝库中的瑰宝，其气度非凡的昭陵碑石，琳琅满目的西安碑林，成千上万的唐代墓志，遍布各地的佛教石刻，集中反映了唐代石刻的最高成就。其数量之多，种类之丰富、艺术成就之高在历史上都是空前的。有清一代金石著作数不胜数，这些著作或著录，或存目，或摹图，或考订，或著录考订兼而有之，无论是何种形式，几乎都少不了唐代内容。因著录加考订一类金石著作在清代金石著述中所占比重较大，集中反映了清代学者研究金石学的成就，而其中有关唐代碑石的内容也最为繁富，所以下面仅就清代著录加考订类金石著作来说明清儒研究唐代碑石的情况。

首先，在按时代顺序著录的金石文献中，唐代石刻所占比重较大，此类著作以顾炎武《金石文字记》6 卷为先河，其中卷二至卷四共 3 卷为唐代碑石，占了全书的一半。目录题跋类中，专录题跋者如朱彝尊《曝书亭金石文字跋尾》共 6 卷，其中卷四至卷五为唐代内容，占全书的三分之一。钱大昕《潜研堂金石文跋尾》20 卷，其中卷四至卷一〇共 7 卷为唐代内容，占全书的三分之一强，有关唐代碑石铭文的题跋多达 261 篇，关涉唐代史事甚多，或补史志之缺漏，或正史传之讹谬。端方《匋斋藏石记》共 44 卷，其中卷一七至卷三七为唐代内容，有关唐代的碑志石刻多达 198 通。其他诸如武亿《金石三跋》、《授堂金石文字续跋》，严可均

---

① 张忱石：《〈唐御史台精舍题名考〉点校说明》。

② 同上。

《铁桥金石跋》，翁大年《陶斋金石文字跋尾》，罗振玉《唐风楼金石文字跋尾》等著作中或多或少都有关于唐代金石文字的说明或考证。

其次，在按地域著录的区域性金石著作中，唐长安所在的关中地区自然以唐代碑石为主要内容。如毕沅《关中金石记》8 卷，其中卷二至卷四为唐代内容，共计著录唐代碑石 279 通。朱枫《雍州金石记》10 卷，主要著录汉唐碑石，10 卷内容唐代就占了 9 卷。在长安以外的区域性金石著作中，唐代碑石或多或少亦均有所涉及。如沈涛《常山贞石志》24 卷，卷四至卷一〇共 7 卷为唐代内容，几乎占全书的三分之一。而在记载长安以外各地区的金石著作中，于唐代碑石也偶有所及。如杜春生辑《越中金石记》12 卷，著录唐代碑石 11 通；阮元辑《两浙金石志》18 卷，著录唐代碑石 3 卷 44 通。

如此众多的金石著作对唐代碑石的著录与研究都不同程度地反映了唐代碑石的存佚状况及清人研究成果，但因散见各篇，检寻起来颇为不便，而王昶《金石萃编》与陆增祥《八琼室金石补正》正好解决了这一问题，将前人及有清一代有关研究成果汇为一编，集中反映中国古代金石的数量、存佚情况及研究状况，而唐代石刻则是其中不可或缺的主要内容。

王昶《金石萃编》160 卷，所收金石上起三代，下迄宋末辽金，共计著录石刻 1500 余通。其中卷四一至卷一一八共 78 卷为唐代碑石，共计468 通，几占全书的三分之一。《金石萃编》在著录金石文字时，自唐代以后的碑石，全部用楷书写定，"凡额之题字，阴之题名、两侧之题识，胥详载而不敢以遗"。《金石萃编》除著录原文之外，又汇集金石文献及学者文集中的有关题跋及研究成果，"删其繁复，悉著于编"。此外，王昶还援据文献，就前贤所未及加以考释，以案语的形式附于每通石刻之末，不乏精辟独到之见。这种将历代学者有关金石的考据成果汇为一编的做法，极大地方便了学者的研究利用，使之后研究金石者"取足于此，不烦他索"。[①]

王昶所辑《金石萃编》对清代金石学产生了深远的影响，时人钱宝传评价说："其为金石之学，自欧、赵以降，著有专书者亦不下数十种，中惟青浦王少司寇述奄先生《金石萃编》博采旁证，择精语详，尤称

---

① 《金石萃编》卷首《序》。

大备。"① 钱侗亦认为《金石萃编》"体大思精，海涵地负，集众说之异同，正史文之讹缺，实为向来金石家所未有"。②《金石萃编》的编纂体例完备，历来被视为清代金石学的集大成之作。继《金石萃编》之后，续作、补作不一而足，除罗振玉刊印的王昶未竟稿《金石萃编未刻稿》3 卷外，尚有黄本骥《金石萃编补目》3 卷，方履篯《金石萃编补正》4 卷，王言《金石萃编补略》2 卷，陆耀遹《金石续编》21 卷，陆心源《金石续编》200 卷。而在众多的补作之中，以陆增祥《八琼室金石补正》130卷最为精实详备。

陆增祥自幼受嘉定钱门学风熏陶，对于碑刻砖砚，无不欣慕搜藏，鉴于王昶《金石萃编》"漏采既多，书成后出土者亦不少"的实际情况，于是利用自己收藏的拓本，"校其已录之文，补其未录诸刻"，③ 成书 130卷，所收石刻和其他器物铭文多达 3500 多种，较《金石萃编》多出约2000 种，其中卷二九至卷七八共 50 卷为唐代内容，著录唐代碑石 316通。又有《札记》4 卷，《祛伪》1 卷，《偶存》1 卷。时人刘承干认为陆增祥补正王昶《金石萃编》的成就主要表现在以下七个方面：

> 是书踵《萃编》而作，凡王《编》所载不复列，唯以今墨本校之，其文字有完缺隐现，则援《经典释文》例，拈句摘字而详注之，此足补正王氏者一也。王《编》所载凡千五百余通，既多漏采，书成后出土者亦夥，是书就所获拓本，或借之僚友者，王《编》所遗，一一录入，此足补正王氏者又一也。王《编》自唐以下悉用正书写定，是书断自两晋，间有古文篆籀，仍摹其体，庶读者知原刻之文，此足补正王氏者又一也。溪山岩洞诸题刻，王《编》或类列，或分次，初未画一，是书本年代先后，悉以类从，此足补正王氏者又一也。王《编》于诸家题跋偶有未载者，是书校正所及，因亦采入，其标题时代虽无举正，亦行登载，如刘梁残碑之类，此足补正王氏者又一也。三代彝器，王《编》所载无多，是书亦不录，而别为《札

---

① （清）钱宝传：《补刊金石萃编跋》，王昶：《金石萃编》卷末，《续修四库全书》第 891册，第 127 页。

② （清）钱侗：《金石萃编跋》，《金石萃编》卷末。

③ （清）陆增祥：《八琼室金石补正》卷首《凡例》，文物出版社 1985 年影印本。

记》。又王《编》镜铭始于唐，砖文仅见于金，是书择有建元年月者载之，余亦详《札记》，此足补正王氏者又一也。碑估妄托与好事者作伪，又附成《祛伪》一卷，此足补正王氏者又一也。①

陆增祥以一人之力，积 20 年之功，撰成 130 卷之巨著，无论是数量还是质量，都超过了王昶《金石萃编》，而不限于对《金石萃编》的补遗。

## 第三节　金石证史与唐史的考补

清代学者在长期的金石学研究中，逐渐认识到了金石文字在研究历史中的重要作用，新史料意识全面觉醒，同时普遍运用金石证史方法考史补史，在考补两《唐书》及唐代地理研究方面取得了很大成就。

### 一　金石证史方法的普遍运用

清代学者不但视金石碑刻为第一手资料，明确且具体地认识到了金石文字的史料价值，而且能够付诸实践，自觉地将金石学与经史研究结合起来，涌现出了一大批卓有成就的学者和著述。从清初的顾炎武、朱彝尊，到中叶的钱大昕、阮元、王昶、邢澍乃至清末吴大澂、孙诒让、罗振玉、王国维等人，在利用金石文献与经史互相印证方面都取得了很高的成就，也影响了一代学人的治学旨趣和学术取向，正如朱剑心所言："自国初顾炎武、朱彝尊辈重在考据，以为证经订史之资，此风一开，踵事者多，凡清人之言金石者，几莫不以证经订史为能事。"②

首先，清人利用金石证史方法研究历史取得了显著的成果。自顾炎武利用金石证史方法完成《金石文字记》、《石经考》等著作后，步其后尘者摩肩接踵，成果迭出，形式亦不一而足。常为学术界所称道的有朱彝尊《曝书亭金石文字跋尾》、钱大昕《潜研堂金石文跋尾》、武亿《金石三跋》、严可均《铁桥金石跋》、王昶《金石萃编》、陆增祥《八琼室金石补正》等，这些著作中均包含了大量金石证史的内容，虽然零散琐碎，

---

① （清）刘承干：《八琼室金石补正序》，《八琼室金石补正》卷首。
② 朱剑心：《金石学》，上海商务印书馆 1948 版，第 35 页。

但值得肯定之处良多。以唐代为例，"因唐代石刻在历代碑石中所占比重较大，故清代学者的金石研究成果中有关唐代历史的内容最为繁富，而墓志碑石的特殊性又决定了其中蕴含着大量历史地理方面的内容，因此清代金石研究中有关唐代地理的部分颇有价值"。① 具体而言，如唐代折冲府府名遗佚严重，清代学者在研治金石的过程中，发现碑志中所见府名可补史志之缺，因此注重搜求，深入探究。钱大昕、武亿先后考得府名若干，到清末府兵制的研究取得了丰硕的成果，劳经原、劳格父子撰《唐折冲府考》4 卷，"援引该洽，考订精详，俾有唐一代兵制庶稍详备。拾遗补缺，有功于史者实多"。② 清末罗振玉继承了劳氏父子用石刻文献考逸折冲府名的方法继续进行辑录增补，撰成《唐折冲府考补》1 卷。之后罗振玉陆续搜集到中州新出土唐墓志 200 余通，又撰成《唐折冲府考补拾遗》1 卷，在劳氏父子的基础上又增补府名 69 个，使唐折冲府府名增至 626 个。经劳氏父子及罗振玉的搜辑考订，唐折冲府府名已增加到 626 个，与《新唐书·地理志》所言"有府六百三十四"的数目已大致接近。③

　　其次，清代学者在历史研究中不但普遍运用金石证史方法，还对这种方法的具体运用、如何运用做了初步总结。武亿是继钱大昕之后又一个注意到唐代折冲府府名遗佚严重的学者，他不但利用石刻资料进行增补，还有所总结，其在《唐张府君墓志铭》的跋语中说："历官有云'累迁马邑郡尚德府折冲都尉、游击将军、上柱国、员外置同正员'，《新唐书》兵制太宗贞观十年号统军为折冲都尉，别将为果毅都尉，诸府总曰折冲府，凡天下十道，置府六百三十四，皆有名号。今此志尚德府亦当时名号可见者。其他如《姚懿碑》'贬授晋州高阳府折冲都尉'；《臧怀恪神道碑》七子内有游击将军崇仁府折冲希崇；《渔阳郡君李龛铭》有辕辕府折冲都尉郭敬之；《庙碑》有雍北府、金谷府，碑阴有成皋府、兴德府、鲁阳府；《李辅光墓志》有涿州仁贤府；《张诱墓志铭》'祖元植，皇朝卢龙府折冲'；《田琬德政碑》'以功授合黎府别将、历果毅，转折冲'，皆不可

---

① 详见王雪玲《清代学者利用金石资料研究唐代地理的成就及意义》，《中国历史地理论丛》2007 年第 1 辑。

② （清）赵铖：《唐折冲府考序》，劳经原：《唐折冲府考》卷首，《二十五史补编》第 6 册，中华书局 1995 年版，第 7593 页。

③ 详见王雪玲《清代学者利用金石资料研究唐代地理的成就及意义》，《中国历史地理论丛》2007 年第 1 辑。

胜数，宜类举以与史志相证也。"① 清末著名的金石学家叶昌炽在《语石》中总结金石证史方法的具体运用时说："以碑版考史传，往往牴牾。年月、官职、舆地，尤多异同。……撰书题额结衔，可以考官爵。碑阴姓氏，亦往往书官于上。斗筲之禄，史或不言，则更可以之补阙。郡邑省并，陵谷迁改，参互考求，瞭于目验。关中碑志，凡书生卒，必云：终于某县某坊某里之私第，或云：葬于某县某村某里之原。以证《雍录》、《长安志》，无不吻合。推之他处，其有资于邑乘者多矣。"②

**二　涉及广泛的考补唐史成果**

清代学者正是基于对金石价值的正确认识才致力于金石的搜求、收藏和研究，并取得了很大的成就。因为唐代墓志石刻在历代碑石中所占比重较大，清代学者的金石研究中有关唐代历史的专门性成果虽然不多，但散见于各种金石文献中的研究成果则不可谓不多，这些成果虽然零散琐碎，但足资借鉴者良多，启发学人者亦不在少数。而墓志碑石的特殊性又决定了其中蕴含着大量的有关墓主世系、履历、官职迁转及历史地理方面的内容，这些内容均可与史志记载相印证，订讹补阙，阐幽发微。因此清代学者的金石研究成果中有关唐史的内容分量较大，颇有价值，以下试从六个方面总结清代学者利用金石资料研究唐史的成就。

1. 两《唐书》之考补

（1）史传缺载之人物事迹、世系及履历

两《唐书》以有限的篇幅记载有唐一代近三百年纷繁复杂的史事以及林林总总的人物，疏漏缺失在所难免，而五代以后陆续出土的唐代墓志碑石又往往可补史传之缺、正史志之讹。因此清代学者利用金石文字考补唐代人物事迹、世系及履历的成果比比皆是。如唐初功臣张琮，从征刘武周、王世充，累官至银青光禄大夫、行睦州刺史。其先祖历仕魏、周、隋三朝，祖母李氏乃景皇帝之女，母窦氏乃隋文帝之甥，夫人长孙氏乃文德皇后之姊。可谓"家世贵显，姻连天家，且有从征之功"。如此重要的一

---

① （清）武亿：《金石三跋·二跋》卷二《唐张府君墓志铭》，《续修四库全书》第892册，第605—606页。

② （清）叶昌炽撰，王其祎校点：《语石》卷六，辽宁教育出版社1998年版，第169—170页。

个历史人物，两《唐书》竟然缺载其姓名。钱大昕据其墓碑叙述其历官本末曰："琼字文瑾，武威姑臧人。释褐隋奋武尉，除新郑令、颍川郡丞。唐初授骠骑将军、上开国，改左卫中郎将。从征刘武周，授左三总管。事平，除左卫长史。从征王世充、窦建德、刘黑闼。天下既定，授上柱国，封南安县开国侯、检校参旗军副、又检校左领、左右中郎将。贞观元年，授太子左卫率，检校右武卫将军、左领军将军。四年，授云麾将军。十年，授银青光禄大夫、行睦州刺史。十一年十二月之任，薨于宋州馆舍，谥曰懿公。"正如钱大昕所言："非神道碑复出于千有余年之后，琼且泯没以终古矣。用是知名位之不可恃，而昔人求能文善书以不朽其亲者，非无裨也。"①

有唐一代名相房玄龄，两《唐书》本传均言玄龄有子二人，长子遗直继嗣，次子遗爱尚高阳公主。《新唐书·宰相世系表》则载玄龄有子三人，依次为遗直，礼部尚书；遗则；遗爱，太府卿。②武亿以《房玄龄碑》所载与两《唐书》相校，碑"明云第三子遗则为朝散大夫，字独完好无损，而《表》书作第二，误也。又不显书遗则历官，亦疏略失检。然则是《碑》虽磨泐而所裨益史传如是，其可珍惜多矣"。③

又如唐代名将李光进、李光颜兄弟二人，在平定安史之乱及河北藩镇中屡立战功，后被唐宪宗赐予国姓。而两《唐书》关于李光进世系的记载甚为简略，《旧唐书·李光进传》："李光进，本河曲部落稽阿跌之族也。父良臣，袭鸡田州刺史，隶朔方军。"④《新唐书》本传："李光进，其先河曲诸部，姓阿跌氏。贞观中内属，以其地为鸡田州，世袭刺史，隶朔方军。"⑤钱大昕认为李光进之父李良臣及弟李光颜三人墓碑皆在，据碑可考知李良臣祖名贺之，"李氏自贺之以下，世袭刺史。光进、光颜诸子，并有位于朝，《表》已叙其世系，不应阙如，盖欧公未见此三碑故

---

① 《潜研堂金石文跋尾》卷四《睦州刺史张琼碑》，《嘉定钱大昕全集》第 6 册，第 102 页。

② 《新唐书》卷七一下《宰相世系表》，殿本，第 247 页。

③ （清）武亿：《金石三跋·二跋》卷一《唐梁公房玄龄碑》，《续修四库全书》第 892 册，第 595 页。

④ 《旧唐书》卷一六一《李光进传》，殿本，第 508 页。

⑤ 《新唐书》卷一七一《李光进传》，殿本，第 4674 页。

也"，① 因而感叹曰："李氏五世谱牒，犁然可考，故史家不可以不博闻也"。②

又唐文宗大和五年（831），新罗国王金彦升卒，其子金景徽即位为王，文宗"命太子左谕德、兼御史中丞源寂持节吊祭册立"。③ 当时随源寂出使新罗者，两《唐书》均未之及。陆增祥据《内寺伯朱夫人赵氏合祔志》有"（崔）锷尝忝国命，与大夫同赴三韩"之文，考证曰："《新唐书·东夷·新罗传》：新罗王彦升死，子景徽立，太和五年，以太子左谕德源寂册吊如仪，朝政（赵氏之子朱朝政）及锷（崔锷）盖皆随源寂出使者。源寂为左谕德，正四品下，崔锷为右赞善大夫，正五品上，当是以崔锷为副使，而史所不详也。"④ 诸如此类，均属当书而未书者，不胜枚举。

（2）史志失载之科举、职官名目及人名

唐承隋制，将科举作为中央政府选拔官吏的重要考试制度。唐朝的科举分为常举和制举，常举即"常贡之科"，每年按制度规定依例举行，主要科目有秀才、明经、进士、明法、明书和明算六科，基本固定不变。制科则是皇帝临时设置的科目，《新唐书·选举志》言："所谓制举者，其来远矣。自汉以来，天子常称制诏道其所欲问而亲策之。唐兴，世崇儒学，虽其时君贤愚好恶不同，而乐善求贤之意未始少息，故自京师外至州县，有司常选之士，以时而举。而天子又自诏四方德行、才能、文学之士，或高蹈幽隐与其不能自达者，下至军谋将略、翘关拔山、绝艺奇伎莫不兼取。其为名目，随其人主临时所欲，而列为定科者，如贤良方正、直言极谏、博通坟典达于教化、军谋宏远堪任将率、详明政术可以理人之类，其名最著。"⑤ 唐人封演在《封氏闻见记》中也说："国朝于常举取人之外，又有制科，搜扬拔擢，名目甚众。"⑥ 由于制举由皇帝下诏举行，

---

① 《潜研堂金石文跋尾》卷八《赠太保李良臣碑》，《嘉定钱大昕全集》第 6 册，第 210—211 页。

② 《廿二史考异》卷五〇《新唐书·宰相世系表五下》，第 1010 页。

③ 《旧唐书》卷一九九上《东夷传·新罗》，殿本，第 642 页。

④ 《八琼室金石补正》卷七二《内寺伯朱夫人赵氏合祔志》，第 500 页。

⑤ 《新唐书》卷四四《选举志上》，中华本，第 1169 页。

⑥ （唐）封演撰，赵贞信校注：《封氏闻见记校注》卷三《制科》，中华书局 2005 年版，第 18 页。

随意性较大，科目名称也五花八门，因此有唐一代制举到底有多少科目，迄无定论。据《唐会要》卷76《制科举》，显庆三年（658）至大和二年（828），共举行制科举七十八次。徐松在《登科记考》凡例中说："《困学纪闻》云：'唐制举之名多至八十有六，凡七十六科。'《玉海》亦言：'自志烈秋霜而下凡五十九科，自显庆三年至大和二年，及第者二百七十人。'今以《旧唐书》、《唐会要》、《册府元龟》、《文苑英华》、《云麓漫钞》诸书参考之，其设科之名已无虑百数。又如曰吏职清白，曰孝弟廉让，见《孝子郭思训墓志》；曰穿杨附枝，见李邕《臧怀亮碑》……是知科目之名遗佚者多矣。"①

实际上，在徐松之前，学者们在利用金石文字考补唐史的过程中，已经注意到了唐代制举科目遗佚问题并就其所及予以增补。钱大昕据《孝子郭思训墓志》所云"思训始应吏职清白举及第，再应孝悌廉让举及第"，考证曰："考唐制，诸州岁举孝廉，盖即碑所云孝悌廉让举也。吏职清白举，则马端临所述唐制科名目未之及焉。"② 王昶据《郭思谟墓志》云郭思谟父敬同"幽素举高弟（第）"之文考证曰："幽素举者，举幽素科也。《文献通考》唐制科名目及中制科人姓名惟载乾封元年（666）一条，幽素科，苏瓌、解琬、苗神容、格辅元、徐昭、刘纳言、崔谷神及第，并无郭敬同姓名，前后亦别无举幽素科之事。"③ 又据《赵睿冲碑》云赵睿冲天后时应明堂大礼科，而"两《唐书》选举志皆不载此科目"，④ 考知唐制举又有明堂大礼科。陆增祥据《著作郎张漪墓志》云其举长材广度科，考证曰："猗举长材广度科，见于《玉海》，终唐之世，膺是选者，只漪一人，唐时制科名目，不下六十余，《选举志》不具备也。"⑤

建唐之初，官制一仍隋旧，"未遑改作，随时署置，务从省便"。⑥ "其名号禄秩虽因时增损，而大抵皆沿隋故"。⑦ 随着唐代政治、经济的不

---

① （清）徐松撰，赵守俨点校：《登科记考》卷首《凡例》，中华书局1984年版。

② 《潜研堂金石文跋尾》卷五《孝子郭思训墓志》，《嘉定钱大昕全集》第6册，第137页。

③ 《金石萃编》卷七三《郭思谟墓志》。

④ 《金石萃编》卷九五《赵睿冲碑》。

⑤ 《八琼室金石补正》卷五四《著作郎张漪墓志》，第374页。

⑥ 《旧唐书》卷四二《职官志》，中华本，第1783页。

⑦ 《新唐书》卷四六《百官志》，中华本，第1181页。

断发展，官制也在不断地发生变化。应时之需而设的职官名目繁多，唐贞观时已有员外置，"其后又有特置，同正员。至于检校、兼、守、判、知之类，皆非本制。又有置使之名，或因事而置，事已则罢，或遂置而不废。其名类繁多，莫能遍举"。自安史之乱后，时局动荡，战事频仍，"又有军功之官，遂不胜其滥矣"。① 因此《旧唐书·职官志》及《新唐书·百官志》虽然于有唐一代职官网罗大备，其疏漏亦在所难免。尤其是应时之需，因事而置的官职，史书难以载及。而大量唐代墓志碑石在涉及相关人物的历官及系衔时都会涉及唐代官职名称问题，因此可补两《唐书》官志者不在少数，清代学者颇具慧眼，已经注意到了这一问题。

钱大昕尤为重视唐代官制，其于《潜研堂金石文跋尾》一书所补两《唐书》官志失载之官名随处可见。如据《万年宫铭碑阴》书长孙无忌等48人并官名，其中韩王元嘉曾任遂州刺史，赵王福曾任郿州刺史，上官仪曾任太子洗马学士，《新》、《旧》书皆不载。而太子属官有"洗马学士"之名，"《百官志》亦未之及"。② 又据《敕内庄宅使牒》之文末列衔有内仆局丞、内府局令、内庄宅使等官名，据《新唐书·百官志》，内府局令，正八品下；内仆局丞，正九品下，均属内侍省，而"内庄宅使之名则《百官志》无之"，据行文此内庄宅使亦应属内侍省。钱大昕对《新唐书·百官志》漏载其名解释如下："盖唐自中叶以后，内侍用事，所设曹局繁多，史家不能悉载。"③《李憺华岳题名》有"郑县尉李憺，以开廿四六月六日充敕简募飞骑使判官，向陕虢州点覆。其月十四日事了回，便充京畿采访使勾覆判官，此过赴京"之文，钱大昕据以考证曰："其文刻于《华岳颂》之左侧，'开'下脱'元'字。余尝论明皇仿《周官》修《六典》，省、台、寺、监官各有司，欲去冗滥之弊，而因事置使，名目猥多。杨国忠以度支郎中兼领十五余使，及至宰相，领四十余使，使名之滥如此。古人谓省官不如省事，良有以也。国忠所领，有召募剑南健儿使，此简募飞骑，亦其类。盖自府兵坏而召募之使四出。然健儿身手，终不能当渔阳之鼙鼓者，文具而实不至尔。采访使之下，有勾覆判官，《唐

---

① 《新唐书》卷四六《百官志》，中华本，第1181—1182页。
② 《潜研堂金石文跋尾》卷四《万年宫铭碑阴》，《嘉定钱大昕全集》第6册，第108页。
③ 《潜研堂金石文跋尾》卷九《敕内庄宅使牒》，《嘉定钱大昕全集》第6册，第237页。

书·百官志》亦未载。"①

陆增祥《八琼室金石补正》所补官名亦复不少。《新唐书·百官志》载唐国子监总领国子、太学、广文、四门、律、书、算凡七学，其中四门馆设博士六人，助教六人，直讲四人。律学博士三人，助教一人，不言有直讲。陆增祥据《国子律学直讲仇道朗墓志》考证曰："考《新书·百官志》，国子监统国子、太学、广文、四门、律、书、算七学，国子学直讲四人，掌佐博士助教，以经术讲授；四门馆直讲四人，此外诸学无之。据此《志》，知律学亦有直讲官，《志》失载。"② 陆增祥又据《佛顶尊胜陁罗尼经》题名内有"军事直典"一职，考证曰："《新唐书·百官志》并无此名，殆兵事时所置，旋即裁省，故云军事直典，而史不之详也。又案：左右翊中郎将府有直长六百八十人，左右监门率府有直长七十八人，节度使属有府院法直官、要籍、逐要亲事各一人，都督府有典狱、问直、白直诸官，此所称直典者，其即直长欤？抑节度所属之直官欤？抑都督所属之典狱、白直欤？又或藩镇所自置，非朝廷之定制，均未可知。"③

沈涛在《常山贞石志》中，对史志失载之官职名称亦有所及。如《白鹿泉神祠碑》之题名有"教练使"一职，沈涛考证曰："《六典》及两《唐书》、《百官志》并无其名，《文献通考》云开宝中诸州常置军教练使，在指挥使上，后废。此《碑》有教练使之官，知宋初之置，盖有所本矣。"④ 沈涛认为史志中虽没有"教练使"一职的记载，但碑志中有此职，说明唐代曾设有此官，且宋初诸州常置教练使系沿袭唐制。实际上，两《唐书》职官志虽无记载，而《旧唐书·宣宗纪》载大中六年（852）五月敕："天下军府有兵马处，宜选会兵法能弓马等人充教练使，每年合教习时，常令教习。仍于其时申兵部。"⑤ 沈涛虽失检，但其据碑志考知唐代曾设有此职而史志失载则不误。沈涛又据《石神福墓志铭》有"勾当右厢草马使事"之文，考证曰："故广汉川勾当左右厢草马使，

---

① 《潜研堂金石文跋尾》卷六《李憕华岳题名》，《嘉定钱大昕全集》第 6 册，第 155—156 页。

② 《八琼室金石补正》卷四四《国子律学直讲仇道朗墓志》，第 301 页。

③ 《八琼室金石补正》卷四八《佛顶尊胜陁罗尼经》，第 328 页。

④ （清）沈涛：《常山贞石志》卷九《白鹿泉神君祠碑》，《续修四库全书》第 906 册，第 426 页。

⑤ 《旧唐书》卷一八下《宣宗本纪》，中华本，第 630—631 页。

唐节镇多置此官，而史无明文，盖唐自至德后，节镇多自署将吏，其擅置之官，史志有不能赅载者。"①

（3）折冲府府名之考逸

府兵之制创始于西魏，经北周隋唐，逐渐完备，而唐代前期则是府兵制最为繁盛之时。但是关于府兵之制，"《新》、《旧》书不甚详备，立府之数，亦言人人殊。要当以《邺侯外传》所云六百三十府者为据，陆宣公《论关中事宜状》所云八百余，所在关中者五百，盖约举其大数尔。又唐于西域置军府一百四十七，南蛮、东女等国皆例授将军、中郎、果毅等官，则外裔亦尝置军府矣。然府名见于《新书·地理志》者，仅存十之六七，京兆府百三十一，《志》仅存十一，复有一府而重见者，有数府而误其所属者，脱落舛误，考核綦难"。② 府兵制下军府的设置时间、位置、存亡及府数的多少，与唐代的政治、军事制度密切相关，因此清代学者颇为重视这一问题，他们在研治金石的过程中，发现碑志中所见府名可补史志之缺，故注重搜求，深入探究且卓有成就。

较早注意到折冲府府名遗逸问题严重的学者是钱大昕，他在《潜研堂金石文跋尾》中说："府兵之制，唐中叶已废。《地理志》所载诸府名，已不能详。雍州置府百三十一，《志》止得其十一，余皆逸之。"因此钱大昕特别留意唐折冲府府名的辑佚，他据《右武卫将军乙速孤行俨碑》所载，知唐代有普济、兴国、黄城三军府之名，而"《唐书·地理志》皆无之"。又据《田义起石浮图颂》碑末载"义起弟义冲，雍州兴国府右果毅都尉"，据此"始知兴国为雍州百三十一府之一"，且感叹曰"史家不可以不博闻也"，其中普济、黄城二府"则未知其在何州也"。③ 钱大昕又据《寂照和上碑》所载寂照俗姓庞氏，京兆兴平人，"父铨，灌钟府折冲"，得知"灌钟府盖亦雍州百三十一府之一，而史之所佚也"。④ 此外，钱大昕据碑刻资料考知的唐代折冲府府名还有合黎军府，"《唐书·地理

---

① 《常山贞石志》卷一〇《石神福墓志铭》，《续修四库全书》第 906 册，第 453 页。

② （清）赵钺：《唐折冲府考序》，《二十五史补编》第 6 册，中华书局 1995 年版，第 7593 页。

③ 《潜研堂金石文跋尾》卷五《田义起石浮图颂》、卷六《右武卫将军乙速孤行俨碑》，《嘉定钱大昕全集》第 6 册，第 137、152 页。

④ 《潜研堂金石文跋尾》卷八《寂照和上碑》，《嘉定钱大昕全集》第 6 册，第 217 页。

志》失载，不知属何州也"。① 尚德府，"《唐书·地理志》马邑郡无尚德府，盖史之阙佚"。② 钱大昕据碑志共考得《新唐书·地理志》失载折冲府府名属雍州者二，马邑郡者一，不知隶何州者三。

乾嘉时期的另一学者武亿亦博通经史，精于考据，尤好金石之学，撰有《授堂金石跋》，武亿在题于《唐张府君墓志铭》后的跋语中共列举了十二个见于碑志的折冲府名，除钱大昕已考知的尚德府、合黎府外，武亿又考出十个折冲府名。乾嘉之后，考据学虽趋于衰落，但搜讨、研究金石的风气则日甚一日。流风所及，考经证史的成果与前期相比有过之而无不及。如洪颐煊据《赠工部尚书张仁宪碑》称"祖佐明，幽州游徼府右果毅都尉"，考知《新唐书·地理志》失载游徼府之名，属幽州。③ 又《新唐书·地理志》载易州有九个折冲府，修武即其一，而洪颐煊据《太子洗马崔载墓志铭》云"载王父谦皇，易州修政府折冲"，考知《新志》"有修武而无修政，疑'武'即'政'讹"。④ 道光时人沈涛在石刻《三门主刘承恩等题名》后加案语曰："右题名有汾州崇儒府左果毅刘承恩。案《新书·地理志》汾州府十二，有崇德而无崇儒。《新书》地志于军府之名漏略者甚多，此其一也。"⑤ 若以《新唐书·地理志》载唐置折冲府六百三十四，仅存府名四百四十八，其中京兆府置府一百三十一，只存府名十一计，钱、武、洪、沈四人合计考得府名十八（其中两个属京兆府），疑误一，贡献不可谓不大。

在前人研究的基础上，府兵制的研究在清末取得了丰硕的成果。劳经原撰《唐折冲府考》4 卷，罗致有关唐代府兵制的史料，详述折冲府废置之由以及府名及其隶属。"凡补府百单九（又存疑者五府），合志所存四百四十八府，共得五百五十七府"，"援引该洽，考订精详，俾有唐一代

① 《潜研堂金石文跋尾》卷六《易州刺史田公德政碑》，《嘉定钱大昕全集》第 6 册，第 161 页。

② 《潜研堂金石文跋尾》卷七《张希古墓志》，《嘉定钱大昕全集》第 6 册，第 174 页。

③ （清）洪颐煊：《平津读碑记》卷八《赠工部尚书张仁宪碑》，《续修四库全书》第 905 册，第 95 页。

④ （清）洪颐煊：《平津读碑记再续·太子洗马崔载墓志铭》，《续修四库全书》第 905 册，第 128 页。

⑤ 《常山贞石志》卷五《三门主刘承恩等题名》，《续修四库全书》第 906 册，第 355—356 页。

兵制庶稍详备，拾遗补缺，有功于史者实多。"① 清末罗振玉继承了劳氏用石刻文献考逸折冲府府名的方法，利用所收藏的唐墓志拓本以及造像、虎符等材料，撰成《唐折冲府考补》1 卷。之后罗振玉又搜集到中州新出土唐墓志 200 余通，又撰成《唐折冲府考补拾遗》1 卷，在劳氏父子的基础上又增补府名 69 个，使唐折冲府府名增至 626 个。其中补得京兆府 13府，分别是丰澜、甘泉、咸阳、义丰、永乐、天齐、频阳、王保、怀信、长丰、怀旧、恒王、丰安。除一府系由虎符考得外，其余 12 府均由墓志碑石或造像记考知。经过劳氏父子及罗振玉的搜辑考订，使唐折冲府府名已增加到 626 个，与《新唐书·地理志》所言"有府六百三十四"的数目已大致接近。

2. 唐代郡县之沿革、隶属及地名之讹误

唐代行政区划变化较大，贞观年间设十道，开元二十一年（733），唐玄宗对贞观十道进行了再划分，分为十五道；天宝元年（742），唐玄宗又曾大规模地改州为郡，至肃宗乾元元年（758），又复改为州。而县的离析废置更为常见，这就使得唐代郡县沿革问题更加复杂化，有关文献的记载常常自相矛盾，使人无所适从，对于碑志中涉及的地名，清代学者大都能详考其沿革废置及名称正误。

如关于唐代明堂县的设置年代，两《唐书·地理志》记载不一。《旧志》云："乾封元年，分置明堂县，治永乐坊。"② 《新志》云："总章元年析置明堂县，长安二年省。"③ 王昶于《明堂令于大猷碑》后加案语考证如下："《元和郡县志》、《旧唐书·地理志》皆云万年县，乾封元年分置明堂，理永乐坊，长安三年废，复并万年。《新书·地理志》：总章元年析置明堂县，长安二年省（《太平寰宇记》云二年六月）。《旧书·高宗纪》：总章元年二月己卯，分长安、万年置乾封、明堂二县，分理于京城之中。则明堂县之置于总章元年为有据也。"④ 王昶据史志记载结合碑文考知《元和郡县志》及《旧唐书·地理志》所载明堂县置于乾封元年（666）有误，应是总章元年（668）。

---

① 《唐折冲府考序》，《二十五代史补编》第 6 册，中华书局 1995 年，第 7593 页。
② 《旧唐书》卷三八《地理志》，殿本，第 179 页。
③ 《新唐书》卷三七《地理志》，殿本，第 108 页。
④ 《金石萃编》卷六三《于大猷碑》。

关于唐代临涣县所属问题，《旧唐书·地理志》载于亳州下，《新唐书·地理志》则载于宿州，钱大昕据亳州临涣县尉申屠液所撰《虢国公杨花台铭》，得出了"《唐志》（此指《新唐书·地理志》）亳州无临涣县，亦史之阙也"的结论。① 之后，王昶又进一步考证曰："碑题亳州临涣县尉申屠液撰，《潜研跋》云《唐志》亳州无临涣县，谓史之阙。按《新唐书·地理志》临涣县载在宿州，《元和郡县志》云本汉铚县，梁普通中置临涣郡，以临涣水为名，后魏改为涣北县，高齐改临涣县，属谯郡，大业二年改属亳州，武德四年属谯州，贞观十七年废谯州，县隶亳州。《旧唐书·地理志》云隋置谯州，领县四，贞观十七年省，以临涣、永城、山桑属亳州。临涣县本治经城，十七年移治所于废谯州，元和九年割入宿州。此《新书》所以载入宿州也。"② 王昶不仅详细考证了临涣县的沿革，还说明了《新唐书·地理志》载临涣入宿州的原因。

陆增祥关于唐鱼台县即汉方与县的考证更为精详。《旧唐书·地理志》载："鱼台，汉方舆县。隋属戴州，贞观十七年，戴州废，县入兖州。宝应元年，改为鱼台，以城北有鲁公观鱼台。"③《新唐书·地理志》亦言"本方舆，宝应元年更名。元和十四年权隶徐州，寻复故"④。陆增祥据《栖霞寺讲堂佛钟经碑》有"方与县令宋元凤"之文，详述方与县之沿革曰："考方与县，今之鱼台也，鲁棠邑地，秦置方与县，属薛郡，汉属山阳郡，《隋书》方与属彭城郡，后齐废，开皇十六年复，唐武德初属金州，寻属戴州，贞观十七年戴州废，属兖州，宝应元年改名鱼台，元和四年徙县治于黄台，属徐州，十四年仍属兖州。碑立于仪凤四年，时未更名，已属兖州矣。《唐书·地理志》注作'方舆'，刊刻之讹也。"⑤

因研究唐史的主要史料两《唐书》成书于唐以后，其中所见唐代地名或相互牴牾，或与实际不符，错误不在少数。关于这个问题，清代学者的金石研究成果中颇多涉及，许多可用来纠正两《唐书》记载的讹误。如钱大昕据《秦王告少林寺教》石刻上有"上柱国德广郡开国公安远"

---

① 《潜研堂金石文跋尾》卷六《虢国公杨花台铭》，《嘉定钱大昕全集》第 6 册，第 151 页。

② 《金石萃编》卷七五《虢国公杨花台铭》。

③ 《旧唐书》卷三八《地理志》，殿本，第 184 页。

④ 《新唐书》卷三八《地理志》，殿本，第 112 页。

⑤ 《八琼室金石补正》卷三八《栖霞寺讲堂佛钟经碑》，第 259 页。

之文，认为两《唐书·李安远传》中所言李安远曾封"广德郡公"有误。① 笔者检得《新唐书·宰相世系表》赵氏房有"幼达，德广郡太守"的记载，亦可证钱氏不谬。钱大昕又据《李抱真德政碑》有"磁州"之文，且"磁字点画分明"，认为新、旧《唐书·地理志》、《新五代史·职方考》均写作"磁州"者误，"又天祐十一年《泽州开元寺神钟记》亦作此'磁'字。州县之名，当从其时本称，史臣秉笔，任意更易，非得石刻，何由决其然否？此金石之有益于史学，未可以玩物丧志妄加诃斥也"。② 关于唐代宗赐河中盐池名"宝应庆灵"还是"宝应灵庆"，史书记载不一。《新唐书·叛臣传》载大历年间，淫雨不止，河中盐池味苦恶，当时韩滉判度支，打算减轻赋税，于是"妄言池生瑞盐，王德之美祥"。代宗不信，派谏议大夫蒋镇前往考察。蒋镇为了巴结韩滉，弄虚作假，"故实其事"，并奏请建神祠。于是代宗深信不疑，允其所请，并赐号"宝应灵庆"。③ 而《新唐书·地理志》则言大历十二年（777）盐池生乳盐，赐名"宝应庆灵池"。④ 钱大昕据贞元十三年（797）八月《河东盐池灵庆公神祠碑》，结合《新唐书·叛臣传》，证得《新唐书·地理志》作"庆灵"者误。⑤ 笔者检百衲本、殿本、中华本两《唐书》，其中《旧唐书》卷一二七《蒋镇传》、《新唐书》卷一二六《韩滉传》均作"宝应灵庆"，又中华本《新唐书·地理志》已据《金石萃编》所载《大唐河东盐池庆灵公神祠碑》及《新书》卷二二四《乔琳传》，改"庆灵"为"灵庆"，并出校勘记，⑥ 亦可证明钱氏不误。凡此，都是对两《唐书》所载地名自相矛盾的考证，与此相类者亦复不少，很值得重视利用。

钱大昕还将石刻资料与文献相结合，经考证解决了宋代学者有关唐代豪州的争议问题。《新唐书·地理志》："濠州钟离郡，上。'濠'字初作

① 《潜研堂金石文跋尾》卷四《秦王告少林寺教》，《嘉定钱大昕全集》第6册，第96页。
② 《潜研堂金石文跋尾》卷八《李抱真德政碑》，《嘉定钱大昕全集》第6册，第198—199页。
③ 《新唐书》卷二二四《叛臣传》下，上海古籍出版社1986年影印武英殿本，第691页。
④ 《新唐书》卷三九《地理志》，上海古籍出版社1986年影印武英殿本，第112页。
⑤ 《潜研堂金石文跋尾》卷八《河东盐池灵庆公神祠碑》，《嘉定钱大昕全集》第6册，第199页。
⑥ 《新唐书》卷三九《地理志》及校勘记，中华本，第1000、1023页。

'豪'，元和三年改从'濠'。"① 李吉甫《元和郡县志》记载亦同，均说明豪州之"豪"字原无"水"旁，后改为"濠"。宋代学者洪庆善据韩愈《徐泗豪三州节度掌书记厅石记》考证曰："'豪'今认作'濠'，唐《地理志》云'濠'初作'豪'，元和三年，刺史崔公表请其事，由是改为濠，取水名也。退之作记在贞元十五年，尚为豪。诸本作濠，误矣。"而时人吴曾则据杜佑《通典》有"隋改曰濠州，因濠水为名"的记载，且杜佑上《通典》在贞元十年，认为黄庆善所言有误，"以此知韩文作'濠'为是，而所以致洪之辨者，《地理志》之失耳"。② 钱大昕据颜真卿所书《干禄字书》的撰者颜元孙结衔称滁、沂、豪三州刺史，"豪"不从"水"旁，且"石刻分明，可以征信"。同时钱大昕又据《广韵》"豪"字下有"州名，古钟离国，隋改为州"的注文，而《广韵》本于唐孙愐《唐韵》，孙愐撰《唐韵》在天宝十载，据此"足征其时州名不从'水'也"，"杜氏《通典》偶漏不载，而吴乃据以议欧《志》之失，岂其然乎？"③

### 3. 唐代寺院的建置及兴废

唐朝是一个兼容并包、多教并行的时代，也是佛教极为兴盛的时代，与此相应，有唐一代兴建的佛教寺院数不胜数。寺院作为佛教信徒居住及从事佛事活动的重要场所，其建造年代、名称变化及兴废问题都与佛教发展密切相关，但当时有关文献对这些问题往往失载或语焉不详或存在错误，后出的方志由于年代悬远又不足以作为研究唐代佛教寺院的依据，因此大量的佛教石刻资料就显得弥足珍贵。清代学者在整理、研究金石资料时，就已经注意到了有关唐代佛寺兴废问题的记载，并着手进行订讹补缺。

关于唐代寺院的建造年代，史志记载往往有误。《唐会要》时代较早，对唐代佛寺的记载颇详，而讹误则时而有之。如关于延唐寺之名，《唐会要》载唐武宗会昌六年（846），左右街功德使奏改万善寺为延唐寺。④ 毕沅据《安国寺寂照和上碑》所言大德曾于大和二年（828）来延

---

① 《新唐书》卷三八《地理志》，殿本，第111页。

② （宋）吴曾：《能改斋漫录》卷九《地理·辨豪州字误》，上海古籍出版社1979年版，第257页。

③ 《潜研堂金石文跋尾》卷七《干禄字书》，《嘉定钱大昕全集》第6册，第186—187页。

④ 《唐会要》卷四八《议释教下》，第854页。

唐寺，大和七年（833）卒，"以《会要》考之，延唐本名万善，为会昌六年奏改，碑于开成末即称延唐，是《会要》云云亦不甚是矣"。① 《唐会要》记载尚且有误，后出的方志更是在所难免。如《河南通志》载："福先寺，在府（河南府）城东三里，唐神龙元年武则天创建。"② 而王昶据《法藏禅师塔铭》中有"如意元年，奉制于东都大福先寺……"之语，知"如意元年已有福先寺，不待神龙元年，殆《河南志》误也"③。又如《河南通志》载"安国寺，在府（河南府）治南，唐咸通间建"。④ 陆增祥据《安国寺僧残碑》之残文叙述曰："和尚居安国寺，卒于大历十三年，权厝于山北寺，至建中□（似是元字）年迁窆，乃立是碑也"。并认为"据碑则代宗时已有是寺，且《戒坛碑谢表》亦安国寺沙门所上，相距且七十余年，非建于懿宗间也，可以证《志》之误。"⑤

　　关于唐代佛寺的兴废沿革，史志往往失载或莫衷一是。如唐闻喜县有唐兴寺，《山西通志》闻喜县寺观下不载唐兴寺，王昶据《移置唐兴寺碑》考知，"唐兴寺在闻喜县，据碑文寺为唐初所建，在西山，人迹罕到，至开元初于光庭为县令，乃移建于大道旁，而立此碑，以纪县令之功德也"。又因唐兴寺所在之地寺庙名称众多，王昶又据史志记载及传说进一步考证说："今以碑文有'唐兴寺者，我国家草昧之所置也'一语，参之《通志》惟载有铁牛峪寺，云在铁牛峪西神僧饷兵处，相传太宗行军至美阳乡乏粮，寺僧智旻以沙锅煮饭饷军，胥获饱。及即位，敕建广教寺以报之。又云广教寺在县南二十里寺头村，土人名沙渠寺，相传唐太宗敕建，并铁牛寺入焉。又于山川条下载铁牛峪，云在县南三十里，相传有铁牛流峪中水，峪有兴国寺，颇疑兴国即唐兴寺所改，而其初旧额即铁牛峪寺与广教寺也。年代浸远，名迹俱湮，不能确指其所在矣。"⑥ 此外，严可均据桂林府南门外万寿寺内的《善兴寺塔铭》，考知万寿寺建于隋朝，

---

　　① （清）毕沅：《关中金石记》卷四《安国寺寂照和上碑》，《续修四库全书》第 908 册，第 228 页。

　　② （清）田文镜、王士俊等监修，（清）孙灏、顾栋高等编纂：《河南通志》卷五〇《寺观》，影印文渊阁四库全书第 537 册，第 91 页。

　　③ 《金石萃编》卷七一《法藏禅师塔铭》。

　　④ 《河南通志》卷五〇《寺观》，影印文渊阁四库全书第 537 册，第 91 页。

　　⑤ 《八琼室金石补正》卷六五《安国寺僧残碑》，第 453 页。

　　⑥ 《金石萃编》卷七一《移置唐兴寺碑》。

原名永宁寺，唐名善兴寺。《善兴寺塔铭》既不见著录，善兴寺之名亦不见于方志，"可补方志之阙"。① 又《长安志》载长安城怀远坊有大云经寺，隋时名光明寺，"武太后初，此寺沙门宣政进《大云经》，经中有女主之符，因改为大云经寺，遂令天下每州置一大云经寺"。② 当时各州所置大云经寺情况不详于史，王昶据《大云寺碑》所云"河内大云寺"，考知河内有大云经寺，而河南省志不载。"文又称本隋文皇帝所置长寿寺也，是大云即改长寿为之。'长寿'二字；今碑已泐，《中州金石记》犹及见之，而省志亦不载。"③ 据此可知唐河内之大云寺即隋文帝所建之长寿寺。

关于寺庙之制及武宗灭佛，碑石中亦有记载。如《长安志》载开化坊内有大荐福寺，"寺院半以东，隋炀帝在藩旧宅，武德中赐尚书左仆射萧瑀为西园，后瑀子锐尚襄城公主，诏别营主第，主辞以姑妇异居，有关礼则，因固陈请，乃取园地充主第，又辞公主筦戟，不欲异门，乃并施瑀之院门。襄城薨后，官市为英王宅，文明元年高宗崩，后百日，立为大献福寺，度僧二百人以实之。天授元年改为荐福寺。中宗即位，大加营饰，自神龙以后，翻译佛经并于此寺。寺东院有放生池，周二百余步，传云即汉代洪池陂也"。④ 王昶于《代国长公主碑》后加案语曰："《长安志》载大荐福寺，不详寺中之制。据此碑云公主留情翰墨，书荐福寺经柱三百余言，则寺中有柱，皆书经者矣。"⑤

关于唐武宗会昌毁佛，《旧唐书》失载，《新唐书·武宗纪》仅言"（会昌五年）八月壬午，大毁佛寺，复僧尼为民"⑥，极为简略。《唐会要》记载较为详细："其天下所拆寺四千六百余所，还俗僧尼二十六万余人，收充两税户，拆招提兰若四万余所。"⑦《资治通鉴》则言"（会昌五

---

① （清）严可均：《铁桥金石跋》卷二《善兴寺塔铭》，《石刻史料新编》第 1 辑第 25 册，第 19315 页。

② （宋）宋敏求撰，毕沅校正：《长安志》卷一〇，中国方志丛书华北地方陕西省第 290 册，台湾成文出版社 1969 年版，第 240—241 页。

③ 《金石萃编》卷六四《大云寺碑》。

④ 《长安志》卷七，第 160 页。

⑤ 《金石萃编》卷七八《代国长公主碑》。

⑥ 《新唐书》卷八《武宗本纪》，殿本，第 31 页。

⑦ 《唐会要》卷四七《议释教上》，第 841 页。

年五月）祠部奏括天下寺四千六百，兰若四万，僧尼二十六万五百”。①
而毕沅于《牟璹证明功德记》后加案语曰：“《新唐书·武宗本纪》：会昌
五年八月壬午，大毁佛寺，复僧尼为民，不言毁有额寺至五千余所，兰若
至三万余所，复僧尼至廿六万七百余人，皆史略也。大中五年奉旨许于旧
踪再启精舍，亦史所未及”。②毕沅云“史略”指两《唐书》而言，石刻
所记与文献记载略有出入，亦可资参考。

4. 有关《长安志》的考补

记述唐两京最早的著作当属韦述的《两京新记》，但由于此书亡佚，
现仅存卷三残卷，故宋敏求的《长安志》20卷即成为记载唐长安城最早
最完备的资料。此书“皆考订长安古迹，以唐韦述《西京记》疏略不备，
因更博采群籍，参校成书，凡城郭、官府、山川、道里、津梁、邮驿，以
至风俗、物产、宫室、寺院，纤悉毕具。其坊市曲折，及唐盛时士大夫第
宅所在，皆一一能举其处，粲然如指诸掌，司马光尝以为考之韦《记》，
其详不啻十倍。今韦氏之书久已亡佚，而此志精博宏赡，旧都遗事，藉以
获传，实非他地志所能及”。③但因宋敏求系宋人，所记唐长安城之街坊
宅第多有舛误，遗漏亦复不少，对后人研究唐长安城造成了不便。

唐长安城无论是从建置还是从规模上来说在当时世界上都是首屈一指
的，但《长安志》关于长安的坊里宅第及乡村分布多有缺漏，正如清代
学者徐松所言：“余嗜读《旧唐书》及唐人小说，每于言宫苑曲折、里巷
歧错，取《长安志》证之，往往得其舛误，而东都盖阙如也。”④鉴于碑
志中有大量关于唐两京坊里宅第的记载，且唐墓志通例于卒年必书墓主卒
于某时某地某里某坊之宅第，葬于某乡某村某原，所以利用唐代碑石辑录
《长安志》失载的坊里宅第最为便捷。有鉴于此，清代学者在研究金石考
经证史的同时都能注意到有关记载，详加考证，补阙证讹，其中以徐松贡
献最大。徐松在奉诏纂辑《全唐文》时，从《永乐大典》中辑出《河南
志图》，于是在校书之暇，“采集金石、传记、合以程大昌、李好问之

①　（宋）司马光：《资治通鉴》卷二四八“武宗会昌五年五月”条，中华书局1956年版，
第8015页。

②　（清）毕沅、阮元：《山左金石志》卷一三《牟璹证明功德记》，《续修四库全书》第
909册，第587页。

③　《四库全书总目》卷七〇《史部·地理类·长安志》，第619页。

④　（清）徐松：《唐两京城坊考序》，《唐两京城坊考》卷首。

《长安图》"，① 撰成《唐两京城坊考》5 卷，其中记载长安城的文字是照录宋敏求《长安志》城坊部分的原文，然后据唐人诗文、小说以及碑志中有关长安的史实和记载，摘出补入有关城坊之中，此增补部分虽存在各种不足，但其利用碑志补唐长安城坊的内容则甚为高明。其后，清人程鸿诏又继续增补考订，撰成《唐两京城坊考校补记》1 卷，其所增补之内容大大丰富了有关唐两京的资料，为后人研究唐两京提供了便利。

以《长安志》所载来庭坊为例，来庭坊在朱雀街东第三街丹凤门街之东。内有"特进王仁祐宅、内侍高延福（又名高福，高力士之父）宅、右卫上将军致仕梁守谦宅、庄宅司"。② 洪颐煊据《内常侍孙志廉墓志铭》云"终于咸宁县来庭里之私第"考知《长安志》失载宦官孙志廉宅，又据《内侍高福墓志》"终于来庭里之私第"、《内侍刘遵礼墓志》"薨于来庭里私第"得出"盖当时内官皆聚居于此里"的结论。③ 在此基础上，徐松又据薛稷撰《郑敞碑》、李德裕撰《刘宏规碑》及《广异记》考知来庭里还有郑敞宅、刘宏规宅、李氏宅。④

又如《长安志》载朱雀街东第五街有常乐坊，"西南隅赵景公寺，南门之西灵花寺，街南之东中书令来济宅，殿中监张九皋（九龄之弟）宅，和政公主宅，寿州刺史郭敬之宅，赠太子太师浑释（瑊之父也）之庙，吏部尚书致仕钱徽宅，洞灵观"。⑤ 陆耀通于《豆卢逊墓志》后加案语曰："常乐里在万年县朱雀街东第五街道政坊之南，为常乐坊，《长安志》坊内有和政公主宅（肃宗女，降柳潭），而不载长沙公主宅，此可补宋氏之遗。"⑥ 徐松又据《故驸马都尉卫少卿息豆卢君墓志铭》、姚崇撰《于知微碑》和《续玄怪录》、欧阳詹撰《马实墓志铭》等碑志考知此坊尚有豆卢逊宅、于知微宅、钱徽宅、马实宅等。⑦ 程鸿诏又补得此坊内有八角井、江

---

① （清）徐松：《唐两京城坊考序》。按：李好问疑即李好文之误。

② 《长安志》卷八，第 176—177 页。

③ （清）洪颐煊：《平津读碑记续记·内常侍孙志廉墓志铭》，《续修四库全书》第 905 册，第 110 页。

④ 《唐两京城坊考》卷三。

⑤ 《长安志》卷九，第 212 页。

⑥ （清）陆耀通：《金石续编》卷五《豆卢逊墓志》，《石刻史料新编》第 1 辑第 4 册，第 3100 页。

⑦ 《唐两京城坊考》卷三。

岭从事王直方宅、太常丞岳州刺史冯芫宅、秘书监姚合寓、王居士宅。①

《长安志》重在记载长安城街道坊里宅第及名胜古迹，其中所及乡村名称大多与古迹有关，且所及长安乡村名称多属宋代建置，唐乡名已大多不传，村名更不待言。清代学者在研究金石时就已注意根据碑志所见唐长安乡村名称以补《长安志》之遗，毕沅在校注《长安志》时就力之所及以事增补，下面以长安万年、长安二县为例略事说明。

《长安志》载万年县"七乡，管二百九十六村二里"。宋敏求原注："唐四十五乡，霸桥东有大陵乡，元载祖墓在黄台乡，真光中有霸城乡，余不传。"毕沅校注时加案语曰："《水经注》奉明县有广明乡，庾信撰《将军侯英陈道生墓志》云'葬于京兆洪原乡'，又《安平县公崔说神道碑》云'葬于京兆平原乡之吉迁里'，常衮撰《新平郡王严墓志》云'迁窆于万年县龟川乡细柳原'，白居易撰《永穆公主墓志》云'诏葬于万年县上好乡洪平原'，韩愈撰《校书郎李观墓志》云'葬之于国东门之外七里，乡曰庆义乡'，则皆古乡名也。"②

王昶据《敕内庄宅使牒》有"万年县浐川乡陈村，安国寺金经……"之文，认为此碑所称浐川乡陈村，"必以浐水所经得名，《长安志》已不载此乡，则当在唐时四十五乡之内。毕制府《长安志注》历引诸碑所载古乡名村名而不及此，亦可以广所未备也"。③又据《吴承泌墓志》所云"葬于浐川乡北姚村"补得浐川乡有北姚村，亦"可补《长安志》所未备"。④瞿中溶又据《唐昭女端权殡志》所云"大唐开元十二年六月廿三日终于京城静安里之第，以其月廿六日权殡于万年县义善乡之原"，知万年县有义善乡，而"义善乡不见于《长安志》，据此可以补之"。⑤陆耀遹进一步指出，"义善乡不详所在，宋《志》（指宋敏求《长安志》）有义善寺，贞观十九年建，县南十五里，寺以乡名，殆即其地"。⑥

又《长安志》载万年县有洪固乡，"在县南一十五里，管村四十八，

① 程鸿诏：《唐两京城坊考校补记》卷三，《唐两京城坊考》附，第203页。

② 《长安志》卷一一，第255页。

③ 《金石萃编》卷一一四《敕内庄宅使牒》。

④ 《金石萃编》卷一一八《吴承泌墓志》。

⑤ （清）瞿中溶：《古泉山馆金石文编残稿》卷一《唐昭女端权殡志》，《石刻史料新编》第2辑第3册，第1644页。

⑥ 《金石续编》卷七《唐氏女端墓志铭》，《石刻史料新编》第1辑第4册，第3134页。

胄贵里"。毕沅据欧阳詹撰《左骁卫将军马实墓志》云"葬于京兆府万年洪固乡延信里司马村之少陵原",知洪固乡有延信里及司马村。①王昶又据《吴达墓志》中所云"祔葬于京兆府万年县洪固乡北韦村",知洪固乡有北韦村,"可据此以补《长安志》之古村名也"。②

　　《长安志》载长安县六乡管六里,宋敏求原注曰:"唐五十九乡,有渭阴乡见于下,余不传。"毕沅据李至远撰《骀虞县子安附国神道碑》云"葬于雍州长安县孝悌乡之原",张贲然撰《忠武将军茹义忠神道碑》云"葬于京兆长安县永平乡阿房殿之墟",增补孝悌、永平两个唐代乡名。③清末学者端方又据《赵夫人墓志》有"殡金光门外小严村之里"及"归窆于长安县昆明乡魏村先妣段夫人茔"之文,考证曰:"宋敏求《长安志》载唐京城西面三门,中曰金光门,并注云西出趣昆明池,是金光门即长安西门也。宋《志》并称唐长安县五十九乡,而所载仅六乡,及渭阴一乡,谓余皆无考。近毕沅校补亦仅孝悌、永平二乡,盖所轶者多矣。观此志知长安县又有昆明乡,可以据补,余如小严村、魏村之名,亦宋《志》所未载者。大抵近出唐人墓志,其乡里村名可补入志乘者甚多,又不独此志为然也。"④

　　5. 探幽发微

　　可以说凡是唐代社会生活中的种种现象在碑石墓志中都或多或少有所反映,然而时过境迁,文献记载中所反映的社会现象与当时的史实已有了一定的距离,或者语焉不详,或者含混不清,甚至有的已有所背离,因此借助碑石资料,将之与文献资料互相比勘,对探讨历史真相、深入了解当时社会现实十分有益。以典章制度为例,有唐三百年,正值中国封建社会发展的鼎盛时期,其典章制度在承继前代制度的同时又有所创新。关于各项制度的执行情况,史籍无法备载,而碑石墓志又时有所及,又因为碑石墓志盖当时人记当时事,所以有关记载虽偶一及之也不乏参考价值,有些涉及对当时各项法令制度进一步解释及执行情况的说明,偶尔还有所阐发,对我们了解唐代有关制度不无裨益。如避讳是中国封建社会特有的历

---

　　① 《长安志》卷一一,第 255 页。

　　② 《金石萃编》卷一〇八《吴达墓志》。

　　③ 《长安志》卷一二,第 283 页。

　　④ (清)端方:《匋斋藏石记》卷三〇《赵夫人墓志铭》,《石刻史料新编》第 1 辑第 11 册,第 8287—8288 页。

史现象，唐代亦不例外，与其他朝代不同的是，唐代避讳制度相对宽松。武德九年（626），太宗"居春宫总万机"，即下令曰："依礼，二名义不偏讳，尼父达圣，非无前旨。近代以来，曲为节制，两字兼避，废阙已多。率意而行，有违经诰。今其官号人名，及公私文籍，有'世'及'民'两字不连续者，并不须避。"显庆五年（660），高宗又下诏曰："孔宣设教，正名为首；戴圣贻范，嫌名不讳。比见抄写古典，至于朕名，或缺其点画，或随便改换，恐六籍雅言，会意多爽；九流通义，指事全违，诚非立书之本。自今以后，缮写旧典文字，并宜使成，不须随义改易。"① 法令具在，而事实却并非如此，陈垣认为唐人为《史记》、《两汉书》及《文选》所作的注文及唐代官修的晋、梁、陈、北齐、周、隋、南、北八部正史，"于唐庙讳，多所改易"。又根据史籍所载唐代史事，认为"唐时讳法，制令甚宽"，而唐人所撰或所注诸正史中之所以频繁避讳，乃是"习尚使然，实未遵贞观、显庆时诏令"，至于"韩愈《讳辨》，力斥讳嫌之非，至比之宦官宫妾"，"可见法令为一事，习尚又为一事也"。② 陈垣所论固然不误，然清代学者武亿据立于贞观十三年（639）左右的《张琮碑》碑文径称王世充而不避"世"字，认为"初令之行，当时遵奉，见于碑者，信可征矣"。③

又如唐代职官名称前常加检校、兼、守、行等字的现象屡见不鲜，而具体含义则史无明文，碑石墓志所及官名前亦常有这些字眼，清人在考碑证史时已注意到了这一现象，并就其所及略加考释说明。如王昶据《孔子庙堂碑》所题相王旦结衔"兼检校安北大都护"考释"检校"曰"检校之制，《唐·百官志》无明文，《文献通考》引岳珂《愧郯录》曰：按阶散勋官在前世合于一，至唐则析而为二，阶勋功臣检校在唐则析为四，而本朝则合为一，如杜淹贞观中检校吏部尚书，再加检校侍中是也。其后随事而赐，亦无定名，故唐之有功者或叙阶，或赐勋，或加以检校，或宠以名号云云。据此则检校与阶勋同为叙功之用，非官名，而其缘起亦在贞

---

① 《唐会要》卷二三《讳》，第452页。

② 陈垣：《史讳举例》卷八《历朝讳例》第七六《唐讳例》，中华书局2004年版，第119页。

③ （清）武亿：《授堂金石文字续跋》卷三《行睦州刺史张琮碑》，《续修四库全书》第892册，第655页。

观初矣。"① 更值得一提的是，王昶由检校而及唐代碑石系衔，并于此碑后附考唐宋诸碑系衔并食邑实封，对唐宋碑石之人名系衔问题进行了初步总结，实有功于唐史研究。又钱大昕据《九成宫醴泉铭》所题"兼太子率更令、渤海男欧阳询书"考释"兼"字曰："予初疑信本只为率更令，不兼他职，何故冠以'兼'字？后读《旧唐书·职官志》称：武德令职事解散官，欠一阶不至为兼职事，卑者不解散官。贞观令以职事高者为守职事，卑者为行，仍各带散位。其欠一阶依旧为兼，与当阶者皆解散官。其欠一阶之'兼'，古念反；其两职事之'兼'，古恬反，字同音异，乃悟此碑'兼'字当读去声。率更令，职事官也。有职事而去散官，又以其欠一阶，故加'兼'以别于当阶者。此唐初之制，后人知之者鲜矣。"②

关于唐代勋爵之滥，官职之冗，清人在其金石学研究中亦有所及。如钱大昕据《梁府君并夫人唐氏墓志》所言梁府君官至"泽王府主簿"及"以出赀助转饷，永隆二年，恩诏授上柱国"考释曰："上柱国为勋绩之最，而官止王府主簿。考之《杜佑传》，佑上议曰：'魏置柱国，当时宿德盛业者居之，贵宠第一。周、隋间授受已多，国家以为勋级，才得地三十顷耳。'可见唐时勋级甚滥，虽阶视正二品，人犹轻之。故《选举志》：凡勋官选者，上柱国正六品叙。梁府君以朝议郎正六品阶，而任王府主簿从六品职，职卑于阶，故云'行'也。明嘉靖中，大学士严嵩《辞加上柱国疏》谓：'上之一字，非人臣所宜居。国初始设此官，亦不轻授。乞特免此官，仍著为国典，以昭臣节。'诏允所辞，而以其子世蕃为太常寺卿。当时君臣相率为谀佞如此，曾不知考唐、宋故事，殊可嗤也。然谄而不学，终不免于及祸，君子以是知诈忠之无益矣。"③

关于唐文宗年号"大和"，有的史籍写作"太和"，有的则写作"大和"，莫衷一是。卢文弨据《李晟碑》考证曰："唐文宗年号'大和'，本是大小之大，今本于'大'字内增一点作'太'，与碑中所有'太'字相较，其点略小，亦后人所妄加也。魏明帝与北魏孝文帝年号是'太和'，而文宗则是'大和'，他碑版咸可据，旧本《新唐书》亦然。今人

---

① 《金石萃编》卷四一《孔子庙堂碑》。
② 《潜研堂金石文跋尾》卷四《九成宫醴泉铭》，《嘉定钱大昕全集》第 6 册，第 101 页。
③ 《潜研堂金石文跋尾》卷五《梁府君并夫人唐氏墓志》，《嘉定钱大昕全集》第 6 册，第125—126 页。

皆一例作'太和'矣，安知不反执此碑以为佐证乎？"① 凡此都是利用金石资料，结合文献记载深入研究唐代历史，探幽发微并有所成就的具体例证。

6. 佚文逸事

此外，清代学者在利用金石文字考经证史之余，还注意到金石资料记载了许多鲜为人知的佚文逸事，这些佚文逸事也不无史料价值。如《石淙碑》刻有《唐武后夏日游石淙诗并序》，记武后出游赋诗及当时和诗之群臣凡一十六人。朱彝尊在《跋石淙碑》一文中说："斯游也，新、旧《唐书》本纪均未之书，计敏夫《唐诗纪事》亦不载，仅见之赵明诚《金石录》及《楼大防集》而已。予友叶封井叔知登封县事，撰《嵩阳石刻志》，始著于录，顾删去九首，览者不无憾其阙漏。康熙己卯九日获披全文，碑尚完好，漫漶仅三字，惟张易之、昌宗姓名为人击去，然犹可辨识也。井叔蓦语予涧壁面水，必穴崖栈木，乃可摹拓，故储藏家罕有之。予性嗜金石文，以其可证国史之谬，而昔贤题咏往往出于载纪之外，若贾𫗧《华岳诗》，李复《恒岳诗》，任要、韦洪《岱岳观白蝙蝠诗》、《三衢石桥寺》，李谭《古风》，临朐冯氏《诗纪》，海盐胡氏《唐音统签》，泰兴季氏《全唐诗集》皆略而不收，斯碑亦弃不录，世遂莫知睿宗及狄梁公之有诗传于今，予因为跋其尾。"②

又泰山脚下老君堂前有二碑，"上施石盖，合而束之"，俗称鸳鸯碑，不见于赵明诚《金石录》。顾炎武《金石文字记》言碑文"每面作四五层，每层文一首或二首，皆唐时建醮造像之记。周环读之，得显庆六年一首，仪凤三年一首，天授二年一首，万岁通天二年一首，圣历元年一首，久视二年一首，长安元年一首、四年二首，神龟③元年一首，景龙二年一首、三年一首，景云二年三首，开元八年一首，大历七年一首，建中元年一首。其空处又有唐代人题名，书法不一，东侧面有诗一首，其下题名；西侧面题名，亦有诗一首，中二侧面皆无字。"④ 王昶结合史传详为考证并总结说："总计两碑中所载八帝一后，凡一百三十余年，前后斋醮投告

---

① （清）卢文弨：《抱经堂文集》卷一五《唐西平郡王李晟神道碑跋》，《四部丛刊》初编第300册。

② （清）朱彝尊：《曝书亭集》卷四九《跋石淙碑》，《四部丛刊》初编第279册。

③ 案：疑"神龟"当为"神龙"之误。

④ 《金石文字记》卷三《岱岳观造像记》，第748—749页。

之仪备详于此，此等正史礼志之所不书，稗官传记之所未及，而遗文轶事亦足以裨史家之考证。予故亟为序录而详说之，其任要等所作诗，《唐音统签》所未采。"①

　　诸如以上所述，金石文字或可补文献之遗，或可为正史之助，无不有益于史学研究，前贤时哲编纂《全唐诗补编》时即利用金石碑刻等资料辑佚唐诗，取得了很大的成就。由于金石文字中所蕴含的内容包罗万象，故清代学者金石研究成果中有关唐代历史的内容也纷繁复杂，除以上所及六个方面的内容外，尚有许多琐碎的成果散见各处，限于篇幅，不再一一论及。

---

① 《金石萃编》卷五三《岱岳观碑》。

# 第 五 章

# 唐代文学文献的整理与研究

　　作为集古典时代之大成的清代学术，反映在唐代文学方面，其核心内容则是对唐代文学文献的全面汇辑、编纂、选评及笺注，所取得的成就与清人研究整理史学文献相比，亦毫不逊色。有清一代，特别重视集部文献的整理和刊刻，清前期至中期，由政府组织人力物力分别汇辑编纂了《全唐诗》、《全唐文》等网罗一代诗文的总集，还编纂了《唐诗选》、《唐宋诗醇》、《唐骈体文钞》等一大批文学选集，朝廷的重视与提倡，形成了一种重视古籍整理的学术氛围。清人在整理、选评唐代文学总集的同时，还对唐人别集进行精心的校勘、整理和刊刻，同时还辅以笺注及考证，成就了一大批搜集完备、校勘精审的笺注本，而且清人整理刊刻唐代别集的规模之大、数量之多，远远超过了宋、元、明各代。在整理的基础上，笺注文辞，诠释典故，作品系年，编撰或修订作者年谱，同时在笺释诗文的过程中普遍应用以诗证史、以史证诗的"诗史互证"方法，开辟了诗文研究的新天地。经过清代学者的不懈努力，不但为后人研究唐代文学提供了搜集完备、校勘精良的文学资料，同时也为唐代文学的深入研究奠定了坚实的基础。

## 第一节　唐人总集的汇辑与刊刻

　　孙钦善认为清代学者整理集部文献的成果丰富，表现在总集方面主要"以编纂为主"，同时"兼有旧集校注之作"，① 唐人总集也不例外。唐人总集是唐代文献的一个重要组成部分，诸如《全唐诗》、《全唐文》等广

---

① 　孙钦善：《中国古文献学史》，第863页。

为人知，研究成果众多，但其作为清儒整理唐代文献的成就之一，不容忽略，以下就清儒整理唐人总集的情况略作说明。

## 一　《全唐诗》的汇辑

《全唐诗》900卷，康熙皇帝御定。《四库全书总目·全唐诗提要》谓此书以明海盐人胡震亨《唐音统签》为稿本，"而益以内府所藏《全唐诗集》，又旁采残碑断碣、稗史杂书之所载，补葺所遗"而成。① 全书共收诗近49000首，作者2200余人。诗前附有作者小传，"略序其人历官始末"，编排次序略依唐史叙例，"首诸帝，次后妃，次宗室诸王，次公主宫嫔"，又将分载于各集的郊庙乐章及乐府歌诗汇为一编，"以存一代乐制"；将世次爵里无考者及释、道、外国、名媛、仙、鬼等诗别为一编。② 时人认为《全唐诗》"网罗赅备，细大不遗"，又谓其义例谨严，校勘精审，对于"字句之异同，篇章之互见"皆根据诸本，一一校注，"得此一编，而唐诗之源流正变，始末厘然。自有总集以来，更无如是之既博且精者矣"。③ 然自清代以来，学者们对《全唐诗》进行了全面的整理与研究，拾遗补阙，梳理校订，贡献甚巨，在基本搞清了清编《全唐诗》所据底本的详细情况及参编人员、刊刻情况以外，还就其得失利弊进行了探讨。

关于御定《全唐诗》所用底本，《御制全唐诗序》曰："朕兹发内府所有《全唐诗》，命诸词臣，合《唐音统签》诸编，参互校勘，搜补阙遗，略去初、盛、中、晚之名，一依时代分置次第。"④《四库全书总目》亦谓"以震亨书为稿本，而益以内府所藏《全唐诗集》"。⑤ 清编《全唐诗》取材于明人胡震亨《唐音统签》自无疑问，然内府所藏《全唐诗集》则不明所指。经后人研究考证，一致认为此内府所藏《全唐诗》即钱谦益、季振宜递辑的《全唐诗》⑥，此《全唐诗》有"稿本"及经缮录的

---

① 《四库全书总目》卷一九〇《集部·总集类·御定全唐诗》，第1725页。

② （清）彭定求等编：《全唐诗》卷首《凡例》，中华书局1960年版。

③ 《四库全书总目》卷一九〇《集部·总集类·御定全唐诗》，第1725页。

④ 《全唐诗》卷首《御制全唐诗序》。

⑤ 《四库全书总目》卷一九〇《集部·总集类·御定全唐诗》，第1725页。

⑥ 分别见俞大纲《纪唐音统签》（载《历史语言研究所集刊》第七本第三分）、刘兆祐《御定全唐诗与钱谦益季振宜递辑唐诗稿本关系探微》（载《全唐诗稿本》卷首）及周勋初《叙〈全唐诗〉成书经过》（载《文史》第八辑）。

"正本"之别，清编《全唐诗》所据即经缮录的正本。台湾学者刘兆祐《御定全唐诗与钱谦益季振宜递辑唐诗稿本关系探微》一文从编刊体例、文字校勘及辑补的情形三个方面论定今本《全唐诗》乃以钱、季本为底本。周勋初经过对胡震亨《唐音统签》及钱、季《全唐诗》的全面考察及与清编《全唐诗》的对比后总结说："总的看来，御定《全唐诗》的编纂工作仍然是以季振宜《全唐诗》为底本而进行的。即使是加工较多的中、晚唐诗部分，尽管各家集子中的诗有些作了变动，集子后面补充了一些零章碎句，但全集的次序，仍然是以季书的原有次序为基础的。这只要多核对几家集子就可明白了。但《唐音统签》一书在编纂工作中也起了重要作用，特别表现在中、晚唐诗的补佚和全书的补充零章碎句方面。御定《全唐诗》确是以季振宜《全唐诗》和胡震亨《唐音统签》为基础而编校成的。"①

　　关于《全唐诗》的得失优劣，因为是康熙皇帝御定，《四库全书总目》对其赞赏有加。后人则能在肯定其价值的同时实事求是地指出其不足。《全唐诗》搜罗宏富得到了学界的一致肯定，但其中的遗佚阙漏、误收重收、校勘不精亦为后人所诟病。总的来说，主要有四个方面的不足：

　　1. 小传疏误。《全唐诗》所附诗人小传仅略叙作者历官始末，极为简略，且错误甚多。或误两人为一人，或张冠李戴，此外姓名之舛误、生平仕履之错漏更是频频出现。

　　2. 遗佚尚多。《全唐诗》号称"网罗赅备，细大不遗"，但由于成书于众人之手，又历时短暂，仓促成书，因此遗逸在所难免。《全唐诗》成书之初，学者已指出此弊病，《四库全书总目》就曾多次提及。如陆贽作品除《翰苑集》所载奏议外，"尚有诗文别集十五卷，久佚不传。《全唐诗》所录仅存试帖诗三首，及《语林》所载逸句"。② 又唐方干有《元英集》，《新唐书·艺文志》著录为 10 卷，卷首有乾宁丙辰中书舍人祁县王赞序，称方干的外甥杨弇及门僧居远收缀遗诗 370 余篇，析为 10 卷。后收入清初席启寓所辑《唐诗百名家集》，虽仍作 10 卷，然仅存诗 316 篇。"《全唐诗》搜罗放失，增为三百四十七篇。然与赞《序》原数终不相合。盖流传既久，其佚阙者多矣"。③

---

① 周勋初：《叙〈全唐诗〉成书经过》，《文史》第八辑，1980 年 3 月版。
② 《四库全书总目》卷一五〇《集部·别集类·翰苑集》，第 1287 页。
③ 《四库全书总目》卷一五一《集部·别集类·元英集》，第 1302 页。

3. 重出误收。《全唐诗》因识别不精而误收他人之作不在少数，"特别是在中、晚唐诗部分，为求'全'而辑入的不可靠的诗歌更多"。①

4. 校勘未精。清季以来，有关《全唐诗》的研究与整理工作全面展开，早在 20 世纪初，刘师培即撰《全唐诗发微》，对《全唐诗》在编纂中出现的问题提出批评，之后闻一多着手《全唐诗》研究，计划撰写《全唐诗校勘记》，校正原书的误字；编《全唐诗外编》，收罗《全唐诗》漏收的唐诗及残句；作《全唐诗小传补订》，拟订其误，补其缺略，惜未能竟稿。近年来清理闻一多的手稿，发现了许多有关《全唐诗》的著作，计有《全唐诗人小传》553 页、《全唐诗汇补》8 页、《全唐诗补传》88 页、《全唐诗校勘记》43 页，《全唐诗辨证残稿》52 页。岑仲勉认为《全唐诗》"篇章复累（除已注明外），小传疏舛，其数初不减于《全文》"，基于此撰《读全唐诗札记》，以原刻本为据，"有疑者亦尝取汲古阁刻盛唐四家诗、唐四家名集、五唐人诗集、唐六名家集、唐人八家诗洎手头所有之四部丛刊唐集等相校，惟不足是正者，不复征及"，② 为《全唐诗》文字的考订做了开创性的工作。

1941 年李嘉言在《国文月刊》（1941 年第 1 卷第 9 期）上发表《全唐诗校读法绪论》，对《全唐诗》出现的错误类型及原因作了总结概括，为校读、整理《全唐诗》提供了富于启发性的参考依据。新中国成立后，中华书局以扬州书局御定《全唐诗》为底本，排印出版了《全唐诗》。王重民、孙望、童养年分别就《全唐诗》的辑佚补订做了大量工作，先后有《补〈全唐诗〉》、《敦煌唐人诗集残卷》、《全唐诗补逸》、《全唐诗续补逸》问世，后由中华书局汇集为《全唐诗外编》出版，为唐诗研究提供了新的资料。陈尚君在总结前人成果的基础上，又对《全唐诗外编》进行了全面的校订和续补，博采四部典籍，佛道两藏，金石碑刻、稗乘方志，成《全唐诗续拾》60 卷，辑得唐诗 4300 余首，作者逾千人，可谓洋洋大观，对唐诗研究多所裨益。河南大学中文系编《全唐诗重篇索引》③，佟培基《全唐诗重出误收考》④ 也为《全唐诗》的利用与研究作出了

---

① 周勋初：《叙〈全唐诗〉成书经过》。

② 岑仲勉：《读全唐诗札记》，《唐人行第录》（外三种），中华书局 2004 年版，第 201 页。

③ 河南大学唐诗研究室编：《全唐诗重篇索引》，河南大学出版社 1985 年版。

④ 佟培基：《全唐诗重出误收考》，陕西人民教育出版社 1996 年版。

贡献。

## 二　《全唐文》的编纂

《全唐文》1000卷，是继《全唐诗》之后纂修的又一部大型唐代文学总集，此项工作始于嘉庆十三年（1808），至嘉庆十九年（1814）成书，前后历时六年。陈尚君在《述〈全唐文〉成书经过》一文中对清仁宗倡修该书的起因、当时据为底本而今已失传的陈邦彦编"内府旧本《全唐文》"的基本面貌和流传过程、参与编修的主要人员及所承担之责任、编修过程中利用各类典籍的概况、编修体例之确定及其局限、该书编修不负众望的原因、书成后刊校过程及后人所作之补遗工作等作了全面考察，① 面面俱到，论述精当，实无再叙之必要。陶敏、李一飞在《隋唐五代文学史料学》中对《全唐文》的得失优劣也进行了总结，以下结合已有的研究成果对《全唐文》的得失略事申说。

清人认为，作为总集，必须符合两个标准："一则网罗放佚，使零章残什，并有所归；一则删汰繁芜，使莠稗咸除，菁华毕出。"② 可以说清编《全唐文》基本达到了这样的要求，其优点主要体现在两个方面。其一是搜采十分浩博。《全唐文》总纂官之一陈鸿墀在《全唐文纪事》卷首列有《征引书目》，共计581种书籍，其中大部分当为编修所用。陈尚君对编纂《全唐文》的用书进行了考证总结，认为清编《全唐文》的用书主要有四部书、《永乐大典》、方志、石刻、释藏、道藏等典籍，说明《全唐文》的搜访颇为广泛，"在当时可说已极其难得，程功远远超过《全唐诗》之编校者"。③ 惟其如此，一些失传的文献也借以重见天日。在两宋以后唐人文集逐渐散佚的情况下，《全唐文》搜采之外兼及辑佚，为保存唐代文学作品作出了一定的贡献。如李商隐以诗闻名，文亦毫不逊色，《旧唐书·李商隐传》言其"能为古文，不喜偶对"，后从令狐楚学骈体，"博学强记，下笔不能自休，尤善为诔奠之辞。与太原温庭筠、南郡段成式齐名，时号'三十六'。文思清丽，庭筠过之"，有表状集40

① 详见陈尚君《述〈全唐文〉成书经过》，《复旦学报》1995年第3期。
② 《四库全书总目》卷一八六《集部·总集类序》，第1685页。
③ 陈尚君：《述〈全唐文〉成书经过》。

卷行世。①《新唐书·艺文志》著录李商隐《樊南甲集》20 卷、《乙集》20 卷、《玉溪生诗》3 卷、《赋》1 卷、《文》1 卷。② 但是历经宋、元、明三朝，到清初惟有诗集 3 卷传世，文集皆佚。清初朱鹤龄始搜采诸书，裒辑为五卷，"而阙其状之一体"。康熙年间，徐树谷、徐炯兄弟在朱鹤龄五卷本的基础上又从《文苑英华》辑出状文，又补入《重阳亭铭》一篇，成《李义山文集》10 卷 150 篇并为之笺注，此尚不及原文的五分之一。嘉庆年间编纂《全唐文》时从《永乐大典》中辑出李商隐文 12 卷，比徐氏兄弟所编《李义山文集》多出 203 篇，又编成《樊南文集补编》。今《永乐大典》已残存无几，《全唐文》就显得尤为珍贵。

《全唐文》的第二个优点是取舍得当，校勘精良。对于误入他人文集的篇章，如杨炯《彭城公夫人尔朱氏墓志》、《伯母李氏墓志》误入庾信《庾开府集》，为之"刊正改入"。对于同一篇文章而系于数人名下者，如《邕州马退山茅亭记》既见于柳宗元《河东集》，又见于独孤及《毗陵集》；《卢坦之》、《杨烈妇》二传，既见于李翱《文公集》，又见于李华《遐叔集》，编纂者通过考辨，"各订正归于一"，前者归河东，后者归李翱。"其无可证据不能确定为何人作者，于本文下注明亦见其人以省重复"。③ 在文字校录方面，《全唐诗凡例》规定："碑碣以石本为据，余则择其文义优者从之，若文义两可，则注明一作某字存证"；"金石文字，类多剥蚀而版本完善足信者，即据以登载；其无可据，则注明阙几字存证；惟残阙过甚仅留数字，无文义可寻者不录"；原书所用《文苑英华》为明刊闽本，"讹脱极多，今以影宋钞逐篇订正，补出脱字。又以元祝尧《古赋辨体》补出诸赋撰人姓名"，④ 颇用心计。

《全唐文》不仅搜罗宏富，还作了一定的考辨、校勘等工作，取得了一定的成绩，但由于系官修书，难免人浮于事，缺乏统一协调，甚至假公济私、主次颠倒，因此《全唐文》也存在着疏误和缺漏，后人对此亦多所诟病，而其最大的缺点，则莫过于录文不注出处，时过境迁，实难补

---

① 《旧唐书》卷一九〇下《文苑传·李商隐》，中华本，第 5078 页。

② 《新唐书》卷六〇《艺文志》，中华本，第 1612 页。

③ （清）董诰等编：《全唐文》卷首《凡例》，上海古籍出版社 1990 年版。

④ 《全唐文》卷首《凡例》，上海古籍出版社 1990 年版。

救，成为永久的缺憾。至于疏误缺漏，自此书问世后，拾遗补缺、校勘考订者摩肩接踵，为完善《全唐文》作出了一定的贡献。后人完善《全唐文》，所做工作主要体现在补遗和校订两个方面。

补遗方面，在编纂《全唐文》的过程中，总纂官陈鸿墀于荟萃之余加以考订，"至《全唐文》告成，所录者积一百二十二卷，自为一书，名曰《全唐文纪事》"，① 除博采各种文献中有关唐文的资料外，又辑有佚文十余篇，并补录了大量残句。② 之后阮元又辑有《全唐文补遗》1 卷，收文 128 篇③。咸丰年间，劳格撰《读全唐文札记》，录佚文及存目百余篇。在补辑佚文方面成绩最为显著者当数陆心源。光绪年间，陆心源利用丰富的藏书，又得缪荃孙等人之助，先后成《唐文拾遗》72 卷、《唐文续拾》16 卷，凡 88 卷，补遗唐文近 3000 篇，新收作者 480 余人。其"考订之细、校录之精、搜罗之广，皆有超迈前书处"，陆氏不失为《全唐文》的功臣。"清人辑录唐文，程功至钜，辑出的一千又八十八卷唐文，沾溉学者，足传久远"。"自清季以来，秘籍善本之面世，海外遗书之回归，敦煌遗书之刊布，石刻碑版之出土，各种释藏之印行，《道藏》研究之深入，加上方志谱碟中材料，今可获见而为《全唐文》失收的唐人文章，当不下万品"。④ 陈尚君不惮其烦，充分利用近世以来新出典籍及墓志碑刻，主要以唐宋四部著作、石刻碑帖、地方文献、敦煌遗书、佛道二藏作为辑录的主要依据，逐书检阅，并逐篇与《全唐文》对勘，以期广搜佚文，避免遗漏。共得唐文 5850 余篇（包括仅存残句），作者 1800 余人，编成《全唐文补编》160 卷。又将散见于群书中的唐人遗文另编为《全唐文再补》，凡得文 209 篇，作者 87 人（新见 49 人），一并由中华书局出版，陈尚君不失为补遗《全唐文》的又一功臣。但随着海外文献的回归，新出土文献的发掘，大型丛书、类书的编定刊行，仍有辑佚、补遗、考订的空间。由此可证，即使是一部断代总集的修订及臻于完善，也需要几代

---

　① 陈澧：《全唐文纪事序》，陈鸿墀《全唐文纪事》卷首，《续修四库全书》第 1716 册，第 199 页。

　② 参见陈鸿墀撰《全唐文纪事》卷九〇、九一《拾遗》，《续修四库全书》第 1717 册，第 309—326 页。

　③ 钞本，藏中国国家图书馆。《清史稿·艺文志拾遗》著录有《研经室全唐文补遗》一卷。

　④ 陈尚君辑校：《全唐文补编》卷首《前言》，中华书局 2005 年版。

人的不懈努力。

在校订方面，《全唐文》文字讹误和重出互见较突出，并有人名误、题目误、收录误现象，小传叙述亦间有失实之处。曾入馆总校《全唐文》的唐仲冕在覆校刻本时即发现错误三处，载于《陶山文录》中。清代考据家劳格深谙唐事，撰有《读全唐文札记》、《札记续补》（收入《读书杂识》卷八），"就小传洎人名、官爵、郡县、年月等数类，笔其偶见"，匡谬正讹，共得 130 余条。近世唐史名家岑仲勉又撰《读全唐文札记》，为其纠谬、正误、质疑，共涉及文章近 400 篇，作者 130 余人。中华书局影印本《出版说明》将《全唐文》在校订方面的错误归纳为作者张冠李戴、姓名舛误、题目夺误、正文讹脱、重出和互见、误收唐前后文及小传错误等七类。陈尚君先后撰有《再续劳格读〈全唐文〉札记》、《读〈唐文拾遗〉、〈唐文续拾〉札记》、《〈唐文拾遗〉校订》、《〈唐文续拾〉校订》等，均收入《全唐文补编》，仅《再续劳格读〈全唐文〉札记》就指出《全唐文》的错误 600 余例。

### 三　其他唐代总集的选编与评注

清人在整理唐代总集时，除汇辑《全唐诗》、编纂《全唐文》外，还选编了多种唐代诗文总集，以下就《清史稿·艺文志》及《补编》、《拾遗》所见清人整理刊刻的唐人诗文总集略事说明。

有清一代，唐人诗文备受青睐，促进了唐代文学文献的整理、选编与刊刻，并取得了突出的成就。康熙帝"亲标甲乙"①，御选《唐诗》32卷，乾隆帝又御定《唐宋文醇》58 卷，选文除唐宋八大家外，又增加了李翱、孙樵二人之作。为配合《唐宋文醇》，又御定《唐宋诗醇》47 卷，选录乾隆皇帝御定的李白、杜甫、白居易、韩愈及苏轼、陆游等六大诗人的作品。这三部总集名为御选，编选评注工作实际上主要由众文臣完成。在朝廷的倡导下，选编刊刻唐人总集蔚然成风，各种选集如雨后春笋般地涌现出来。从《清史稿·艺文志》及《补编》、《拾遗》著录的清人选编唐代诗文总集来看，唐文的选编范围主要集中在唐宋八大家方面，此外尚有《全唐文》补遗、《初唐四杰文集》及吕留良《唐文吕选四种》。而唐诗总集的选编刊刻在数量上则远远超过了唐文总集，较有影响的有《唐

---

① 《四库全书总目》卷一九〇《集部·总集类·御选唐诗》，第 1727 页。

诗别裁集》、《万首唐人绝句》、《唐诗三百首》、《唐贤三昧集》、《中晚唐诗叩弹集》等。

经过清人的不懈努力，大量的唐代诗文总集流传于世，尤其是唐诗总集的选编、笺注及刊刻呈现出欣欣向荣的局面，这些选本自成一家，各有千秋，有的以体裁，有的按时代，有的按作者类别进行编选。在按体裁编选的唐人诗集中，有的专选绝句，如王士禛《唐人万首绝句选》、姚鼐《唐人绝句诗钞》。《唐人万首绝句选》是在洪迈《万首唐人绝句》的基础上删存895首，作者264人。编选此书时王士禛已罢官归隐，赋闲在家，因而"得以从容校理，故较他选为精审"①。有的专选七律，如毛奇龄《唐七律选》、胡以梅《唐诗贯珠》、赵臣媛《山满楼笺注唐诗七言律》等。胡以梅《唐诗贯珠》"特选四唐近体七言，都得二千四百首，晚唐尤致意于遗珠焉"。②有的专选五律，如黄生《唐诗矩》、顾安《唐律消夏录》、李怀民《重订中晚唐主客图》等。有的专选排律，如牟钦元《唐诗排律》、蒋鹏翮《唐诗五言排律》等。专选五绝者有姚鼐《姚姬传先生唐人五言绝句诗抄》，专录古诗者有程功《唐古诗则》。在按时代划分编选的唐人诗集中，有专录李、杜以外盛唐诗作的《唐贤三昧集》（王士禛），专录大历一代诗作的《大历诗略》（乔亿），专选唐贞元、元和以后诗的《唐贤小三昧集续集》（周咏棠），专录中晚唐诗的《晚唐诗善鸣集》（陆次云）、《唐诗英华》（顾有孝）以及《中晚唐诗叩弹集》（杜紫纶、杜诒縠）、《中晚唐诗》（刘云份）等。在按作者类别编选的唐代诗文集中，有的选本只收同流派的唐代诗作，如陈堡《温李两家诗集》、汪立名《唐四家诗》、项家达《初唐四杰集》等；而刘云份《八刘唐人诗》则从姓氏角度进行编选。如此众多的编选角度及方法，说明清人对唐诗的认识更加全面，也标志着清代唐诗研究的日益深入。

清人在编选刊刻以上唐代总集时，并非如《全唐诗》、《全唐文》只是简单地收录诗文附以作者小传，而是在选录诗文、附以小传之外还加以评注。如康熙帝《御选唐诗》即有注释，除在作者名下"详其爵里，以为论世之资"外，还于诗句之下依李善注《文选》之例，征引所用故实

---

① 《四库全书总目》卷一九〇《集部·总集类·唐人万首绝句选》，第1730页。

② （清）胡以梅：《唐诗贯珠序》，胡以梅笺《唐诗贯珠》卷首，清康熙五十四年刻本。

与训诂名物，"至作者之意，则使人涵泳而自得，尤足砭自宋以来说唐诗者穿凿附会之失焉"。① 乾隆时人宋宗元分体钞录唐诗，又因"诗中典实辞彩，并作者原起，不能洞然在目，讵望悠然会心"，② 于是采摭载籍，为之援引疏证，评释笺注，辑为《网师园唐诗笺》18 卷，重在解释典故。徐倬鉴于《全唐诗》卷帙浩繁，于是"采撷菁华，辑为一集"，编成《全唐诗录》100 卷，"每人各附小传，又间附诗话、诗评，以备考证"。③ 杜紫纶、杜诒穀选编《中晚唐诗叩弹集》，"以才调风情为主"，选录长庆年间以后至唐末 37 位诗人的 1614 篇诗作，"取平原抱景咸，叩怀响毕弹之意，名之曰《叩弹集》"，④ 每位作者都附有小传，"皆援据正史，史未载者，参考诸选，以备知人论世之义。虽云阙疑，而传信不免孤陋而寡闻，唯博学君子正其纰缪，有厚幸焉"。"凡遇典故，多采《新》、《旧》、诸名家笺注，不揣固陋，间有增补或订正处，加某按字。至或作者寓意曲折，非训诂所及者，为之参订时事，略为阐发，仿钱氏笺杜之意，挂漏之讥，所不免耳"。⑤《四库提要》谓其训释考证"亦颇多可采"。查克宏编《晚唐诗钞》，收录诗人 112 家，"盖本明胡震亨《唐音戊签》刊削成帙，人各缀以小传，兼附考核"。⑥ 胡以梅辑录并笺注《唐诗贯珠笺释》，就"兴之所发"而加以诠释，所做笺释皆贯通全篇，"大旨推原作者之意为先，次发明章法句法字法，作者精神力量，疏其典故用意"。⑦"论其世，考其事，详其地，核其人爵位之显晦，遭逢之得失，交游疏密，事功大小，本之传纪，旁搜别籍，探根蒂以得其情志，索群书以原其用意，蠡测作者之衷，务归首尾融会，不致刺谬而后即安，典故源流，宁详弗略。"⑧ 沈德潜《唐诗别裁集》亦附有作者小传及评注，对作品的主题思想和段落大意，以及作家的艺术特色和表现手法，均作了简明扼要的论述，有助于对唐诗的理解。沈德潜在《凡例》中说："评点笺释，皆后人方隅之见。此本不

---

① 《四库全书部目》卷一九〇《集部·总集类五·御选唐诗》，第 1727 页。

② （清）宋宗元：《网师园唐诗笺》卷首《序》，木刻尚纲堂版。

③ 《四库全书部目》卷一九〇《集部·总集类五·全唐诗录》，第 1731 页。

④ （清）杜诏（紫纶）：《中晚唐诗叩弹集自序》，（清）杜紫纶、杜诒穀《中晚唐诗叩弹集》卷首，北京市中国书店据采山亭藏版影印，1984 年。

⑤ 杜庭珠（诒穀）：《中晚唐诗叩弹集例言》，《中晚唐诗叩弹集》卷首。

⑥ 《四库全书总目》卷一九四《集部·总集类存目·晚唐诗钞》，第 1778 页。

⑦ （清）胡以梅笺：《唐诗贯珠》卷首《凡例》，清康熙五十四年刻本。

⑧ （清）胡以梅笺：《唐诗贯珠》卷首《序》。

废评点，间存笺释，略示轨途，俾读者知所从入耳。识者谅诸！"①

即使作为童蒙教材的《唐诗三百首》，在选编时也免不了当时流行的做法。蘅塘退士孙洙鉴于当时流传甚广的童蒙教材《千家诗》系"随手掇拾，工拙莫辨"，"且止五七律绝二体，而唐宋人又杂出其间，殊乖体制"，于是"专就唐诗中脍炙人口之作，择其尤要者，每体得数十首，共三百余首，录成一编，为家塾课本，俾童而习之，白首亦莫能废，较《千家诗》不远胜耶？"② 此书流传颇广，版本极多，与清人选编唐代诗歌总集好作笺释一样，此书原亦有注释和评点，当是出自编者之手。注释只注事，不释义，颇为精当。书中评语夹于行间，多半指点作法，说明旨意，偶尔也品评工拙。《唐诗三百首》"着眼于历来为人传诵的名篇，因此，它较多地收录了王维、李白、杜甫等大家的代表作，同时也适当选收了一些不甚知名的诗人的个别优秀作品。《唐诗三百首》收诗的分量比较适中，而选目又较为广泛，注意到入选作品的代表性，这大概就是它风行海内、历久不衰的主要原因"。③ "从唐人选唐诗的元结《箧中集》算起，历来编选的唐人诗集，共有一百多种，但最有影响、最有生命力的却要推这本《唐诗三百首》。"④ 道光年间，浙江建德章燮又为此书作注，成《唐诗三百首注疏》，有诗人小传，有事注，有义疏，说明作法，广引评语。其中李白诗用王琦所注《李太白全集》，杜甫诗用仇兆鳌《杜诗详注》，还增补了一些诗，却没有增选诗家。道光丁酉年（1837）江苏金坛于庆元又编《续选唐诗三百首》。

清人除为自编自选的唐代诗文总集作评注笺释外，还为前人及时人所选唐代总集作笺注，如《唐诗鼓吹》相传为元次山选编，此选本问世后，出现了许多注释本、解评本，元代郝天挺有《注唐诗鼓吹》，明代廖文炳有《唐诗鼓吹注解大全》，清代钱朝鼒、王俊臣、王清臣、陆贻典有《唐诗鼓吹笺注》，钱谦益、何义门有《唐诗鼓吹评注》，朱三锡有《东岩草堂评定唐诗鼓吹》等。这些评注本都能充分吸收前人成果，对前人的注

---

① （清）沈德潜：《唐诗别裁集》卷首《凡例》，上海古籍出版社 1979 年版。

② （清）蘅塘退士编，（清）陈婉俊补注：《唐诗三百首》卷首《蘅塘退士原序》，线装书局 2009 年版。

③ 中华书局：《〈唐诗三百首详析〉重印说明》，喻守真编注《唐诗三百首详析》卷首，中华书局 1957 版。

④ 金性尧：《唐诗三百首新注》卷首《前言》，上海古籍出版社 1980 年版。

评进行修正和补充。

总之，清人汇集、选编、评注唐代总集，尤其是唐人诗集，取得了相当大的成就，这些诗文总集不但总结和继承了前人的研究成果，为后来的研究者提供了系统而丰富的史料，同时也推动了隋唐五代文学研究的深入发展。而在诸多的清编唐诗总集中，影响深远的莫过于《全唐诗》及蘅塘退士孙洙的《唐诗三百首》，前者在保存唐代诗歌文献方面作出了巨大的贡献，而后者几乎家喻户晓、妇孺皆知，在唐诗的普及与传播方面起了很大的推动作用。

## 第二节  唐人别集的整理与笺注

唐人诗文的结集刻印乃至整理研究可谓历史悠久，绵延不绝。早在唐代，文人就较为重视个人作品的汇集编纂，或自编，或请人代编，或由亲故编辑，形成了最早的唐人别集。唐代之后，学者们不遗余力地继续从事唐人别集的辑集刻印，同时又展开整理与研究工作，取得了显著的成果。时至清代，当时浓厚的学术风气，发展至顶峰的刻书事业，清王朝的"稽古右文"，更是将唐人别集的刊刻与整理推向高潮。许多唐人别集或始刻、或辑刻、或翻刻重版，不一而足；有清一代学者整理唐人别集规模之大，数量之多，超过以前历代的总和。此外，清儒在整理唐人别集时还做了大量辑佚校勘、笺释注评及汇集资料等基础性的工作，为唐代文学的传播与研究作出了贡献。

由于朝廷的重视与提倡，乾嘉学术风气的影响，清人普遍重视古籍的整理与研究，出现了一批热爱古籍、长于校勘的藏书家及学者，又鉴于"明人刻书而书亡"的教训，清人刻书都非常重视校勘，同时许多唐人别集又得到了精心的笺释。因此清儒整理唐人别集自成体系，别具特色。陶敏、李一飞在《隋唐五代文学史料学》一书中对清人整理刊刻隋唐五代别集的概况作了总结，认为清人除了重视汇刻唐人别集外，由于受时代和学术风气的影响，还有自己的特色，其一是清人选编隋唐五代别集，版本十分讲求，刊刻校勘更务求精审。其二是清人辑刊别集，务求全备。其三是清人十分重视文献考订辨伪工作。① 除此之外，笔者通过对《清史稿·

---

① 陶敏、李一飞：《隋唐五代文学史料学》，第 64—66 页。

艺文志》及《清史稿艺文志补编》、《清史稿艺文志拾遗》所著录的清编唐人别集数量的统计，并仔细研读其中若干重要的别集，发现尚有以下特点为学界所忽视，实有论述之必要。

### 一 前无古人的别集笺注

清儒在整理刊刻唐代诗文总集时即已表现出选编之外兼及评注笺释的倾向，而在整理别集方面，这种倾向已经发展成为一种共识。孙钦善在总结清代学者整理集部文献的成果时指出，清人整理前人别集主要有两类著作，"一类是校注，一类是辑集"，① 并列举若干重要之作，其中唐人别集有 28 种之多。另外，从《清史稿·艺文志》及《清史稿艺文志补编》、《清史稿艺文志拾遗》的著录来看，经清儒整理的唐人别集几乎无一例外都辅以笺释或注评，"它们虽或系一人积年完成，或经多人相踵完善，注者各有专长，笺释各有侧重，体式风格多样，但大都能博采旧注，广征史料，缜密考订，纠谬补缺，考校、笺注、评解都远较旧本详善，达到了新的高度。这批著作，既代表了清人别集整理的最高成就，也是我国封建社会中隋唐五代别集整理工作总结性的集大成之作"。② 《清史稿·艺文志》著录唐人别集 48 种，从蒋清翊的《子安集注》（王勃）、陈熙晋的《临海集注》（骆宾王）到顾予咸撰、子嗣立增补的《飞卿集笺注》（温庭筠）、沈可培的《比红儿诗注》（罗邺），这些笺注本中的绝大部分已分别由中华书局、上海古籍出版社编入《中国古典文学基本丛书》、《中国古典文学丛书》中陆续整理出版。

### 二 以注杜为代表的别集笺注

清儒整理刊刻唐人别集，几乎无一例外都辅以笺释注评，而笺注杜诗则是这一时期清儒整理研究唐人别集的一项主要内容。杜甫作为我国历史上久负盛名的诗人，亲历了唐王朝由盛转衰的关键时期，诗人以其敏锐的目光观察时政得失，用他的如椽之笔记录百姓生活。杜甫的诗歌语言凝练，风格沉郁顿挫，真实地反映了社会动乱与人民疾苦，后人誉之为"诗史"。千百年来，杜甫的诗歌受到了广泛的推崇和关注，一直是学者

① 孙钦善：《中国古文献学史》，中华书局 1994 年版，第 862 页。
② 陶敏、李一飞：《隋唐五代文学史料学》，中华书局 2001 年版，第 66 页。

研究探讨的对象。杜诗的注释也已成为一门专学，早在宋代，就已出现了
"千家注杜"的盛况。时至清代，又掀起了一次注杜的高潮，各种杜诗注
本层出不穷，蔚为大观。《清史稿·艺文志》共著录清人整理笺注的唐人
别集 48 种，其中杜诗注本就多达 22 种，几乎占到总数的一半，而这还远
非清人注杜之全部。今人周采泉《杜集书录》卷四、卷五共著录清人撰
著的杜诗全集校刊笺注本 27 种①。孙微在《清代杜诗学史》一书中说，
"现存清代杜诗注本共有一百四十多种，而清初的就有四十余种"。"已散
佚的清初杜诗注本、选本就有九十余种"。② 显然清代，尤其是清代初年
杜诗学的研究步入高潮，也成为杜诗学研究的集大成时期。

　　清人笺注杜诗的成就主要集中在清代初年，代表性的著作有钱谦益笺
注的《杜工部集》③、朱鹤龄的《杜工部诗集辑注》、仇兆鳌的《杜诗详
注》、杨伦的《杜诗镜铨》、浦起龙的《读杜心解》等。可以说，钱谦益
笺注《杜工部集》开一代风气之先，正如周采泉所言，"至钱笺出，杜诗
面貌为之一新"，"有清一代，学人注杜，蔚然成风，未始非钱氏倡导之
力也"。④ 而在众多的清人注杜著作中，成就最高的也非钱谦益《杜工部
集》莫属。钱谦益注杜的出发点是因为前人注杜存在诸多谬误和曲解，
"余为读杜笺，应卢德水之请也。孟阳曰：何不遂及其全。于是取伪注之
纰谬，旧注之踳驳者，痛加绳削，文句字义，间有诠释"。⑤ 因此钱氏注
杜的目的在于"专为刊削有宋诸人伪注缪解烦仍踳驳之文，冀少存杜陵
面目"。⑥ 钱谦益笺注的《杜工部集》包括两部分内容：一部分是对诗句
中字词及典故的注释，另一部分是笺释诗意，以考证诗歌与史实间的联系
为主，即以唐代史事与杜诗相互参证，紧扣作者时代，充分运用历史事实
来揭示杜诗的真实意蕴，明显地体现出了诗史互证的特色。因此，用
"诗史互证"的方法笺注杜诗是钱注杜诗的一大特点，不仅如此，钱注杜

---

　　① 周采泉：《杜集书录》卷四、卷五，上海古籍出版社 1986 年版，第 149—254 页。

　　② 孙微：《清代杜诗学史》第一章《清代杜诗学发展的几个阶段及其特点概说》，第 3 页。

　　③ 案：钱谦益笺注的《杜工部集》有清康熙六年季氏静思堂刻本，《续修四库全书》本即
据此本影印，上海古籍出版社 1979 年出版的整理本名《钱注杜诗》。

　　④ 周采泉：《杜集书录》，第 154—155 页。

　　⑤ 钱谦益：《草堂诗笺原本序》，（唐）杜甫撰、（清）钱谦益笺注：《杜工部集》卷首，
《续修四库全书》第 1308 册，第 1 页。

　　⑥ （清）钱谦益：《有学集》卷三九《复吴江潘力田书》，（清）钱谦益著，（清）钱曾笺
注，钱仲联标点：《钱牧斋全集》第六册，上海古籍出版社 2003 年版，第 1350 页。

诗还通过对杜诗的深入研究和解析，发现了许多史书漏载的史实，起到了补史书记载之不足的作用。正如清人黄生所言："近钱牧斋笺注杜集，引据该博，矫伪铧讹，即二史（两《唐书》）之差谬者，亦参互考订，不遗余力，诚为本集大开生面矣。"①

如果说钱注杜诗是清人笺注杜诗的开山之作，那么康熙朝仇兆鳌的《杜诗详注》则是当时笺注杜诗的集大成之作，继钱谦益之后，仇兆鳌再次将杜诗学的发展推向高潮。仇氏《杜诗详注》凡诗注 23 卷，杂文注 2 卷，后又增补逸杜、咏杜、补杜、论杜为附编上、下卷。"其总目自二十八卷以下，尚有仿杜、集杜诸卷，皆有录无书，疑欲续为而未成也"。②仇氏注杜几乎倾注了其毕生的心血，前后历时二十多年，几经增补，搜集了大量资料，把康熙以前各家注释差不多都已汇集起来，起到了集解的作用。《杜诗详注》重点在于对前人注杜资料进行整理、编辑、汇总，仇氏对杜诗从编年、分章、解意、释词、到引古、褒贬和辨伪，一一细为剖析，并博引前人论述以资参证，使仇注成为杜诗最完备的注本。《杜诗详注》不仅参考了大量前人及时贤的著作，还以集解的形式荟萃了历代注释和研究杜诗的成果，成为此前杜诗研究成果的汇编，也可以说是明末清初注杜的一个总结。

洪业总结清人注杜时说："钱、朱二书既出，遂大启注杜之风，康熙一代，作者如林。"并指出二人注杜亦各有特色，"钱氏求于言外之意，以灵悟自赏，其失也凿；朱氏长于字句之释，以勤劳自任，其病也钝。后来作者大略周旋于二家之间，故清代《杜诗》之学当以二书为首，而钱氏实开其端，功尤不可没也"。③ 周采泉在总结清代初年笺注杜诗的成就时，对仇注评价颇高："清初顺康两朝，治杜诗学者盛极一时，新贵如钱谦益、陈廷敬、朱彝尊、毛奇龄、王士祯等宣扬于上，遗民如黄生、卢元昌、计东、朱鹤龄等踵事增华，百年之间，可以传世之作，不下数十家。仇氏崛兴，汇各家之长，成一家言。释文解句，无愧《详注》。其所引证之书，仅释典道藏亦引至一二百种。唐宋以来所有注杜与各种诗话，几乎

---

① （清）黄生：《杜工部诗说》卷十一，《四库全书存目丛书》集部第 5 册，齐鲁书社 1997 年版，第 489—490 页。

② 《四库全书总目》卷一四九《集部·别集·杜诗详注》，第 1282 页。

③ 洪业、聂崇岐等编纂：《杜诗引得》卷首《序》，上海古籍出版社 1985 年版。

搜罗无遗。其援引之书，近世未见传本者颇多。《四库》于清代所有注杜，存书者仅此一种，张之洞《书目答问》，于杜诗亦仅举《详注》及《镜铨》两种。《提要》谓‘核其大局，可资考证者为多’，亦为平允之论。"①《杜诗详注》为研究杜诗提供了方便，直至今日也还不失为阅读、研究杜诗的一种基本参考资料。不足之处是详尽之中稍嫌繁琐，引书亦有失检之处，并存在一些错漏，少量原注和补注还有重复和矛盾之处。时人已指出其不足，《四库全书总目》言"其中掇拾类书，小有舛误者"，如此之类，"皆不可据为典要"，"然援据繁富，而无千家诸注伪撰故实之陋习。核其大局，可资考证者为多，亦未可竟废也"。②

### 三　一人之别集，数家之笺注

清儒整理研究唐人别集，除群起而注杜之外，关注的目光主要集中在为数不多的几个作者身上，因此形成了"一人之别集，数家之笺注"的现象。从《清史稿·艺文志》及《清史稿艺文志拾遗》所著录的唐人别集来看，清儒关注的焦点除杜甫外，主要集中在李商隐、韩愈、李贺等几个大家身上，而且一人之别集，均有数家之笺注。

注杜之外，清人关注最多的唐代作家当属李商隐。清代之前，李商隐的作品备受冷落，"从李商隐去世到明末的 800 年间，竟无一部完整流传至今的整理研究专著，与千家注杜、五百家注韩的声势相比，显得黯然失色，而且明显滞后于整个唐诗研究"。③ 到清代初期，长期以来备受冷落的李商隐诗成了学者关注和研究的对象，先后出现了一系列李商隐诗集的全注本、选解选评本，历顺、康、雍、乾、嘉、道，形成了一个长达二百余年的李商隐研究热。

清代较早的李商隐诗注本是朱鹤龄笺注的《李义山诗集》，之后又有姚培谦《李义山诗集笺注》16 卷，程梦星《李义山诗集笺注》3 卷本。乾隆年间，冯浩又就朱、姚、程三本"存其是，补其阙，正其误"，同时又采用了吴江徐逢源的未刊笺注本及冯舒、冯班、何焯等人的评说，成

---

①　周采泉：《杜集书录》，第 205 页。

②　《四库全书总目》卷一四九《集部·别集·杜诗详注》，第 1282 页。

③　韩大强：《清代李商隐研究综述》，《信阳师范学院学报》（哲学社会科学版）2005 年第5 期。

《玉溪生诗详注》4卷。李商隐文有徐树谷、徐炯《李义山文集笺注》10卷本及钱振伦、钱振常《樊南文集补编》12卷本。由此可见，有清一代，研究李商隐诗文的人数众多，"著作迭出，无论是研究深度还是广度都是前无古人的"，① 岑仲勉先生也指出："唐集韩、柳、杜之外，后世治之最勤者莫如李商隐，三百年来可十余家。"② 岑氏所谓后世，主要指清代而言。

　　清代的李商隐研究首先基于对李商隐作品的搜集与整理。诗歌方面，由于李商隐是唐代后期杰出的诗人之一，与杜牧合称"小李杜"，与温庭筠合称"温李"，其诗歌一直深受后人推崇，故至清初仍保存完整。清初第一个为李商隐诗作注的是释道源，之后朱鹤龄在道源注本的基础上，吸收了道源的观点，并作了进一步的发挥，完成《李义山诗注》3卷。道源诗注原文早佚，只部分地保存在朱鹤龄的《李义山诗集笺注》中，这是目前可以看到的最早的李商隐诗歌的完整注本。此后陆续出现了钱龙惕《玉溪生诗笺》、陆昆曾《李义山诗解》、姚培谦《李义山诗集笺注》、屈复《玉溪生诗意》、程梦星《重订李义山诗集笺注》、冯浩《玉溪生诗详注》、吴乔《西昆发微》、纪昀《玉溪生诗说》等多种注解评注或选注选评本。文章方面则不然，由于李商隐自编的《樊南甲集》、《乙集》早已不存，清初，经朱鹤龄、徐树谷、徐炯诸人先后搜采裒辑，始出现了第一个较为完备的《李义山文集》本，后钱振伦、钱振常兄弟又从《全唐文》中辑出《李义山文集》未收的佚文203篇，编成《樊南文集补编》。李商隐文集的辑佚与整理，为清人研究笺注李商隐文提供了条件。有清一代，陆续出现了徐树谷、徐炯《李义山文集笺注》、冯浩《樊南文集详注》及钱振伦、振常《樊南文集补编》等在笺注考释及系年考证方面用功颇深、影响较大的著作。

　　杜甫、李商隐之外，韩愈、李贺也是清人关注的热点。见于《清史稿·艺文志》的韩愈诗文注本及选评选注本主要有顾嗣立《昌黎诗笺注》、黄钺《昌黎诗增注证讹》、方世举《韩昌黎诗集编年笺注》、陈景云《韩集点勘》、沈钦韩《昌黎集补注》、王元启《读韩记疑》等6种。见于

---

　　① 韩大强：《清代李商隐研究综述》，《信阳师范学院学报》（哲学社会科学版）2005年第5期。

　　② 岑仲勉：《玉溪生年谱会笺平质·导言》，张采田《玉溪生年谱会笺》（外一种）附录，上海古籍出版社2010年版，第213页。

《清史稿艺文志拾遗》的主要有《韩昌黎文选》、《韩诗读本》、《韩诗编年集注》、《韩集笺正》、《韩文故》、《五百家注辑昌黎集》、《韩集拾审》、《韩文选》、《读昌黎先生集》等 9 种，合计 15 种。在这些清人著述中，陈景云《韩集点勘》和方世举《韩昌黎诗集编年笺注》最为著名，前者主要纠正廖莹中世彩堂《昌黎先生集注》中的谬误，后者一方面为韩愈诗编年，另一方面进行笺释，"一一考诸史，证诸集，参之旁见侧出之书，以详其时，以笺其事，以辨诸家之说"。①

见于《清史稿·艺文志》的李贺诗注本仅有王琦《李长吉歌诗汇解》4 卷及《外集》1 卷，而见于《清史稿艺文志拾遗》的尚有《昌谷集句解定本》、《昌谷诗注》、《昌谷集注》、《李长吉诗删注》、《李长吉集》、《李长吉诗》及《外集》等 6 种，合计 7 种。1977 年，上海人民出版社将王琦《李长吉歌诗汇解》、姚文燮《注昌谷集》、方扶南《批注李长吉诗集》汇为一编名《李贺诗歌集注》整理出版。

## 第三节　清儒笺注唐人别集的集大成特征

清儒笺注唐人别集，除数量大及集中笺注少数名家的作品两个特点以外，还具有明显的时代特征。清代是中国学术发展史上的集大成时期，在学术研究的各个领域都呈现出集大成的特征，这种特征反映在笺注唐人别集上，则是在充分吸收前人学术成果的基础上，广征博引，采辑众说从而完成一部新的笺注。正如刘诚在《中国诗学史》一书中所言，"清代诗学研究的回顾、整理和总结的特点是最为明显的"。② 这种总结的特征表现在唐人别集的整理方面则是集大成式的笺释之作不断出现。在大量清儒笺注的唐人别集中，笺注者不仅能够充分吸收前贤时哲的笺释成果，同时还广泛搜集与作者及诗文有关的传记、年谱、序跋、评论、诗话及佚文逸事等资料。具体而言主要表现在三个方面：其一是笺注时多方搜求，辑佚补遗，订谬正讹，力求唐人别集完备无缺；其二是笺注时能广采博收，并充分吸收前贤时哲的研究成果；其三是广泛搜集作者的传记、行状、世系、

---

① （清）方世举：《韩昌黎诗集编年笺注·序》，《续修四库全书》第 1310 册，第 264 页。

② 刘诚：《中国诗学史》（清代卷）第三章《清初诗学的建树》，鹭江出版社 2002 年版，第 116 页。

碑志、逸事及别集作品的序跋、评论、诗话、酬唱、题咏等资料，凡此都是清代学术集大成特征的具体表现，也是集大成时代学术发展的必然结果。

### 一　辑佚补遗，订谬正讹

无论是唐人所编拟或后人辑集的唐人别集，随着时间的流逝和不断地传抄刊刻，难免产生散佚、脱漏及讹谬等问题。北宋宣和年间刘麟募工刊行《元氏长庆集》时说："《新唐书·艺文志》载其当时君臣所撰著文集篇目甚多，《太宗集》四十卷，至武后《垂拱集》一百卷，今皆弗传，其余名公巨人之文所传盖十一二尔。如《梁苑文类》、《会昌一品》、《凤池藁草》、《笠泽丛书》、《经纬》、《冗余》、《遗荣》、《雾居》，见于集录所称道者，毋虑数百家，今之所见者，仅十数家而已，以是知唐人之文亡逸者多矣。"① 曹之先生亦言："唐人之文传至宋代者仅占十分之一二，其余十分之八九均已亡佚。"② 宋代尚且如此，遑论清代。即使宋、元、明三代辑集刻印的唐人别集，至清代也不同程度地湮灭或散佚，因此清儒在笺注唐人别集时，面临的首要任务就是辑佚补遗、订谬正讹，力求唐人别集完备无缺。

#### 1. 辑佚补遗

清儒笺注唐人别集，首先注重别集作品的完整性，但是因斗转星移、辗转传抄、屡经刊刻等各种因素，别集作品遗佚严重，因此清儒在整理过程中首先充分利用各种文献或新出土的石刻资料进行辑佚补遗，为增益唐人别集作出了一定的贡献。经清儒整理的唐人别集，其辑佚补遗的成果往往以外集或别集、补遗或附录的形式单行或附于正集之后，有的则直接补入正集各卷之中。

两宋以来，学者在整理前人别集时，常常将辑佚成果以外集、别集等形式附于正集之末，清儒在整理唐人别集时也继承了这一传统的治学方法，许多唐人别集的笺注本将补遗作品汇为一卷或作为附录附于卷末，对于数量多篇幅长者甚至另册印行，径称《外集》或《补编》。清儒辑佚唐

---

① （宋）刘麟：《元氏长庆集原序》，（唐）元稹《元氏长庆集》卷首，《四部丛刊》初编第 122 册。

② 曹之：《宋代整理唐集考略》，《古籍整理研究学刊》1997 年第 1 期。

人别集最值称道者莫如同治年间钱振伦、钱振常兄弟所辑《樊南文集补编》。李商隐作为唐末著名诗人，作品见于《新唐书·艺文志》著录者有《樊南甲集》20 卷，《乙集》20 卷，《玉溪生诗》3 卷，《赋》及《文》各 1 卷，惜均散佚不存，历代都有学者搜辑整理，"其中以清乾隆年间冯浩的《樊南文集详注》和清同治年间钱振伦兄弟的《樊南文集补编》较为完备"。① 《樊南文集详注》系冯浩在徐树谷兄弟辑自《文苑英华》八卷本《樊南文集》的基础上删补订正而成，篇目未有增损。而《樊南文集补编》则系钱振伦从《全唐文》中辑出李商隐文 203 篇，"厘为四册，名曰《补编》"，以补冯本之不足，增补篇章远远超过了正集。钱振伦又与其弟振常"分任笺注之役"，以期抛砖引玉，"有好事如冯氏者纠余之失，更合本集以成完书"。②

如《樊南文集补编》这样单册印行的辑佚成果较为鲜见，更多的辑佚成果则附于正集之末。杜牧与李商隐合称"小李杜"，同是晚唐诗坛上的著名诗人，杜牧《樊川文集》系其外甥裴延翰所编，共计 20 卷，存诗文 450 首，此本一直流传下来，未曾散佚。宋代又增辑了《外集》、《别集》各 1 卷，共计 178 篇。清嘉庆年间冯集梧专为《樊川文集》中的诗歌做注，成《樊川诗集注》4 卷，未及《外集》和《别集》。此外又据《唐音统签》、范成大《吴郡志》、《景定建康志》、《事文类聚》及《全唐诗》辑得《补遗》1 卷共 15 首附于卷末。清初顾嗣立继曾益、顾予咸之后笺注温庭筠诗，依宋本分为《诗集》7 卷，《别集》1 卷，"复采诸《英华》、《绝句》诸本中定为《集外诗》一卷"并为之做注。③ 王琦笺注《李太白全集》时，见于前代无论是刻本还是整理本都以诗为主，鲜及文章，因此他的笺注包括诗及文，且在前人所辑作品的基础上继续增辑补遗，其中第 30 卷为《诗文拾遗》，共计 57 首。王琦《李长吉歌诗汇解》除笺注原本正集 4 卷、外集 1 卷外，又自《乐府诗集》辑录佚诗 2 首作为《补遗》附于外集之末。

清儒整理唐人别集，辑佚成果除以外集、别集、补编等形式单行或以

---

① （唐）李商隐著，（清）冯浩详注，钱振伦、钱振常笺注：《樊南文集·前言》，上海古籍出版社 1988 年版。

② （唐）李商隐撰，（清）钱振伦笺，钱振常注：《樊南文集补编·自序》，《续修四库全书》第 1312 册，第 595 页。

③ （唐）温飞卿著，（清）曾益等笺注：《温飞卿诗集笺注·后记》，《四部备要》本。

附录、补遗等形式附入正集之末外，有的则直接依次补入正集各卷之中。如"初唐四杰"之一王勃的诗文集，不论是两《唐书》著录的 30 卷本，还是宋洪迈《容斋随笔》所言 20 卷本，到明代皆已亡佚，崇祯年间，张燮自《文苑英华》辑成《王子安集》16 卷，已非足本，此外明永嘉人张逊业又刊有两卷本《王子安诗集》。同治末年蒋清翊注《王子安集》，仍分为 20 卷，"诗依张氏本，赋及杂文依《文苑英华》"，又从《唐语林》辑补赞 1 首，从崇善寺本辑补赋、记各 1 首，从《全唐诗》、《初唐十二家集》、《韵语阳秋》辑补诗 8 首，从《全唐文》辑补序、碑各 1 首，"均依次编入"。①

2. 订谬正讹

唐人文集除散佚严重外，其幸存部分经过多年的辗转传抄，讹误脱漏亦在所难免。清儒在整理笺注的过程中，都能认真校勘并订谬正讹，为后人研究唐人别集做了许多开拓性的工作。赵殿成认为文献讹谬乃寻常事，即使"名士手校，犹有同异，况多经妄庸人改窜其中乎"！即使公认的善本，也仅仅是"彼善于此"。有鉴于此，赵殿成笺注王维诗文时，"采集诸本之异同，其谬误显然者正之，余则兼存其字，并载集中，以听览者之自为择焉"。② 钱振伦兄弟笺注《樊南文集补编》时亦指出："帝虎鲁鱼，书中恒有，是编如张佚误秩，刘恢误恢，尚易辨也。若雒阳之误维扬，广汉之误广陵，则似是而非，必经妄人肌改，兹就灼知者摘正之。此外未注诸条，固缘见书苦少，抑未必无点画之讹也。"③ 陈熙晋见骆宾王的《骆临海集》"行世既久，讹舛滋多"，因此利用各种版本进行校正，并"援据载籍，为之笺注"。④ 蒋清翊在笺注《王子安集》时也做了大量补脱正讹工作，汪贤度在此集的出版前言中说："由于历经传抄刊刻，王勃集中也存在不少错讹脱衍的文字，蒋氏常根据原作上下文意或所用典实，从而

---

① （唐）王勃撰，（清）蒋清翊注：《王子安集注》卷首《凡例》，《续修四库全书》第 1305 册，第 256 页。

② （唐）王维撰，（清）赵松谷注：《王摩诘全集笺注》卷首《笺注例略》，北京图书馆出版社 1999 年影印本。

③ （唐）李商隐撰，（清）钱振伦笺，钱振常注：《樊南文集补编》卷首《凡例》，《续修四库全书》第 1312 册，第 595 页。

④ （唐）骆宾王撰，（清）陈熙晋笺注：《骆临海集笺注·序》，《续修四库全书》第 1305 册，第 6 页。

判定其是非，有些确也可以是正原刊本的不足。"①

值得一提的是，清儒在订谬正讹时态度审慎、去取谨严，赵殿成笺注王维诗文，对于集中的讳字处理从一个侧面可以说明这个问题。赵殿成认为"唐人最重君讳，文字中必避之"，众所周知，因太祖讳虎为武，高祖讳渊为泉，太宗讳世为代，讳民为人，高宗讳治为理，中宗讳显为明。但王维集中凡此诸字，"或讳或不讳，未见画一"。赵殿成认为"讳者，是当时原笔，不讳者，疑后人妄改，犹萧士赟注李供奉诗，谓异代不讳，遂改猛武作猛虎之类，大为后学所讥"。为了避免产生新的讹谬，赵殿成笺注王维诗时"悉依旧本，未改者不敢妄更，已改者不敢妄正，疑以传疑，庶几不失古书面目"。② 冯集梧注杜牧诗，对于诗中字句之异同者，不轻易校改，而是广搜他本，遵循宋人王钦臣的校书主张，"盖二字以上谓之一云，一字谓之一作"。③

总之，清儒在整理唐人别集的过程中付出了大量心血，辑佚补遗，正讹订谬，为唐人别集的完善作出了一定贡献，这些纷繁琐碎的工作往往与其笺注成果合而为一，其中的艰辛和努力常常被后人忽略。清末陈熙晋在《骆临海集笺注·凡例》中的说明或许可以凸显清儒整理唐人别集时在辑佚补遗、订讹正谬方面的功绩：

> 颜注为《四库》所著录，弇陋疏舛，殆鲜可采。集中诗文，脱简甚多，有佚其篇者，如《送刘少府游越州》诗、《从军行》，从《文苑英华》补；《称心寺》诗、《游招隐寺》，从《全唐诗》补；《仙游观赠道士》诗，从《王子安集》补；《上兖州张司马启》，从《文苑英华》补；《圣泉诗序》，从《全唐文》补是也。有佚其全题者，如"甲第驱车入"，别为一首，误连《饯骆四》之后；《与亲情书》"某初至乡间"以下别为一首，系《再与亲情书》是也；有佚其题字者，如《送郑少府入辽》，佚"共赋侠客远从戎"七字；《送王

---

① 汪贤度：《出版前言》，（唐）王勃著，（清）蒋清翊注《王子安集注》卷首，上海古籍出版社 1995 年版。

② （唐）王维撰，（清）赵松谷注：《王摩诘全集笺注》卷首《笺注例略》，北京图书馆出版社 1999 年影印本。

③ （唐）杜枚撰，（清）冯集梧注：《杜樊川诗注·自序》，《续修四库全书》第 1312 册，第 133 页。

赞府上京参选》，佚"赋得鹤"三字；《上廉察使启》，佚"察"字；《钓矶应诘文》，佚"三"字是也。有佚其字句者，如《荡子从军赋》，脱"见空陌之草积"十二字；《晚泊江镇》诗，脱"徙摘怆离忧"二十字；《行军军中行路难》，脱"行路难歧路"五字；《畴昔篇》，脱"莫教憔悴损仪容"十四字；《上韦明府启》，佚"延张必"十二字；《上吏部裴侍郎书》，佚"四月一日"九字；《与程将军书》，脱"幸勿为过"八字；《与博昌父老书》，脱"月日"二十二字；《与亲情书》，脱"宾王疾患"八字；《姚州露布》，上篇脱七十三字，下篇脱三十五字是也。至如误"哀牢"为"危牢"，何从详其地理？讹"阆月"为"关日"，杳莫睹其指归。若此之类，不可殚悉，具详各篇，兹不具载。①

## 二　广采博收，取长补短

清代学术的集大成特征在整理唐人别集方面的另一个表现则是集大成式的笺注之作不断涌现。清儒在笺注唐人别集时，大多能广采博收，充分吸收前贤时哲的研究成果，采辑众说从而完成一部新的笺注之作，充分体现了集大成时代的学术特色。

### 1. 广采博收

时至清代，无论是历代累积下来的文献，还是时人新著的作品，都远远超过前朝各代，清人在笺注唐人别集时普遍重视对前贤时哲已有成果的吸收和借鉴，有的基本上可以说是前人研究成果的汇集，乾隆年间王琦《李长吉歌诗汇解》即是"企图集各注解本的大成的，比集旧说，互有发明"。② 而仇兆鳌《杜诗详注》和冯浩《玉溪生诗详注》可谓清儒笺注唐人别集最有代表性的集大成之作。

杜甫号称"诗史"，早在宋代就出现了"千家注杜"的盛况，清代的杜诗注本也层出不穷，蔚为大观，清初仇兆鳌《杜诗详注》即以集解的形式汇集历代注杜、评杜的成果。当然，这种汇集也是相对而言的，历代注杜之作数不胜数，仇氏不可能别无选择地一概汇录。对于宋元以来的注

---

① （唐）骆宾王撰，（清）陈熙晋笺注：《骆临海集笺注》卷首《凡例》，《续修四库全书》第 1305 册，第 25—26 页。

② 万曼：《唐集叙录》，河南大学出版社 2008 年版，第 299 页。

杜之作，"其载入注中者，亦止十数家耳"，所采者或"各有所长"，或
"最有发明"，或"最有辩论证据"。而对于时人的注杜之作，仇氏亦有自
己的评价标准，他认为钱谦益、朱鹤龄两家"互有同异"，"钱于《唐书》
年月，释典道藏，参考精详。朱于经史典故及地理职官，考据分明。其删
汰猥杂，皆有廓清之功。但当解不解者，尚属阙如"。其他注杜之作如卢
元昌之《杜阐》，"征引时事，间有前人所未言"；张远之《会粹》，"搜
寻故实，能补旧注所未见"；顾宸之《律注》，"穷极苦心，而不无意见穿
凿"；吴见思之《论文》，"依文衍义，而尚少断制剪裁"。这些注本皆
"各有所长"，① 没有理由弃而不录。"《详注》的好处是详尽，把康熙以
前各家注释差不多都已汇集起来，起了集解的作用。"② 可以说《杜诗详
注》是清初以前杜诗研究的集大成之作，书中参考了大量前贤时哲的著
作，以集解的形式荟萃了历代注释和研究杜诗的成果，至今仍是治杜诗最
基本最重要的一部参考书。

　　清代以前，李商隐备受冷落，而时至清代则掀起了一股李商隐研究
热。在冯浩之前，李商隐诗已有释道源、朱鹤龄、徐树谷、程梦星、姚培
谦、屈复等注本，各家互有短长。冯浩博学多才，熟悉典籍，在充分吸收
前人成果的基础上，结合李商隐的文集，旁征博引，详加考证，笺释诗中
涉及的人物、典制、语词等。对于众家注本，冯浩"合取而存其是，补
其阙，正其误焉"，即使在初稿完成之后，冯浩得知吴江徐湛园有尚未刊
行的李商隐诗集笺注本时，立即托人借观，"虚衷研审，择其善者采
之"。③ 正因为冯浩的《玉溪生诗详注》吸取了前贤时哲的研究成果，又
改订年谱，为作品编年，对典故详加注释，在诗歌旨意的探求方面也超过
了以前的注本，因此不失为一部汇集各家注解又颇多新注、有较高学术价
值的著作。后人认为冯浩《玉溪生诗详注》"在李商隐研究史上有着重要
地位，颇具里程碑的意义"。④

　　此外，王琦的《李太白全集》笺注本和《李长吉歌诗汇解》亦属于

---

① （唐）杜甫著，（清）仇兆鳌注：《杜诗详注》卷首《凡例》，《四部备要》本。
② （唐）杜甫著，（清）仇兆鳌注：《杜诗详注》卷首《出版说明》，中华书局 1979 年版。
③ （唐）李商隐撰，（清）冯浩注：《玉溪生诗详注》卷首《发凡》，《续修四库全书》第
1312 册，第 282 页。
④ 王友胜：《冯浩〈玉溪生诗笺注〉的研究方法与学术创获》，《唐代文学研究》第 10 辑，
广西师范大学出版社 2004 年版。

集解性质的笺注之作。相比于千家注杜的盛况，注李者寥寥无几，王琦在杨齐贤、萧士赟、胡震亨三家注的基础上，"芟柞繁芜，补增阙略，析疑匡谬，频有更定"，①成《李太白诗集注》三十六卷，成为有史以来最为详瞻的李白集注本，"其注欲补三家之遗阙，故采摭颇富，不免微伤于芜杂"。②而《李长吉歌诗汇解》则是在各家注本的基础上，"删去浮蔓而录其确切者，间以鄙意辨析其间"，对于那些难以理解的作品则"宁缺无凿，期于不失原诗本来面目，勿令后之观者，因笺释之不明，而反堕冥冥云雾中也"。③同样，陈熙晋《骆临海集笺注》也为明清以来流行的各种骆宾王集做了总结工作。由于骆宾王与徐敬业起义兵败，不知所终，诗文亦散失不存，各家所辑，卷数多寡不同，漏收的也不少；陈熙晋吸收前人成果，断以己见，并多方辑录佚文，加以考订，分体编年，厘定为一个完善的全集本，基本上解决了骆宾王集的编订与辑补工作。作者在《凡例》中说："注家必引作者以前之书，今于唐以前之书，殚力搜讨，至于互相考证。虽近人所注，亦必据引，用李善注《西都赋》引及以明前例也。"④

2. 取长补短

唐人别集流传至清代，笺释注评之作数不胜数，清儒在笺注唐人别集时，大都能广泛参考前人的研究成果并汲取众家之长。清初钱谦益笺注的《杜工部集》是杜甫诗集较有影响的注本之一，对于前人的成果，钱谦益在《注杜诗略例》中已有说明："杜诗昔号千家注，虽不可尽见，亦略具于诸本中。大抵芜秽舛陋，如出一辙。其彼善于此者三家，赵次公以笺释文句为事，边幅单窘，少所发明，其失也短；蔡梦弼以捃摭子传为博，泛滥踳驳，昧于持择，其失也杂；黄鹤以考订史鉴为功，支离割剥，罔识指要，其失也愚。余于三家，截长补短，略存什一而已。"⑤ 杨伦笺注《杜

---

① （唐）李白：《李太白全集·王序》，北京图书馆出版社 1998 年版。案：王琦所注《李太白集》版本众多，书名亦各异，此本系影印善本。

② 《四库全书总目》卷一四九《集部·别集类·李太白诗集注》，第 1280 页。

③ （唐）李贺撰，（清）王琦汇解：《李长吉歌诗汇解·序》，《续修四库全书》第 1311 册，第 313 页。

④ （唐）骆宾王撰，（清）陈熙晋笺注：《骆临海集笺注》卷首《凡例》，《续修四库全书》第 1305 册，第 26 页。

⑤ （唐）杜甫撰，（清）钱谦益笺注：《杜工部集》卷首《注杜诗略例》，《续修四库全书》第 1308 册，第 10—11 页。

诗镜铨》，在采辑众说时"惟取简明"，目的在于"掇诸家之长而弃其短"。① 冯浩在笺注《樊南文集》时，参考了徐树谷、徐炯兄弟二人的笺注成果，冯浩认为徐氏原笺"创始诚难，而疏略太甚"，"徐氏注颇详，但冗赘诡舛之处迭出"，因此"为之删补辨正改订者过半"。②《温飞卿诗集笺注》前后经过三人之手，特别是顾嗣立在重订过程中，对曾益注的讹误多所纠正，并增补了不少注释。浦起龙著《读杜心解》，更是"参考了宋朝以至清朝各家的注本，加以抉择，并在研究的基础上提出了一些自己独立的见解"。③

值得肯定的是清儒在笺注唐人别集，汇录或引用他人成果时大多都能注明出处。学术研究是在前人研究的基础上深入推进的，没有前人的研究成果，不会有后人的突破和超越。承认并尊重前人的研究成果，是学术研究的优良传统。清代尤其是乾嘉以后，尊重他人劳动成果，不掠人之美的学术规范已逐渐确立，此规范在清儒笺注唐人别集中多有体现。如方世举在笺注韩昌黎诗集时，用"云"和"按"来区别前人与自己的注释，即"注为前人已有者，悉依《考异》及东雅本仍著'某云'，其东雅堂不著名者，于'云'字上空一字，如顾本例。其为愚见，则书曰按"。④ 而陈熙晋注《骆临海集》时，"凡引经史，必书某篇某传，诸子百家亦列篇目。至引古人文集，务举其题以便核检"。⑤ 又冯浩《玉溪生诗详注》有所征引大多能注明出处，作者在《凡例》中也明确指出："凡旧说之是者，必标明'某曰'，不敢攘善；显然误者，改之而已；若似是而非，或滋后人之疑者，则赘列而辩正之。引据故实，未免繁冗，缘取义隐曲，每

①　（唐）杜甫著，（清）杨伦笺注：《杜诗镜铨》卷首《凡例》，上海古籍出版社1980年版。

②　（唐）李商隐撰，（清）冯浩注：《樊南文集详注·发凡四条》，《续修四库全书》第1312册，第454页。

③　（清）浦起龙撰：《读杜心解》卷首《点校说明》，黄永武博士主编《杜诗丛刊》第四辑，台北大通书局影印本。

④　（清）方世举撰：《韩昌黎诗集编年笺注》卷首《凡例》，《续修四库全书》第1310册，第265页。

⑤　（唐）骆宾王撰，（清）陈熙晋笺注：《骆临海集笺注》卷首《凡例》，《续修四库全书》第1305册，第26页。

易以删摘失其意指，故不可不详也。"①

### 三　汇集资料，求全责备

清儒在笺注唐人别集时，特别注重对与作者有关的资料诸如传记、行状、年谱、世系、碑志、逸事的搜集，同时对与作品或别集刻本有关的序跋、唱和、题咏、评论等也力求搜罗无遗。这一方面是清代学术集大成特征的具体表现，同时也与清儒以"知人论世"、"诗史互证"等方法笺注唐人别集的指导思想密切相关。

清儒笺注唐人别集，辑录汇编与作者及作品有关的资料主要包括两个方面。其一是作者的传记资料，这些个人传记资料形式多样，不一而足，除正史本传外，行状、碑志、年谱、世系、逸事等都在辑录范围之内。其二则是别集的序跋、时人与作者的唱和之作、历代文人的题咏、后代学者对作品的评价等。清儒认为传记资料是了解作者生平、仕履、交游进而深入理解作品内涵的珍贵资料，有助于知其人而论其世；而唐人别集在长期的流传过程中，同一别集往往会出现多种刻本或抄本，不同版本的序跋如实记录这些别集的流传、刊刻情况及递嬗关系，唱和之作是了解作者交游和理解相关诗文的第一手资料，评价及题咏又往往体现了后人对作者本人及其作品的褒贬予夺，对于理解作品同样重要，凡此都是研究唐人别集的珍贵资料，因此清儒在整理、笺注唐人别集时，尽可能地将这些资料汇集在一起，也起到了保存资料的作用。

正是基于以上认识，清儒在整理笺注唐人别集时，特别重视对各种资料的搜求辑录，几乎到了求全责备的地步。如陈熙晋《骆临海集笺注》卷首收录有关骆宾王的各种资料，包括《旧唐书·文苑》本传、《新唐书·文艺》本传、胡应麟《补唐书骆侍御传》、吴之器《骆丞列传》、陈熙晋《续补唐书骆侍御传》、熊人霖《骆临海墓碑记并铭》等传记资料，以及录自《通鉴考异》、《本事诗》、《太平广记》等文献的佚事。甚至因徐敬业与骆宾王的特殊关系，还收录新、旧《唐书·李勣传》所附徐敬业传。收录的序跋则有郗云卿《原序》、汤宾尹《旧序》及明代汪道昆、清代毛奇龄《序》。仇兆鳌《杜诗详注》于卷首收录《旧唐书·文苑》

---

① （唐）李商隐撰，（清）冯浩注：《玉溪生诗详注》卷首《发凡》，《续修四库全书》第1312册，第282页。

本传、《新唐书》本传、《杜氏世系》、《杜工部年谱》等传记资料；于卷
末《附编》收录元稹《杜员外墓系铭》、各种杜集序跋及诸家咏杜、诸家
论杜等资料。至于汇集这些资料的目的，仇兆鳌在《杜诗凡例》中略有
说明："新、旧《唐书》本传，互有详略，要皆事迹所关，固当并载。其
诸家序文，具述原委，为历世所珍重。又唐宋以后题咏诗章，及和杜、集
杜诸什，皆当附入。而诸家评断见于别集凡有补诗学者，并采录末卷，犹
恐挂漏蒙讥，尚俟博采以广闻见焉耳。"①

　　清儒整理笺注唐人别集，辑录以上各种资料可谓不遗余力，至于这些
资料在别集中的编排方式则各不相同，但不外乎置于卷首、置于卷末，或
分置于卷首和卷末三种②，形式虽不统一，但内容却大同小异。

　　1. 置于卷首

　　将相关资料置于卷首有两种情况，一种是直接置于目录之前。如浦起
龙《读杜心解》将新、旧《唐书》本传、元稹《杜君墓系铭》及《杜氏
世系表略》径置于目录之前。又陈熙晋《骆临海集笺注》将骆宾王的各
种传记、碑记、序跋等亦径置于目录之前。第二种情况是在目录中独设一
卷，或曰首卷，或曰卷首。如王琦《李长吉歌诗汇解》目录中有首卷一
卷，收录与李贺有关的资料，包括杜牧《李长吉歌诗叙》、李商隐《李长
吉小传》、陆龟蒙《书李贺小传后》等。以及戴叔伦《冬日有怀李贺长
吉》、僧齐己《读李贺歌集》、张耒《福昌怀古》、李纲《读李长吉诗》、
郝经《长歌哀李长吉》、僧道潜《观明发画李贺高轩过图》、徐俯《李贺
晚归图》、刘因《李贺醉吟图》等题咏之作，此外还包括摘自正史、笔记
及小说中的《事纪》12 则，又有《诗评》32 则。后人认为此集"卷首列
古人之校刊评集及昌谷事实，为他本所无"。③又如蒋清翊《王子安集注》
目录中有卷首一卷，包括《序》、《凡例》、《王氏世系》、《汇录事迹》
（诗文评语附）及《王子安集原序》，对于这些内容，作者在《凡例》中
有所交代："子安事迹，详新、旧《唐书》本传，他书所载，佚事尚多。

　　① （唐）杜甫著，（清）仇兆鳌注：《杜诗详注》卷首《杜诗凡例》，《四部备要》本。
　　② 案：新中国成立以来，中华书局、上海古籍出版社陆续整理出版了一批清儒唐集笺注
本，但有些对书名及收录资料的形式有所改变，有些还增补了新资料，故此文所论均以清代较早
刻本为依据。
　　③ 万曼：《唐集叙录》，第 299 页。

今并后人诗文评语凡有关于龙门者，汇录卷首，以便观览。"①

2. 置于卷末

将相关资料置于卷末大多采用附录的形式。如王琦注《李太白全集》36 卷，仅卷末《附录》就多达 6 卷，《附录》一为《序志碑传》12 首；《附录》二、三汇录历代诗人题咏之作共计 80 首；《附录》四为《丛说》220 则，汇集诗文评；《附录》五为《年谱》，《附录》六为《外记》194则，包括逸事 33 则，记遗迹 70 则，记异闻 12 则，记法书 25 则，记图画32 则，记祠庙 22 则；《附录》之外又收有齐召南序、杭世骏序、赵信序、王琦序及跋等资料。王琦还对《附录》内容有所说明：

> 太白事迹，自《新》、《旧》二史外，其杂书所载半出于好事者伪篡，乃爱古嗜奇之士多乐引之，非以其人可思慕故耶？余既采正史及诸家文集之传信者，以补薛氏年谱之阙，其附会巨信及流传细琐诸事，另录为外记一卷，并蒐辑后人诗赋碑记缀于其下。自笑不免为蛇画足，盖亦爱古嗜奇之癖，有明知而故蹈者。曹石仓作《万县西山太白祠堂记》，有云"事在有无，语类不经。人心爱之，夸诩为真。树若曾倚，其色敷荣。泉若曾酌，其声清冷"数语，余最喜其警策。夫非其人为人所深思而极慕者，何以能至是？后之人苟得斯意，以读斯编，一展卷而太白宛然在矣，彼事之杂于真伪有无，又遑论乎哉！②

王琦《李太白集注》辑录相关资料之全为其他注本所不及，清代以来即备受重视。

3. 分置卷首和卷末

除将相关资料置于卷首或卷末外，分置于卷首和卷末的情形也不鲜见。如《杜诗详注》四部备要本首卷，包括了仇兆鳌《进书表》及《原序》各 1 篇，新、旧《唐书》本传，《杜氏世系》、《杜工部年谱》及

---

① （唐）王勃撰，（清）蒋清翊注：《王子安集注》卷首《凡例》，《续修四库全书》第1305 册，第 256 页。案：上海古籍出版社 1995 年版《王子安集注》点校本卷末有三个附录，分别是《王子安集佚文》、《王子安集校记》和刘汝霖《王子安年谱》，此附录系编者所加，详见该书《前言》。

② （唐）李白：《李太白全集》卷三六，北京图书馆出版社 1998 年影印本。

《杜诗凡例》20 则。而卷末《附编》则包括文集诗序、诸家论杜、诸家咏杜、诸家集杜等资料。陈熙晋《骆临海集笺注》卷首辑录原序、旧序，两《唐书》本传、附传、佚事及后人续补传记碑志，卷末《附录》收录唱和、题咏之作。赵殿成笺注王维文集亦采用了这一形式，卷首《弁言》19 条，包括《王缙进王右丞集表》、《代宗皇帝批答手敕》，及新、旧《唐书》本传、《新唐书·宰相世系表》、《遗事》26 则以及时人的酬唱题咏之作 13 首；卷末《附录三条》分别是《诗评》52 则、《画录》119 则及《年谱》。赵殿成在《笺注例略》中交代说："以夏卿进表、代宗批答、新、旧《唐书》本传、世系，及诸书所载遗事，前人赠答题咏诸条，弁其前，汇为一卷，以为之首。采各家之品题绮语作《诗评》，萃众帙之书纪绘事作《画录》，次作诗之岁月行事作《年谱》，附其后，汇为一卷，以为之末"。"至于赠答之篇，无可附丽者，以及后贤题咏，总录卷首；若关涉绘事者，则归末卷《画录》中，使之类聚群分，有条而不紊"。①

总之，在清代集大成学术风气的影响下，清儒在整理笺注唐人别集时，首先注重别集作品的完整性，尽其所能多方搜求，辑佚补遗，订谬正讹，力求最大限度地恢复唐人别集的原貌。同时在笺注过程中，又能广采博收，汇集并充分吸收前贤时哲的研究成果。为了更好地笺注别集，帮助后人理解作品，清儒还广泛搜集收录作者本传、行状、碑志、年谱、世系、逸事等传记资料，以及与别集有关的序跋、唱和、题咏、评论等文献资料。无论哪个方面，都体现出了集大成时代的学术特征。而且这种集大成式的特征已发展到极致，当时学者求全责备的心态处处可见，甚至对于刚刚完成尚未刊布的成果亦不轻易忽略。冯浩笺注李商隐诗，托人借观尚未刊行的注本；杨伦笺注杜诗，对诸家评杜亦巨细不遗，正如其在《凡例》中所言："杜评始刘须溪，宋潜溪讥其如醉翁谵语，不甚可晓。然于诸本中为最古，其可采者悉录之。前辈如卢德水、王右仲、申凫盟、黄白山、张上若、沈确士等，皆多所发明。近得王西樵、阮亭兄弟，李子德、

---

① （唐）王维著，（清）赵松谷注：《王摩诘全集笺注》卷首《笺注例略》，北京图书馆出版社 1999 年影印本。案：上海古籍出版社 1961、1984 年版《王右丞集笺注》与此本实为一本，只不过将作者题作赵殿成（字松谷），又将此本卷首《弁言》十九条及卷末《附录》三条合而为一作为《附录》附于卷末，与《笺注例略》所言不符。

邵子湘、蒋弱六、何义门、俞犀月、张惕庵诸公评本，未经刊布者，悉行
载入，庶足为学者度尽金针。"① 因此，清儒笺注唐人别集时求全责备的
心态，无疑深受当时学术风气的影响，而这种风气正是集大成时代学术发
展的具体表现和必然结果。

# 第四节　清儒笺注唐人别集的史学化倾向

清儒笺注唐人别集，除具有以上所述各种特征外，还表现出明显的史
学化倾向。毋庸置疑，清儒笺注唐人别集最突出的成就表现在诗歌方面，
其中又以注杜为代表。杜甫的诗素有"诗史"之称，要注释杜诗，必须
将杜诗与当时的历史环境与作者的人生际遇结合起来，因此在注杜之风的
影响下，清儒笺注唐人别集表现出了不同以往的史学化倾向，这种倾向主
要表现在作者年谱的大量改订或补作、编纂别集或选集时的系年化倾向以
及笺注过程中诗史互证方法的普遍运用等三个方面。

## 一　作者年谱的改订或补作

年谱作为一种专门记载谱主生平事迹的著述早在宋代即已出现，吕大
防编有《杜工部年谱》、《韩吏部文公集年谱》各 1 卷。清代学者陈弘谋
在《宋司马文正公年谱序》中总结说："唐宋以来，名臣文集之后，类皆
刊载年谱，盖古大臣立言制行，皆深系乎当时世道人心，后之人欲知其
人，尤当论其世，有年谱而其世可考，其人更可知矣。"② 宋代以后，年
谱渐多，明、清两代则发展到高峰。清人编纂年谱之风盛极一时，梁启超
在《中国近三百年学术史》中对清代的谱牒学作了总结，认为清代年谱
可分为自撰年谱、友生及子弟门人为其父兄师友所撰年谱、后人补作或改
作昔贤年谱及纯考证的远古哲人年表四类，其中"补作或改作昔贤年谱"
"实清代年谱学之中坚"。③ 这一方面是由于受考据学风的影响，另一方面
与清人整理古代文献，尤其是笺注唐人别集的指导思想及研究方法密不

① （唐）杜甫著，（清）杨伦笺注：《杜诗镜铨》卷首《凡例》，上海古籍出版社 1980 年
版。

② （清）陈弘谋：《宋司马文正公年谱》，《北京图书馆藏珍本年谱丛刊》第 16 册，北京图
书馆出版社 1999 年版，第 1 页。

③ 梁启超：《中国近三百年学术史》，上海三联书店 2006 年版，第 285—291 页。

可分。

　　清人在笺注唐人别集时，普遍以"知人论世"为理论指导，又以"诗史互证"为笺注之途径，认为改订或补作作者年谱，进而考订作者生平事迹对于理解作品至为重要。在清人看来，作者的生平仕履及交游有助于对作品写作意图的深入了解，同时通过作者的诗文也往往可以考见作者的行迹，并可两相印证。如钱陈群在为冯浩《玉溪生诗详注》所作的序言中说："年谱定而诗之前后各得其所矣；诗得其所，文之前后亦莫不按部就班，而本传之同异自见，于是作者之心迹大彰灼于卷帙间。"① 而冯浩本人在《玉溪生诗详注发凡》中也说："《年谱》乃注释之根干，非是无可提挈也。"② 可见年谱在笺释作品中的重要性。就注杜而言，清人普遍认为学杜诗，研究笺释杜甫的著作，必须深入了解杜甫的生平、经历、学问和思想，以及当时的社会动态，惟如此才能明白杜诗的写作意图，进而理解作品的内容和思想。清人徐元润对此深有体会，他在《吴梅村先生年谱序》中说："虽然少陵之集，编体不编年，读其诗而不得其旨，更求其年谱读之，而其诗之与《新》、《旧》两书相出入者，乃条分件系，粲然而无所疑。甚矣，年谱之有功于诗也！"③

　　基于以上认识，改订或补作年谱就成为清人笺释唐人别集过程中非常重要的一项工作。清代学者在研究唐代诗文作家作品的基础上，参考前人成果，为作者补编或增订年谱，取得了可观的成就。综观林林总总的清人笺释之作，绝大部分都附有作者年谱。如清初钱谦益笺注杜诗时，即在吕大防《杜工部年谱》的基础上，编成《杜少陵年谱》，附于《杜工部集》之末。继之而起的杜诗注本，诸如朱鹤龄《杜诗集说》、仇兆鳌《杜诗详注》、浦起龙《读杜心解》、杨伦《杜诗镜铨》等均附有杜甫年谱。周采泉《杜集书录》外编《谱录类》罗列清人所编杜甫年谱共计 27 种之多，这无疑是清人笺注杜诗的另一项重要成果。由于笺注杜诗是清儒整理唐人别集的主流，在这一风气的影响下，可以说有清一代，唐集笺注整理本附

　　① （清）钱陈群：《玉溪生诗笺注序》，（唐）李商隐撰，（清）冯浩注：《玉溪生诗详注》卷首，《续修四库全书》第 1312 册，第 280 页。

　　② （清）冯浩：《玉溪生诗详注发凡》，（唐）李商隐撰，（清）冯浩注：《玉溪生诗详注》卷首，第 282 页。

　　③ （清）徐元润：《吴梅村先生年谱序》，顾师轼编，顾思义订：《吴梅村先生年谱》，《北京图书馆藏珍本年谱丛刊》第 69 册，第 197 页。

以作者年谱几成风尚，年谱也成了清人笺注唐人别集中不可分割的一部分。杜诗之外，冯浩笺注李商隐诗，在《玉溪生诗详注》卷首有《玉溪生年谱》，并于生平事迹之末，具列该年所作诗文篇目；王琦笺注李白诗，在《李太白全集》后附有《李太白年谱》；赵殿成（字松谷）笺注王维诗文，在《王摩诘全集笺注》后附有《年谱》，并在《笺注例略》中说："次作诗之岁月行事，作《年谱》，附其后。"① 此外方成珪《韩集笺正》附《昌黎先生诗文年谱》1卷，方成珪于卷首曰："余既得程氏《历官记》，吕、洪二《谱》，方氏《举正》、《增考》各本，合以近代辩订诸书，参互钩稽，编成此帙，其无年可系者附于后，以俟博雅君子。"②

梁启超认为："做年谱的动机，是读者觉得那些文、诗感触时事的地方太多，作者和社会的背景关系很切。不知时事，不明背景，冒昧地去读诗文，是领会不到作者的精神的。为自己用功起见，所以做年谱来弥补这种遗憾。"③ 清儒笺注唐人别集时，距离作者生活的时代已近千年，时间的流逝，资料的散佚，补作或改作年谱并非易事，对此梁启超亦深有感触："资料少既苦其枯竭，苦其罣漏，资料多又苦其漫漶，苦其牴牾。加以知人论世，非灼有见其时代背景，则不能察其人在历史上所占地位为何等，然由今视昔，影像本已朦胧不真，据今日之环境及思想以推论昔人，尤最易陷于时代错误。是故欲为一名人作一佳谱，必对于其人著作之全部，贯穴钩稽，尽得其精神与其脉络。不宁惟是，凡与其人有关系之人之著作中直接语及其人者，悉当留意。不宁惟是，其时之朝政及社会状况，无一可以忽视。故用一二万言之谱，往往须翻书至百数十种。其主要之书，往往须翻至数十遍。资料既集，又当视其裁断之识与驾驭之技术何如，盖兹事若斯之难也。"④ 正因为如此，清代学者在改订或补作唐人年谱时，一方面广征博引，对与作者生平有关的记载一一爬梳整理、论证考辨，同时又与作者诗文相印证，客观上促进了对作者生平事迹的研究。如王琦在《李太白年谱》中不仅按年纪事，还旁征博引大量史料，对文献

---

① （唐）王维撰，（清）赵松谷注：《王摩诘全集笺注》卷首《笺注例略》，北京图书馆出版社 1999 年影印本。

② （清）方成珪：《韩集笺正》附《年谱》，《续修四库全书》第 1310 册，第 646 页。

③ 梁启超：《中国历史研究法补编》分论一第五章《年谱及其做法》，《中国历史研究法》，上海古籍出版社 1998 年版，第 210 页。

④ 梁启超：《中国近三百年学术史》，第 291—292 页。

记载的歧异之处进行辨驳和考证，其中关于李白的籍贯、长流夜郎等问题的考辨，直接引发了清代学者研究李白生平的兴趣，促进了对作者生平事迹的研究。

## 二　诗文系年

前人整理笺注唐人别集，或以体分，或以类别，或以编年，不一而足。至清代整理笺注唐人别集，虽然承继前人的编排方法，但编年化的倾向却十分明显。这与清人在笺注唐人别集时以"知人论世"为指导思想及"诗史互证"的笺注方法密不可分。编纂唐人别集的编年化倾向是孟子"知人论世"说在诗文笺注中的灵活运用。与前代相比，清代学者更注重从历史的大环境中去寻求和论证诗人从事文学创作的外部客观缘由和内在推动力量。文人墨客所处时代的具体政治、经济、文化等状况对其行为的制约和影响是不容忽视的，作者将自身的遭遇及感受通过诗文表现出来，无论是长吟或短啸都是作者有感而发、宣泄内心情感的一种方式。只有将诗文的笺注建立在对作者所处时代的充分了解上，才能避免臆测妄断或穿凿附会。因此，清代学者认为，诗歌的编年化无疑架起了一座连接诗篇与时世之间的桥梁，成为正确理解诗歌旨意的必然手段。正如赵翼在《陆放翁年谱小引》中所言，陆游一生身阅六朝，历官中外，"仕而已，已而仕，出处之迹既屡更；且所值之时，当宋南渡，战与和局亦数变；使非有谱以标岁月，则读者于先生之身与世，将茫无端绪"。正因为如此，赵翼参考前人所作年谱及陆游的诗文，"次其先后，盖已十得八九"，"然事迹亦往往散见于诗文，因亦就其可知者系于某年之下，并略载时事，以相印证，庶读者可以一览了如云"。① 清人汪灝在《知本堂读杜诗目录自序》中说："读杜必须编年，孟夫子知人论世遗训也。"又云："合年谱于诗目中，庶读者了然，易于贯彻。"② 清代学者方世举认为前人对韩愈诗文或笺注不详，或不予注解，都是因为作者不晓孟子以意逆志、知人论世之义，并就诗文编年的意义发表自己的观点说："夫以意逆志须精思，知人论世必详考，善哉司马迁之言，曰'好学深思，心知其意'，此精思之

---

① 赵翼著，霍松林、胡主佑校点：《瓯北诗话》卷七《陆放翁年谱小引》，人民文学出版社 1963 年版，第 98 页。

② （清）汪灝：《知本堂读杜诗自序》，《知本堂读杜诗》卷首，清康熙汪氏刻本。

谓也；班固之言曰'笃学好古，实事求是'，此详考之谓也。深思始可笺注，求是则必编年；不得其时而漫为笺注，知其意，求其是也难。"① 可以说方世举的观点代表了清代学者笺注唐人别集，尤其是唐代诗歌的普遍认识。

另一方面，大量唐人年谱的增订或补作也为作品的编年提供了条件。清人笺注唐人别集的编年化倾向主要表现在两个方面。其一是对收入别集中的作品按时间先后顺序编排。此种方法是古人编纂别集常用的方法之一，在清代得以发扬光大。清初，钱谦益笺注《杜工部集》，全书虽按类编排，分为古诗和近体诗，但每类之下则按作品的时间先后排列。钱氏以吴若本为底本，"识其大略，某卷为天宝未乱作，某卷为居秦州、居成都、居夔州作。其紊乱失次者，略为诠订。而诸家曲说，一切削去"。② 钱氏在笺注中往往于诗名之下注明其写作年代，如卷一"古诗五十五首"下注曰"天宝未乱时并陷贼中作"③，《白水县崔少府十九翁高斋三十韵》诗下注曰"天宝十五载五月作"④；卷二"古诗四十二首"下注曰"避贼至凤翔行在，及归鄜州，还京师，出华州作"。⑤ 之后仇兆鳌《杜诗详注》亦依年编次。仇氏认为，杜甫的个人经历与他的诗作浑然一体，"凡登临游历，酬知遣怀之作，有一念不系属朝廷，有一时不痌瘝斯世斯民者乎？读其诗者，一一以此求之，则知悲欢愉戚，纵笔所至，无在非至情激发，可兴可观，可群可怨"。因此注杜不必"辗转附会"。⑥ 他在《杜诗凡例》中就杜诗编年解释说："依年编次，方可见其平生履历，与夫人情之聚散，世事之兴衰。今去杜既远，而史传所载未详，致编年互有同异。幸而散见诗中者，或记时，或记地，或记人，彼此参证，历然可凭。间有浑沦难辩者，姑从旧编，约略相附。若其前后颠错者，如《投简咸华诸子》本属长安，而误入成都。《遣愁》诗、《赠虞司马》本属成都，而误入夔州。如《冬深》、《江汉》、《短歌赠王司直》皆出峡后诗，而误入成都夔

---

① （清）方世举：《韩昌黎诗集编年笺注·序》，《续修四库全书》第1310册，第264页。

② （唐）杜甫撰，（清）钱谦益笺注：《杜工部集》卷首《注杜诗略例》，《续修四库全书》第1308册，第10页。

③ 钱谦益笺注：《杜工部集》卷一，第43页。

④ 同上书，第59页。

⑤ 钱谦益笺注：《杜工部集》卷二，第62页。

⑥ （唐）杜甫著，（清）仇兆鳌注：《杜诗详注》卷首《杜诗详注序》，四部备要本。

州。如《回棹》、《风疾舟中》本大历五年秋作，而误入四年。今皆更定，庶见次第耳。"①

当然，文学作品不同于史书，对于那些表述模糊，难以确定先后次序的诗文，清人也采取了审慎的态度，不敢强为编年。如冯浩《玉溪生诗详注》即将李商隐诗分为编年诗及不编年诗两类，作者在《凡例》中说："旧本皆作三卷，而凌乱错杂，心目交迷，其分体者更不免割裂之病。余定为编年诗二卷，不编年诗一卷。行藏递考，情味弥长，所不敢全编者，慎之也。"② 不仅如此，冯浩在笺注李商隐文、撰《樊南文集详注》时，也在分类的基础上大致依年编次。其在《发凡》中说："徐刊本（徐艺初刊本）分类而仍凌乱，余既订定年谱，并列诗文，故得于分类之中各寓按年之次；偶有不可编者，附之各体之末。"③ 赵殿成虽然认为"叙诗之法，编年为上，别体次之，分类又其次也"，但他撰《王摩诘全集笺注》时，因已有的四家笺释之作在排列次序上"互有不同"，自己"拟欲编年，苦无所本"，故"不敢强作解事"，不得已仿钱谦益笺注《杜工部集》之例，将王维的诗分为古诗、近体二编，"而又析其五言、七言、律诗、绝句，各为一聚，以便检阅"。④

清人笺注唐人别集编年化倾向的第二个表现是作品系年，主要是出现了一些专门性的作品系年之作，此类作品多附于作者别集之中。清人笺注唐诗以杜甫为中心，又因为杜诗有"诗史"之称，因此将其作品按年排缵编次十分必要，清人在杜诗注本的卷首或卷末常常附以杜诗编年或谱目，因此有关杜诗系年的内容亦最为繁多。清人汪灏在他所编《知本堂读杜诗》一书中，即附有《知本堂读杜诗目录》，又名《杜诗编年》。此外，为杜诗编年的尚有李长祥《杜诗编年》、浦起龙《杜少陵编年诗目谱》（附《读杜心解》卷首）、张溍《杜工部编年诗史谱目》（见《读书堂杜工部诗集注解本》）。值得一提的是浦起龙所编《读杜心解》，此书卷首有两个目录，一为《少陵编年诗目谱》，题下有言："将以还'诗史'

① （唐）杜甫著，（清）仇兆鳌注：《杜诗详注》卷首《凡例》，四部备要本。

② （清）冯浩：《玉溪生诗详注发凡》，（唐）李商隐撰，（清）冯浩注：《玉溪生诗详注》卷首，《续修四库全书》第1312册，第282页。

③ （清）冯浩：《樊南文集详注发凡四条》，李商隐著，冯浩详注，钱振伦、钱振常笺注：《樊南文集》，上海古籍出版社1988年版，第6页。

④ （清）赵殿成：《王摩诘全集笺注》卷首《笺注例略》。

之面目，厥惟寓年谱于篇题，若网在纲，其比如节。"其次才是通常的目录，目录分六卷，各以诗体相从。此书一集二目，乃浦起龙首创。注杜之外，韩愈的诗文也是清人笺注的重点，因此也难免编年化问题。方世举《昌黎诗编年》实韩愈诗编年的创始之作，同时又撰《韩昌黎诗集编年笺注》12卷。此外方成珪《韩集笺正》附有《昌黎先生诗文年谱》1卷，此谱系据吕大防、程俱、洪兴祖、方世举本汇辑，略有订正、增考，诗文无年可系者附于后，不强牵合。此外刘成忠编有《韩文公百篇编年》，置于《韩文百篇》卷首，又据《安徽通志》著录，清人余鹏翀编有《韩文公集编年考》）。

在笺释唐人别集普遍重视诗文系年风气的影响下，到清代中叶，对重要的唐人别集几乎都经过了按年月序次的眼光重新审订。除上述专门性的作品系年外，有些作品系年依附于作者年谱之内。如王琦《李太白年谱》（《李太白全集》附）是在宋人薛仲邕《翰林李太白年谱》的基础上增补修订而成，以年代为经，先叙事，然后详列作品名目。王琦在后记中对李白作品的系年还有详细说明："李白事迹，多无实在年月可考，因朝廷一二巨事及同时诸人列传、诗文中相关合者参互考订，稍可分属。故虽以诗文分系某年之下，多云其时者，谓在是年先后之间，其尤难分属者，则云是时以前，是时以后。"① 冯浩《玉溪生诗详注》卷首有《玉溪生年谱》，逐年纪事之外，又具列诗文篇目。钱谦益《杜工部集》附有《少陵年谱》，以表格的形式纪事，分纪年、时事、出处、诗四栏，实为表谱，其中诗栏专列诗文，实则作品系年。赵殿成《王摩诘全集笺注》卷末所附《年谱》亦同于此，此年谱实则年表，亦分四栏：纪年、时事、出处、诗文。其中"诗文"一栏专记诗文名目。清人黄锡珪所编《李太白编年诗目录》又附于《李太白年谱》中。

总之，清儒笺释唐代诗文的成绩远在宋、明之上，而其编年化的倾向也比之前有过之而无不及，正如方世举所言，往昔的编年不明或编年有误成为清人为唐代诗文编年或重新编年的历史动因。从诗学研究的一个侧面而言，清儒为唐代诗文编年的风尚也具有总结的性质：编年注重的是作品产生的外部条件及作者自身的生存状态，而从各种典籍、文献中寻求、概

---

① （唐）李白撰，（清）王琦注：《李太白全集》卷三五《附录·年谱》，中华书局 1977 年版，第 1615 页。

括和推导出驱动作者创作的环境力量，清人是行家里手；他们过目和掌握的相关材料多于前人，善于考证使用的资料各得其所，同时也汇集了前人的研究成果。

### 三　诗史互证方法的普遍运用

无论是为作者改订或补作年谱还是作品系年，在清人看来，其目的无非都是为了解读文学作品产生的时代背景，从而更好地理解并笺释作品。有"诗史"之称的诗人杜甫，经钱谦益以诗证史或以史证诗的笺释，杜诗中强烈的时代意识及其所反映的民族苦难、社会动荡更加显明。可以说，"诗史"的称谓促使钱谦益从史的角度去解读杜诗，与此同时，这种解读使得杜诗"诗史"的特征更加突出。钱谦益运用诗史互证方法笺释杜诗也得到了后人的肯定，陈寅恪评价说："牧斋之注杜，尤注意诗史一点，在此之前，能以杜诗与唐史互相参证，如牧斋所为之详尽者，尚未之见也。"① 周勋初也说："前人注杜，虽名著甚多，而以钱谦益的贡献为大。因为他将古来以史证诗和以诗证史的方法系统化了，形成了一种较为完整的诗史互证体系，具有方法论上的意义。"② 孙微亦言："钱谦益'以诗证史'诗史互证的笺释方法，在某种意义上确实起到'凿开鸿蒙，手洗日月'的作用，开辟了注杜的新局面，对有清一代的杜诗学发展产生了巨大影响。"③ 之后清代学者的杜诗注本，大多沿用这一方法，如仇兆鳌在《杜诗详注》的自序中说自己注解杜诗"亦据孔孟之论诗者以解杜，而非敢凭臆见为揣测也"。④

钱谦益之后，清人对用"诗史互证"方法笺释唐代诗文的认识更加明确。如姚文燮认为李贺怀才不遇，生逢元和之朝，"外则藩镇悖逆，戎寇交讧；内则八关十六子之徒，肆志流毒，为祸不测。上则有英武之君，而又惑于神仙。有志之士，即身膺朱紫，亦且郁郁忧愤，矧乎怀才兀处者乎？"在这样的环境中，李贺不敢言，又不能无言，"于是寓今托古，比物征事，无一不为世道人心虑。其孤忠沉郁之志，又恨不伸纸疾书，缠缠

---

① 陈寅恪：《柳如是别传》第五章《复明运动》，三联书店 2001 年版，第 1014 页。

② 周勋初：《〈钱注杜诗〉与诗史互证方法序》，郝润华：《钱注杜诗与诗史互证方法》，黄山书社 2000 年版。

③ 孙微：《清代杜诗学史》，齐鲁书社 2004 年版，第 3—4 页。

④ 《杜诗详注》卷首《杜诗详注序》，四部备要本。

数万言，如翻江倒海，一一指陈于万乘之侧而不止者，无如其势有所不能也"。正因为如此，李贺的诗歌，无论是命辞、命意还是命题，"皆深刺当世之弊，切中当世之隐"，但为了个人安危，又不得不"深自骰晦"。有见于此，姚文燮认为读古人书，必须"心心古人"、"身身古人"，"人不能身心为贺，又安能见贺之身心耶？""故必善读史者，始可注书；善论唐史者，始可注贺"。① 正因为如此，姚文燮在笺注李贺诗歌时"多以史事释之"。②

在清儒看来，关注作者的命运，了解作者的人生际遇是深入理解作品、挖掘其真实内涵的有效手段，这一共识促使他们在笺注唐代诗文时普遍运用"诗史互证"方法，即使笺释最为隐晦的李商隐诗也不例外。清代的李商隐研究蔚然成风，涌现出一大批研究李商隐的著作，其中冯浩贡献最大，其《玉溪生诗详注》可谓学术质量最高的一部，在李商隐研究史上占有举足轻重的地位。冯浩《玉溪生诗详注》历时数年，"征之文集，参之史书，不惮悉举而辨释之；诗集既定，文集迎刃以解，鲜格而不通者；乃次其生平，改订《年谱》，使一无所迷混，余心为之惬焉！"③ 其历时之久、用功之深、创获之多都得到后人的肯定。值得一提的是冯浩在笺注李商隐诗时又继承和发展了以史事证诗的诗歌诠释方法，将李商隐诗与晚唐史事相互参照发明，广搜群籍，举凡群经、诸子、史部、别集、总集及佛道二藏皆加以引录，借以释诗。冯浩在《樊南文集详注发凡四条》中说："徐氏注（徐树谷、徐炯《李义山文集笺注》）颇详，但冗赘讹舛之处迭出，余为之删补辨正改订者过半；至原笺创始诚难，而疏略太甚。余遍缃两《书》、《通鉴》，以知人论世之法，为披雾扫尘之举，或直而证之，或曲而悟之，或错综左右而交成之，或贯穿前后而会印之，用使事尽详明，文尤精确。其无可征定者：表一、状一、启六、祭文一及无多杂著已耳。"④ 冯浩的笺释，勾勒李商隐的生平事迹与交游，探索李商隐的心

① （清）姚文燮：《昌谷诗注自序》，王琦等注：《李贺诗歌集注》，上海人民出版社1977年版，第368—369页。
② （清）王琦：《评注诸家姓氏考略》，王琦等注：《李贺诗歌集注》附录，第366页。
③ （清）冯浩：《玉溪生诗集笺注序》，（唐）李商隐撰，（清）冯浩注：《玉溪生诗详注》卷首，第281页。
④ （清）冯浩：《樊南文集详注发凡四条》，李商隐著，冯浩详注，钱振伦、钱振常笺注：《樊南文集》，第5—6页。

态与思想，考证李商隐与晚唐史实的联系，一改以往学者笺注李商隐诗文时或征引浮泛、徒钞类书，或就诗注诗，割裂诗史联系的缺陷。冯浩的门人王鸣盛在《〈李义山诗文集详注〉序》中也高度肯定了其师以史（事）证诗的卓越贡献："盖义山为人，史氏所称与后儒所辨，均为未得其中。注之者倘非贯穿新、旧《唐书》，博观唐、宋人纪载，参伍其党局之本末，反覆于当时将相大臣除拜之先后，节镇叛服不常之情形，年经月纬，了然于胸，则恶能得其要领哉？若先生之所注，信乎其能如是矣！是虽不过一家之言，而已有关于史学。尤奇者，钩稽所到，能使义山一生踪迹历历呈露，显显在目。其眷属离合，朋俦聚散，吊丧问疾，舟嬉巷饮，琐屑情事，皆有可指，若亲与之游从，而籍记其笔札者。深心好古如是，细心考古如是，平心论古如是，读之直恨先生不具千手眼，尽举天下书评阅之然后快也。"①

　　综上所述，在清代考据学风的影响下，清儒在笺释唐人诗文时，注重对作者的生平、仕历、交游进行考证和梳理，一方面对已有年谱进行修正改订，另一方面又编纂新谱，力求深入全面地了解作者的生平事迹。同时，"知人论世"理论的广泛接受与"诗史互证"方法的普遍运用，客观上要求在笺释诗文时深入了解作者的身世和生平，因而促进了研究者为作者补订或改作年谱，为作品系年，同时也促进了对作者生平事迹的研究与考证，尤其是文献记载有出入而又与笺释其诗文关系至为重要的史事，成为学者普遍关注的焦点，为深入理解作品提供了依据和前提。因此，清儒笺释唐人别集具有明显的时代特征，这种特征即是在考据学影响下的史学化倾向。

---

① 王鸣盛：《〈李义山诗文集详注〉序》，（唐）李商隐撰，（清）冯浩注：《玉溪生诗详注》卷首，第280页。

# 第 六 章

# 徐松与唐代文献的整理与研究

## 第一节　徐松其人

　　徐松，字星伯，直隶大兴（今北京大兴）人。嘉庆十年（1805）进士，由翰林编修出任湖南学政，因事遣戍伊犁，赦还，官至礼部郎中、陕西榆林知府。徐松学识渊博，精通史事，尤其擅长史地之学。嘉庆十四年（1809），徐松奉命任《全唐文》馆提调兼总纂，有机会接触大量的图书资料，特别是将旧贮翰林院的《永乐大典》移于馆内，以供采撷。因此徐松在编纂《全唐文》之暇，充分利用所见资料，在古籍整理、史料纂辑等方面取得了很大的成就。徐松不仅从《永乐大典》中辑出《宋会要辑稿》500 余卷，还撰成《唐两京城坊考》5 卷、《登科记考》30 卷。遣戍伊犁期间，"又以新疆入版图数十年，视同畿甸，而未有专书"，于是详述有关新疆的建置、控扼、钱粮、兵籍等事成书，由将军松筠奏进，赐名《新疆事略》，特旨赦还。① 此外在史地方面，徐松还著有《西域水道记》、《新斠注地理志集释》、《汉书西域传补注》、《新疆赋》等书，尤其在西北边疆史地的研究方面颇有建树，被誉为研究西北史地第一人，后人评价徐松，也多称其为地理学家。然徐松在唐史研究领域，尤其是在唐代史料的钩稽排比方面所取得的成就并不亚于他的西北史地研究，其所著《唐两京城坊考》和《登科记考》是研究唐代两京城市建置及科举制度的珍贵文献，在清代唐史研究缺乏系统性成果的背景下，此两部著作可谓特立独行，体现了徐松非凡的学识和功力，其在清代史学史上的地位及贡献几可与三大考史名家相提并论。因此近人金毓黻说："然吾谓徐氏于史学

---

① 《清史稿》卷四八六《徐松传》，第 13414 页。

之贡献与其努力，实为最大，不惟《宋会要》一书而已，如所撰《西域水道记》、《汉书西域传补注》、《新斠注地理志集释》，皆极精博，又有《唐两京城坊考》、《唐登科记考》，乃自群籍中多方搜求，排比联缀以为一书，读者惊叹其难，亦《宋会要》之亚。盖徐氏之长在辑逸阐幽，详人之所略，为人之不能为，清代学者，自惠栋、卢文弨、顾广圻诸氏外，殊罕见其匹也。"① 嘉庆以后乃至今日，徐松的《唐两京城坊考》和《登科记考》一直是唐史研究者案头必备的参考资料之一，利用之余，拾遗补缺者也不乏其人，其史料价值早已得到了肯定和好评，其钩稽排比史料的研究方法也颇多启迪意义。

## 第二节　《唐两京城坊考》

徐松《唐两京城坊考》约始撰于嘉庆十四年（1809），历时约一年，此书已粗具规模，嘉庆十五年（1810）四月徐松撰写了序言，之后仍坚持不懈地搜集补充材料直至病逝，后经张穆整理校订，约于道光二十八年（1848）付梓刻印。若从积累材料时算起，前后历时近四十余年，可以说倾注了徐松一生的心血。

《唐两京城坊考》共 5 卷，首冠以唐两京城坊考图共 10 幅，卷一至卷四记西京长安，卷五记东都洛阳，详细记载了唐代东、西两京的宫城、皇城、官署、苑囿、街道、坊市、寺观、宅第及渠道分布流向等内容，并利用史籍及金石、传记等文献，以注文的形式补充说明其建置年代、历史沿革、兴废递变及达官贵族宅第之奢华，对有关记载或补阙，或订正，是研究唐代两京城市布局、里坊宅第及风土人物的重要参考资料，也是研究唐史的学者常用的重要工具书之一。

### 一　正文组成

徐松在《唐两京城坊考序》中对此书的史料来源已有交代："古之为学者，左图右史，图必与史相因也。余嗜读《旧唐书》及唐人小说，每于言宫苑曲折，里巷岐错，取《长安志》证之，往往得其舛误，而东都盖阙如也。己巳之岁，奉诏纂辑唐文，于《永乐大典》中得《河南志

---

①　金毓黻：《中国史学史》第九章《清代史家之成就》，第 372 页。

图》，证以《玉海》所引、《禁扁》所载，灼是次道旧帙，其源亦出于韦述《两京记》而加详焉。亟为摹钞，爱同球璧。校书之暇，采集金石传记，合以程大昌、李好问之《长安图》，作《唐两京城坊考》，以为吟咏唐贤篇什之助。"① 但是这段文字语焉不详，并未将《唐两京城坊考》所用史料交代清楚，黄永年先生经过对《长安志》、《雍录》、《长安志图》及其他资料的比勘，基本弄清楚了《唐两京城坊考》的资料来源：

1. 此书长安部分的图系根据《长安志图》和《雍录》的图重新绘制。

2. 长安部分的文字是照录宋敏求《长安志》原文，但《长安志》还旁及长安郊区及属县，上及周、秦、汉以来沿革，此书只记述长安城坊，其他一概删去。

3. 洛阳部分的图和文字都录自从《永乐大典》中抄出的《元河南志》中的宋敏求《河南志》部分。

4. 再将唐人诗文、小说以及碑志中有关两京城坊的史实和其他记载，摘出补入有关城坊之中。②

今将《唐两京城坊考》与《长安志》及《元河南志》相关内容一一比勘，先生所言甚当，但仍有进一步补充说明之必要。

《长安志》系宋人宋敏求撰，是继韦述《两京新记》之后又一部详载唐代长安都城史地的重要文献，在《两京新记》亡佚的情况下，比《两京新记》记载长安城更为详备的《长安志》就显得尤为珍贵。因此，徐松在撰写《唐两京城坊考》时，西京部分即以宋敏求《长安志》为蓝本，具体而言，《唐两京城坊考》西京部分卷一分别记宫城、皇城、大明宫、兴庆宫及三苑，此正文即《长安志》卷六宫室及卷七皇城部分。《唐两京城坊考》卷二、卷三外郭城部分逐一记载万年县所领诸坊，此正文即《长安志》卷七、卷八及卷九前半部分。《唐两京城坊考》卷三外郭城部分逐一记载长安县所领诸坊之正文，即《长安志》卷九后半部分及卷一〇的内容。又卷三所附长安城诸渠道如龙首渠、黄渠、永安渠、清明渠、

① 徐松：《唐两京城坊考序》。

② 黄永年：《唐史史料学》，第 105 页。

漕渠，则是徐松分别从《长安志》卷九朱雀门街东第五街永嘉坊内龙首渠的注文、卷一一万年县所属黄渠的正文、卷一〇朱雀门街西第三街大安坊内永安渠、清明渠的原注，及卷七朱雀门街东第一街开化坊内之漕渠的注文采辑而来并稍事增补而成，可以说徐松充分利用了前人的研究成果。

　　除《长安志》外，宋敏求又撰有《河南志》，与《长安志》体例稍有不同而"并称赡博"①。《河南志》命运不及《长安志》，亡佚已久，徐松纂修《全唐文》时，从《永乐大典》中辑出《河南志》钞本，不分卷，徐松认为此即宋敏求所撰之《河南志》而源出于韦述《两京新记》。缪荃孙则认为徐松所钞《河南志》"开卷即云河南府路罗城，方知《大典》所录为《元河南志》，而仍是《宋志》原文。至述元时，寥寥数语，必是星伯先生止录宋《志》，元代事则置之耳。唐朝最详，《东京城坊考》全取于此"。②缪荃孙对徐松所辑《河南志》作了精详的校勘，按内容分为 4 卷，并纠正了原辑本的许多错讹。今将《唐两京城坊考》东京部分与之比勘，其中宫城、皇城、东城及上阳宫、神都苑部分正文即是《元河南志》卷四《唐城阙古迹》部分之内容，外郭城街道诸坊则是《元河南志》卷一《京城门坊街隅古迹》及卷四部分的内容，外郭城所附洛渠、通济渠、通津渠、运渠、漕渠、榖渠、瀍渠、洩城渠之内容则是卷四《唐城阙古迹》末尾所附诸水。

　　比勘之余，笔者发现徐松《唐两京城坊考》的正文虽录自《长安志》、《元河南志》，但并不是照录原文，而是在原文的基础上，用调整先后次序、增补或删节、将部分原文改作注文，或将部分原注改作正文的方法对原文进行了重新加工改订，同时利用各种历史文献，钩稽排比史料，进行了大量增补，其增删改移的情况比比皆是。而经徐松的改移增补，《唐两京城坊考》在叙述排比上与《长安志》、《元河南志》相比更为简明而有条理，内容也更为丰富充实，以下试举例说明。

　　《长安志》卷六对"禁苑"叙述如下：

　　　　禁苑在宫城之北，东西二十七里，南北三十三里，东接灞水，西

---

①　《四库全书总目》卷七〇《史部·地理类·长安志》，第 619 页。

②　缪荃孙：《元河南志跋》，《元河南志》卷四，藕香零拾丛书本，清宣统二年刊本。

接长安故城，南连京城，北枕渭水。苑西即大仓，北距中渭桥，与长安故城相接，东西十二里，南北十三里，亦隶苑中。苑中四面皆有监，南面长乐监，北面旧宅监，东监、西监分掌宫中植种及脩葺园苑等事。又置苑总监领之，皆隶司农寺。苑中官亭凡二十四所。南面三门，中曰景曜门，东曰芳林门，西曰光化门。东面二门，南曰光泰门，北曰昭远门。西面二门，南曰延秋门，北曰玄武门①。北面三门，中曰启运门，东曰饮马门，西曰永泰门。启运门之南有内苑，北曰重玄门②，东曰东云龙门，西曰西云龙门。苑内有南望春亭，北望春亭，坡头亭，柳园亭，月坡，球场亭子。有青城、龙鳞、栖云、凝碧、上阳五桥，广运潭，九曲宫去宫城十二里，在左右神策军后，宫中有殿舍山池。③

**经徐松改移增补后如下：**

　　禁苑者，隋之大兴苑也，东距浐，北枕渭，西包汉长安城，南接都城。东西二十七里，南北二十三里，周一百二十里。正南阻于宫城，故南面三门偏于西苑之西。旁西苑者芳林门，次西景曜门，又西光化门。西面二门：近南者延秋门，次北玄武门。北面三门：近西者永泰门，次启运门，次饮马门。东面二门：近北者昭远门，次光泰门。苑中四面有监：在东西者曰东监、西监，南面长乐监，北面旧宅监，又置苑总监领之。皆隶司农寺。苑中官亭二十四所，可考者曰南望春亭，曰北望春亭，曰坡头亭，曰柳园亭，曰月坡、曰球场亭子，曰青城桥、曰龙鳞桥、曰栖云桥、曰凝碧桥、曰上阳桥，曰广运潭，曰九曲宫，曰鱼藻宫，曰蚕坛亭、曰祯兴亭、曰元沼宫、曰神皋亭，曰七架亭、曰青门亭、曰桃园亭、曰临渭亭。其隶旧宅监者七所，曰咸宜宫，曰未央宫，曰西北角亭，曰南昌国亭，曰北昌国亭，曰流杯亭，曰明水园，皆汉故迹也。所谓梨园者，在光化门北。近梨园者有蒲萄园。又有昭德宫、光启宫、含光殿、飞龙院、骥德殿、虎圈、白

---

① 案：清人避讳作"元武门"，此回改。
② 案：清人避讳作"重元门"，此回改。
③ 《长安志》卷六，第133—134页。

华殿、会昌殿、西楼，不知其处。①

徐松首先对《长安志》的叙述次序作了调整，先叙述禁苑的方位及规模，然后以南、北、东的顺序叙述各门，次及苑内各监，最后叙及苑中宫亭。条理清楚，次序井然。其次，在《长安志》原文的基础上，徐松还对苑中宫亭部分作了增补。经徐松增补改订后，不仅叙述更有条理，内容比原文也增加了近三分之一。

又如关于长安东、西两市，《长安志》曰："次南东市：南北居二坊之地，当中东市局，次东平准局，东北隅有放生池。"②"次南西市：南北尽两坊之地，市内有西市局、放生池、平准局、独柳。"③ 经徐松增补后则曰："次南东市：南北居二坊之地。当中东市局，次东平准局。铁行。资圣寺。西北街。东北隅有放生池。"④"次南西市：南北尽两坊之地，市内有西市局。市署。平准局。衣肆。鞦辔行。秤行。窦家店。张家楼。景先宅。放生池。独柳。"⑤ 又关于朱雀门街东第五街"新昌坊"，《长安志》叙述曰："次南新昌坊：南门之东青龙寺、崇真观、吏部尚书裴向竹园、尚书左仆射致仕杨於陵宅、太子少师牛僧孺宅、秘书监张仲方宅、礼部尚书温造宅、太子少傅致仕卢宏宣宅、儋州流人路岩宅。"⑥ 经徐松增补，除"吏部尚书裴向竹园"作"吏部尚书裴向宅"外，又增补"礼部尚书苏颋宅、鲁郡任城县尉裴回宅、御史中丞判刑部侍郎同平章事舒元舆宅、中书舍人路群宅、检校左仆射兼吏部尚书崔群宅、礼部尚书李益宅、考功郎中钱起宅、侍郎侯钊宅、京兆府咸阳县丞权达宅、检校司空凤翔尹凤翔节度使窦易直宅、刑部尚书白居易宅、守右仆射门下侍郎李绅宅、太子右庶子王定宅、朝散大夫秘书省著作郎致仕韦端宅、国子司业严公宅、秘书少监姚合宅、进士卢燕宅、处士丁重宅"。⑦ 增补部分远远超出了《长安志》的记载。

---

① 《唐两京城坊考》卷一"三苑"，第29—32页。

② 《长安志》卷八，第197—198页。

③ 《长安志》卷一〇，第240页。

④ 《唐两京城坊考》卷三"胜业坊"，第75页。

⑤ 《唐两城坊考》卷四"醴泉坊"，第117—118页。

⑥ 《长安志》卷九，第213—214页。

⑦ 《唐两京城坊考》卷三"新昌坊"，第87—89页。

宋敏求《长安志》于各坊内之寺庙道观及宅第园圃叙述较为随意，无章法可循，如卷一〇朱雀门街西第三街"延康坊"："西南隅西明寺，本隋尚书令越国公杨素宅。东南隅静法寺。北门之西中书令阎立本宅，邠宁节度使马璘池亭。诸王府。"①徐松《唐两京城坊考》于各坊内之建置则依府、廨、寺、观、宅的次序依次叙述，因此，经徐松改移增补后，叙述"延康坊"如下："诸王府。西南隅，西明寺。东南隅，静法寺。北门之西，中书令阎立本宅。水部郎中张籍宅。马镇西宅。王静信宅。邠宁节度使马璘池亭。"②

《唐两京城坊考》东京部分采自《元河南志》，其增补改易也一如西京，如《元河南志》卷四总述东京"宫城"曰：

> 宫城，周十三里二百四十一步，高四丈八尺，城中隔城四重：贞观六年，号为洛阳宫。南面六门：正南曰应天门，次东曰明德门，次东曰重光门，次东曰大和门，次西曰长乐门，次西曰洛城南门。东面一门，曰重光北门。西面二门：北曰嘉豫门，南曰洛城西门。北面二门：东曰安宁门，西曰玄武门。玄武门北曰曜仪城。城有三门：北面一门，曰圆璧南门，东曰曜仪东门，西曰曜仪西门。曜仪城北曰圆璧城。城有二门：北面曰龙光门，东曰圆璧门。应天门内曰乾元门。东曰万春门，西曰千秋门。乾元门外东、西横门：曰日华门、月华门。明德门内会昌门。次曰章善门。长乐门内曰广运门。次曰明福门，东曰光范门。③

《唐两京城坊考》卷五则叙述如下：

> 宫城在皇城北，因隋名曰紫微城。贞观六年，号为洛阳宫。武后光宅元年，号太初宫。东西四里一百八十八步，南北二里八十五步，周一十三里二百四十一步，其崇四丈八尺，以象北辰藩卫。城中隔城二，在东南隅者太子居之，在西北隅者皇子、公主居之。城北隔城

---

① 《长安志》卷一〇，第232—233页。

② 《唐两京城坊考》卷四"延康坊"，第109—110页。

③ 《元河南志》卷四。

二，最北者圆璧城，次南曜仪城。南面四门：中应天门，东明德门，西长乐门，西南隅洛城南门。东面一门，重光北门。西面二门，北嘉豫门，南洛城西门，北面二门，中玄武门，东安宁门。玄武门北则曜仪城，城二门，东面曰曜仪东门，西面曰曜仪西门。曜仪城北则圆璧城，城三门，南面曰圆璧南门，北面曰龙光门，东面曰圆璧门。①

徐松不仅调整了《元河南志》的叙述顺序，又将部分注文改作正文，这样一来，使人对东京宫城的情况一目了然。

又《元河南志》叙述城内各坊，仅及坊名，坊内格局宅第全部作注文。徐松《唐两京城坊考》东京部分则于坊名之下又将部分注文改作正文，部分仍留作注文，与西京部分的体例保持一致。如卷一定鼎门街之西第一街积善坊内格局，《元河南志》全为注文：

> 北至洛水。隋有周法尚宅。唐有明皇旧宅，本高士廉宅，亦号五王子宅。分院而居，明皇八分书院额。右金吾卫韦机宅，后为邱神勣宅。神勣诛，以赐张易之。易之诛，为将作监。又有崔神庆宅，后为崔日用宅。太微宫，天宝元年正月，置玄元皇帝庙于东都积善坊，九月，改庙为太上玄元皇帝宫，二年，改太微宫。②

徐松《唐两京城坊考》卷五则将部分原注改作正文，部分仍留作注文，正文如下：

> 次北积善坊。太微宫。明皇旧宅。右金吾卫韦机宅。河内县尉陈该宅。司礼卿、赠幽州都督崔神庆宅。李及宅。坊北月陂。③

与《元河南志》相比，将原注文中的宫、宅等建置改作正文，又增加了崔神庆的官爵及陈该、李及两处宅第，同时将原注文中解释宫、宅的内容仍留作注文，显得更为简明。

----

① 《唐两京城坊考》卷五"宫城"，第131—133页。
② 《元河南志》卷一。
③ 《唐两京城坊考》卷五"积善坊"，第168页。

　　总之，《唐两京城坊考》的正文并不是简单机械地照录《长安志》、《元河南志》原文，其中的改易增删是显而易见的。因此，《唐两京城坊考》的正文即徐松以《长安志》及《元河南志》有关两京的记载为基础，经过改移增删重新整理纂辑而成，是颇费了一番心思的。

### 二　注文内容

　　徐松《唐两京城坊考》的注文，在数量上远远超过了正文，这些注文可分为两部分：其中一部分注文是《长安志》及《元河南志》的原注，另外一部分则是徐松为原注所作的补注及为增补正文所作的新注，此补注及新注，在数量上几与原书注文相埒。令人遗憾的是，徐松没有将原注与自己的补注和新注区别开来，若不两相比勘，则无从得知哪些是原注，哪些是徐松的补注和新注。徐松所作补注及新注花费了大量心血，采撷、征引文献极其广博，仅有关唐两京的文献，除《长安志》、《元河南志》外，尚有《两京新记》、《两京道里记》、《雍录》、吕大临《长安志图》、李好文《长安志图》、《禁扁》以及《长安志》毕沅校记，《资治通鉴》胡三省注引《阁本大明宫图》、《阁本太极宫图》，《永乐大典》所载《阁本太极宫图》、《太极宫东宫图》，甚至还参考了同年好友王森文所作《汉唐长安城图》，认为其图经作者"亲自履勘，较《长安志图》为精审"，凡图中所载，皆实有旧址可考，"故作禁苑图用其说"。① 徐松征引的史部典籍主要有新旧《唐书》、《资治通鉴》、《唐会要》、《唐六典》等，金石文献则包括碑、碣、墓志、钟铭、塔记等，集部文献包括诗、文、表、奏、行状以及诗文的注释。此外，大量的唐人笔记、杂记、传奇及小说也都是徐松参考征引的对象。

　　在徐松所作补注和新注中，还有一部分是徐松对《长安志》、《元河南志》原文的校误及对正文的一些考证。徐松在采录《长安志》、《元河南志》时，对有些错误的记载予以改正。如西京皇城内承天门街之东，第三横街之北："从西第一，左监门卫。次东，左武卫。次东，左骁卫。卫东，安上门街，街东第一，东宫仆寺。次东，率更寺。次东，右司御率府。次东，右卫率府。府东有南北街，街东第一，左卫率府。次东，左司

---

① 《唐两京城坊考》卷一"三苑"，第31—32页。

御率府。次东，詹事府。"① 又如徐松于朱雀门街东第三街来庭坊增补庄宅司，在注文中言其在坊西北，又考证曰："按《大达法师塔碑》阴有大中五年敕内庄宅使牒一通，载安国寺僧价买庄地之事。惟庄宅使之名不见《唐志》。《宋史·职官志》云：唐设内诸司使，悉拟尚书省。如京，仓部也。庄宅，屯田也。皇城，司门也。礼宾，主客也。此坊所载，盖其廨舍。"②

在《唐两京城坊考》的注文中还有许多存疑待考的史事，徐松将那些记载不详又不忍舍弃，而一时又无法考实的文献记载也保留在注文中以俟再考。如《长安志》言西京大明宫"宫垣之外，两边掖门，门内有凝霜殿、碧羽殿、紫箫殿、郁仪阁、承云阁、修文阁"，③ 徐松照录原文并加案语曰："按诸书不言掖门，未知所在。《大典·阁本图》于左银台门外有夹道，岂掖门所在欤？"④ 又朱雀门街东第二街长兴坊内有乾元观，宋敏求原注曰："《代宗实录》曰：大历十三年七月，以泾原节度使马璘宅作乾元观，道士四十九人。其地在皇城南长兴里。璘初创是宅，重价募天下巧工营缮，屋宇宏丽，冠绝当时。璘临终献之代宗，以其当王城形胜之地，墙宇新洁，遂命为观，以追远之福，上资肃宗，加乾元观之名。乾元，肃宗尊号也。然则与《德宗录》之言相戾。"⑤ 徐松照录原注并加案语曰："按《代宗实录》以为璘献为观，《德宗实录》与《德宗纪》皆云帝命毁之，未详孰是。"⑥ 又朱雀门街东第三街永宁坊东南隅有京兆府籍坊，徐松在注文中加案语曰："此《长安志》文，籍坊未详。或徒坊、病坊之类，俟考。"又坊内有开府仪同三司、博陵郡王李辅国宅，徐松注曰："按《杜阳杂编》：肃宗赐李辅国香玉辟邪，辅国碎之为粉。所居安邑里，芬馥弥月。是辅国宅又在安邑矣。俟考。"⑦

## 三 成就及不足

徐松《唐两京城坊考》是继唐韦述《两京新记》、宋宋敏求《长安

---

① 《唐两京城坊考》卷一"皇城"，第 12 页。
② 《唐两京城坊考》卷三"来庭坊"，第 51 页。
③ 《长安志》卷六，第 141 页。
④ 《唐两京城坊考》卷一"大明宫"，第 24 页。
⑤ 《长安志》卷七，第 169 页。
⑥ 《唐两京城坊考》卷二"长兴坊"，第 42 页。
⑦ 《唐两京城坊考》卷三"永宁坊"，第 62—63 页。

志》、《河南志》之后全面而详细地记载唐代东、西两京的城市建置、宫殿官署、街市坊里、苑囿渠道、水陆交通、风土人物的集大成之作，是对前代有关隋唐两京研究的一次总结。由于《两京新记》亡佚，现仅存卷三残卷。《长安志》除记长安城坊外还兼及京郊、属县及历史沿革，《河南志》亦亡佚，今所见有《永乐大典》本、徐松钞本及缪荃孙校本，三书内容大致相同。徐松《唐两京城坊考》即将《长安志》及《河南志》两书中有关长安、洛阳城区的内容汇集在一起，按京城、万年县所领诸坊、长安县所领诸坊及东京宫城、皇城、外郭城坊的次序依次叙述两京之建置格局，同时结合大量注文，生动地反映了唐代两京的城市风貌、人文景观及自然景观，再现了两千多年前唐两京的繁荣和鼎盛。

现仅存的《两京新记》卷三残卷述长安京城西半部长安县所领五十坊和西市，卷首所残当为朱雀街西最北的五坊。日本学者福山敏男据现在第三卷的情况并参据《长安志》，推测其前三卷记长安，后两卷记洛阳，分卷情况大致为：卷一，京师（长安）总说及宫城、禁苑、皇城等。卷二，京城总说及万年县所领诸坊。卷三，长安县所领诸坊。卷四，东都（洛阳）总说及宫城、皇城、东城和诸坊。卷五，诸坊。① 如果此说成立，则徐松《唐两京城坊考》的内容编排与《两京新记》大致相同。因此，在《两京新记》亡佚的情况下，《唐两京城坊考》是迄今为止研究唐代东、西两京最为重要的参考资料，黄永年先生认为在徐松的诸多著述中以《唐两京城坊考》最为著名，"常为研读唐代文史者所引用，几视为与《长安志》有同样史料价值"。② 辛德勇也认为，此书"是研究隋唐长安、洛阳两城的一部集大成之作，代表了清代中期以前的最高研究水平，过去许多研究隋唐史的人几乎视同第一手史料一样直接引用，这在清人著述当中是很少见的"。③ 辛德勇还总结认为徐松的主要贡献，一是广泛搜集《旧唐书》及唐人诗、文、小说和碑志中的有关记载，参以《两京新记》残卷、佚文及宋以来有关隋唐两京的专门著述，补入宋敏求《长安志》、《河南志》两志相关城坊条文之下。二是此书不仅不同于宋敏求《长安

---

① ［日］福山敏男：《〈两京新记〉解说》，辛德勇译，《两京新记辑校》，三秦出版社2006年版，第7—8页。

② 黄永年：《唐史史料学》，第105页。

③ 辛德勇：《增订唐两京城坊考》（书评），《唐研究》第3卷，北京大学出版社1997年版，第549—555页。

志》、《河南志》那样包容京畿属县及前代建置等内容，也不像韦述《两京新记》那样泛泛铺叙城外山川及先代宫阙，而是专门集中叙述有唐一代（兼及隋代）两京城坊。① 其价值得到了学者广泛的认可与肯定。

同样，学者们在肯定《唐两京城坊考》的学术水平与史料价值的同时，也指出了其中的缺陷与不足。黄永年先生认为此书存在以下不足："1、宋敏求《长安志》、《河南志》的原文和徐松所增补的没有加以区别。2、徐松所增补的有时没有详注出处，更没注明引书的卷数。3、诗文、碑志所记某人住某坊是实事，而小说如《太平广记》中的则颇多虚构，徐松对此一视同仁，未加区别。4、宋志本身的阙误以及今本宋志的阙误更未能补正。"② 辛德勇也指出《唐两京城坊考》有两个主要缺陷：（1）在迻录韦述《两京新记》、宋敏求《长安志》和《元河南志》等基本资料时，疏于校勘。（2）虽然是以考名书，而实际上却鲜有发明，多因袭旧说，不加考订地补入新的材料；偶有考订，又多未为精洽。③ 总之，此书是"述"多于考。前哲时贤所言极是，辛德勇的评价及纠谬在其大作《〈唐两京城坊考〉述评》和《隋唐两京丛考》中说之甚详，此不赘述。黄永年先生所言甚略，稍事补说如下。

首先，关于徐松没有将宋敏求《长安志》、《河南志》的原文与自己增补的内容加以区别，当包括正文及注文。徐松所作《唐两京城坊考》之正文源于《长安志》、《河南志》，但并非照录，而是有所增补改移，惜徐松没有将自己增补的内容与原文区别开来。《唐两京城坊考》的注文既有《长安志》、《河南志》的原注，又有徐松为原注所作补注及为增补正文所作的新注，三者混在一起，难以区别。大部分情况下，补注系于原注之后，偶尔也有在原注的基础上增补或修订，则更难区分，如皇城内承天门街之西第六横街之北有废石台，宋敏求原注曰："本司农寺草坊之地，载初中置台，先天中废，后为御史台推事院。"④ 经徐松增补并加案语后则曰："本司农寺草坊之地。景龙中，韦庶人置石台，雕刻彩楼，上建颂台，蛟龙蟠绕，下有石马、石狮子、侍卫之像。初韦氏矫称衣箱有五色云

---

① 辛德勇：《〈唐两京城坊考〉评述》，《历史地理》第 12 辑，上海人民出版社 1995 年版，第 228—234 页。

② 黄永年：《唐史史料学》，第 105—107 页。

③ 辛德勇：《〈唐两京城坊考〉评述》，《历史地理》第 12 辑，第 228—234 页。

④ 《长安志》卷七，第 155 页。

气，使画工图像，以示于朝。及节愍太子遇害，韦氏又上《中宗圣威神武颂》，刊石以纪其事，谓之颂台，上官昭容之文也，并勒公卿姓名于上。诐词伪事，有乖典实，景云元年毁之。后为御史台推事院。按《长安志》既载石台于此，又载于朱雀门街下，言在开化坊，而开化坊下无一言及之。志文踳驳，今删彼而存此。"① 此外《长安志》原注中有案语，徐松所作补注及新注亦有案语，三者均无标识，也难以区分。如西京朱雀门街西第三街光德坊内有太子宾客裴垍宅，注文"按裴光庭亦居此坊，光庭为中眷，裴垍为东眷，裴自别为宅也"。② 此注不见于《长安志》，当为徐松所加。而西京朱雀门街西第二街宣义坊有张说宅，其注文"按说宅在永乐坊，此乃别宅"亦见于《长安志》③，当为宋敏求原注无疑。此二案语无特别标识，若不核对《长安志》，则不知孰为宋敏求案语，孰为徐松所加案语。徐松将自己对原文的增补羼入其中，又将原注与自己所作的补注及新注混为一体，若不仔细比勘，实难区别，为研究参考带来不便，也无法真实地体现徐松所付出的辛劳和更好地确定增补部分的价值。

其次，徐松所增补的内容有些没有详注出处，更没注明引书的卷数。如《城坊考》卷一"大明宫"下注曰："初，梁孝仁悉于庭院列白杨树，指示左骁卫大将军契苾何力。何力不答，但诵古诗曰'白杨多悲风，萧萧愁杀人'，意谓此冢墓木也。孝仁遽伐去，更植松柏。"④ 此注不见于《长安志》，当为徐松增补。案此事见《新唐书·契苾何力传》："始，龙朔中，司稼少卿梁修仁新作大明宫，植白杨于廷，示何力曰：'此木易成，不数年可庇。'何力不答，但诵'白杨多悲风，萧萧愁杀人'之句，修仁惊悟，更植以桐。"⑤ 又见于《唐会要·大明宫》条注文："初，遣司稼少卿梁孝仁监造，悉于庭院列白杨树。左骑卫大将军契苾何力入宫中纵观。孝仁指白杨曰：'此木易长，不过二三年，宫中可得荫映。'何力不答，但诵古诗曰：'白杨多悲风，萧萧愁杀人。'意谓此特冢墓木也。

① 《唐两京城坊考》卷一"皇城"，第 16—17 页。
② 《唐两京城坊考》卷四"光德坊"，第 108 页。
③ 《长安志》卷九，第 225 页；徐松《唐两京城坊考》卷四"宣义坊"，第 101 页。
④ 《唐两京城坊考》卷一"大明宫"，第 18 页。
⑤ 《新唐书》卷一一〇《契苾何力传》，上海古籍出版社 1986 年影印武英殿本，第 422 页。

孝仁遽令伐去之，更植桐柏，谓人曰：'"礼失求之于野"，固不虚也。'"① 然《新唐书》作"梁修仁"、"更植以桐"，《唐会要》作"梁孝仁"、"更植桐柏"，与徐松注略同，当出于《唐会要》。

第三，徐松对引用史料未加以甄别，将大量志怪小说及唐传奇作为信史而引用。唐人诗文及碑志石刻所记某人居某坊某里当是实事，而大量的笔记、传奇、小说中所记则颇多虚构，不足为凭，徐松对此一视同仁，未加区别。如《城坊考》卷三言朱雀门街东第四街胜业坊有霍小玉宅，徐松所据即蒋防《霍小玉传》，小说之言，不足为凭。② 又卷四朱雀门街西第三街布政坊增补有尚书都官令史王琇宅，徐松所据即《冥报记》："永徽二年六月九日，尚书都官令史王琇暴死，吏驱行出金光门，令人坑，琇拜谢放归，乃苏。买白纸作钱并酒食，自于所居隆政坊西渠水上烧之。"③ 徐松按，渠谓永安渠，渠经布政坊之西。文中所言坊名、水名当为实指，然王琇则未必实有其人，故宅之有无不能据此为定。又卷四朱雀门街西第三街延寿坊增补王薰宅及进士李员宅，所据均为《宣室志》："天宝初有王薰者，居长安延寿里。""李员，河东人，居长安延寿里。"④ 又卷四朱雀门街西第三街光德坊增补"张氏宅"，徐松所据史料即白行简《纪梦》："长安西市百肆，有贩粥求利而为之平者，姓张，不得名，家富于财，居光德里。"⑤

徐松《唐两京城坊考》成书后，门人张穆为之校补付梓，之后仍有不少学者依据新出土的隋唐碑石墓志为之补苴增订，其中较有成就的当数清人程鸿诏《唐两京城坊考校补记》，收入缪荃孙所刻《藕香零拾》。新中国成立以后，随着考古学的发展，可资利用的新史料层出不穷，一大批有识之士利用新出土的资料对《唐两京城坊考》进行补阙订讹，取得了很大的成绩，重要者有阎文儒、阎文钧《两京城坊考补》⑥、陈久恒《唐东都洛阳坊里宅第补》⑦、杨鸿年《隋唐两京坊里谱》、李健超《增订唐

① 《唐会要》卷三〇《大明宫》，第553页。
② 详见《唐两京城坊考》卷三 "胜业坊"，第74—75页。
③ 《唐两京城坊考》卷四 "布政坊"，第105页。
④ 《唐两京城坊考》卷四 "延寿坊"，第107页。
⑤ 《唐两京城坊考》卷四 "光德坊"，第109页。
⑥ 阎文儒、阎文钧：《两京城坊考补》，河南人民出版社1992年版。
⑦ 详见《中国考古学研究》（二），科学出版社1986年版。

两京城坊考》<sup>①</sup> 等。而辛德勇《隋唐两京丛考》<sup>②</sup> 则主要是在徐松《唐两京城坊考》一书的基础上，深入考察历代学人关于两京或语焉不详或舛讹疏误的一系列重点难点问题。所有这些成果都是对《唐两京城坊考》的增订补充，与《唐两京城坊考》一起构成了今天研究隋唐两京城市社会生活与城市地理不可或缺的重要资料。

# 第三节　《登科记考》

登科记也叫登科录、科第录，是科举时代记录各科及第者姓名的专书。唐承隋制，科举制得到进一步的发展和完善，成为选拔官吏的主要手段。当时科举分为常举和制举。常选每年举行考试，科目主要有明经、进士、明法、明书、明算等，另外还有秀才、道举、童子、一史、三史等科。在这些科目中，大部分科目或"不常举"，或虽常举而"不见贵"，"大约终唐世为常选之最盛者，不过明经、进士两科而已"。<sup>③</sup> 其中以进士科尤为显赫，"三十老明经，五十少进士"即此之谓。常选起初由吏部主持，后改由礼部主持。制举则是为了选拔非常人才而临时设置的考试，不常举行。所设科目繁多，达一百多种，常见的有贤良方正直言极谏、才识兼茂明于体用、孝悌力田闻于乡里等科。

由于科举是唐人入仕的主要途径之一，时人重视科举之程度，在唐人的笔下早有记载。唐人封演《封氏闻见记》载："当代以进士登科为登龙门，解褐多拜清紧，十数年间，拟迹庙堂。轻薄者语曰：'及第进士，俯视中黄郎；落第进士，揾蒲华长马。'又云：'进士初擢第，头上七尺焰光。'"<sup>④</sup> 进士之显赫由此可见一斑。由于科举受到社会的普遍关注，学子士人趋之若鹜；登科后雁塔题名，曲江宴饮，荣耀乡里。因此《唐国史补》言"进士为时所尚久矣。是故俊乂实集其中，由此出者，终身为闻人"，而其中"位极人臣，常十有二三，登显列十有六七"<sup>⑤</sup>。实际上，中举者不但有许多人成了名宦显贵，还有不少人后来成了著名的学者、诗

---

① 李健超：《增订唐两京城坊考》（修订版），三秦出版社 2006 年版。
② 辛德勇：《隋唐两京丛考》，三秦出版社 1991 年版。
③ 《十七史商榷》卷八一"取士大要有三"。
④ 《封氏闻见记校注》卷三《贡举》，第 17 页。
⑤ 李肇：《唐国史补》卷下，上海古籍出版社 1979 年版，第 55—56 页。

人，因此记录同榜者的姓名、郡望、年龄、行第等内容的登科记愈来愈多，也愈来愈受重视。封演言时有好事者记载登第者姓名，"自神龙以来迄于兹日，名曰《进士登科记》，亦所以昭示前良，发起后进也。余初擢第，太学诸人共书余姓名于旧纪末。进士张绅，汉阳王柬之曾孙也，时初落第，两手捧《登科记》顶戴之，曰：'此《千佛名经》也。'其企羡如此"。① 说明至唐中宗时已出现了专门记载科第的专书——登科记。《新唐书·艺文志》著录有崔氏《唐显庆登科记》、姚康《科第录》、李弈《唐登科记》三种私人编写的登科记。宋王应麟《玉海》卷一一五《选举》引姚康《科第录叙》言穆宗以前，唐代私人编写的登科记就有十几种之多。此外，唐代还有一些官修登科记，据傅璇琮考证，唐代自宣宗朝起，由官府组织人力，根据几种私人编写的登科记纂辑成《唐登科记》13 卷，起自高祖武德年间，终于宣宗大中十年（856）。之后由政府组织、翰林院具体负责逐年编次及第人姓名及所试诗赋题目。② 此登科记不见于《新唐书·艺文志》及《崇文总目》。总之，在唐代，无论是官修或私撰的登科记都十分普遍，可惜的是，这些记载唐代士人登科情况的原始资料，至宋代或亡佚，或残缺不全。宋代乐史又编有唐代《登科记》30 卷，"记进士及诸科登名者，起唐武德，迄天祐末"③，此书亡于明末。又有洪适重编《唐登科记》15 卷，见于《宋史·艺文志》及《直斋书录解题》，南宋后也已亡佚。可见唐代及其以后所编的有关唐代登科记的材料为数不少，甚至可以说是十分丰富的，可惜这些材料都没有保留下来。

惟一可见并可据以考知唐代登科者情况的是元人马端临在《文献通考》卷二九《选举》中所录《唐登科记总目》，记载自高祖武德元年（618）迄于哀帝天祐四年（907）共 289 年的登科情况，此即有唐一代"逐岁所取进士之总目"，保存比较完整，徐松推断其可能采自乐史《登科记》，此《唐登科记总目》于进士科之外统称诸科。如高宗永徽年间的登第情况，《唐登科记总目》曰："高宗永徽元年，秀才一人，进士十四

①　《封氏闻见记校注》卷三《贡举》，第 17 页。

②　傅璇琮：《关于唐代登科记的考索》，载《历史研究》1984 年第 3 期，第 86—92 页。

③　晁公武撰，孙孟校证：《郡斋读书志校证》卷九，上海古籍出版社 1990 年版，第 375 页。

人。二年，进士二十五人（其年始停秀才举）。三年、四年不贡举，应制及第三人。五年，进士一人。六年，进士四十三人，应制一人。"又如玄宗天宝年间登第情况："天宝元年，进士二十三人，诸科二人。二年，进士二十六人。三载，进士二十九人。四载，进士二十五人。五载，进士二十一人。六载，进士二十三人，诸科一人。七载，进士二十四人。八载，进士二十人。九载，进士二十一人。十载，进士二十人。十一载，进士二十六人。十二载，进士五十六人。十三载，进士三十五人，诸科一人。十四载，进士二十四人。十五载，进士三十三人。"①

在唐代登科记均已亡佚，仅有《文献通考》所载《唐登科记总目》且只是逐年列举登第者人数的情况下，徐松以马端临《文献通考》所载之《唐登科记总目》为纲，广泛搜罗有关资料罗列于总纲之科名、人数之下，并注明出处，同时加案语考辨或说明，进而编纂成一部详载唐五代三百多年中进士、明经、制科及其他科目的登第人数、人名及与科举有关的史料的著作《登科记考》，凡六七十万言，确实功不可没。

## 一　正文组成

徐松《登科记考》30 卷，其中卷一至卷二六为唐及五代科举情况，其正文即以《文献通考》所载《唐登科记总目》为科名、人物之纲，在此基础上按年月顺序罗列可以考知的有关科举的诏令奏议、沿革大事、各科录取人数、中举者姓名、知贡举者，可以查考的试题及答卷原文等情况。此外诸如皇帝即位、大赦、改元、释奠等朝廷大事以及"封禅之典、播迁之变"等与贡举有关的朝廷大事②，都根据两《唐书》及《资治通鉴》等记载依次罗列。卷二七为附考，将难以确定中举年代者按进士科、明经科、制科、诸科备列。卷二八至卷三〇是别录，将见于正史、稗官及唐人艺文之"言涉贡举皆关考证"者③，以类相从置于卷末。其中前两卷辑录有关唐五代科举的制度、掌故、议论等文献史料，最后一卷辑录有关科举的诗篇。

《登科记考》正文逐年列举与科举有关的史事，首列朝廷大事及有关

---

① 马端临：《文献通考》卷二九《选举》，中华书局 1986 年版，第 276—280 页。

② （清）徐松撰，赵守俨点校：《登科记考》卷首《凡例》，中华书局 1984 年版。

③ 《登科记考》卷首《凡例》。

诏敕章奏及法令制度、策问题目，其次于每科先列进士人数及可考之人名，再列诸科人数及可考之人名以及此年知贡举者，最后罗列有关对策。经徐松钩稽史料、排比成帙，《登科记考》正文的数量不仅远远超过《唐登科记总目》，唐及五代逐年举行科举考试的具体情况也了然可观。如贞元十九年（803）科举情形，《文献通考》载《唐登科记总目》仅言"进士二十人，诸科六人"，[①] 经徐松增补后，此年科举情形如下：

策进士问：……

策明经问：……

策道举问：……

策弘文、崇文生问：……

六月，敕礼部举人：……

韩愈《论今年权停举选状》：……

进士二十人：曹景伯、侯喜、李础、贾𫗧、胡直钧、郑式方。

诸科六人。

博学宏词科：吕炅、王起。

拔萃科：白居易、李复礼、吕颖、哥舒恒、元稹、崔玄亮。

知贡举：礼部侍郎权德舆。

侯喜《中和节百辟献农书赋》曰：……

贾𫗧《中和节百辟献农书赋》曰：……

胡直钧《中和节百辟献农书赋》曰：……

郑式方《中和节百辟献农书赋》曰：……

吕炅《贡举人谒先师闻雅乐诗》曰：……

王起《贡举人谒先师闻雅乐诗》曰：……

白居易《毁方瓦合判》曰：……

吕颖《毁方瓦合判》曰：……

歌舒恒《毁方瓦合判》曰：……

元稹《毁方瓦合判》曰：……

崔玄亮《毁方瓦合判》曰：……[②]

①　马端临：《文献通考》卷二九《选举》，第 279 页。

②　《登科记考》卷一五，第 558—572 页。

## 二　注文内容

徐松《登科记考》的注文是正文的进一步补充，其数量几可与原文相埒。注文的主要内容是徐松所辑关于正文的文献出处、相关史料及考证。

### 1. 正文出处

《登科记考》的注文首先注明正文的史料出处。在注明文献出处时有繁有简，对于有关科举的诏令奏议、策问对策及诗赋，仅注明文献所出的书名，不及卷数。对于某些中举者及中举人数，不仅有文献出处，还迻录原文，更为翔实明晰。

注文中有相当大一部分是与正文相关的史料。有些是能够直接证明正文的史料，对于文献记载确实无误的登科人数、及第者或知贡举者，简单叙述史料于注文中。如元和十三年（818）进士三十二人，徐松在注文中引《唐摭言》曰："陈标赠元和十三年登进士诗曰：'春官南院院墙东，地色初分月色红。文字一千重马拥，喜欢三十二人同。眼前鱼变辞凡水，心逐莺飞出瑞风。莫怪云泥从此别，总曾惆怅去年中。'"①

### 2. 对正文的解释或说明

有些注文是对正文的进一步解释或说明。徐松在记载唐代科举考试的登第人数、知贡举者等情况时，遇有特殊情况即在注文中或略述缘由，或叙述经过及始末。如《唐登科记总目》自高祖武德七年（624）至太宗贞观八年（634）间，除贞观二年（628）因米贵不贡举外，每年均有秀才一至二人，而贞观九年（635）只有"进士六人"，十年（636）有"进士十一人"，未有中秀才者。徐松于贞观九年"进士六人"之下注曰："此数年或无考秀才。按《唐语林》云：'唐朝初，明经取通两经，先帖文，乃按章疏试墨策十道。秀才试方略策三道，进士试时务策五道。其后举人惮于方略之科，为秀才者殆绝，而多趋明经、进士。'"② 《文献通考》之《唐登科记总目》载高宗永徽二年（651）"进士二十五人"，原注曰"其年始停秀才举"。③ 徐松在《登科记考》高宗永徽二年正文中专

---

① 《登科记考》卷一八，第672页。

② 《登科记考》卷一，第18页。

③ 马端临：《文献通考》卷二九《选举》，第277页。

列"秀才"一项，并注曰："《玉海》引《登科记》云：'是年始停秀才举。'按《新书·韩思复传》：'举秀才高第。'思复在永徽后，所谓秀才者，即进士科也。"① 然《新唐书·选举志上》明言"高宗永徽二年，始停秀才科"，② 徐松未之及。

又《唐登科记总目》载"上元二年，进士四十五人，别敕二人，续试三人"。③ 徐松于"别敕二人"下增补"钱令绪、郑人政、王恺、崔志恂"四人，并在注文中引《唐摭言》"别头及第，始于上元二年钱令绪、郑人政、王恺、崔志恂等四人。亦谓承优及第"予以说明。又在"别敕二人"下加案语曰："按别敕，《摭言》谓即别头，是不始于开元二十九年矣。"④ 《唐登科记总目》载"永昌二年，进士神都六人，西京二人，诸科一人"。⑤ 徐松于"进士神都六人，西京二人"下加案语曰："按《摭言》以两都贡举始于永泰元年者误。"认为两都贡举始于则天永昌元年（689），而非如《唐摭言》所载始于肃宗永泰元年（765）。

有些注文是对科举过程中出现的一些特殊情况的进一步说明或推测。如《唐登科记总目》载高宗麟德二年（665），"进士并落下"，⑥ 徐松在注文中据《唐语林》的记载，推测其原因并加案语曰："《唐语林》：'高宗时，进士特难其选。龙朔中，敕左史董思恭与考功员外郎权崇原同试贡举。思恭吴士轻脱，泄进士问目。三司推，赃污狼藉，命西朝堂斩决。告变免死，除名，流梧州。'按思恭与皇太子弘撰《瑶山玉彩》，其书成于龙朔三年三月。其年不贡举，所云泄进士问目，或即此年事，而进士因之落下欤？"⑦ 又如中和四年（884）停举，徐松在注文中引《唐摭言》，说明唐朝自从广明庚子（880）之乱后至中和四年（884），当时"天下大荒，车驾再幸岐梁，道殣相望，郡国率不以贡士为意。江西节帅钟传令公起于义聚，奄有疆土，充庭述职，为诸侯表式，而乃孜孜以荐贤为急务。

---

① 《登科记考》卷二，第38页。

② 《新唐书》卷四四《选举志上》，上海古籍出版社1986年影印武英殿本，第128页。

③ 马端临：《文献通考》卷二九《选举》，第277页。

④ 《登科记考》卷二，第62—63页。

⑤ 马端临：《文献通考》卷二九《选举》，第277页。案：武则天"永昌二年"当为元年之误。

⑥ 马端临：《文献通考》卷二九《选举》，第277页。

⑦ 《登科记考》卷二，第53页。

虽州里白丁，片文只字来贡于有司者，莫不尽礼接之。至于考试之辰，设会供帐，甲于治平。行乡饮之礼，常率宾佐临视，拳拳然有喜色。复大会以饯之，筐篚之外，率皆资以桂玉，解元三十万，解副二十万，海送皆不减十万。垂三十载，此志未尝稍怠。时举子有以公卿关节不远千里而求首荐者，岁尝不下数辈"。①

有些注文是对科举过程或详情的追叙。开成三年（838）中第者四十人，状元系裴思谦，徐松在注文中引用《唐摭言》详述其经过曰："高锴第一榜，裴思谦以仇士良关节取状头。锴庭谴之，思谦回顾，厉声曰：'明年打脊取状头。'第二年锴知举，诫门下不得受书题。思谦自携士良一缄入贡院，既而易紫衣趋至阶下，白曰：'军容有状，荐裴思谦秀才。'锴接之，书中与求巍峨，锴曰：'状元已有人，此外可副军容意旨。'思谦曰：'卑吏奉军容处分，裴秀才非状元，请侍郎不放。'锴俯首良久，曰：'然则略要见裴学士。'思谦曰：'卑吏便是也。'锴不得已，遂从之。"②

徐松在《登科记考》的正文之外辅以注文，不仅一一注明正文的出处，还以注释、考证、案语等形式对正文做进一步的解释或说明，使得正文的内容更加丰富翔实。

3. 考证

徐松《登科记考》注文中的考证内容远比《唐两京城坊考》为多，这是因为史料中所载登第者及知贡举者的时间往往较为笼统或模糊，不经考证则大多数无年可系，因此徐松做了大量考订工作，与学者讥《唐两京城坊考》以"考"名书却鲜有发明有所不同，《登科记考》可谓名副其实。对于系于某年某科下的中举者，史料记载明确的列举文献出处，语焉不详的则多方考证。如贞观十七年（643）明经科有萧灌，徐松注曰："张说《赠吏部尚书萧公神道碑》：'公讳灌，字玄茂，兰陵人。年十八，明经高第，补代王功曹。'以永淳元年卒、年五十七推之，登第在是年。"③又开元十三年（725）有进士丁仙芝，徐松考证曰："储光羲《贻丁主簿仙芝别诗》注云：'丁侯前举，予次年举。'又云：'同年举而丁侯

---

① 《登科记考》卷二三，第883页。
② 《登科记考》卷二一，第777页。
③ 《登科记考》卷一，第24页。

先第。'按光羲于十四年及第，则仙芝在此年也。《永乐大典》引《嘉定镇江志》：'丁仙芝，曲阿人。进士第，余杭尉。'"① 宪宗元和元年（806）博学宏词科有杜元颖，徐松考证曰："《因话录》：'赵宗儒以旧相为吏部侍郎，考前进士杜元颖，宏词登科。'考《宪宗纪》及《宗儒传》，宗儒于贞元二十年迁吏部侍郎，元和元年十一月自吏部侍郎为东都留守。贞元二十年停贡举，元颖盖以贞元二十一年登第，元和元年擢宏词也。"②

　　徐松于《登科记考》每年都尽量列举知贡举者，有些是经考证后系于某年之下，凡此，徐松在注文中都有简明的考辨。如开元九年（721）员嘉静知贡举，徐松考证曰："《唐语林》载李纳知举尽于十年。考《册府元龟》，开元八年，考功员外郎李纳以举人不实贬沁州司马。时北军勋臣葛福顺有子举明经，帝闻之，故试其子，墙面不知所对，由是坐贬。是《语林》误也。开元八年有考功员外郎员嘉静，见《旧书·张嘉贞传》，当是李纳既贬，嘉静代之耳。"③ 又宪宗元和十年（815）知贡举者为礼部侍郎崔群，徐松在注文中，据丁居晦《重修承旨学士壁记》及白居易《渭村退居寄礼部崔侍郎诗》考证崔群知贡举时官任礼部侍郎，而《独异志》所言官居中书舍人者有误。④

　　徐松的考证亦偶有失误，如其将施肩吾及第之年系于元和十五年（820），在注文中详载所据史料《唐才子传》，并加案语曰："按是年为李建知举，《才子传》以为陈侍郎，误。《摭言》又以肩吾为元和十年及第，亦误。"⑤ 徐松以《唐才子传》所载陈侍郎知举为非，而以《唐摭言》所载"肩吾为元和十年及第"有误又有孤证之嫌。检《唐语林》卷六"补遗"有"元和十五年，太常少卿李建知举，放进士二十九人。时崔嘏舍人与施肩吾同榜。肩吾寒进。为嘏瞽一目，曲江宴赋诗，肩吾云：'去古成叚，著虫为虾。二十九人及第，五十七眼看花'"。⑥《唐国史补》所言"放进士二十九人"亦与此年登第人数相合，当为一有力证据，惜徐松失检。

---

① 《登科记考》卷七，第 240 页。
② 《登科记考》卷一六，第 586 页。
③ 《登科记考》卷七，第 227 页。
④ 《登科记考》卷一八，第 661—662 页。
⑤ 《登科记考》卷一八，第 682 页。
⑥ 《唐语林校证》卷六，第 578 页。

#### 4. 存疑

徐松以马端临《唐登科记总目》为纲，网罗各种资料，对有唐一代的科举情况进行说明和考证，对于有些难以证实的记载，徐松也尽量保留并注明存疑待考。如《唐登科记总目》载光化三年（900）"进士三十六人，诸科二人"，① 徐松照录此文，又于"进士三十六人"之下注曰："按《避暑录》：'光化中，放进士榜，得裴格等二十八人，以为得人。会燕曲江，乃令大官特作二十八饼馂赐之。'此作'三十六人'，未知孰是。"② 此外对于人名、科名记载有疑义处，徐松也一一存疑待考。如光化三年"进士三十六人"之中有孔昌明，徐松所据文献乃《阙里文献考》，又因《阙里文献考》所记"未知所据"，故附记其名，并注明以俟再考。③ 凡此，都体现了徐松严谨的治学态度和实事求是、一丝不苟的治学方法，颇值后人学习。

总之，徐松《登科记考》的注文，主要是为正文内容注明文献出处，遗憾的是大多只有书名而无卷数。有些注文则简单地引用原文，说明正文的可靠性，有些注文则是对正文的进一步说明或考辨。通观徐松注文所引资料，引用文献广博严谨，不仅包括了《旧唐书》、《新唐书》、《资治通鉴》、《唐会要》、《册府元龟》、《唐大诏令集》、《唐摭言》、《文苑英华》、《贞观政要》、《玉海》、《唐律疏义》、《唐诗纪事》、《词学指南》、《云麓漫钞》、《郡斋读书志》等重要文献，还涉及了笔记小说、方志、碑石、诗文等资料，极大地丰富了正文的内容，不但为后人提供了大量丰富的资料，也将唐代科举的有关情形生动地展现了出来。

### 三　成就及不足

徐松《登科记考》共著录进士凡 2087 人，诸科凡 48 人，明经凡 303 人，制科和宏词、拔萃凡 562 人，合计约 3000 人，约占唐代科举人数的十分之一。此书取材广博，考订详备，可以说是一部有关唐、五代科举史料的编年性著作。自此书面世以来，一直受到学者的高度重视和广泛好评，也一直是研究唐、五代科举、人物、史事及文学等问题的重要史料。

---

① 马端临：《文献通考》卷二九《选举》，第 280 页。

② 《登科记考》卷二四，第 921 页。

③ 《登科记考》卷二四，第 923 页。

傅璇琮在《关于唐代登科记的考索》一文中评价说："我们现在研究唐代的科举制度，不得不感谢一百多年前，也就是清朝道光年间的一位学者徐松。在有关唐代科举考试的重要史料——登科记完全散失的情况下，徐松对大量的史料进行搜集、整理、排比和考证，著成《登科记考》。《登科记考》作为一部内容丰富的唐代科举编年史，向人们提供了唐五代科举考试的发展衍变，以及有关人物的具体活动。徐松不以选拣几条干巴巴的正史有关条文为满足，他注目于唐宋时期众多的杂史、笔记、诗文、小说，力图用对当时生活的具体记述，来重现唐三百年间对于文人生活和文学艺术有重大影响的科举考试几个重要的历史情景。这是一项开拓性的工作，应当看作是清代勃兴的考据学应用于学术史的一种积极尝试。"① 赵守俨在《登科记考》的《点校说明》中也充分肯定了此书的学术价值，认为其取材宏富而不伤于滥，又能注意反映有关科举取士各个方面的问题，考证和案语精辟，可取的不在少数。因此认为，"本书的作用已远远超出登科记的范围，实际上是一部相当详备的、经过考订的唐五代科举史料编年，对于研究唐代的历史、文学都是很重要的参考书。"② 黄永年先生亦认为其"取材精审，考证周密。如方志、谱牒不取明、清所编，而采《永乐大典》中所存宋、元旧籍，今《大典》多已毁失，则此书亦有保存文献之功"。③

　　但是任何一部著作都不可能完美无瑕，徐松《登科记考》固然有许多优点，但由于此书所引史料极为广博，有唐一代科举情况又十分复杂，史料记载亦讹谬百出，徐松以个人之力，在当时几乎无任何检索手段可以利用的情况下从事如此繁难的工作，难免出现考证失误、前后重复、阙而未考等现象。赵守俨在肯定《登科记考》的学术价值及史料价值的同时，也指出了此书的不足，认为书中不可避免地存在不少疏漏和错误，尚需进一步完善和充实。早在1941年，岑仲勉就曾撰《登科记考订补》一文④，针对书中的重复、错误、缺漏等问题进行考订补苴。新中国成立以来，随着新资料的不断出土和发现，可资参考的资料越来越多，学者们在利用此

---

① 　傅璇琮：《关于唐代登科记的考索》，载《历史研究》1984年第3期。
② 　赵守俨：《登科记考点校说明》，《登科记考》卷首，中华书局1984年版。
③ 　黄永年：《唐史史料学》，第128页。
④ 　详见《历史语言研究所集刊》第11本。

书的同时，又针对书中的错误及疏漏做了大量订补拾遗工作，主要有罗继祖的《〈登科记考〉补》（刊日本《东方学报》）、施子愉的《〈登科记考〉补正》（刊《文献》十五辑）、卞孝萱《〈登科记考〉纠谬》（刊《学林漫录》六集），赵守俨在校点此书时亦纠正了书中大量错误。

此外，徐松在征引史料时，亦有许多可商榷处。如懿宗咸通十一年（870）停举，徐松在注文中罗列《太平广记》所引《年号记》之文、罗隐《谗书重序》及《陈黯集后序》，说明停举之诏颁于咸通十年（869）十月，停举之原因系庞勋作乱占据徐州。① 案此事既见于《旧唐书·懿宗纪》："（咸通十一年）四月癸未朔。戊子，敕：'去年属以用军之际，权停贡举一年，今既去戈，却宜仍旧。来年宜别许三十人及第，进士十人，明经二十人，已后不得援例。'"② 又见于《唐会要·贡举》："咸通十一年四月敕：去年属以用军之际，权停贡举一年，今既偃戈，却宜仍旧。来年宜别许三十人及第，进士十人，明经进士二十人，已后不得援例。"③ 徐松所引虽不误，考证亦确，然弃正史及《唐会要》之史料不用而引用以上各书辗转考证实属舍本逐末。陈尚君认为徐松撰《登科记考》态度审慎"但并不科学"，"文献传误，所在皆有，即使唐人碑志，亦难必其不误，关键是要细致考证，去伪存真。明清方志讹误甚多，但也保存了不少今已失传的宋元志的旧文，多有可与史乘相参者"。④

近年，孟二冬在充分吸收前贤研究成果的基础上，主要利用新出土的石刻、墓志等材料对徐松原书作补正，对徐松《登科记考》中缺考或漏收者，重新考证补充，对徐松书中考证疏误处重新调整、删并或考证，又将时代早于徐松所引史料或更为确实可靠的史料作为补充资料以丰富和加强此书的史料价值，撰成《登科记考补正》。经孟二冬补正，仅科举的人数就比徐松原著增加了一倍，为后人研究唐五代史事、科举及文学提供了更为丰富详赡的参考资料。

---

① 《登科记考》卷二三，第861页。
② 《旧唐书》卷一九上《懿宗纪》，中华本，第675页。
③ 《唐会要》卷七六《贡举中·缘举杂录》，第1386页。
④ 陈尚君：《〈登科记考〉正补》，《唐代文学研究》第4辑，广西师范大学出版社1993年版，第293—361页。

# 第四节　唐代史料的钩稽排比

　　徐松的《唐两京城坊考》及《登科记考》不论是在体例上还是研究方法上都有异曲同工之妙，两者都是在已有文本的基础上，广征博引，从浩如烟海的文献中钩稽史料，鉴别考订，细致地加以梳理和排比，将两京的建置格局、宫室苑囿、街道坊里及有唐一代与科举有关的史事、试题、答卷、科目、及第及知贡举者逐年列举，清晰地呈现给读者。两书的学术价值及史料价值都得到了学术界的肯定，而徐松的这种钩稽排比史料的研究方法也使后人受益匪浅。

　　钩稽排比史料是一种古老而传统的史学研究方法，也是史学研究中最基本最常用的方法之一，早在西汉武帝年间，司马迁即通过广泛钩稽相关史料并加以精心排比完成了史学巨著《史记》，之后史家编纂或撰写史书，几乎无一例外都要用到钩稽史料进而排比成帙的方法。自宋代以来，此方法更为普遍地应用到史学研究当中，如宋敏求《长安志》、《河南志》自注，即钩稽与正文有关的史料，以双行小字的形式排列于正文之下。洪迈《容斋随笔》虽然是读书札记式的学术著作，但其中的许多论述采用的依然是钩稽排比史料进而归纳总结的方法。乾嘉时期，考据学派大都擅长此道，多用此方法研究历史，尤其是赵翼，其《廿二史札记》中的许多内容都是在钩稽史料、类比举证的基础上总结历史现象、评价历史人物的。徐松《唐两京城坊考》则继承并发扬这一方法，一方面对原注进行增补考证，另一方面对增补正文作新注。徐松通过对所征引史料的钩稽排比，或叙述寺观之兴废始末，或屡析宅第主人之更易变迁，或描绘坊宅之景观，使得长安方方正正、中规中矩的坊市格局生动再现，并被赋予了生命。

　　如位于朱雀门街东第三街"晋昌坊"半以东的"大慈恩寺"，徐松在《长安志》原注的基础上增补史料，征引各种文献，钩稽排比，缕述慈恩寺的建造始末、周边风景曰：

> 隋无漏寺之地，武德初废。贞观二十二年十二月二十四日，高宗在春宫，为文德皇后立为寺，故以慈恩为名，仍选林泉形胜之所。寺成，高宗亲幸，佛像幡华并从宫中出，太常九部乐送额至寺。寺南临

黄渠，水竹森邃，为京都之最。会昌五年，诏天下废寺，上都每街各留寺两所，僧各三十人。左街留慈恩、荐福，右街留西明、庄严。六年，左街添置寺八所，兴唐寺、保寿寺两所依旧额，六所改名。僧寺四所：宝应寺改为资圣寺，青龙寺改为护国寺，菩提寺改为保唐寺，清禅寺改为安国寺。尼寺二所：法云寺改为唐安寺，崇敬寺改为唐昌寺。右街西明寺改为福寿寺，庄严寺改为圣寿寺。添置八所，二所依旧名，僧寺一所千福寺，尼寺一所兴元寺，并依旧额。六所改名。僧寺五所：化度寺改为崇福寺，永泰寺改为万寿寺，温国寺改为崇圣寺，经行寺改为龙兴寺，奉恩寺改为兴福寺。尼寺一所：万善寺改为延唐寺。《寺塔记》：慈恩寺本净觉故伽蓝，因而营建焉。凡十余院，总一千八百九十七间，敕度三百僧。初三藏自西域东归，诏太常卿江夏王道宗设九部乐，迎像入寺，彩车凡千余两。上御安福门观之。太宗常赐三藏衲直百余金，其工无针缝之迹。（以下为徐松补注）寺有南池，韦应物有《慈恩寺南池秋荷咏》，司空曙有《早春游慈恩南池诗》，赵嘏有《春尽独游慈恩寺南池诗》。寺有牡丹。《唐语林》：慈恩浴室院有牡丹两丛，每开及五六百朵。《唐诗纪事》：长安三月十五日，两街看牡丹甚盛。慈恩寺元果院花最先开，太平院开最后，裴潾作《白牡丹诗》题壁间。又有凌霄花，见李端《怀旧诗序》。①

又如关于著名诗人白居易的宅第，《长安志》阙载，徐松据有关史料，不仅增补了白居易在长安的四处宅第，而且对其先后更易排比如下："按白居易始居常乐，次居宣平，又次居昭国，又次居新昌。今于各坊备载之。"② 兹将散见于各坊的有关白居易宅第的史料及徐松案语汇集如下：

> 白居易有《常乐里闲居诗》。又有《养竹记》云："贞元十九年春，居易以拔萃选及第，授校书郎，始于长安求假居处，得常乐里故关相国私第之东亭而处之。明日，履及于亭之东南隅，见丛竹于斯。"按乐天始至长安，与周谅等同居永崇里之华阳观。至选授校书

---

郎，乃居常乐里，盖此为卜宅之始也。①

白居易《襄州别驾府君事状》："夫人颍川陈氏，殁于长安宣平里第。"按夫人即居易之母。《旧书·白居易传》："居易奏曰：'臣闻姜公辅为内职，求为京府判司，为奉亲也。臣有老母，家贫养薄，乞如公辅例。'于是除京兆府户曹参军。元和六年，丁母陈夫人之丧。"《长庆集》有《初除户曹喜而言志诗》，是陈夫人就养于居易之第。②

《白氏长庆集》有《昭国里闲居诗》，时为左赞善大夫。居易《与杨虞卿书》云："仆左降诏下，明日而东，足下从城西来，抵招国坊③，已不及矣。"按白居易始居常乐，次居宣平，又次居昭国，又次居新昌。今于各坊备载之。④

居易为主客司郎中、知制诰，时居新昌里，有《题新昌所居诗》云：街东闲处住。又《新昌新居书事》四十韵云：丹凤楼当后，青龙寺在前。又《自题新昌居止诗》云：最近东头是白家。其时有《和元微之诗序》云：微之转为江陵士曹掾，会予下内直归，而微之已即路，邂逅相遇于街衢中。自永寿寺南抵新昌里北，得马上话别。按微之宅在靖安里，永寿寺在永乐里，永寿之南即靖安北街。乐天下直，每自朱雀街经靖安之北，集中有《靖安北街赠李二十诗》是也。微之盖东出延兴门或春明门，故经新昌之北。又按居易宅有松数株，其《新昌闲居诗》云：但有双松当砌下。又《寄崔十八诗》云：新昌七株松。⑤

通观以上记载，白居易在长安的居所行迹及生活情况跃然纸上。

有了撰写《唐两京城坊考》的经历，徐松在纂辑《登科记考》时，

---

① 《唐两京城坊考》卷三"常乐坊"，第85页。
② 《唐两京城坊考》卷三"宣平坊"，第78页。
③ 案：此"招国坊"当为"昭国坊"之误。
④ 《唐两京城坊考》卷三"昭国坊"，第67页。
⑤ 《唐两京城坊考》卷三"新昌坊"，第89页。

对钩稽排比史料方法的运用更为纯熟。① 相对于《唐两京城坊考》而言，《登科记考》对史料的钩稽排比主要体现在正文当中。《登科记考》所据文本仅寥寥四千余字，徐松在此基础上，通过对大量史料的钩稽排比撰成了七十余万字的巨著，无论是广度还是难度都远远超过了《唐两京城坊考》。仅就科举考试登第者而言，《唐登科记总目》仅记载某年中某科若干人，徐松则从浩如烟海的史料中搜集与此年科举有关的所有史料，对于没有确切中举年代或语焉不详的史料还需根据相关信息推测其大概中举时间，然后排比于某年某科之下。经过徐松的不懈努力，有唐一代科举制度已初现读者眼前，中举者及知贡举者亦跃然纸上，无疑是一部活生生的唐代科举图。如《唐登科记总目》仅载元和三年（808）"进士十九人、诸科二十四人"，② 《登科记考》元和三年则备列"三月乙巳，御宣政殿试制科举人"、"策贤良方正，能直言极谏科举人问"、宪宗"制举人试讫，有逼夜纳策，计不得归者，并于光宅寺止宿"之敕文、《唐会要》所载有关此年科举的人物及史事、白居易《论制科人状》及皇甫湜之对策。又在"进士十九人"下增补柳公权、周况、郑肃、陆亘四人，在"诸科二十四人"下增补博学宏词科柳公权；贤良方正，能直言极谏科牛僧孺、皇甫湜、李宗闵、李正封、吉宏宗、徐晦、贾餗、王起、郭球、姚衮、庾威十一人；博通坟典，达于教化科增冯苞、陆亘二人；军谋弘达，材任将帅科增樊宗师；详明政术，可以理人科增萧睦。并增补此年知贡举者为中书舍人卫次公。③

徐松不仅钩稽排比科举登第者之情形，还进一步就唐及五代每年有关科举的诏令奏议、策问对策、科第名目、及第人名、知贡举者等情况一一罗列。如唐中宗复位后之科举情形，《唐登科记总目》仅载"中宗神龙元年，进士六十一人，重试及第十二人，诸科二十九人"。④ 徐松《登科记考》通过钩稽有关文献，将神龙元年（705）有关科举的情况叙述如下："正月壬午朔，改元。乙巳，太后传位于皇太子。丙午，中宗即位。二月甲寅，复国号曰唐。令贡举人停习《臣轨》，依旧习《老子》。诏九品以

---

① 案：《城坊考序》撰写于"嘉庆苍龙上章敦牂孟夏之月"即嘉庆十五年（1810）四月，《登科记考序》撰写于道光十八年（1838）孟夏之月。

② 马端临：《文献通考》卷二九《选举》，第279页。

③ 《登科记考》卷一七，第626—642页。

④ 马端临：《文献通考》卷二九《选举》，第277页。

上及朝集使，极言朝政得失，兼举贤良方正、直言极谏之士。五月丙午，制以邹、鲁之邑百户为太师、隆道公宣尼采邑，收其租税，用供荐享。又授裔孙褒圣侯崇基朝散大夫，仍许子孙以相传袭。是月，制令职官五品以上，各举所知一人。九月壬午，亲祀明堂，大赦天下。制内外文武三品以上官并县令，京师清官九品以上，各举孝弟廉让一人。十月十九日，改弘文馆为昭文馆。改成均监复为国子监。是年，始定进士科三场试。进士六十一人，重试及第十二人。诸科二十九人。贤才科：严挺之。知贡举。"①

徐松之后，清代学者自觉或不自觉地运用钩稽史料进而排比成秩的研究方法也取得了一定成就，清末赵钺、劳格纂辑《唐御史台精舍题名考》、《唐尚书省郎官石柱题名考》时，也是从繁富的唐代文献中搜辑有关史料，施以缜密的辨析和繁琐的考证，迻录于《御史台精舍题名》及《郎官石柱题名》所题人名之下。因此可以说，徐松所用钩稽排比史料的研究方法对之后的学术研究产生了深远影响，其在方法论上的意义及对后人的启发作用并不亚于其著作本身。

清代及其以前，钩稽排比史料法在史学研究中虽然得以广泛应用，且取得了相当大的成就，但一直未引起学术界足够的重视，尤其缺乏理论上的肯定和总结。直至 20 世纪 20 年代，梁启超在其《中国历史研究法》中才首次肯定了钩稽排比史料法在史学研究中的作用。梁启超认为"史料为史之组织细胞，史料不具或不确，则无复史之可言"。② 又因我国史料浩如烟海，散在各处，"非用精密明敏的方法以搜集之，则不能得"；而所见史料又正误羼杂，真赝错出，"非经谨严之抉择，不能甄别适当"。③ 因此史料如果得不到很好的整理与运用，"则诚如一堆瓦砾，只觉其可厌"；反之，"则如在矿之金，采之不竭"，"学者任研治其一部分，皆可以名家，而其所贡献于世界者皆可以极大"。④ 当代史学家傅斯年亦认为史学研究是在史料的基础上进行的，史学研究离不开史料，"史学便是史料学"，"史学的对象是史料，不是文词，不是伦理，不是神学，并且不是社会学。史学的工作是整理史料，不是做艺术的建设，不是做疏通

---

① 《登科记考》卷四，第 137—138 页。
② 梁启超：《中国历史研究法》第四章《说史料》，上海古籍出版社 1998 年版，第 40 页。
③ 染启超：《中国历史研究法》第五章《史料之搜集与鉴别》，第 69 页。
④ 梁启超：《中国历史研究法》卷首《自序》。

的事业，不是去扶持或推倒这个运动，或那个主义。"① 关于搜集史料必须齐备，傅斯年还有一句至今仍为人津津乐道的名言："上穷碧落下黄泉，动手动脚找东西"。②

清季以来，史学研究取得了令人瞩目的成就，部分受传统史学影响较深的学者，侧重于史料的搜集整理和考证排比，将乾嘉以来的考据学推进到一个新的高度，他们的研究方法也得到了后人的肯定。吕思勉作为近代一位成果累累的史学大家，在隋唐史事及文献整理方面多有创见，成绩斐然。《元和姓纂四校记》、《唐人行第录》、《佛游天竺记考释》、《西突厥史料补阙及考证》、《郎官石柱题名新考订》、《郎官石柱题名新著录》等著作都是运用钩稽排比史料的方法完成的史学名著。

陈垣亦是运用钩稽排比史料法研究历史的典范，严耕望在论及史学二陈时，将考证学分为述证与辩证两类。"述证的论著只要历举具体史料，加以贯串，使史事真相适当的显露出来。此法最重史料搜集之详赡，与史料比次之缜密，再加以精心组织，能于纷繁中见条理，得出前所未知的新结论。辩证的论著，重在运用史料，作曲折委蛇的辨析，以达成自己所透视所理解的新结论。此种论文较深刻，亦较难写"。严耕望认为陈垣长于前者，"最重视史料的搜集，至以'竭泽而渔'相比况。故往往能得世所罕见，无人用过的史料，做出辉煌的成绩，如《明季滇黔佛教考》即为佳例。……前辈学人成绩之无懈可击，未有逾于先生者。其重要论著，不但都能给读者增加若干崭新的历史知识，而且亦易于追摩仿学"。③

严耕望自己也深受二陈史学的影响，他一生主要致力于中国中古政治制度和历史地理的研究，先后完成了《两汉刺史太守表》、《中国地方行政制度史》、《唐仆尚丞郎表》、《唐交通图考》等名著。这些成就一方面得益于他深厚的学养，另一方面更得益于他的史学研究方法。严耕望治史坚持用史料说话，不遗余力地搜集史料，近乎完美地做到了地毯式搜罗，用他自己的话说叫"聚少为多"，"聚集许多似乎不相干的琐碎材料，琐

① 傅斯年：《史学方法导论·史料论略》，《民族与古代中国史》附录，河北教育出版社2002年版，第420页。

② 傅斯年：《历史语言研究所工作之旨趣》，《民族与古代中国史》附录，第476页。

③ 严耕望：《治史三书》之《治史答问》十七《史学二陈》，世纪出版集团、上海人民出版社2008年版，第174页。

小事例，加以整理，使其系统化，讲出一个大问题，大结论"①，这种方法即是钩稽排比法。余英时评价严耕望，言其学术的规模弘大承自钱穆，辨析入微取诸陈寅恪，平实稳健尤似陈垣，有计划而持之以恒则接武吕思勉。他治学的功夫是从清代朴学传统中发展出来的，"他走的是彻头彻尾的'朴实'的道路"，是史学界的"朴实楷模"。②

---

① 严耕望：《治史三书》之《治史答问》四《论著标准》，第60页。
② 余英时：《中国史学界的朴实楷模——敬悼严耕望学长》，《治史三书》附录，第294—301页。

第 七 章

# 清儒整理唐代文献的成就、特点与局限

　　合而观之，清儒整理唐代文献取得了一定的成就，这些成就主要体现在不遗余力的史料建设和涉及广泛的唐史研究成果两个方面。同时，清儒整理唐代文献又具有不同以往的特点，即集文献整理与学术研究为一体，文献整理手段成熟多样，学术研究方法日趋科学，又多以札记、序跋、案语、书信等形式承载学术成果。此外，由于时代的原因，清儒整理唐代文献也存在明显的局限与不足，主要表现在学者少有专精、成果略有重复、研究缺乏系统、方法有待升华等四个方面。

## 第一节　清儒整理唐代文献的成就

### 一　不遗余力的史料建设

　　清儒整理唐代文献，最主要的成就表现在史料建设方面。清代去唐已远，已有的唐代文献或散见各处不易查寻利用，或残缺亡佚带来缺憾，或真伪难辨降低了可信度，总之存在着各种各样的不足，严重影响和制约了唐代文献的研究和利用。清代学者责无旁贷地担当起了为后人整理完善史料的重任，始终不遗余力地从事唐代史料的建设工作。首先，清代乾隆年间纂修《四库全书》，对包括唐代文献在内的传统典籍进行了全面的清理和总结，无论是在版本选择、文字校勘还是文献评价等方面都可圈可点，而且著录或存目的每一部文献都附有提要，可以说是继宋代之后又一次对唐代文献的全面认识和总结。其次是对研究唐史的最基本史料——两《唐书》的全面整理与研究，两《唐书》的不断刊校、刻印不仅为学者研究唐史提供了通行易得的史料，也在一定程度上解决了长期以来学术界重视《新唐书》而忽视《旧唐书》的现象。同时，清儒还对两《唐书》进

行了全面的校勘、笺注、考订和补阙，初步解决了两《唐书》存在的各
种弊端和讹误。第三，金石文献作为研究历史的重要资料，受到了清代学
者的普遍重视，清代学者相继对唐代的金石资料进行汇编、著录和考订；
而在文学研究领域则是对唐代文学资料的汇辑、编选、校刻和笺注，凡此
都属于文献整理和史料建设的范畴。最后，作为研究唐史的著名学者，赵
钺、劳格、钱大昕、王鸣盛、赵翼、徐松等人，在史料建设方面也作出了
自己的贡献。考史三家对两《唐书》的考校和研究，解决了两《唐书》
中的诸多脱漏衍误；赵钺、劳格通过对《郎官石柱题名》和《御史台精
舍题名》的考订，将有关人物资料汇辑在一起；徐松则通过对唐代史料
的钩稽与排比，将与唐代两京建置和科举制度有关的史料汇为一编，凡此
都可视作史料整理。因此从某种程度上完全可以说，清儒整理唐代文献，
实际上是对唐代史料的搜集、整理与研究，这种史料整理工作在唐史研究
的各个领域都有所体现。具体而言，就是以史料为中心，以史料的补遗、
考订为目的，对有关唐代的史料进行了一次细致周到的检讨、整理和研
究，并由此产生了一系列的相关成果。可以说，在搜集整理唐代史料方
面，清代学者不遗余力，孜孜以求，作出了不可磨灭的贡献。

## 二　涉及广泛的唐史研究成果

　　清儒整理唐代文献，其特点之一即是集文献整理与学术研究为一体，
文献整理的过程中有研究，在研究的过程中进行整理，两者合而为一，相
得益彰。清儒整理唐代文献，其研究成果虽然零散琐碎，不成系统，但涉
及唐代历史研究的多个领域，其中不乏诸如《唐郎官石柱题名考》、《唐
御史台精舍题名考》、《唐折冲府考》、《唐两京城坊考》、《登科记考》等
专门性的著作，但更多的成果则散见于清儒整理的唐代文献之中。总而言
之，主要涉及考补唐史和唐代历史地理、典章制度以及人物研究等几个
方面。

　　首先从专门性的著述方面来说，研究唐代人物的专著有赵钺、劳格同
撰之《唐尚书省郎官石柱题名考》和《唐御史台精舍题名考》，研究唐代
府兵制的有劳经原《唐折冲府考》、罗振玉《唐折冲府考补》和《唐折冲
府考补拾遗》，研究唐代科举的有徐松《登科记考》，研究唐代两京的有
徐松《唐两京城坊考》。此外，沈家本《历代刑法考》涉及唐代法制的研
究。诸如此类，无不抛砖引玉，为相关研究奠定了基础，也为后人的深入

研究指明了方向。

除专著外，清儒在整理唐代文献的过程中，许多研究唐史的成果分散在其所整理的文献当中，或散见于其读书札记、信函之中，这些成果虽不成系统，但值得肯定之处实多。诸如考史三家在其考史著作中对唐代史事、人物、地理、官制等问题的考证和研究，金石学者在其金石著作中以案语或题跋的形式考补两《唐书》、研究唐代郡县之沿革及隶属、地名之变化、寺庙的建置及兴废、唐长安城坊的考补等成果。即使在笺释唐人别集的过程中，清儒也在笺释的同时深入研究别集作者的生平、评价作品的优劣等。点点滴滴，集腋成裘，通而观之，亦可探幽发微，略窥一二。

# 第二节　清儒整理唐代文献的特点

清代是经学极为发达的时代，也是考据学的黄金时期，在经学研究大潮的推动下，在乾嘉考据学风的直接影响下，史学研究主要以搜集整理文献、考订校勘史料为主。就唐代文献的整理而言，清代学者从各个方面对唐代文献进行了全面而细致的整理，同时在整理的过程中进行学术研究，呈现出集整理与研究于一体的特点。而且时至清代，文献整理的手段成熟多样，技术不断进步，方法日趋科学，刊刻、汇辑、校勘、辑佚不一而足，都为唐代文献的整理提供了良好条件。此外，清代学者在从事文献的整理与研究过程中，自觉或不自觉地使用了多种研究方法，在金石文献的整理与研究中，新史料意识开始觉醒，金石证史方法得到普遍运用，同时比较研究、归纳总结、诗史互证等研究方法也得到普遍运用，这些方法是清儒从事唐代文献整理与研究中不容忽略的一项重要内容，且对后世产生了很大的影响，可以说，清代学者在研究方法上的贡献也不亚于其在唐代史料的搜集、整理与研究方面所取得的成绩。由于时代的限制，学术环境的影响，清代的学术研究又具有鲜明的时代特色，其学术成果多以札记、序跋、案语、书信等形式体现出来，其中蕴含了大量的史学研究成果，梳理总结这些成果也是清代学术史研究中应当注意的一个问题。

## 一　文献整理与学术研究相结合的时代特色

清儒整理唐代文献，常常寓研究于文献整理之中，即在整理文献中进行研究，在研究中进行整理，因此许多研究成果散见于各种文献之中，在一定程度上影响了人们对清儒整理唐代文献及研究唐代历史所取得的成就的认识。

　　首先，清儒研究唐代历史的专门性著作，诸如《唐尚书省郎官石柱题名考》、《唐御史台精舍题名考》、《登科记考》、《唐两京城坊考》等，与其说是专门性的唐史研究著作，在某种程度上毋宁说是有关唐代人物、科举、都城等研究的资料汇编，同样亦可视作文献整理。

　　其次，乾隆年间编纂《四库全书》，不仅汇辑、整理、保存了唐代文献，同时还对唐代文献的流传、作者的生平、文献的价值进行初步的总结和研究，并对个别文献进行辑佚和辨伪。而以钱大昕为代表的考史三家，他们的考史之作除考校两《唐书》文字的脱、漏、衍、误之外，还涉及两《唐书》的编纂体例、优劣比较及唐代史事、人物、典制及地理等多方面的研究成果。

　　第三，清儒在著录、整理唐代金石文献的同时，还利用这些金石资料考补唐史，研究唐代历史地理，诸如对两《唐书》的考补，对唐代郡县沿革、隶属及地名讹误的考证，对唐代寺院建置及兴废的研究，对宋敏求《长安志》的考补等。

　　第四，清儒整理唐代文献，除辑刻编纂《全唐文》、《全唐诗》外等唐代总集外，还对唐人别集进行了广泛而深入的研究，这些研究成果往往保存在唐人别集的笺释之作中。凡此，都是值得重视和总结的唐史研究成果。

## 二　成熟多样的整理手段

### 1. 唐代文献的刊刻

　　清代刻书业十分发达，使得渐次散佚的唐代文献重新焕发出生命的活力，且通行易得。且不说两《唐书》的刊刻，即使有关两《唐书》的校勘、笺释、补阙及考订之作，除个别几种没有刊刻仅有稿本传世外，大部分都在成书之初或不久即付梓印行。如两《唐书》沈德潜校记即附于武英殿本两《唐书》中，岑建功重刻《旧唐书》时，"延其友分纂《校勘记》，书成之后，并授诸梓"。① 沈炳震《唐书合钞》虽在其生前未得刊行，乾隆四年（1739）开馆校刊正史，侍郎钱陈群以稿本进呈，交史馆

---

　　① （清）阮元：《旧唐书逸文序》，岑建功：《旧唐书逸文》卷首。

采用，"两《唐书》考正中多引其说，而全书未得流播，知者时以为憾"。海昌人查世倓"于都下购得钞本"，南归后委托丁小鹤"详为雠校"，嘉庆十五年（1810）开雕刻印，嘉庆十八（1813）年告竣，成为此书最早的刻本。① 至于考史三家的考史之作均不止一种版本，如钱大昕《廿二史考异》有潜研堂本、乾隆五十一年（1786）许煜刻本、光绪十年（1884）长沙龙氏刻本等。学术著作尚且如此，其他文献自不待言。

清代刻书业兴盛，上自清政府的中央刻书机构武英殿，下至各省书局、私人作坊，都有意于探访古籍，积极刻书，以致各种单行本、重刊本、精校本、摹刻本、影印本不一而足，往往同一种唐代文献就有多种版本，实前代罕见，在唐代文献的流播过程中起了十分重要的作用。如五代王定保《唐摭言》，详述有唐一代科举之制，"多史志所未及"，然此书足本清代以前鲜见流传，删节本则有《说郛》、《稗海》及《五朝小说》等。据《四库全书》本后所附跋语，此书最初刊印于南宋嘉定四年（1211），之后少见流传。明《稗海》本仅有 1 卷，不及原书的十分之一，且系"掇拾类书而为之者"，较原本已"删削大半，殊失其真"。《四库全书》所收为副都御史黄登贤家藏松江宋宾王钞录 15 卷足本，末有跋语，"称以汪士铉本校正，较《稗海》所载特为完备"。② 清人卢见曾亦谓"此书行世绝少，吾乡渔洋山人谓与《封氏见闻记》皆秘本可贵重者"，故收入所刻《雅雨堂丛书》"以广其传"。③ 之后又有《摘藻堂四库全书》本、《学津讨原》本、《啸园丛书》本等各种足本流传，因此可以说《唐摭言》的真正传播与利用是从清代开始的。

清人刻书不仅刻印单行本，还汇辑刻印了大量丛书，也极大地促进了唐代文献的传播，方便了学者研究利用。刻印丛书之风明代已较为盛行，至清代更发展至高峰，尤其是清中叶以后，丛书的辑印，不但种类丰富，而且取择较严，入集必取完书，内容亦须精善，并注意校雠，刊刻精良。专辑唐代文献的丛书有清莲塘居士陈世熙辑《唐人说荟》，汇辑唐人说部文献 164 种，其中许多不见于《四库全书》。清末著名藏书家、版本学家

① （清）查世倓：《唐书合钞》卷末《跋》，第 1633 页。案：此跋谓作者乙丑（嘉庆十年）南归，嘱丁君小鹤详为雠校，庚午（嘉庆十五年）冬开雕，跋则写于癸酉（嘉庆十八年）。《唐史史料学》第 44 页谓《新旧唐书合钞》乾隆查世倓刻本有误。

② 《四库全书总目》卷一四〇《子部·小说家类·唐摭言》，第 1186 页。

③ 卢见曾：《唐摭言》卷首《序》，雅雨堂丛书，乾隆丙子刻本。

叶德辉又辑《唐开元小说六种》，包括《次柳氏旧闻》、《杨太真外传》、《梅妃传》、《李林甫外传》、《高力士外传》、《安禄山事迹》。此外，叶德辉还择取家藏中的善本、珍本及罕见流传之书，刊行于世，以广流通。叶氏一生刻书多达160余种，其中除个人作品外，都是一些稀见书籍，而且在刊刻时也非常重视书籍的校勘工作。叶氏《观古堂汇刻书二集》中有唐沈亚之撰《沈下贤集》10卷，《双梅影阁丛书》中收有唐白行简的《天地阴阳交欢大乐赋》1卷，都是罕见的唐代文献。

2. 唐代文献的汇辑与著录

清代是中国学术发展的总结时期，也是集大成时期，这种总结和集大成特征表现在唐代文献整理方面即是全面网罗、广泛搜集、求全责备地汇辑、著录唐代文献。《四库全书》自不待言，皇皇巨著《全唐诗》、《全唐文》，家喻户晓的《唐诗三百首》即是这个时代的产物。此外，沈家本的《历代刑法考》，徐松的《登科记考》和《唐两京城坊考》，与其说是研究我国古代刑法及唐代科举、两京的成果，毋宁说是有关问题研究的资料汇编。文学方面，即使清儒的笺释之作，也或多或少地汇辑历代研究成果，如仇兆鳌的《杜诗详注》、冯浩的《玉溪生诗笺注》以及王琦的《李太白全集》等都属于集大成式的笺释之作，旨在汇辑历代学者研究笺释唐人别集的成果以便后人借鉴参考。

唐代石刻资料是我国古代金石文献中的重要组成部分，也是研究唐代历史不可或缺的史料，清代学者普遍重视运用金石文字考经证史，新史料意识全面觉醒，因此在搜藏、著录石刻资料方面亦可谓竭泽而渔，不遗余力。林林总总的金石著作，或限以时代，或限以地域，从不同的方面著录唐代石刻资料，王昶的《金石萃编》、陆增祥的《八琼室金石补正》至今仍遗惠学界。

3. 唐代文献的辑佚

我国的辑佚事业兴起于唐、宋，经元、明两代，至清而大盛，清人在前朝辑佚的基础上，将辑佚活动推向高峰，成就和规模都很大。有清一代，辑佚者之多，成果之丰富，方法之科学，皆为以前各代所不及。清代学者在辑佚方面的成绩可谓空前绝后，正如后人所言："清代学者，以辑佚补缺为能事，研经之外兼治乙部，补志、补表之作，蔚为大观。"[1] 清

---

[1]　金毓黻：《中国史学史》第七章《唐宋以来之私修诸史》，第239页。

代学者辑佚成果中的唐代文献，除前文所述有关两《唐书》的辑佚及纂修《四库全书》时从《永乐大典》辑出多种文献外，还有一些学者专门从事辑佚活动，所辑唐代文献数量亦相当可观。如唐魏王李泰所撰《括地志》550卷，宋以后亡佚，至清代出现了好几种辑本，有王谟《汉唐地理书钞》本、黄奭《汉学堂丛书》本、王仁俊《玉函山房辑佚书补编》本、曹元忠《南菁札记》本，而以孙星衍《岱南阁丛书》本较为通行。

清人编纂的丛书中有些本身就属于辑佚性质，如马国翰所辑《玉函山房辑佚书》及王仁俊《续编》、《补编》就专门汇辑辑佚书籍，其中《初编》所辑唐代文献以经部书籍为主，主要有崔憬《周易探玄》3卷，成伯玙撰、张幼伦注《礼记外传》1卷，施士丐《施氏诗说》1卷，啖助《春秋集传》1卷。《续编》则有陆德明《周易师说》1卷，杨相如《君臣政理论》1卷，黄子发《相雨书》1卷。《补编》主要有李泰《括地志》1卷，贾耽《十道记》1卷、《郡国县道记》1卷，林宝《姓纂》1卷，李翱《卓异记》1卷，韦述《两京记》1卷。王仁俊汇辑的《经籍佚文》也以辑佚为主，其中有关唐代的佚文有《御史台记佚文》、《岭表录异佚文》、《十道志佚文》、《宣室志佚文》、《朝野金载佚文》、《三水小牍佚文》、《嘉话录佚文》、《杂说佚文》、《资暇录佚文》、《启颜录佚文》各1卷。王谟《汉唐地理书钞》专门辑佚汉唐历史地理著作。张澍所辑《二酉堂丛书》（一名《张氏丛书》），辑有唐李益《李尚书诗集》1卷，并附《李氏事迹》1卷。茆泮林所辑《十种古逸书》，辑有唐李林甫《唐月令注》1卷，并附《补遗》1卷，《附考》1卷。而清康熙四年（1665）编成的《全唐诗》及嘉庆十九年（1814）编成的《全唐文》，从某种意义上也可视作唐代文学作品的广泛辑佚。

### 4. 唐代文献的校勘

《抱朴子·遐览篇》云："书三写，鱼成鲁，虚成虎。"[①] 说明古籍在传钞刊刻过程中由于人为因素难免出现许多讹谬，加之一些有意为之的妄改或窜乱，时代愈晚，古文献离其本来面目愈远。清代已经到了我国封建社会的末期，随着文化的发展，技术的进步，印刷条件超越以往，加上清人的著述，清代的文献总量达到了前所未有的高峰。由于受时代风气的影

---

① 王明：《抱朴子内篇校释》卷一九《遐览篇》，中华书局1985年版，第335页。

响，清代学者特别重视古文献的整理与校勘，不但校勘名家辈出，校勘方法也日趋科学，无论是校勘的数量还是质量都前无古人。有的为藏而校，有的为读而校，有的为刻而校，其目的无非都是为了恢复古书的本来面目，"以贾还贾"、"以孔还孔"，同时还辅以诠释和校勘记，因此产生了许多精校、精注、精刻本。梁启超在总结清儒的校勘成就时说："清儒之有功于史学者，更一端焉，则校勘也。古书传习愈希者，其传钞踵刻，讹谬愈甚，驯至不可读，而其书以废。清儒则博征善本以校雠之，校勘遂成一专门学。……诸所校者，或遵善本，或据他书所征引，或以本文上下互证，或是正其文字，或厘定其句读，或疏证其义训，往往有前此不可索解之语句，一旦昭若发蒙。"① 如果说清代初年学者校勘的重点是经学著作，那么乾嘉考证学盛行之时，"引据惟古是尚，学者始思及六经以外，尚有如许可珍之籍。故王念孙《读书杂志》，已推勘及于诸子。其后俞樾亦著《诸子平议》，与《群经平议》并列。汪、戴、卢、孙、毕诸贤，乃遍取古籍而校之"。②

此风所及，唐代文献亦无例外地成了清代学者校勘的对象。乾隆年间编纂《四库全书》时即已相当重视对著录文献的校勘，无论是武英殿本两《唐书》还是后来岑建功所刻《旧唐书》，都无不例行校勘并形成校勘记。之后清人刊刻图籍，都非常重视版本的选择和文本的校勘，诸如黄丕烈、缪荃孙、叶德辉等人在藏书、刻书时都十分重视校勘工作。如缪荃孙辑刻《三唐人集》，其中欧阳詹《欧阳行周文集》、皇甫湜《皇甫持正集》各附有缪氏校记1卷。缪荃孙编刻的丛书《藕香零拾》颇负盛名，这部丛书共收书39种，计101卷，书中所收大多是少有流传的罕见之书，且皆经缪氏亲自辑校，并大多写有精湛的跋语或校勘纪，都足称善本，极具史料和学术价值，其中有关唐代的有《大唐创业起居注》、《安禄山事迹》、《东观奏记》三种，其中《安禄山事迹》附有校记1卷，颇得后人好评。另外校勘学发展至清代已步入全盛时期，出现了一大批精通校勘的名家、大家，其中卢文弨的校勘名著《群书拾补》中有《史通》（校正）、《新唐书纠谬》（校并补）、《韦苏州集》（校正并补）、《元微之集》（校正并补阙）、《白氏长庆集》（校正）等五种唐代文

---

① 《清代学术概论》十六"金石学、校勘学和辑佚学"，第59—60页。
② 同上书，第60页。

献，蒋光煦《斠补隅录》中有《酉阳杂俎》（12 页）、《唐摭言》（14 页）两种。

### 三　嘉惠士林的研究方法

清儒整理唐代文献，不但最大限度地整理、完善和保存了唐代典籍，给后人留下了一笔珍贵的财富和许多可资利用的史料，而且在整理的过程中自觉或不自觉地运用了多种研究方法，取得了相当可观的研究成果。虽然清儒整理唐代文献的主要成就在史料建设方面，但在长期的整理研究过程中，其研究方法日趋科学，值得称道和肯定。

今人对考史三家中钱大昕的考证方法多所肯定，其在综合利用各种知识，诸如版本学、目录学、金石学、音韵学、年代学、避讳学等作为辅助手段考史补史方面取得了可观的成绩。继梁启超之后，许多学者也充分肯定赵翼通过类比诸多历史事件并归纳总结历史现象的研究特色，称其所用类比举证进而归纳总结的研究方法是极富近代精神的治史方法。而徐松在整理唐代文献的过程中，通过钩稽史料进行排比成帙的方法完成《登科记考》和《唐两京城坊考》两部巨著，其所用方法实际上也是史学研究的最基本方法之一。综观清人在研究唐史中所用方法又能裨益于后人者有以下几个方面。

1. 类比举证、归纳总结

用归纳总结法研究历史可以上溯至宋代，"洪迈著《容斋随笔》，已知归纳同类材料。迄于清代，归纳方法充分为史家所应用"。[1] 时至明清之际，西方自然科学的输入，对中国的学术研究尤其是史学研究方法产生了深远的影响，西方学者所用的归纳演绎方法在历史研究中得到了普遍运用，顾炎武《日知录》即通过排比大量同类性质的史料，运用归纳总结的方法，对考证对象得出了普遍性的认识。梁启超认为，顾炎武之所以能成为一代宗师，主要就是其能建设研究之方法，其方法之一即是博证，"论一事必举证，尤不以孤证自足，必取之甚博，证备然后自表其所信"，其所用者，"皆近世科学的研究法。乾嘉以还，学者固所共习，在当时则固炎武所自创也"。[2] 梁启超所言博证即类比举证、归纳总结的历史研究

---

[1]　杜维运：《赵翼之史学》，《清代史学与史家》，第 376 页。
[2]　《清代学术概论》四"顾炎武与清学的'黎明运动'"，第 12 页。

方法，这种方法被后人继承并发扬光大，乾嘉考证学者在考史证史的过程中往往通过类比大量同类事例，进而归纳总结历史现象，探索历史发展规律并取得了很大的成就。

在清代史学家中，可以说赵翼是运用类比举证、归纳总结法研究历史的典型代表，梁启超对赵翼所用研究方法多所肯定，认为在乾嘉考史著作中，"惟赵书于每代之后，常有多条胪列史中故实，用归纳法比较研究，以观盛衰治乱之原，此其特长也"。① 赵翼在《廿二史札记》中无论是考校史书的编纂得失，还是考论社会风气之演变，大多通过列举相关证据，归纳总结，以期寻求某种规律及历史的真相。因此蔡尚思认为"古人读尽全部正史而又能作归纳比较的深入研究者，以此书为第一"。② 台湾学者杜维运也对赵翼的史学研究方法推重备至："赵氏治史，深得春秋属词比事之旨，不执单词孤事以论史，每每胪列诸多相类之史实，比而论之，以得一代之特征。此近代极流行之归纳方法也。……赵氏于每一条中，甚少横生褒贬，擅加予夺，而自载于正史之史实以得其结论，史实之搜集务求普遍周延，不以单一孤立之史实为根据，而由再见屡见之众多同类史实下断语。此为极富近代精神之治史方法也。"③

如今，类比举证、归纳总结法早已成为史学研究中最常用、最有效的研究方法之一，反思清人在史学研究中对这一方法的运用，无疑能更好地促进我们在以后的史学研究中更加自觉，也更加科学地运用此方法。

### 2. 金石证史

清代学者不但认识到了金石文字作为史料在史学研究中的重要性，在利用金石证史方法研究历史方面也取得了显著的成果，同时还对这种方法的具体运用、如何运用做了初步总结。开清代学术之先的顾炎武在利用金石证史方面取得了丰硕的成果，他的考证，"不仅有益于史料范围的拓展，而且推动了金石学在清代赫然昌盛而成为专门学问。后世学者提出在

---

① 《清代学术概论》十四"经史考证"，第52页。
② 蔡尚思：《中国文化史要论》，《蔡尚思全集》第4册，上海古籍出版社2005年版，第311页。
③ 杜维运：《赵翼之史学》，《清代史学与史家》，第372—373页。

历史学的研究中要以文献资料与文物资料（包括地下发掘出土资料）相结合的主张，实在是肇端于顾炎武历史研究的方法论"。① 钱大昕作为乾嘉考证史学的代表，在金石证史方面颇有建树，陈其泰认为，钱大昕之所以在当时享有盛名，并对近代史学产生了巨大影响，原因在于他治史有其鲜明的特色，"一是考证方法严密精良，对历代正史中文字错讹、记载错误等项作系统的考辨，'订千年未正之讹'，把传统考证方法提高到新水平。二是把考证的史料范围扩大到典籍以外，以金石文字证史，开近代以考古文物证史、'二重证据法'之先河。三是有很高的史识，不仅考史上运用了缜密的逻辑思维，且对许多历史问题发表了真知灼见，故他与只会作琐屑考证者不同，具有理性思维的光彩"。② 王鸣盛治史强调"金石之有关史学"，利用金石材料与历史文献相互参证是他的考史方法之一，"王鸣盛重视用金石文字与史籍相参证，扩大了史料范围，使他的考史视野愈加开阔，成果更为扎实，可以说他与钱大昕等人一同开辟了近代王国维运用'二重证据法'进行考史的先河"。③

金石证史已然成为清代学者从事历史研究的一个重要方法和手段，考证学家利用金石文字校正史籍记载之谬误、增补史籍记载之阙漏并两相印证，是清代金石学与考据学互相影响的结果，正如学者所言："清代金石学乃受考据学推动而勃然兴起，所以金石学对学术的贡献，首先是经史考据之学，从而形成了清代金石学的明显特色。"④ "大体说来，'金石学'就是中晚清时候文物考古学的一种名称。此时，这种学问尚处在综合阶段，金文、甲骨、简书等分枝尚未形成，而当时主要指碑版，用碑版内容与史书相互参证，清中晚季蔚然形成大风气。"⑤ 总而言之，有清一代利用金石文字考经证史已经从认识的层面提高到探索和实践过程，而在长期的实践过程中又加深了学者对金石资料价值的认识，对其加以总结并上升至理论的高度已经指日可待。

---

① 陈国庆：《顾炎武与中国传统学术的转型》，《河南社会科学》2006年第2期。
② 陈其泰：《钱大昕治史特色略论》，《齐鲁学刊》1998年第5期。
③ 施建雄：《王鸣盛学术研究》，中国社会科学出版社2009年版，第437—443页。
④ 暴鸿昌：《清代金石学及其史学价值》，《中国社会科学》1992年第5期。
⑤ 赵俪生：《邢澍的生平及著述——兼论金石证史的作用和局限》，《甘肃社会科学》1982年第3期。

3. 诗史互证

清儒笺释唐人别集，在"知人论世"理论的指导下，普遍采用"诗史互证"的方法笺释唐人诗文，因此特别注重对作者生平的研究及相关资料的收集和汇编，不仅为作者改订或补作年谱，还搜集有关传记、行状、世系、碑志、逸事等资料，其目的都是为了了解作者的生平，更好地诠释解读唐人别集。清初钱谦益在笺注杜甫的诗作时，杜甫"诗史"的称谓促使其从史的角度去解读杜诗，而这种解读使得杜诗"诗史"的特征更加突出，钱谦益运用诗史互证方法笺释杜诗为清代学者所继承，也得到了后人的肯定。钱谦益之后，清儒对诗史互证方法的认识更加明确，并在笺注唐人别集时自觉地运用这一方法诠释作品。同时，诗史互证方法的广泛运用，也促进了对唐代诗文作者生平、仕履、交游等问题的深入研究和精细考证，促进了相关资料诸如作者传记、行状、世系、碑志、逸事的搜集和汇编，为后人进一步研究奠定了基础。

清代以降，诗史互证作为一种阐释古代诗文的方法受到很多学者的肯定和仿效，陈寅恪的《元白诗笺证稿》无疑最能体现诗史互证的方法特色，也开启了古代诗文研究的新范式，虽然这一方法受到钱锺书等先生的批评和质疑，但其作为一种诗学研究方法，仍然值得进一步深入探讨研究，取其精华，弃其糟粕。

4. 钩稽排比

运用类比举证、归纳总结研究法的前提条件是广泛收集大量同类性质的史料，没有大量史料的类比举证，归纳总结就成了无本之木、无源之水。因此在史学研究中广泛收集史料，并对收集来的史料进行辨正、归类、比较、分析，然后加以排比，这就是钩稽排比法。乾嘉考据学家研读史书习惯作读书札记，有所得则逐条记载，累积至一定数量后始进行分析排比，再归纳而得其新说，梁启超称之为"正统派之学风"。赵翼《廿二史札记》中的许多内容就是在钩稽史料、类比举证的基础上归纳总结历史现象、评价历史人物的。在乾嘉考据学风的影响下，清代学者在治学过程中普遍重视运用广搜证据、归纳总结的研究法，而将与研究对象相关的史料尽可能多地搜罗在一起，运用钩稽排比法纂辑著作，徐松当是其代表人物。徐松所撰《唐两京城坊考》和《登科记考》即是从大量的史籍中钩稽与唐东西两京及科举制度有关的史料，然后按一定的体例排比成帙而完成的学术著作。清末赵钺、劳格等纂辑《唐御史台精舍题名考》、《唐尚书省郎官石柱题名考》实际上也用的是这种钩稽排比史料的方法，将能够搜集到的与题名者有关的史料统统汇集在一起，使读者可以对题名者有全面的了解。可以说，徐松的这种研究方法对后人的启发意义及产生的深远影响并不亚于其著作本身。近代许多学者都从中受益，利用这一研究方法取得了很大的成就。如岑仲勉的《元和姓纂四校记》、《郎官石柱题名新考订》及严耕望的《唐仆尚丞郎表》、《唐交通图考》等，都是利用钩稽排比史料的研究方法著成的史学名著。因此，两三百年前徐松的所作所为更值得我们肯定和发扬光大。

### 四 以札记、序跋、案语等承载学术成果的研究特色

清代学者从事学术研究取得了很大的成就，但其集文献整理与学术研究为一体的治学方式，决定了清人的学术成果往往是以读书札记、序跋、案语、书信等形式体现出来，从而成为清人治学的一大特色。

#### 1. 札记

明末清初，学者们在批判明代学者束书不观、游谈无根的危害性的同时，倡导博览群书，在学术研究上忌讳随心所欲，空发议论，崇尚征实精神，实事求是，这一良好的学风带动了清代学术的发展，并形成了一种与之相适应的学术研究载体——读书札记。清代是学术札记的集大成时期，自顾炎武《日知录》之后，学人群起而效之，好读书做札记成为当时的时代风尚。大抵当时的好学之士，每人必置一"札记册子"，读书偶有所得即随手记，累积到一定程度则汇编成帙。考史三家考补正史的三部著作，即是读书札记体著作的典型代表。钱大昕自幼即"好读乙部书"，其在研读正史的过程中，"偶有所得，写于别纸"。久而久之，卷帙滋多，遂成 100 卷之《廿二史考异》。① 王鸣盛校读正史，亦是"随读随校"，"凡所考者，皆在简眉牍尾，字如黑蚁，久之皆满，可无复容，乃誊于别帙而写成净本，都为一编"，② 终成 100 卷之《十七史商榷》。赵翼在《陔余丛考·小引》中说："余自黔西乞养归，问视之暇，仍理故业。日夕惟手一编，有所得辄札记别纸，积久遂得四十余卷，以其为循陔时所辑，故

---

名曰《陔余丛考》。"① 之后又在《廿二史札记·小引》中说："闲居无事，翻书度日。而资性粗钝，不能研究经学，惟历代史书，事显而义浅，便于流览，爰取为日课，有所得辄札记别纸，积久遂多。"② 可见此二书均是赵翼的读书札记。其他如张道的《旧唐书疑义》也是作者在阅读《旧唐书》时，发现书中有许多前后矛盾、自相抵牾的记载，因此"有所疑辄笔之于册，积久成卷"，汇编成《旧唐书疑义》4 卷。③ 清儒在整理唐代文献的过程中，所形成的大量的唐史研究成果就散见于这些读书札记中，除考史三大家外，有的学者撰写的学术札记虽称不上鸿篇巨帙，但其中亦不无可观，对后来的唐史研究亦有参考利用价值。

　　清代学者所做读书札记林林总总，蔚为大观，除以上几种集中反映作者研究唐史成就的札记外，其他札记中零星的研究成果亦复不少。张舜徽在《清人笔记条辨》自序中说，寓目者三百余家，较著名的有《日知录》、《潜邱札记》、《十驾斋养新录》、《陔余丛考》等。王鸣盛《蛾术编》亦是一部内容丰富、知识渊博的综合性学术笔记。梁启超在《清代学术概论》中将清儒这种治学方法称为"归纳法"，认为各家札记，"精粗之程度不同，即同一书中，每条价值亦有差别。有纯属原料性质者（对于一事项初下注意的观察），有渐成为粗制品者（胪列比较而附以自己意见者），有已成精制品者（意见经反复引证后认为定说者），而原料与粗制品，皆足为后人精制所取资，此其所以可贵也"。④ 正因为如此，梳理总结清代学者读书札记中的学术成果就显得十分必要。

　　2. 序跋

　　清代学术著作繁富，刻书事业又十分发达，当时学者为自己或他人的著作撰写序言，为刊刻、收藏或经眼的文献撰写题跋都非常普遍。在清人所作序跋中，同样也保存了大量研究成果，其中有些序言主要介绍相关领域的研究成果或进行相关学术总结，题跋则主要介绍文献的版本及流传情况，而清人为碑帖拓本所作题跋则多杂有考史成果。如阮元在《重刻旧唐书序》中对《旧唐书》从产生到清代中期的流传及刊刻情况做了全面

---

① 《陔余丛考》卷首《小引》。

② 《廿二史札记·小引》。

③ 张道：《旧唐书疑义自叙》。

④ 《清代学术概论》十七"清代的'学者社会'"，第 63 页。

的总结，钱大昕《潜研堂金石文跋尾》中有大量利用金石资料考史证史的成果，诸如此类还有朱彝尊《曝书亭金石文字跋尾》、武亿《授堂金石跋》、严可均《铁桥金石跋》、罗振玉《唐风楼金石文字跋尾》等。

钱大昕在《跋新唐书纠谬》中认为吴缜因"读书既少，用功亦浅"而导致"其所指摘多不中要害"，并一一指出其因不熟悉避讳、地理、官制及史例而出现的诸多疏误，认为"《新史》舛谬固多，廷珍所纠，非无可采，但其沾沾自喜，祇欲快其胸臆，则非忠厚长者之道，欧公以轻佻屏之，宜矣！"① 对吴缜《新唐书纠谬》做出了较为公允的评价。又在《跋中兴学士院题名》中说："唐时翰林为掌制之地，选工于文学者，以它官入直，无不除学士者。其久次则为承旨学士，职要而无品秩，当时但以为差遣，非正官也。"② 此系钱大昕研究唐代官制的心得。凡此或寥寥数语，或只言片纸，而又能切中要害，都是值得珍视的学术成果。

3. 案语

清代学者在著述中习惯用案语发表个人的见解，并借此将个人的研究所得与前人成果区别开来，尤其在金石类著作中，学者们在著录金石文字、前人相关研究成果之余，又以"案语"的形式或陈述个人的观点，或进一步考证相关人物和史事，或评价前人的研究成果，此种形式几乎成为清代金石类著作的惯用方式。王昶《金石萃编》于每方石刻先著录碑文，继之以前人研究成果，最后附以案语表达个人的见解或考释，且几乎篇篇都有，不乏精辟独到之处。如在《记石浮屠后》的案语中说："疆域之分四至八到，始见于《元和郡县志》，继见于《太平寰宇记》，后之撰地志者皆因之，此以寺记而后列东西南北，云四至分明，后人田宅署券亦同此式，盖昉于此也。"③ 又在《郭氏家庙碑》后加案语曰："《长安志》载家庙甚多，而家庙之有碑独始见于郭氏，碑阴书历官之详，亦未有如子仪者，史传所不能备也。"④ 武亿在《郑楚相德政碑》后加案语曰："郑君初擢秀才第，为东观校书郎，授长安府，至于宰是邑，百姓孙士良等请命朝省，斯颂作焉。后又言左司郎中宇文邈修功善状，盖唐自武后圣历二

① 《潜研堂文集》卷二八《跋新唐书纠谬》，《嘉定钱大昕全集》第9册，第465—466页。
② 《潜研堂文集》卷二八《跋中兴学士院题名》，《嘉定钱大昕全集》第9册，第484—485页。
③ 《金石萃编》卷八三《记石浮屠后》。
④ 《金石萃编》卷九二《郭氏家庙碑》。

年制：州县长吏非奉有敕旨，毋得擅立碑，于是凡以政绩将立碑者，具所纪之文上尚书考功，有司而考其词，今此碑犹可案也。验实则人无溢美，准敕立益有风劝，余故录之以见唐制如此。"① 诸如此类，都是作者以案语的形式阐发个人的认识或观点，对于进一步深入研究有一定的参考价值。

　　4. 书信

　　除以上所述外，在清人的信函往来中也有很多值得重视的学术成果，对于这种现象，梁启超总结说："清儒既不喜效宋明人聚徒讲学，又非如今之欧美有种种学会学校为聚集讲习之所，则其交换知识之机会，自不免缺乏。其赖以补之者，则函札也。后辈之谒先辈，率以问学书为贽。——有著述者则媵以著述。——先辈视其可教者，必报书，释其疑滞而奖进之。平辈亦然。每得一义，辄驰书其共学之友相商榷，答者未尝不尽其词。凡著一书成，必经挚友数辈严勘得失，乃以问世，而其勘也皆以函札。此类函札，皆精心结撰，其实即著述也。此种风气，他时代亦间有之，而清为独盛。"②

　　钱大昕与友朋的函札往来中往往有难得的学术研究成果，如其在《答袁简斋书》中论及唐代官制中的检校等问题时说：

　　　　夫检校、兼、守、判、知之名，皆起于唐，但唐初所谓检校者，虽非正授，却办本职事，如检校侍中，检校中书令，检校纳言，检校左相之类，皆列于《宰相表》，与真授者无别。而宇文士及检校凉州都督，魏元忠检校并州长史，亦是实履其任。盖内外各官，皆得有检校，若今署事矣。中叶以后，诸将多以军功得检校官，三公、三师、仆射、尚书、常侍、车载斗量，有名无实，故《唐书·宰相表》三公、三师七十一人，检校之公、师不与焉，犹使相之不列于宰相也。而自公、师、两仆射、六尚书、两散骑常侍、太子宾客、国子祭酒而外，它官亦罕有除检校者。《宋史》所列检校官一十有九，盖即沿唐末之制矣。公、师之班，首太师，次太尉，次太傅，次太保，次司

　　① （清）武亿：《金石三跋·二跋》卷三《唐澄城县令郑公德政碑》，《续修四库全书》第892册，第612页。

　　② 《清代学术概论》十七"清代的'学者社会'"，第64页。

徒，次司空。王建由检校太师才迁司徒，曹偘以检校太师守司徒，又数年始除守太保，然则检校太师尚在真三公之下也。若夫行、守、试三者，则以官与职之高下而别。……①

又在《再答袁简斋书》中说：

蒙询秦、汉赐爵及唐同三品之称。……唐初，以侍中、中书令为宰相，此二官者皆三品也，然它官亦有三品阶，故入相而官未至侍中、中书令者，必云同中书门下三品，其资望稍轻者，则云同中书门下平章事。大历以后，升侍中、中书令为二品，自后入相者但云平章事，无同三品之名矣。当时除三公者固不乏人，未尝以三品为限，但三公不必知政事，而居宰相者不皆二品以上官。中叶以降，并有除侍中、中书令而不入政府者矣。若谓官不得过三品，《唐志》本无此文也。②

以上两封书信，分别论及文献中屡见不鲜的检校官和同三品、同中书门下平章等职官名称问题，寥寥数语就将其在唐代的出现及变化交代得一清二楚，胜过洋洋洒洒上千字的学术论文。

总之，清代专门性的唐史研究论著十分缺乏，大量的研究成果零散地保存在清人的读书札记、序跋、案语及书信中，总结利用这些成果也是目前学术界应当注意的一个问题。

## 第三节　清儒整理唐代文献的局限

清儒整理唐代文献，以史料建设为中心，寓唐史研究于文献整理之中，以札记、序跋、案语、书信等为载体的研究特色在一定程度上限制和影响了唐史研究领域的拓展和成果的产出，也就难免留下缺憾和不足。总的来说，这种缺憾和不足主要表现在学者少有专精、成果略有重复、研究缺乏系统、理论有待升华等四个方面。

---

① 《潜研堂文集》卷三四《答袁简斋书》，《嘉定钱大昕全集》第9册，第580—581页。
② 《潜研堂文集》卷三四《再答袁简斋书》，《嘉定钱大昕全集》第9册，第583—584页。

### 一　学者少有专精

清代学术以考据学为主流，无论是文献整理还是史学研究都具有浓郁的考据色彩，而寓研究于文献整理的学术特点，以札记、序跋、案语、书信等承载学术成果的研究特色，都在一定程度上限制和阻碍了专门化、系统化的学术研究。这种情形导致涉足唐史研究的学者数不胜数，而大多数仅仅限于读书所得或一隅之见，专门从事研究的人则寥寥无几。仅以两《唐书》的研究为例，清代涉足两《唐书》的整理与研究者当不在少数，如前文所述从事校勘的有沈德潜、岑建功等人，从事笺注的有沈炳震、唐景崇、张宗泰、赵绍祖等人，从事考补的有万斯同、张道、赵钺、劳经原、劳格、罗振玉等人。前文所未及者，尚有邵晋涵因入四库馆，专门负责两《唐书》提要的撰写，完成《旧唐书提要》、《新唐书提要》，杨椿有《新旧唐书异同考》（《孟邻堂文钞》卷四），马国翰有《唐书论略》（《玉函山房襟集》卷二），朱鹤龄有《读旧唐书》（《愚庵小集》卷十三），但是在如此众多的研究者中，成绩比较突出、真正能够称得上大家的也只有赵钺、劳格、罗振玉、钱大昕、王鸣盛、赵翼、徐松等寥寥数人而已。

此外，由于文献整理或其他研究的需要，清代学者于唐史研究的各个领域多有涉足，如在考证人物爵里世系方面，赵一清有《唐书褚河南世系考》（《东潜文稿》卷下），汪之昌有《新旧唐书韩愈传一称昌黎人一称邓州南阳人辨》（《青学斋集》卷一九）；在人物评价方面，董以宁、王源、皮锡瑞分别撰有《唐太宗论》（《文友文选》卷二、《居业堂文集》卷一一、《师伏堂骈文》卷三），袁枚、任兆麟、方宗诚、黄式三等分别撰有《魏徵论》（《小仓山房文集》卷二〇、《有竹居集》卷七、《柏堂集前编》卷一、《儆居集史说》卷一），赵绍祖则分别撰有《五王论》、《李密论》、《李孝逸论》、《李光弼论》、《王叔文论》、《韦皋论》（《琴士文钞》卷一）。在史事考论方面，唐仲冕有《唐太宗沙汰佛道诏论》（《陶山文录》卷三），傅维森有《唐太宗伐高丽论》（《缺斋遗稿》卷一），缪荃孙有《唐贞观开元元和会昌大中政治得失论》（《艺风堂文外集》卷一），徐鼐有《唐肃宗灵武即位论》（《未灰斋文集》卷六），顾广誉有《唐李郭战功为中兴第一论》上、下篇（《悔过斋文集》卷一），王棻有《刘晏善理财论》（《柔桥文钞》卷四）。这些有关唐史的论述大多都是作者于读书之际偶有所感而付诸笔端的产物，或徒发议论，言之无物；或囿于所见，有失偏颇，正如李慈铭谓顾广誉《唐李郭战功为中兴第一论》上、下篇"皆言所不必言，枯率无谓"。① 因此，笔者以为，有清一代，专门从事唐史研究的学者屈指可数，即使颇有成就的钱大昕、王鸣盛、赵翼、徐松、赵钺、劳氏父子、罗振玉以及从事唐人别集研究与整理的学者，也仅涉足唐史研究的某一领域，缺乏全面系统的研究。

### 二　成果略有重复

清代学者在长期的治学过程中已初步建立起了具有时代特色的学术规范，承认并尊重前人研究成果已成共识，但由于考据学影响下的唐史研究成果零散琐碎，不成系统，亦未见影响广泛的学术大家，加之当时信息不畅，没有专门的研究管理机构，学者之间缺乏沟通与交流，学术研究主要以个人行为为主，导致研究成果的重复在所难免。仅以考史三家考校两《唐书》的成果而言，钱大昕、王鸣盛、赵翼三人的重复之处是显而易见的。如三家对新、旧《唐书》本纪的繁简问题均有论述，钱大昕认为《旧唐书》睿宗以前各帝本纪"文简而有法"，明皇、肃、代以后，"其文渐繁"，懿、僖、昭、哀四朝则"冗杂滋甚"。两相比较，《新唐书》本纪"以简要胜"，惟独《僖宗纪》与《昭宗纪》二篇，"繁冗重复，与它卷迥别"。② 王鸣盛认为《旧唐书》之《昭宗纪》"已极烦冗"，与《旧唐书》他帝本纪不同，而《哀帝纪》之烦冗又"倍于《昭纪》"。③ 相反《新唐书》诸帝本纪又太过简净，从篇幅上看，"《新唐书》本纪较《旧书》减去十之七，可谓简极矣。……而其尤不满人意者，尽削诏令不登"。④ 赵翼也认为"《旧书》主于详明，《新书》主于简括"，从篇幅上说，有唐一代二十一帝之本纪，"《旧书》几三十万字，《新书》仅九万字"，《新书》因过于追求简净，对许多重大事件略而不书，造成了永久的缺憾。⑤

又如清代学者在整理研究《旧唐书》时，不止一人发现其史料来源

① （清）李慈铭：《越缦堂读书记·集部·别集类·悔过斋文集》，第1145页。
② 钱大昕：《廿二史考异》卷四二《唐书二·僖宗纪》，第902页。
③ 王鸣盛：《十七史商榷》卷七六"昭哀二纪独详"，第664页。
④ 王鸣盛：《十七史商榷》卷七〇"新纪太简"，第598页。
⑤ 《陔余丛考》卷一〇"新旧唐书本纪繁简互有得失"。

于唐代国史。早在清初顾炎武就已提出这一观点："《旧唐书》虽颇涉繁芜，然事迹明白，首尾该赡，亦自可观。其中《唐临传》'今上'字再见，《徐有功》、《泽王上金传》'今上'字各一见，皆谓玄宗，盖沿故牒而未正者也。"① 之后钱大昕亦言《旧唐书》肃宗及代宗以后各帝本纪"多有无事而书朔者，盖本实录之文，史臣刊削未尽也"。② 赵翼在《廿二史札记》中对《旧唐书》源于唐国史亦作了充分的论证，甚至举例说明《旧唐书》众多"全用旧史之文，不复刊正"的事例。③ 清咸丰年间，张道在《旧唐书疑义》中仍然重复这一结论，指出《旧唐书》因袭旧史之文不及改正处颇多，"其称大唐、国初、国朝、国史、前录、国家、皇朝、皇家，他如称帝为某者、称帝为讳者、书丙为景者，其称今上者如《唐临传》、《徐有功传》、《泽王上金传》，所称今上俱指明皇。"④

### 三　研究缺乏系统

有清一代，考据学一直是学术研究的主流，而清初顾炎武倡导实学的目的在于反对明末学术界谈心谈性的空疏学风，提倡实事求是，以考据为本，因此，"厌倦主观的冥想而倾向于客观的考察"成为清代学术研究的主流，考据学即代表了清儒的治学态度和治学精神。梁启超认为清代考据学的特征之一即是"喜专治一业，为'窄而深'的研究"。⑤ 作为经学附庸的史学研究，也以考证为能事，因此清代的考证史学极为发达，同样影响到唐代文献的整理与研究，主要体现在唐代史料的搜集、整理和考证。由前文所述即可看出，清人在整理唐代文献方面的主要成就之一即是对两《唐书》的全面考订、笺释及考证。正如梁启超所言，"考证学之研究方法虽甚精善，其研究范围却甚拘迂"。⑥ 受学术环境及研究方法的影响，清儒在整理唐代文献时，其研究范围比较狭窄，主要局限于史料的整理及考证方面，因此很难产出系统的研究成果。

---

① （清）顾炎武著，（清）黄汝成集释：《日知录集释》（外七种）卷二六"旧唐书"，第1922页。

② 钱大昕：《廿二史考异》卷五七《旧唐书一·肃宗纪》，第1116页。

③ 赵翼：《廿二史札记校证》卷一六"旧唐书前半全用实录国史旧本"。

④ 张道：《旧唐书疑义》卷四《仍袭旧史文》，第210—211页。

⑤ 《清代学术概论》十三"朴学"，第47页。

⑥ 《清代学术概论》二十"清学分裂的原因"，第70页。

　　另外，清人读书治学不以著书立说为目的的风气也甚为盛行。清代初年，学术界普遍不满明人"学无根柢，而最好著书，尤好作私史"① 的弊病，认为明人著书"好夸博奥"，然"一核其实，多属子虚。万历以后，风气类然"。② 顾炎武甚至认为"若有明一代之人，其所著书无非窃盗而已"，③ 因而提出为学要"博学于文"，做人要"行己有耻"，反对借著书立说沽名钓誉。顾炎武认为司马光《资治通鉴》、马端临《文献通考》"皆以一生精力成之，遂为后世不可无之书。而其中小有舛漏，尚亦不免。若后人之书，愈多而愈舛漏，愈速而愈不传。所以然者，其视成书太易，而急于求名故也"。④ 顾炎武一生读书不辍，外出旅行常常以书自随，其所著《日知录》前后历时三十余年。顾炎武的治学态度影响了有清一代的学风，清人多好读书而轻著书，如王鸣盛就认为"好著书不如多读书，欲读书必先精校书"，自谓其《十七史商榷》并非有意为之，"不过出其读书校书之所得，标举之以诒后人"。⑤ 钱大昕、赵翼的考史著作无一例外都是读书札记的汇编，清代学术笔记类书籍多于以前各代的原因亦在此。好读书而不轻著书的风气影响了一代学人，曾任《四库全书》总纂官的纪昀，道德文章皆名一时，时人陈康祺谓其平生未尝著书，"间为人作序记碑表之属，亦随即弃掷，未尝存稿。或以为言。公曰：'吾自校理秘书，纵观古今著述，知作者固已大备。后之人竭心思才力，要不出古人之范围，其自谓过之者，皆不知量之甚者也。'"⑥ 梁章钜亦有诗言："出塞不辞三万里，著书须计一千年。"⑦ 所以在清人看来，非读尽天下书难以著书，无法超越前人不能著书，无益于千秋后代亦无须著书，这种治学态度直接影响了清人学术研究成果的产出，遑论系统的研究成果。

## 四　理论有待升华

　　清儒在整理唐代文献的过程中，之所以能够取得以上诸多成就，一方

---

① 《四库全书总目》卷五八《史部·传记类·今献备遗》，第 524 页。

② 《四库全书总目》卷一四六《子部·道家类·庄子翼》，第 1247 页。

③ 《日知录集释》卷一八"窃书"，第 1429 页。

④ 《日知录集释》卷一九"著书之难"，第 1445—1446 页。

⑤ 王鸣盛：《十七史商榷序》。

⑥ （清）陈康祺著，晋石点校：《郎潜纪闻二笔》卷六，中华书局 1984 年版，第 428 页。

⑦ 梁章钜撰，于亦时点校：《归田琐记》卷八《北东园日记诗》，中华书局 1981 年版，第 172 页。

面与学者们实事求是的治学态度和辛勤耕耘密不可分，同时也得益于各种研究方法的成功运用。清儒在整理研究唐代文献的过程中，自觉或不自觉地运用了多种研究方法，诸如考证法、金石证史法、诗史互证法、类比举证法、归纳总结法、钩稽排比法等，在长期的研究实践中，对这些方法的运用日趋科学，但由于各种各样的原因，上升至理论的高度尚需时日。

就整理古代文献的方法而言，清儒虽然在校勘方面取得了很大的成就，积累了丰富的经验，也出现了诸如卢文弨、顾广圻等校勘大家，但是缺乏对校勘原则及方法的归纳和总结。钱大昕、王鸣盛在考校历代正史时，除了用校勘四法考校正史外，还能够综合利用各种知识与学问，诸如版本学、目录学、年代学、避讳学、金石学等进行校勘，其考校成果也深得后人称赞，但鲜见对其考校方法的认识和总结。因此，清儒在校勘唐代文献的过程中，虽然普遍运用到本校、对校、他校、理校等方法，但对这种方法的概括和总结进而上升至理论的高度，则是 20 世纪 30 年代由陈垣完成的。"陈垣与清代考据学有着深厚的渊源。他继承、发展了清代考据学实事求是、无征不信、经世致用的优良学术传统。晚年，他树立了马克思主义唯物史观，确立了为人民服务的学术宗旨，完成了对清代考据学在史学理论上的超越和升华。"① 陈垣科学地总结出了"校勘四法"，使传统的校勘学方法趋于系统化、科学化，他的《元典章校补释例》被胡适誉为"中国校勘学的一部最重要的方法论"。②

此外，就清儒普遍运用的金石证史方法而言，虽然当时利用金石文字考经证史已经从认识的层面提高到探索和实践过程之中，而且有些学者已对这种方法的运用进行初步总结，但尚未对其加以系统总结并上升至理论的高度。清末民国以来，随着金石学研究范围的不断扩大，加之甲骨文、敦煌石室遗书及汉晋简牍的相继发现，更将金石学研究推向一个新的历史阶段。清代学者在金石证史方法上的有益探索和大量的金石证史实践及成果，不仅丰富了史学研究方法，增益了史学研究内容，同时也为后学提供了借鉴。虽然这种方法还不甚先进，成果也零散琐碎，尚未能解决历史研究中的重大问题，但是清代学者视金石为史学研究的新材料，利用金石文

---

① 李兴强：《陈垣与清代考据学》，《文教资料》2009 年 9 月上旬刊。

② 胡适：《胡适文存四集》卷一《校勘学方法论》，欧阳哲生主编《胡适文集》第 5 册，北京大学出版社 1998 年版，第 108 页。

字考经证史影响了一代学人的治学观念和研究方法，成为"二重证据法"的先行者和实践者。正如学者所言："从清初顾炎武、王夫之自发性的运用考古资料印证古书，到清末自觉地运用大量考古资料进行考据，清代考据学家逐步实现了传世文献与出土文献相结合，进而将文献考订与考古资料的相互印证，来解决文献整理中的问题，从而形成了新的研究方法。随着甲骨文的发现，文献整理和考据方法进一步完善成熟，王国维是清代考据学者的继往开来者。"[①] 20 世纪初期，随着新史料的大量发现，中西文化的交融，王国维以其传统文化的功底和对新史料的敏感，适时提出了"二重证据法"，才完成了金石证史方法从实践到理论的升华。

---

① 曹胜高：《略论清代考据学家对于考古资料的利用》，《咸阳师范学院学报》2004 年第 5 期。

# 附　录

# 说 "荷校"

## ——兼辨王鸣盛《十七史商榷》"荷杖"之谬<sup>*</sup>

　　武英殿本《旧唐书》卷一二《德宗纪》云："（建中三年四月）朱滔、王武俊与田悦合从而叛。太常博士韦都宾、陈京以军兴庸调不给，请借京城富商钱，大率每商留万贯，余并入官，不一二十大商，则国用济矣。……甲子，诏京兆尹、长安万年令大索京畿富商，刑法严峻，长安令薛苹荷校乘车，于坊市搜索，人不胜鞭笞，乃至自缢。京师嚣然，如被盗贼。"<sup>②</sup> 王鸣盛《十七史商榷》卷七三"荷校"条认为，此文中的"校"当作"杖"，<sup>③</sup> 但未云所据何本。

　　王鸣盛在《十七史商榷》卷六九"旧唐书各种本不同宜择善而从"条中，对其校勘《旧唐书》所用底本及校本均有详细说明，其底本用经沈德潜校勘之武英殿本（王称近本），对校本有闻人本（王称原本）及叶石君（名万）、张石民（名原）校本（王称校本）。王鸣盛还进一步解释说："窃谓校书之道，贵择善而从，徇今而嫭陋，泥古而迂癖，皆病也。闻人本与钞本各据宋板，未见钞本必是，闻人必非；近本改易闻人本处亦有可从，观叶、张两家，大都荣古虐今，意见稍偏。予从阮姜村借石民本，从李禹定借闻人本，雠勘近本，以己意裁取，不尽从叶、张，彼校善者从之，但称校本，不标孰为叶，孰为张，闻人本则称原本。"叶、张校本不得而见，据王鸣盛校勘《旧唐书》时常用"原本作某"、"校本作某"判断，此处闻人本与叶、张校本似亦作"校"，王鸣盛的校改当系

---

　　<sup>*</sup> 此文发表于《史学月刊》2008 年第 11 期，此处略有修改。

　　<sup>②</sup> 《旧唐书》卷一二《德宗纪》，殿本，第 47 页。

　　<sup>③</sup> 《十七史商榷》卷七三"荷校"。

"以己意裁取，不尽从叶、张"。①

检索百衲本《旧唐书》、沈炳震《唐书合钞》及中华本《旧唐书》之《德宗纪》，除百衲本作"荷杖"外，余均作"荷校"。此事又见《旧唐书·卢杞传》："敕既下，京兆少尹韦祯督责颇峻，长安尉薛苹荷校乘车，搜人财货，意其不实，即行搒棰，人不胜冤痛，或有自缢而死者，京师嚣然如被贼盗。"②且《旧唐书》各本《卢杞传》均作"荷校"。另外，《册府元龟》卷一八〇《帝王部·失政》载："德宗建中三年，以户部侍郎赵赞判度支，括率富商钱以给军，京兆少尹督责颇峻，长安尉荷较（较通校）乘车，搜人财货，意其不实，即行搒棰，人不胜冤痛，或有自缢而死者。京师嚣然，如被贼盗，长安为之罢市。"③又《册府元龟》卷一五〇《邦计部·重敛》载："德宗建中三年四月，太常博士韦都宾、陈京建议以为泉货所聚，在于富商……乃诏京师大索，冀盈五百万贯。京兆少尹韦祯督责颇峻，长安薛华荷校乘车，搜人财货，意其不实，辄遣搒笞，笞人不胜冤痛，或自缢而死。京师嚣然，如被盗贼。"④

以上所引实系一事，除百衲本《旧唐书·德宗纪》作"荷杖"外，余均作"荷校"，只是长安令（尉）薛苹之名又有薛萃、薛华之歧异，显系辗转传钞所致，百衲本"荷杖"亦当系"荷校"之误。因此，武英殿本《旧唐书·德宗纪》作"荷校"本不误，王鸣盛"以己意裁取"，认为"校"当作"杖"，实属臆断。诚然，"校"、"杖"字形相涉，文献在传钞刊刻中极易致误，但"荷杖"、"荷校"两词在古代典籍中并不鲜见，其语意又相去甚远。或许王鸣盛以为长安令所荷之"杖"当为"杖刑"或"廷杖"之"杖"亦未可知。无论原因何在，王氏不明"荷校"之意而致误则是不争的事实。

其实"荷校"一语由来已久，《周易·噬盍》有"何校灭耳"、"屦校灭趾"之语，⑤唐陆德明《经典释文》释"何"曰："本亦作

① 《十七史商榷》卷六九"旧唐书各本不同宜择善而从"。

② 《旧唐书》卷一三五《卢杞传》，中华本，第 3715 页。

③ （宋）王钦若：《册府元龟》卷一八〇，中华书局 1960 年影印本。

④ 《册府元龟》卷五一〇。

⑤ 《周易正义》卷三，中华书局影印阮元十三经注疏本 1980 年版。

'荷'。"① 清阮元《校勘记》云："古本'何'作'荷'。"② 据此，"何校"亦即"荷校"。许慎《说文解字》释校曰："校，木囚也。从木交声。"③ 王弼《周易注》曰："校者，以木绞校也，即械也。校者，取其通名也。"孔颖达认为，"校谓所施之械也。""屡校灭趾，无咎"意即施校于足，"桎其小过，诫其大恶，过而能改，乃是其福"。④ 可见"校"即木制械具的总称。孔颖达《正义》释"何校"曰："'何'谓担何，处罚之极，恶积不改，故罪及其首，何担枷械，灭没于耳，以至诰没"。⑤ 由此可知，"校"即木制械具的总称。"何校灭耳"，既然是担荷的，又能遮掩耳部，"校"应该是木质颈械。⑥ 至唐代，孔颖达则释"何校"曰："何，谓担何，处罚之极，恶积不改，故罪及其首，何担枷械，灭没于耳，以至诰没。"⑦ 可知唐人谓"校"为"枷"。

　　清人沈家本据《晋书·石勒载记》"两胡一枷"的记载，认为"枷""似始于此时"，至齐、梁时已为通称，而律文未及改。"北朝自魏讫隋，并以枷名，唐、宋承之，而枷之名遂专属于刑具矣"。⑧ 林沄《枷的演变》一文亦认为，古代中原地区流行的木制械具主要是戴在手上的梏和戴在脚上的桎，当时虽有木质颈械但并不如铁制的"钳"那样流行，作为颈械的"枷"在南北朝时才开始取代钳并流行开来。⑨ 从文献记载来看，到唐代枷械的使用已相当普遍，俨然成为唐代的主要刑具之一，且已正式载入史志。《旧唐书·刑法志》载"系囚之具"有枷、杻、钳、锁，"皆有长短广狭之制，量罪轻重，节级用之"。⑩《资治通鉴》亦言房玄龄等人受诏定律令，"比古死刑，除其太半"，"变重为轻者，不可胜纪"，"又定枷、杻、钳、锁、杖、笞，皆有长短广狭之制"。⑪《唐六典》明确记载了枷的

---

① （唐）陆德明：《经典释文》卷二，上海古籍出版社1985年影印本。

② 《周易正义》，卷三，中华书局影印，阮元十三经注疏本1980年版。

③ （汉）许慎撰，（清）段玉裁注：《说文解字》，上海古籍出版社1981年版，第267页。

④ 《周易正义》卷三，中华书局影印，阮元十三经注疏本1980年版。

⑤ 同上。

⑥ 林沄：《枷的演变》，《中国典籍与文化》1994年第3期。

⑦ 《周易正义》卷三，中华书局影印，阮元十三经注疏本1980年版。

⑧ （清）沈家本：《历代刑法考·刑具考·枷》，中华书局1985年版，第1205页。

⑨ 林沄：《枷的演变》，《中国典籍与文化》1994年第3期。

⑩ 《旧唐书》卷五〇《刑法志》，中华本，第2139页。

⑪ 《资治通鉴》卷一九四"太宗贞观十一年正月"条，第6124页。

大小尺寸："枷长五尺已上、六尺已下，颊长二尺五寸已上、六寸已下，共阔一尺四寸已上、六寸已下，径头三寸已上、四寸已下。"①

首先，关于施枷的对象，唐代法律文献中已有明文规定，在押囚犯中被处以死刑及流、徒刑的犯人均需施枷。《旧唐书》卷四三《职官志》云："凡死罪，枷而杻。妇人及流徒，枷而不杻。官品及勋散之阶第七已上，锁而不枷。"②《唐令拾遗·狱官令》载开元七年及开元二十五年令云："诸禁囚，死罪枷、杻，妇人及流罪以下去杻，其杖罪散禁。年八十及十岁，并废疾、怀孕、侏儒之类，虽犯死罪，亦散禁。"③ 对于在押囚犯，"应禁而不禁，应枷、锁、杻而不枷、锁、杻及脱去者，杖罪笞三十，徒罪以上递加一等；回易所著，各减一等"。④ 戴械具的在押囚犯遇到生病等特殊情况，亦准脱枷。如《唐令拾遗》开元二十五年令曰："诸狱囚有疾病，主司陈牒，长官亲验知实，给医药救疗，病重者，脱去枷、锁、杻，仍听家内一人入禁看待。其有死者，若有他故，随状推断。"⑤

其次，除在押囚犯按规定施枷外，押解、居作的罪犯亦有施枷者。《资治通鉴》载显庆四年七月，高宗命御史往高州追长孙恩、象州追柳奭、振州追韩瑗，"并枷锁诣京师，仍命州县簿录其家"。⑥ 又玄宗天宝年间，下令在两京及河南、河北两道募兵征南诏，"人闻云南多瘴疠，未战士卒死者什八九，莫肯应募"，杨国忠于是遣派御史分道捕人，"连枷送诣军所"。⑦ 唐代居作限于徒、流刑及以下罪犯，居作亦有施枷者。《唐六典》载"诸流、徒罪居作者皆着钳，若无钳者着盘枷，病及有保者听脱，不得着巾、带。每旬给假一日，腊、寒食各给二日，不得出所役之院。患假者，倍日役之"。⑧ 显然，施枷于居作者是为了防止罪犯逃跑，其所着"盘枷"当是比普通的枷更为厚重的械具。

第三，审讯罪犯时亦有施枷者。唐代法律条文中关于使用枷械的规定

① （唐）李林甫等撰，陈仲夫点校：《唐六典》卷六《尚书刑部》，中华书局 1992 年版，第 191 页。

② 《旧唐书》卷四三《职官志》，中华本，第 1838 页。

③ ［日］仁井田升：《唐令拾遗·狱官令》，栗劲等译，长春出版社 1989 年版，第 715 页。

④ （唐）长孙无忌等：《唐律疏义》卷二九，景印文渊阁四库全书第 672 册，第 357 页。

⑤ 《唐令拾遗·狱官令》，第 724 页。

⑥ 《资治通鉴》卷二百"高宗显庆四年七月"条，第 6316 页。

⑦ 《资治通鉴》卷二一六"玄宗天宝十载四月"条，第 6907 页。

⑧ 《唐六典》卷六《尚书刑部》，第 190 页。

已相当详备，但是随着唐王朝的发展，尤其是武后专权、酷吏横行时期，枷械的使用逐渐泛滥。《新唐书·刑法志》载武则天当政时，刑狱泛滥，"当时大狱，以尚书刑部、御史台、大理寺杂按，谓之'三司'，而法吏以惨酷为能，至不释枷而笞棰以死者，皆不禁"。① 更有甚者，酷吏来俊臣与索元礼等人制作超出规定的大枷，甚至还用铁笼头与枷械相连，"轮转于地，斯须闷绝矣"。② "或以椽关手足而转之，谓之'凤皇晒翅'；或以物绊其腰，引枷向前，谓之'驴驹拔橛'；或使跪捧枷，累甓其上，谓之'仙人献果'；或使立高木，引枷尾向后，谓之'玉女登梯'；或倒悬石缒其首，或以醋灌鼻，或以铁圈毂其首而加楔，至有脑裂髓出者"③。罪犯无论贵贱，"必先布枷棒于地，召囚前曰：'此是作具。'见之魂胆飞越，无不自诬矣"。武则天重赏酷吏，因此法吏竞相为酷。"由是告密之徒，纷然道路，名流俌俛阅日而已。朝士多因入朝，默遭掩袭，以至于族，与其家无复音息。故每入朝者，必与其家诀曰：不知重相见不？"④ 玄宗天宝年间，李林甫当政，再起大狱，动用酷刑，时户部侍郎兼御史中丞杨慎矜与术士史敬忠因言妖法触怒玄宗，李林甫与王鉷趁机合谋诬陷杨慎矜乃隋炀帝孙，"与凶人往来，家有谶书，谋复祖业"。玄宗震怒，"收慎矜系狱，命刑部、大理与侍御史杨钊、殿中侍御史卢铉同鞫之"。同时还逮捕了经杨慎矜举荐时任太府少卿的张瑄，卢铉又诬陷张瑄与慎矜论谶，"拷掠百端，瑄不肯答辩"。卢铉盛怒之下，"乃以木缀其足，使人引其枷柄，向前挽之，身加长数尺，腰细欲绝，眼鼻出血，瑄竟不答"。⑤

　　除以上所述在押、押解、居作、审讯时使用枷械外，唐代文献中还有枷项示众以期惩一儆百的记载，《唐会要》载元和十一年六月，京兆府上奏曰："今年诸县夏税，折纳绫绢绝绸丝绵等，并请依本县时价，只定上、中二等，每匹加饶二百文，绵每两加饶二十文。其下等物，不在纳限。小户本钱不足，任纳丝绵斛斗，须是本户。如非本户，辄合集钱买成匹段代纳者，所由决十五，枷项令众。"唐宪宗敕旨允其所奏。⑥ "枷项令众"即

① 《新唐书》卷五六《刑法志》，中华本，第1414页。
② 《旧唐书》卷一八六上《酷吏传·来俊臣》，中华本，第4838页。
③ 《资治通鉴》卷二〇三"则天后垂拱三年"条，第6439—6440页。
④ 《旧唐书》卷一八六上《酷吏传·来俊臣》，中华本，第4838页。
⑤ 《资治通鉴》卷二一五"玄宗天宝六载十一月"条，第6881页。
⑥ 《唐会要》卷八三《租税上》，第1539页。

枷项示众，使人不复有犯法之意，至于其在唐代使用的具体情况则不得而知，但却开明、清"枷号"之先河。

关于枷械的管理，唐代亦有具体规定，当时牢狱设有狱丞，其职责之一即是掌管枷杖等械具。如《旧唐书·职官志》载大理寺设有狱丞四人，"掌率狱吏，检校囚徒，及枷杖之事"。[①] 又据《大唐六典》卷六记载，唐代每年还选"历任清勤、明识法理者"分道巡覆，检查各地有无冤假错案、枉法妄断者，"使人至日，先检行狱囚枷锁、铺席及疾病、粮饷之事，有不如法者，皆以状申"。[②]

综上所述，可以肯定枷已成为唐代常用械具之一，相关制度已日趋完备。又据《新唐书·刑法志》"杻校钳锁皆有长短广狭之制，量囚轻重用之"及"死罪校而加杻，官品勋阶第七者，锁禁之"的记载。[③] 可知《新唐书·刑法志》径改《旧唐书·刑法志》中的"枷"为"校"。后人指责欧阳修、宋祁编纂《新唐书》时，为炫其奥博，好改《旧书》，此即一例，然却为我们考证唐人谓"枷"为"校"提供了又一个证据。因此沈家本在《历代刑法志》中所言："《旧唐书》及《唐六典》并言枷不言校，是唐时称枷不称校。《新书》改'枷'为'校'，殆当世尚有此称也。"[④] 由此可知，在唐代"枷"作为一个新名词已取代了"校"而通行并广为人知，《旧唐书·德宗纪》"长安令薛苹荷校乘车"一文中的"校"当指"枷"而非"杖"。由于枷的普及，且往往成为法吏实施严刑酷法、滥施淫威的主要工具，因此德宗三年长安令薛苹"荷校"于坊市，目的在于威慑富商，搜刮钱财。

唐代之后，作为颈械的枷一直为后代所沿用，尤其是明朝实行严刑酷法，与唐朝相比有过之而无不及，不仅创立了许多新的刑具、刑名及执法机构，而且对古已有之的枷项之刑进行改造，出现了"枷号"、"立枷"等名目。"枷号"即在罪犯所荷之枷上写明罪状以示众，实源于唐代的"枷项令众"。俞汝楫《礼部志稿·科场禁例》载："（洪武）七年，奏准生儒点名进场时，严行搜检，入舍后详加伺察，如有犯者，照例于举场前

---

① 《旧唐书》卷四四《职官志》，中华本，第1884页。
② 《唐六典》卷六"尚书刑部"，第191—192页。
③ 《新唐书》卷五六《刑法志》，中华本，第1411页。
④ 《历代刑法考·刑具考·校》，第1203页。

枷号一月，满日问罪，革为民。"①《明史·刑法志》载成化年间，"热审始有重罪矜疑、轻罪减等、枷号疏放诸例"。② 余纪登《典故纪闻》载正统年间，尚膳监内使王彰、章叁等盗用椒果等物，"事觉，枷号于光禄寺门示众"。③ 同书卷十七载嘉靖初年，诏都察院申明累朝禁例，"凡都城内外诈冒皇亲太监名目，拦截桥道，私开店舍，指称内府包揽钱粮者，令巡城御史及厂卫缉捕究治，枷号发遣"。④

值得一提的是，明代"枷号"之刑不仅用来惩罚罪犯，还用来惩治或羞辱官吏。《明史·刑法志》载宣德三年，御史严皑、方鼎、何杰等沉湎酒色，久不朝参，宣宗盛怒之下"命枷以徇"，"自此言官有荷校者"。正统年间，宦官王振擅权，尚书刘中敷，侍郎吴玺、陈瑺，祭酒李时勉"率受此辱"，而"廷杖"之刑更是家常便饭。⑤《明史·英宗后纪》载天顺七年四月，"逮宣、大巡按御史李蕃，荷校于长安门，寻死"。六月，"逮山西巡按御史韩祺，荷校于长安门，数日死"。⑥《明史·武宗纪》载正德二年二月，"杖御史王良臣于午门，御史王时中荷校于都察院"。⑦ 沈德符《万历野获编·台省·科道被三木》对这种"荷校"示众的刑罚记载更为详细：

> 　　正统二年七月，行在福建道御史王学敏，纳巡检陈永证赂，托行在工部郎中崔镛，荐升知县，事发，上命杖一百，枷示各衙门三月，谪戍辽东边卫。其年九月，兵科给事中金昭伯、户科给事中吴绘，俱受廷试明经儒士赂，辄入午门代为文字，诏用大枷枷于长安门一月，发辽东充军。事在一年两月之内。台琐清班，俱膺三木，虽其罪皆自取，然辱言路甚矣！至正统六年，遂以枷项及大臣户部尚书刘中敷等，未几复官视事，十二月又下狱。又未几王振用事，遂及儒臣国子祭酒李时勉、戚臣驸马都尉焦敬而极矣。天顺复辟后，坐法荷校者，

①　（明）俞汝楫：《礼部志稿》卷二三，影印文渊阁四库全书第597册，第427页。

②　（清）张廷玉：《明史》卷九四《刑法志》，中华书局1974年版，第2308页。

③　（明）余纪登：《典故纪闻》卷一一，中华书局1981年版，第198页。

④　《典故纪闻》卷一七，第298页。

⑤　《明史》卷九五《刑法志》，第2330页。

⑥　《明史》卷一二《英宗后纪》，第159页。

⑦　《明史》卷一六《武宗纪》，第201页。

遂不可胜纪。……直至宪宗嗣位，而缙绅之祸稍解云。①

显然，沈德符所言"枷示"与"荷校"实系一事。

"枷号"在清代使用得更为普遍。《清史稿·圣祖纪》载清代初年，原湖广总督蔡毓荣隐藏吴三桂孙女为妾，匿取逆财，"减死鞭一百，枷号三月，籍没，并其子发黑龙江"。② 清代"枷号"之刑普遍的主要原因，是因为当时法律明确规定满族人犯罪免于发遣。《大清律例会通新纂·名例律上·犯罪免发遣》："凡旗人犯罪，笞、杖各照数鞭责。军、流、徒免发遣，分别枷号。徒一年者枷号二十日，每等递加五日；总徒、准徒亦递加五日。流二千里者枷号五十日，每等亦递加五日。充军附近者枷号七十日，近边者七十五日。边远、沿海、边外者八十日，极边烟瘴者九十日。"③ 正因为如此，在清代文献中"枷号"一词屡见不鲜。

需要说明的是，明、清两代"枷号"之刑均属附加刑，《清史稿·刑法志》载清代的附加刑除"枷号"外还有斩绞、迁徙、充军、刺字、论赎、凌迟、枭首、戮尸等，"或取诸前代，或明所自创，要皆非刑之正"。④ 明清两代对"枷号"的重量、大小亦有明确规定。《明史·刑法志》载枷"自十五斤至二十五斤止，刻其上为长短轻重之数"⑤。然刘瑾专权时，枷项发遣罪人，"枷重至百五十斤，不数日辄死"。⑥ 沈德符亦言"近来厂卫多用重枷，以施御囚。其头号者，至重三百斤，为期至二月，已百无一全"。⑦ 有鉴于此，清代除规定常枷的重量外，对重枷也进行限制。《钦定大清会典事例·刑部》载雍正三年规定除重枷外，"其余枷号俱重二十五斤"。嘉庆十七年又规定："凡寻常枷号，重二十五斤，重枷重三十五斤。枷面各长二尺五寸，阔二尺四寸"。⑧

①　（明）沈德符：《万历野获编》卷一九，中华书局 1959 年版，第 501 页。

②　《清史稿》卷七《圣祖纪》，第 221 页。

③　姚雨芗原纂，胡仰山增辑：《大清律例会通新纂》卷三，沈云龙主编《近代中国史料丛刊三编》第 22 辑第 211 册，台湾文海出版社 1985 年版，第 273 页。

④　《清史稿》卷一四三《刑法志》，第 4193 页。

⑤　《明史》卷九三《刑法志》，第 2282—2283 页。

⑥　《明史》卷九五《刑法志》，第 2332 页。

⑦　（明）沈德符：《万历野获编》卷一八《刑部》，第 477 页。

⑧　《钦定大清会典事例》（嘉庆朝）卷七二三，台湾新文丰出版公司 1976 年影印清光绪二十五年原刻本。

　　明朝除沿用唐代"枷项令众"创立"枷号"外，还创立了"立枷"。《明史·刑法志》言"自刘瑾创立枷，锦衣狱常用之"。①"立枷"系将罪犯囚于木笼之内，笼顶枷于犯者颈上，罪犯不胜其苦，往往数日毙命。《明史·孙玮传》言万历年间，神宗"好用立枷，重三百余斤，犯者立死"，孙玮极陈其害，"诏立枷如故"。② 魏忠贤专权时，"好用立枷，有重三百斤者，不数日即死，先后死者六七十人"。③ 沈德符《万历野获编》言荷"立枷"者"不旬日必绝"，实为自古以来无有之惨刑，"虽五代之立钉坐钉，无以过之"。④

　　从文献记载来看，由刘瑾创始的"立枷"之刑已为清政府所摒弃，清代法律文献中似未见相关记载。《野史无文》卷三曰："野史所载常熟县民张汉儒，讦奏钱谦益，立枷三日死，非也。立枷乃魏忠贤所为，上即位初，即毁之矣。"⑤《林公案》第40回言林则徐起获朱运升、邹阿三夹带鸦片俱在两千两以上，案情重大，为了惩一儆百，欲加重刑。但是按大清律令，"开馆兴贩，只有杖徒罪名"，虽然有绞、斩、枭示等重刑，但须奏请圣上，待批准后才能颁行。林则徐左右为难，于是邀刑名老夫子李小梅到签押房商议，林则徐说："旧律嫌轻，新例未奉颁行，犹不便援引，此案该如何定罪，能使轻重适中？"李小梅沉默了一会儿回答道："新例当然不适用，惟有援引旧律，如嫌失之太轻，可以加一等治罪，因二犯贩土过多，先行刺字游街，再发热闹市区站笼示众，最后发往极边充军；如此办理，一般兴贩奸民瞧见了，必然恐惧知悔，不敢再蹈刑章了！"⑥ 此二例似可作为清政府废除"立枷"之刑的旁证。

　　然而从实际情况来看，这种酷刑却是废而不止，而且其流毒余孽一直影响了数百年之久。清人称"立枷"为"站笼"，往往是地方官吏私设刑具、滥施淫威的手段。清姚元之《竹叶亭杂记》载嘉庆年间御史程次坡上奏折曰："川省吏治日趋严酷，州县多造非刑，有绷杆、钩杆、站笼等名，此类当与吾乡鹦哥架、美人糕相等。地方官待胥役则付之宽典，治愚

　　① 《明史》卷九五《刑法志》，第 2339 页。
　　② 《明史》卷二四一《孙玮传》，第 6271 页。
　　③ 《明史》卷二四五《李应升传》，第 6365 页。
　　④ 《万历野获编》卷一八《刑部》，第 477 页。
　　⑤ （清）郑达辑：《野史无文》卷三，中华书局 1960 年版，第 14 页。
　　⑥ （清）佚名著：《林公案》，吉林文史出版社 1987 年版，第 220—222 页。

民则绳以峻法，几何不轻重倒置耶？"① 清代地方官吏滥用酷刑不但屡禁不止，而且愈演愈烈，光绪九年何桂芳上《请严禁滥用非刑疏》，言各省酷吏"滥用非刑，逼取供招，草菅人命"。② 光绪九年张绪楷上《请严禁非刑疏》，言封疆大吏"以武健为干员，以苛刻为能吏"，致使地方官员"任意妄为，毫无忌惮"，审理案件时创立非刑，"有以布纸粘人身，向日晒干，带肉揭起，片片血淋，名曰剥皮；有以藤荆缚置人背，使芒钻刺，逐条拔出，根根透骨，名曰抽筋；有以锤敲胫，应声粉碎；有以炭炙肤，恶臭腥闻。又制有好汉橙、好汉筒、站枷、站笼等具，种种奇异，不可枚举"。③ 清代地方官滥用刑罚于此可见一斑，而这种酷刑一直沿用至辛亥革命后才彻底废止。

由以上所述可以看出，明、清两代，"荷校"之刑不论是名称还是形制都发生了很大的变化。然而在"枷号"大行其道，"站笼"如暗流涌动的清代，"荷校"之名仍未绝迹。《清史稿·兵志·马政》载康熙元年，禁民人养马，"有私贩马匹，为人首告者，马给首告之人。其主有官职，予重罚。平民荷校鞭责。"④《朱天保传》载康熙末年，朱天保上疏请复立二阿哥允礽为皇太子，激怒康熙帝，朱天保及受牵连诸人"并逮讯议罪"，"朱天保、戴保皆坐斩。朱都讷与常赉、金宝皆免死荷校，齐世拘禁，萃泰夺官"。⑤《查郎阿传》载雍正十一年，陕西总督、宁远大将军查郎阿上奏阿克山、观音保所部兵久居南方，"不知牧马法，视退缩窃换者有间，请暂免死，令于通衢荷校，遍示诸军"。⑥ 又《钦定大清会典事例·刑部》载嘉庆十九年手谕：

> 御史孙世昌奏问刑衙门议拟官员罪名不得遽请枷示一折。国家制官刑以儆有位，官吏犯法，削除爵秩，其伏辜与齐民等。然刑律中亦

① （清）姚元之：《竹叶亭杂记》卷二，中华书局1982年版，第57页。

② 王云五主持：《道咸同光四朝奏议·光绪九年》，台北故宫博物院清代史料丛书第11册，台湾商务印书馆1970年版，第4617页。

③ （清）盛康辑：《皇朝经世文编续编》卷一○二《刑部》，沈云龙主编《近代中国史料丛刊》第85辑847册，台北文海出版社1966年版，第4685—4686页。

④ 《清史稿》卷一四一《兵志·马政》，第4178页。

⑤ 《清史稿》卷二八六《朱天保传》，第10214—10215页。

⑥ 《清史稿》卷二九七《查郎阿传》，第10388页。

稍示区别，荷校之罚，本非一概而施，其有情罪较重者，皆由特旨加以示惩。至问刑衙门科断官员罪名，则当遵照定律问拟，不得于法外滥议加刑。奏上时权衡出自上裁。若高杞问拟吴邦墉一案，其罪名不在定律之内者，原非臣下所当援引也。①

总而言之，"荷校"一语源出《周易》，意即颈负械具。枷械产生后，唐人谓"校"为"枷"，枷作为唐代主要刑具之一，相关制度已渐趋完备，实为明、清枷械之滥觞。随着枷的使用和普及，"荷校"一语渐渐淡出了人们的生活，但是熟读诗书、通晓典故的知识分子则常常付诸笔端。此外，罪犯负枷之刑在唐代已相当普遍，在王鸣盛之前的明朝尤其酷烈，在其生活的清代亦未曾废止，更何况与王鸣盛同时人段玉裁在《说文解字注》中亦释"何校"为"若今犯人带枷也"，② 不知王氏何以不察而断定"荷校"乃"荷杖"之误，虽然只是一字之差，却已经谬之千里了。

---

① 《钦定大清会典事例》卷七二六。
② （清）段玉裁：《说文解字注》，第 267 页。

# 主要参考文献

（晋）葛洪著，王明校释：《抱朴子内篇校释》，中华书局 1985 年版。

（唐）刘知几撰，（清）浦起龙释：《史通通释》，上海书店出版社 1978 版。

（唐）杜佑：《通典》，中华书局 1988 版。

（唐）封演撰，赵贞信校注：《封氏闻见记校注》，中华书局 2005 版。

（唐）林宝撰，郁贤皓、陶敏整理：《元和姓纂》（附四校记），中华书局 1994 年版。

（唐）李肇：《唐国史补》，上海古籍出版社 1979 年版。

（唐）杜甫撰，（清）钱谦益笺注：《杜工部集》，续修四库全书本第 1308 册，上海古籍出版社 2002 年版。

（唐）元稹：《元氏长庆集》，《四部丛刊》初编第 122 册。

（唐）李商隐著，（清）冯浩详注，钱振伦、钱振常笺注：《樊南文集》，上海古籍出版社 1988 年版。

（唐）李商隐撰，（清）钱振伦笺，钱振常注：《樊南文集补编》，续修四库全书本第 1312 册。

（唐）温飞卿著，（清）曾益等笺注：《温飞卿诗集笺注》，《四部备要》本，中华书局 1979 年版。

（唐）王勃撰，（清）蒋清翊注：《王子安集注》，续修四库全书本第 1305 册。

（唐）王维撰，（清）赵松谷注：《王摩诘全集笺注》，北京图书馆出版社 1999 年影印本。

（唐）骆宾王撰，（清）陈熙晋笺注：《骆临海集笺注》，续修四库全书本第 1305 册。

（唐）杜牧撰，（清）冯集梧注：《杜樊川诗注》，续修四库全书本第1312 册。

（唐）杜甫著，（清）仇兆鳌注：《杜诗详注》，《四部备要》本。

（唐）李商隐撰，（清）冯浩注：《玉溪生诗详注》，续修四库全书本第 1312 册。

（唐）李白撰，（清）王琦注：《李太白全集》，北京图书馆出版社1998 年版。

（唐）李贺撰，（清）王琦汇解：《李长吉歌诗汇解》，续修四库全书本第 1311 册。

（唐）杜甫著，（清）杨伦笺注：《杜诗镜铨》，上海古籍出版社 1980年版。

（唐）李商隐撰，（清）冯浩注：《樊南文集详注》，续修四库全书本第 1312 册。

（唐）陆德明：《经典释文》，上海古籍出版社 1985 年影印本。

（后晋）刘昫：《旧唐书》，上海古籍出版社 1986 年影印武英殿本；浙江古籍出版社 1998 年影印百衲本；中华书局 1975 年校点本。

（宋）王溥：《唐会要》，中华书局 1955 年版。

（宋）宋敏求：《唐大诏令集》，商务印书馆 1959 年版。

（宋）欧阳修、宋祁：《新唐书》，上海古籍出版社 1986 年影印武英殿本；浙江古籍出版社 1998 年影印百衲本；中华书局 1975 年校点本。

（宋）陈傅良：《历代兵制》，影印文渊阁四库全书本第 663 册，台湾商务印书馆 1983 年版。

（宋）吕大临：《考古图》，影印文渊阁四库全书本第 840 册。

（宋）刘敞：《公是集》，影印文渊阁四库全书本第 1095 册。

（宋）王谠撰，周勋初校证：《唐语林校证》，中华书局 1987 年版。

（宋）吴曾：《能改斋漫录》，上海古籍出版社 1979 年版。

（宋）欧阳修：《集古录》，影印文渊阁四库全书本第 681 册。

（宋）郑樵：《通志》，中华书局 1987 年版。

（宋）宋敏求撰，（清）毕沅校正：《长安志》，中国方志丛书华北地方陕西省第 290 册，台湾成文出版社 1969 年版。

（宋）司马光：《资治通鉴》，中华书局 1956 年版。

（元）马端临：《文献通考》，中华书局 1986 年版。

（明）杨慎：《升庵集》，影印文渊阁四库全书本第 1270 册。

（明）杨士奇：《东里集》，影印文渊阁四库全书本第 1238 册。

（明）赵崡：《石墨镌华》，影印文渊阁四库全书本第 683 册。

（清）顾炎武：《亭林文集》，清光绪十一年上海扫叶山房刻本。

（清）顾炎武著，黄汝成集释：《日知录集释》（外七种），上海古籍出版社 1985 年版。

（清）顾炎武：《金石文字记》，影印文渊阁四库全书本第 683 册。

（清）沈炳震撰，丁小鹤补正：《唐书合钞》，书目文献出版社 1992 年版。

（清）高宗弘历撰，梁国治等编：《御制文二集》，清乾隆十一年刻本。

（清）朱彝尊：《曝书亭集》，《四部丛刊》初编第 279 册，上海书店 1989 年版。

（清）朱彝尊：《曝书亭金石文字跋尾》，《石刻史料新编》第 1 辑第 25 册。

（清）万斯同：《唐宦者封爵表》，《二十五史补编》第 6 册，中华书局 1955 年版。

（清）万斯同：《武氏诸王表》，《二十五史补编》第 6 册。

（清）万斯同：《唐诸蕃君长世表》，《二十五史补编》第 6 册。

（清）永瑢等：《四库全书总目》，中华书局 1965 年版。

（清）李慈铭著，由云龙辑：《越缦堂读书记》，上海书店出版社 2000 年版。

（清）吴承志纂，刘承干校：《唐贾耽记边州入四夷道里考实》，上海古籍书店 1963 年重印求恕斋丛书本。

（清）钱大昕：《〈新唐书纠谬〉校补》，《嘉定钱大昕全集》第 4 册，江苏古籍出版社 1997 年版。

（清）赵翼著，王树民校证：《廿二史札记校证》，中华书局 1984 年版。

（清）赵翼著，霍松林、胡主佑校点：《瓯北诗话》，人民文学出版社 1963 年版。

（清）赵翼：《陔余丛考》，中华书局 1963 年版。

（清）阮元：《研经室集再续》，续修四库全书本第 1479 册。

（清）岑建功：《旧唐书校勘记》，《隋唐五代正史订补文献汇编》第1—2册，中国图书馆出版社2004年版。

（清）岑建功：《旧唐书逸文》，《隋唐五代正史订补文献汇编》第2册。

（清）张道：《旧唐书疑义》，《隋唐五代正史订补文献汇编》第2册。

（清）唐景崇：《唐书注》，《隋唐五代正史订补文献汇编》第2册。

（清）周中孚：《郑堂读书记》，《清人书目题跋丛刊》第8册，中华书局1993年版。

（清）劳经原：《唐折冲府考》，《二十五史补编》第6册。

（清）钱大昕：《潜研堂文集》，《嘉定钱大昕全集》第9册。

（清）钱大昕：《廿二史考异》，《嘉定钱大昕全集》第2—3册。

（清）王鸣盛：《十七史商榷》，中国书店1987年版。

（清）王念孙等撰：《高邮王氏遗书》，江苏古籍出版社2000年影印上虞罗氏辑本。

（清）张维屏：《国朝诗人征略》，全国图书馆文献微缩复制中心影印河南省图书馆藏本，2004年版。

（清）皮锡瑞：《经学历史》，中华书局1959年版。

（清）康有为著，崔尔平校注：《广艺舟双楫注》，上海书画出版社2006年版。

（清）沈涛：《常山贞石志》，续修四库全书本第906册。

（清）王昶：《金石萃编》，陕西人民美术出版社1990年版；嘉庆十年刻，同治钱宝传等补修本，续修四库全书本第891册。

（清）陆增祥：《八琼室金石补正》，文物出版社1985年影印本。

（清）徐松撰，张穆校补：《唐两京城坊考》，中华书局1985年版。

（清）徐松著，赵守俨点校：《登科记考》，中华书局1984年版。

（清）翁方纲：《复初斋文集》，近代中国史料丛刊第43辑第421册，台湾文海出版社1966年版。

（清）赵钺、劳格撰，张忱石点校：《唐御史台精舍题名考》，中华书局1997年版。

（清）赵钺、劳格著，徐敏霞、王桂珍点校：《唐尚书省郎官石柱题名考》，中华书局1992年版。

（清）武亿：《授堂金石跋》，《石刻史料新编》第1辑第25册。

（清）武亿：《授堂金石文字续跋》，续修四库全书本第 892 册。

（清）洪颐煊：《平津读碑记》，续修四库全书本第 905 册。

（清）毕沅：《关中金石记》，续修四库全书本第 908 册。

（清）毕沅、阮元：《山左金石志》，续修四库全书本第 909 册。

（清）赵魏手录：《御史台精舍碑题名》，丛书集成初编本，中华书局 1985 年版。

（清）卢文弨：《抱经堂文集》，《四部丛刊》初编第 300 册。

（清）缪荃孙：《元河南志》，重印藕香零拾丛书本，1963 年。

（清）彭定求等编：《全唐诗》，中华书局 1960 年版。

（清）董诰等：《全唐文》，上海古籍出版社 1990 年版。

（清）胡以梅：《唐诗贯珠》，康熙五十四年刻本。

（清）沈德潜：《唐诗别裁集》，上海古籍出版社 1979 年版。

（清）严可均：《铁桥金石跋》，《石刻史料新编》第 1 辑第 25 册。

（清）端方：《匋斋藏石记》，《石刻史料新编》第 1 辑第 11 册。

（清）武亿：《金石三跋》，续修四库全书本第 892 册。

（清）瞿中溶：《古泉山馆金石文编残稿》，《石刻史料新编》第 2 辑第 3 册。

（清）田文镜、王士俊等监修，孙灏、顾栋高等编纂《河南通志》，影印文渊阁四库全书本第 535—538 册。

（清）李调元：《童山文集》，续修四库全书本第 1456 册。

（清）钱谦益著，钱曾笺注，钱仲联标点：《钱牧斋全集》，上海古籍出版社 2003 年版。

（清）方世举：《韩昌黎诗集编年笺注》，续修四库全书本第 1310 册。

（清）陈鸿墀：《全唐文纪事》，续修四库全书本第 1716—1717 册。

（清）方成珪笺：《韩集笺正》，续修四库全书本第 1310 册。

（清）朱枫：《雍州金石记》，续修四库全书本第 908 册。

（清）毕沅：《关中金石记》，续修四库全书本第 908 册。

（清）孙星衍：《京畿金石考》，续修四库全书本第 906 册。

（清）李遇孙：《金石学录》，续修四库全书本第 894 册。

（清）陆心源：《金石学录补》，续修四库全书本第 901 册。

（清）杜紫纶、杜诒毂：《中晚唐诗叩弹集》，中国书店 1984 年据采山亭藏版影印。

（清）陆耀遹：《金石续编》，《石刻史料新编》第 1 辑第 4—5 册。

（清）陈康祺著，晋石点校：《郎潜纪闻初笔、二笔、三笔》，中华书局 1984 年版。

（清）梁章钜撰，于亦时点校：《归田琐记》，中华书局 1981 年版。

（清）沈家本：《历代刑法考》，中华书局 1985 年版。

（清）蘅塘退士编，陈婉俊补注：《唐诗三百首》，线装书局 2009 年版。

（清）张之洞撰，范希曾补正：《书目答问补正》，上海古籍出版社 1983 年版。

（清）曾国藩：《曾国藩全集》，岳麓书社 1986 年版。

罗振玉：《唐折冲府考补》，《二十五史补编》第 6 册。

罗振玉：《唐折冲府考补拾遗》，《二十五史补编》第 6 册。

王国维：《古史新证：王国维最后的讲义》，清华大学出版社 1994 年版。

王国维：《王国维遗书》，上海古籍书店 1983 年版。

梁启超：《清代学术概论》，上海古籍出版社 1998 年版。

梁启超：《中国近三百年学术史》，三联书店 2006 年版。

梁启超：《中国历史研究法》，上海古籍出版社 1998 年版。

朱师辙：《清史述闻》，三联书店 1957 年版。

赵尔巽等撰：《清史稿》，中华书局 1977 年版。

谷霁光：《唐折冲府考校补》，《二十五史补编》第 6 册。

金毓黻：《中国史学史》，河北教育出版社 2000 年版。

苑书义、孙华峰、李秉新主编：《张之洞全集》，河北人民出版社 1998 年版。

刘节：《中国史学史稿》，中州书画社 1982 年版。

陈寅恪：《金明馆丛稿初编》，上海古籍出版社 1980 年版。

陈寅恪：《金明馆丛稿二编》，三联书店 2001 年版。

陈寅恪：《柳如是别传》，三联书店 2001 年版。

陈垣：《史讳举例》，中华书局 2004 年版。

王利器纂辑：《越缦堂读书简端记》，天津人民出版社 1980 年版。

中国第一历史档案馆编：《纂修四库全书档案》，上海古籍出版社 1997 年版。

武作成：《清史稿艺文志补编》，中华书局1982年版。

王绍曾主编：《清史稿艺文志拾遗》，中华书局2000年版。

傅斯年著，雷颐点校：《史学方法导论》，中国人民大学出版社2004年版。

岑仲勉：《隋唐史》，河北教育出版社2000年版。

岑仲勉：《唐史余沈》（外一种），中华书局2004年版。

岑仲勉：《唐人行第录》（外三种），中华书局2004年版。

岑仲勉：《金石论丛》，上海古籍出版社1981年版。

岑仲勉：《郎官石柱题名新考订》（外三种），上海古籍出版社1984年版。

岑仲勉：《岑仲勉史学论文集》，中华书局1990年版。

马衡：《凡将斋金石丛稿》，中华书局1977年版。

陆九和：《中国金石学讲义》，北京图书馆出版社2003年版。

余嘉锡：《四库提要辨证》，中华书局1980年版。

杜维运：《清代史学与史家》，中华书局1988年版。

严耕望：《治史三书》，世纪出版集团、上海人民出版社2008年版。

孙钦善：《中国古文献学史》，中华书局1994年版。

张国刚主编：《隋唐五代史研究概述》，天津教育出版社1996年版。

胡戟、张弓、李斌城、葛承雍主编：《二十世纪唐研究》，中国社会科学出版社2002年版。

傅玉璋、傅正：《明清史学史》，安徽大学出版社2005年版。

黄永年：《唐史史料学》，上海书店出版社2002年版。

傅璇琮主编：《唐才子传校笺》，中华书局1987年版。

陶敏、李一飞：《隋唐五代文学史料学》，中华书局2001年版。

武秀成：《旧唐书辨证》，上海古籍出版社2003年版。

孙微：《清代杜诗学史》，齐鲁书社2004年版。

刘学锴：《李商隐诗歌接受史》，安徽大学出版社2004年版。

刘诚：《中国诗学史》（清代卷），鹭江出版社2002年版。

陈伯海主编：《唐诗学史稿》，河北人民出版社2004年版。

郝润华：《钱注杜诗与诗史互证方法》，黄山书社2000年版。

张沛：《唐折冲府汇考》，三秦出版社2003年版。

司马朝军：《〈四库全书总目〉研究》，社会科学文献出版社2004

年版。

杨武泉：《四库全书总目辨误》，上海古籍出版社 2001 年版。

阎文儒、阎文钧：《两京城坊考补》，河南人民出版社 1992 年版。

李健超：《增订唐两京城坊考》（修订版），三秦出版社 2006 年版。

辛德勇：《隋唐两京丛考》，三秦出版社 1991 年版。

李映辉：《唐代佛教地理研究》，湖南大学出版社 2004 年版。

周采泉：《杜集书录》，上海古籍出版社 1986 年版。

《中国大百科全书·考古学》，中国大百科全书出版社 1986 年版。

欧阳哲生主编：《胡适文集》，北京大学出版社 1998 年版。

刘节：《旧唐书的修订与研究》，《中山大学学报》1981 年第 4 期。

周振鹤：《点石成金、披沙沥金与脸上贴金》，《读书》1995 年第 3 期。

陈祖武：《赵翼与〈陔余丛考〉》，赵翼著、栾保群、吕宗力校点《陔余丛考》前言，河北人民出版社 1990 年版。

陈尚君：《〈四库提要辨证〉弁言》，余嘉锡《四库提要辨证》卷首，云南人民出版社 2004 年版。

葛兆光：《关于〈全唐文〉的底本》，《学林漫录》九集，中华书局 1984 年版。

周勋初：《叙〈全唐诗〉成书经过》，《文史探微》，上海古籍出版社 1987 年版。

陈尚君：《述〈全唐文〉成书经过》，《复旦学报》1995 年第 3 期。

王树林：《清初李商隐研究四题》，《中国典籍与文化》2004 年第 2 期。

韩大强：《清代李商隐研究综述》，《信阳师范学院学报》2005 年第 5 期。

李一飞：《清代几种唐集笺注本略评》，《湖南科技大学学报》2006 年第 2 期。

郭书兰：《晚清地学巨子徐松》，《史学月刊》1999 年第 4 期。

阮元：《三统术衍序》，《嘉定钱大昕全集》第 8 册。

王力平：《〈元和姓纂〉杜氏郡望史料刍议》，《文献》2001 年第 4 期。

［日］福山敏男：《〈两京新记〉解说》，辛德勇译，《两京新记辑

校》，三秦出版社 2006 年版。

　　辛德勇：《增订唐两京城坊考》（书评），《唐研究》第三卷，北京大学出版社 1997 年版。

　　辛德勇：《〈唐两京城坊考〉评述》，《历史地理》第 12 辑，上海人民出版社 1995 年版。

　　陈尚君：《〈登科记考〉正补》，《唐代文学研究》第 4 辑，广西师范大学出版社 1993 年版。

　　朱端强：《万斯同〈历代史表〉考论》，《云南师范大学哲学社会科学学报》1994 年第 6 期。

　　傅璇琮：《关于唐代登科记的考索》，《历史研究》1984 年第 3 期。

　　陈其泰：《王国维二重证据法的形成及其意义》（上），《北京行政学院学报》2005 年第 4 期。

　　陈其泰：《钱大昕治史特色略论》，《齐鲁学刊》1998 年第 5 期。

　　张弓：《唐代佛寺群系的形成及其分布特点》，《文物》1993 年第 10 期。

　　俞大纲：《纪唐音统签》，《历史语言研究所集刊》第七本第三分，1937 年。

　　刘兆祐：《御定全唐诗与钱谦益季振宜递辑唐诗稿本关系探微》，（清）钱谦益、纪振宜同辑《全唐诗稿本》卷首，台湾联经出版事业公司 1979 年版。

　　卢见曾：《唐摭言序》，《唐摭言》卷首，乾隆丙子雅雨堂丛书本。

　　赵俪生：《邢澍的生平及著述——兼论金石证史的作用和局限》，《甘肃社会科学》1982 年第 3 期。

　　暴鸿昌：《清代金石学及其史学价值》，《中国社会科学》1991 年第 5 期。

　　李兴强：《陈垣与清代考据学》，《文教资料》2009 年 9 月上旬刊。

　　曹胜高：《略论清代考据家对于考古资料的利用》，《咸阳师范学院学报》2004 年第 5 期。

# 后　记

在拙作即将付梓之际，回顾自己多年求学、工作和从事学术研究的经历，难免感慨万千，悲喜交织，个中滋味，难以述说。

28 前的此时，高考结束填报志愿时，本来喜好文学的我却鬼使神差地选报了陕西师范大学的历史专业，从此与历史结下了不解之缘，但心中的文学情结始终未泯。大二时上黄永年先生的《目录学》选修课，当时上课条件简陋，我们三个班 150 多人加上黄先生的 20 多位研究生集中在学校的联合教室上课，后来又因故转移到新建的三食堂，没有教材，加之黄先生的南方口音，听得我们一头雾水。期末考试时大家叫苦连天，为了备考，我从图书馆借来参考书，重新整理课堂笔记，这才发现自己记录的许多人名、书名都是错的，同时也发现自己所谓的文学喜好只不过略知皮毛，并由此生发了对浩如烟海的古代典籍的热爱。上课期间，黄先生常说文史不分家，虽然还不甚理解，但我认定这是一个可以将研究方向与个人兴趣融为一体的专业，因此毕业考研时毅然选择了历史文献专业，懵懵懂懂闯进黄永年先生的门下。

读硕期间，黄先生常常会讲到清代学术的重要性，开题时又嘱我以阮元的学术成就为题撰写硕士论文，无奈清代学术博大精深，自己又天性愚钝，读书有限，未能如先生所愿找到一个好的切入点写出令人满意的论文，也成为始终无法了结的一块心病，觉得自己愧对先生的教诲。即使这样，毕业之际还蒙先生不弃，向学校力争一个名额将我留在陕西师范大学古籍整理研究所工作。在先生身边学习、工作的日子里，耳闻目睹先生的学问、人品，景仰之余也时时鞭策自己不敢懈怠。期间因承担《二十四史全译》中新、旧《唐书》的今译工作，对唐代历史产生了浓厚兴趣，断断续续写过几篇唐史方面的文章，但始终未敢涉足博大精深的清代学术史研究领域。

2000 年院系合并，我又回到了自己读书的历史系，整合后的历史文化学院，半路出家开始了自己的教学生涯。2003 年，在几近不惑之年，又于工作之余师从贾二强教授攻读博士学位。结合我的专业方向及研究经历，贾老师嘱我立足于清代，以清儒整理唐代文献为研究对象，全面总结清代学者整理唐代文献的成就。由于清儒整理唐代文献的成果太过分散，搜集、整理、研究都有很大的难度，期间也曾迷茫，甚至有放弃的念头。在阅读王鸣盛《十七史商榷》中的两《唐书》部分时，不知何故着了魔似的对其中的每一条考证结果都要反复推敲考辨，当发现王鸣盛考证的若干疏误时，好似中了彩票一样高兴。至此柳暗花明，论文的整体思路渐渐明朗，进度也顺利了许多。

在职读博四年有余，工作、家务、孩子的学习，大大小小的事情交织在一起，往往顾此失彼，常常苦于没有整块时间静静地坐下来撰写论文，拿起来又放下，放下又拿起来，反反复复。焦灼、抱怨都无济于事，只能硬着头皮咬牙坚持。期间又经历了母亲从罹患癌症到弃我而去两年半的痛苦时日，那段时间，又刚好是我工作最为繁忙的一段，没有太多的时间陪母亲，母亲也理解我，总是一个人悄悄地坐着，忍着病痛，只要我在家，连电视都不肯开，惟恐影响了我。她老人家好似知道我总有忙不完的事，所以手术住院和病逝都刚好在假期。母亲没有多少文化，但她一如既往地理解与支持成为我坚持不懈的动力源泉。

这本小书是在我的博士学位论文的基础上，历经五年修改而成的。此次修改，为使内容更为集中，将研究的核心内容界定为清儒整理唐代文献的成就及得失，摒除了原博士论文兼及清代唐史研究及成就的内容。拙作的完成，首先感谢我的导师贾二强教授，贾老师在此书的选题、大纲拟定乃至写作过程中都给予了悉心指导。在此书的写作过程中，本校李裕民、杜文玉、臧振、周晓薇、王双怀、薛平拴、拜根兴等教授都曾从论文的框架结构、史料运用等方面给予指导。此外，西北大学陈峰教授、厦门大学陈明光教授、北京师范大学宁欣教授和王培华教授、武汉大学冻国栋教授、上海师范大学严耀中教授都提出了宝贵的修改或补充意见，在此一并致以诚挚的谢意。拙作初稿还曾呈北京师范大学陈其泰教授审阅，陈先生给予了充分的肯定和热情的鼓励，提出了中肯的修改意见，并主动推介联系出版事宜，使我受益匪浅又备受感动，谨向陈先生致以衷心的感谢。

此外，还要感谢我的师兄王其祎研究员为本书题写书名；感谢我的同门、同事兼朋友黄寿成、焦杰博士的帮助和鼓励；感谢我的家人、同学和朋友的理解和支持；感谢母校陕西师范大学及工作单位历史文化学院的领导及同事在我在职读博期间所给予的关爱以及提供的各种便利条件。

本书的出版得到了陕西师范大学优秀著作出版基金的资助，在此谨向陕西师范大学社会科学处致以诚挚的谢意。本书能够顺利出版，还得到中国社会科学出版社罗莉老师的支持和悉心编校，我也同样致以衷心的感谢。

限于水平，书中难免疏漏讹谬，敬请方家批评指正。

作　者

2012 年 7 月于古城西安